BLACKWELL PHILOSOPHY GUIDES

丛书总主编: [美] 斯蒂文·M.卡恩
(Steven M.Cahn)
中文翻译总主编: 冯俊

大陆哲学

[美] 罗伯特·C.所罗门 (Robert C. Solomon) /主编
[美] 大卫·谢尔曼 (David Sherman)

陈辉/译

The Blackwell Guide
to Continental Philosophy

BLACKWELL ►►►►
PHILOSOPHY GUIDES

布莱克韦尔哲学指导丛书

中国人民大学出版社

·北京·

《布莱克韦尔哲学指导丛书》
— 中文翻译编委会 —

主编: 冯　俊

顾问: Alan Montefiore（英国牛津大学）
　　　Nicholas Bunnin（英国牛津大学）

编委:（以姓氏笔画为序）
　　　冯　俊（中共中央党史和文献研究院）
　　　江　怡（山西大学哲学社会学学院）
　　　朱志方（武汉大学哲学系）
　　　张志伟（中国人民大学哲学院）
　　　赵敦华（北京大学哲学系）
　　　高新民（华中师范大学马克思主义学院）
　　　童世骏（华东师范大学哲学系）
　　　傅有德（山东大学哲学与社会发展学院）

教哲学和学哲学的方法指南

——《布莱克韦尔哲学指导丛书》中译本序

冯 俊

每一个民族和每一种文化都会有自己的哲学思想，而作为成熟的理论形态的哲学在世界的几大文明中都同样散发着智慧的光辉。哲学并非像黑格尔和德里达所言只是西方人的专利——只是起源于古代希腊，并用希腊文、拉丁文和德文等西方语言表达出来的一种独特的概念思维，哲学的形态、风格和语言表达都应该是多元的。19世纪末和20世纪初中国人从西方引进"哲学"一词和西方哲学时，只是把它作为与中国传统哲学不同的另一种新奇的哲学，而从未把它看作世界上唯一的哲学。一百多年来，中国人在不断地引进、移植和改造着西方哲学并将其本土化，在对西方哲学的理解中渗透了中国文化的独特视角，从中国社会的现实和独特发展中对于西方哲学产生了独特的理解和感悟。应该说，中国人在引进和研究西方哲学的过程中对于西方哲学也是有理论贡献的。

然而，在我们引进和研究西方哲学的过程中更多地是注意哲学的内容和学理，而很少去注意西方人是怎样学习和教授哲学的，实际上，哲学研究的方法和哲学教学的方法是两种不同的但是相辅相成的方法，学习哲学和教授哲学的方法能够帮助我们更好地了解和掌握哲学的精神实质和学理路径。早在17世纪，笛卡尔就注意到，研究者自己发现问题和解决问题的方法与他把这些发现表述出来告诉别人的方法是不同的，而霍布斯还专门研究了发现的方法和教导的方法之间的区别，这表明他们在研究哲学的同时还是十分注重哲学的教学方法，把自己的哲学表述清楚、传扬出去、教授给别人也是哲学家研究哲学的重要目的。因此，对于西方哲学的教学方法的研究应该是一个重要的课题。

哲学的教学方法一般说来包含三个方面，一是如何教，二是如何学，三是学什么，即教学的组织形式、学习形式和教材。在过去的半个世纪中，我们教授哲学和学习哲学的方法日显僵化，主要是老师讲，学生听，老师像是在宣示真理，学生却是在死背教条，丰富鲜活的哲学变成了枯燥无味的说教。没有辩驳、讨论，更谈不上与哲学家对话。哲学教科书，一方面远离社会现实，不能对人类面临的重大问题做出回应，无法反映现时代的精神；另一方面也远离学术前沿，大多是已成定论老生常谈，知识结构陈旧。同时，"教科书文化"大行其道，每一个学校、每一个地区甚至全国都在编写同一门课的教材，编者更多关心的是市场占有份额。教科书千书一面，大同小异，大多是介绍性、转述性的二手资料，学生通过教科书根本就不能了解哲学家本人的原著和思想理路，哲学系的学生学习了几年的哲学，没有读过几本原著，更没有读过原文原著，甚至不知道某位哲学家的名字原文该如何书写、如何发音。这种现状是否也值得哲学教育者们警醒呢？在我们大力引进和研究西方哲学的同时，是否也需要研究西方的哲学教育方法和教材的编写方法呢？

中国古代的哲学也有自己的研究方法和教学方法，就教学方法而言，古时学哲学也不是靠一些导论性的教科书、二手的介绍材料，重视哲学家的原著，背诵、注解原著是一个突出的特点，学生在熟读和牢记哲学家原文原著的基础上，可以自然地体悟和阐释这些哲学的意蕴。而这种传统的方法也被我们丢掉了。今天我们是否需要借鉴西学或是反观传统来重新审视和检讨我们该如何教哲学、如何学哲学呢？

我在此想以在牛津大学的一些体验来简要地考察一下西方大学里成熟的哲学教学方法。

首先，哲学的教学方法和教学的组织形式是多种多样的，大致分为：(1) **个别辅导**（tutorial）。牛津大学的本科生是导师制，在学院里生活，学生每周和导师见面一次，导师布置书目，列出思考题，学生去图书馆借书、看书，一周之后学生和导师再次见面时，学生向导师汇报读书心得，导师答疑解惑，与学生讨论切磋，再布置新的书目和新的思考题。周而复始，几年下来，学生阅读了大量的书籍，思考了大量的问题，与导师也进行了充分的交流，导师在辅导和答疑中也在不断收集新的问题、不断思考和提高，做到了教学相长。(2) **讲座课程**（lecture）。除了在学院里有导师个别辅导外，学生还要听全校公开开设的大课。课堂小则几十人，多则几百人；课程提纲挈领，统观全局，给学生以该学科的概貌、前沿问题和争论热点的梗概，为学生继续学习提供指引。课程不照本宣科、不面面俱到，浓缩凝练，一门课一般只有八讲。当然，也有几个老师开同一门课的现象，但是它们的内容和侧重点必定是有区别的，用不同的号码、代码区别开来以便学生选课。每一个老师，既需要在学院里做导师对学生进行个别辅导，也需要在学校里对全校开设大课。不管资格多老的教师或多有名的教授，都要给本科生上课，直到退休为止。（3）**讨论班**（seminar）。讨论班是高年级学生和研究生的主要教学组织形式，围绕着问题或原著，由学生们轮流主讲或宣读小论文，老师只是一个旁观者、参与者或引导者，在学生们讨论完之后稍做总结和归纳。讨论班中学生们都是主动地学习、研究型学习，经历了发现问题、解决问题的全过程，收获非常大，表述自己的研究心得，与他人开展辩驳和争论，在争论中擦出思想的火花。参加一次讨论班，对学生的学习能力和研究能力是一次全面的锻炼。（4）**学术报告会**（colloquium）。学术报告会往往是提前一个学期或数月就安排好、隔周一次或定期性的学术活动，一般是以聘请校外名家为主就学术热点问题和前沿问题做学术报告，一般在报告人报告完后，还有评论人对学术报告进行评论，然后学生们再自由提问，报告人回答问题。往往一些好的学术报告可以使学生开阔眼界，为学生提供了与名人见面和现场讨教的机会。（5）**学术研讨会**（symposium）。研究生经常会和导师一起参加学术研讨会，宣读自己的学术论文，回答学者们提出的问题，和大家一起研讨，这是研究生走进学术圈，认识学术界朋友，同时也让学术界认识自己的一个很好的场所。（6）**学术大会**（conference）。各个学会、协会一年一度的学术大会，或全国性、国际性的专业大会，往往是围绕一个主题，多学科的学者多角度地进行研讨，规模宏大。一般说来，只有极少数学生或研究生在学习期间才有幸参加这样的大会。以上六种方式，经过几百年的实践，已经成为一种学术规范，被西方的大学和学术界广泛地采用。近几年来，我国学术界也已经部分地采用了这种规范，进行学术研讨或进行教改实验，但是，对于哲学教学特别是本科生的教学影响很小。

　　其次，就课程设置和学生的学习方式而言，与国内通行的教学相比，西方大学哲学系里开设的导论性、通史性的课程较少，专题课、原著研读课较多。例如，他们不会花大量的时间学习西方哲学通史，而是读柏拉图、亚里士多德、奥古斯丁、阿奎那、笛卡尔、洛克、休谟、康德、黑格尔、维特根斯坦和海德格尔等人的代表作，或开设专题讲座，他们更注重专深，而不太注重全面。由于名师名家与学生见面的机会多，学生参与学术活动的机会多，以及交流沟通工具和旅行的便利，在西方著名的大学里学生有更多的机会与名师名家面对面地交流、讨教、对话，甚至向名家追问、质疑。学生们学习和研究的界限越来越模糊，从开始学习时起就能走入学术的前沿，参与学术热点问题的讨论和对话。而我们的学生则是经过漫长的打基础的过程，读二手书，听二手课，讨论二手问题，上学几年没有见过本校名牌教授、没见过国内名家，更难设想与世界级学者对话。

最后，西方大学里很少组织编写教材，既没有统一的教材编写大纲，也没有教育部推荐教材，更多地是把哲学家的原著作为教材、把那些经过时间检验或被学术界广泛认可的学术专著选作教材，而这些都是由老师来定的，一些导论性的教材也是老师个人多年的讲义，而不是由官方或校方要求或组织写的。他们不做重复建设，如果哪本书好，被大家选作教材广泛使用，就可以不断修订，一版再版，没有人再去编写地方版、地区版、高教版、成教版、职教版等，不再做花样翻新、遍地开花的工作。教科书不要求人手一本，不要求每年新生来都要买教科书，既节约了纸张能源，也节约了经费、减轻了学生的负担，学生主要是在图书馆借书看，或者新生向老生借书看。

当然，不能因此就说在西方没有成系列的大学教科书。但是这些教科书不是由官方或大学来组织编写的，而是由出版社来主导编写的，通过组织作者队伍，有计划、有目的地编写系列教材供大学选用或列为参考书。通过教科书体系的完备、品种的齐全、体例的新颖、作者的影响力、内容的丰富和较高的质量来影响大学的教学。

在这里我想以英国著名的 Blackwell 出版公司的哲学教科书系列为例，来考察一下英语世界的哲学教材编写的特点和风格。Blackwell 的哲学教材分为五个系列：（1）**一般导论**（general introduction）系列，主要是给大学本科生教授基本哲学概念和哲学线索的导论性教材，例如《哲学导论》，《哲学家的工具箱》，《以哲学的方式思维——批判反省和理性对话导论》，《从笛卡尔到德里达——欧洲哲学导论》，尽管是导论性的教材，但是在写法上专著的味道还是很浓。（2）**著作选读**（readers）系列，主要是哲学家的著作选集，以人为线，原著选读。（3）**专题文选**（anthology）系列，例如，*Blackwell Philosophy Anthologies*（《布莱克韦尔哲学专题文选》），该系列以不同的理论热点为线来编纂，其中包含有《从现代主义到后现代主义》《心灵和认知》《心灵、大脑和计算机——认知科学的基础》《当代政治哲学》《后殖民话语》《形而上学》《认识论》《分析哲学》《逻辑哲学》《数学哲学》《技术哲学》《宗教哲学》《生命伦理学》《环境伦理学》《美国哲学》《非洲哲学》等。（4）**指南**（guide）系列，例如，*Blackwell Philosophy Guides*（《布莱克韦尔哲学指导丛书》），这是论文选集，但基本上按照哲学的学科体系来分册，将该学科最具前沿性和代表性论文收集整理成一个体系，让它基本上能反映出该学科的前沿问题。（5）**伴读**（companion）系列，例如，*Blackwell Companions to Philosophy*（《布莱克韦尔哲学伴读丛书》），该系列有两种体例，一种是类似专题词典，对于该学科内的一些重要知识点，列出词条，按字母顺序排列，进行详尽阐释，每一个条目后还附有参考书目，全书后面附有索引，如同专业词典；一种是专题综述文章，文章涵盖了学科体系的方方面面，每一篇文章后面都附有参考书目，类似于专业辅导书，一书在手，就可以对于这个学科有一个全面的了解。以上五大系列，构成了一个完整的教材体系，蔚为大观，供各大学选用，供学生参考。当然，出版社只能靠教材的质量取胜，而不可能通过某种行政的力量或手段来推广。

我们在这里组织翻译了其中的一个系列，*Blackwell Philosophy Guides*，该系列一共十余本，包括《形而上学》《认识论》《科学哲学》《社会科学哲学》《哲学逻辑》《心灵哲学》《教育哲学》《伦理学理论》《社会政治哲学》《古代哲学》《近代哲学家》《大陆哲学》《工商伦理学》等。该丛书具有如下特点：首先，学术含量高。每一章都是由该领域的著名专家所写的一篇高质量的文章，编者按照文章所涉及的主题将这些文章编成体系章节，看上去是一本完整的书，但是它比一般的教科书有更高的学术含量和更密集的学术信息。其次，学科前沿性。每一本书都涉及了该学科的学术热点、前沿问题和学科发展方向，能够将读者一下子带到学术的前沿，让读者了解该学科的新进展、新动态。再次，专业性和可读性相兼顾。该丛书讨论的问题专业性较强，适合作为研究生包括硕士生和博士生的参考教材，但是，作者也十分注意丛书的可读性，力争让非哲学专业的读者也能读懂，让他们了解哲学领域内争论的问题和兴趣取向，从而扩大了该丛书的读者面和社会影响。最后，指导书和工具书相统一。该丛书由于前述的学术含量高、学科前沿性和专业性，因而它是读者学习哲学的指南、指导书，同时，它也给我们提供了非常全面的参考书目，给读者提供了一种向导，使他们能够进一步地学习和研讨，是难得的工具书。

引进此套丛书并不仅仅是为了介绍一种新的教学方法和教材编写方法，可能更有用处的是，这套丛书能够在很大程度上改变我们学生的知识结构。几十年来我们哲学教科书的知识结构已经陈旧老化，对于当代哲学的前沿问题知之甚少，与西方哲学界流行的话语体系距离越来越远。我们希望该丛书能够给我们学哲学的学生带来一些新的东西，改变一下哲学在他们心中的面目，让他们知道当代哲学正在讨论什么问题、用什么方法研究问题。我们期望，通过这套丛书潜移默化的作用，能够为中国新一代的哲学学人进行哲学的自主创新打下良好的知识基础，提供一些有益的启示。如果能够达到此目的，那么该丛书的"指南"或"指导丛书"的名字也就名副其实了。当然，该丛书也有明显的缺陷，它主要表现的是英语世界的哲学特别是分析哲学思潮的主要内容，而对于大陆哲学特别是现象学思潮、结构主义和后结构主义思潮、西方马克思主义思潮等则很少涉及。因而，还必须指出，该丛书提供的哲学及其知识结构也是不全面的，对于哲学的热点问题和前沿问题的观照也是有偏颇的。可以设想，如果是德国哲学家或法国哲学家编辑出来的哲学指导丛书，必定是给读者不同的指引和不同的向导。如前所述，文化是多元的，哲学是多元的，那么哲学的指南或指导丛书也会是多元的，就不难理解了。

2002年春我率代表团访问了剑桥大学出版社、牛津大学出版社和布莱克韦尔出版公司，在访问期间就产生了翻译该套丛书的想法，2002年底正式提出出版计划，2003年初签订了版权合同。我组织我的一些同事、同学、朋友和我自己的博士生参与了该套丛书的翻译工作，对整套丛书的体例和质量要求提出一些基本原则和规范，我所做的工作更多地是一种行政组织管理工作，他们都是不同领域的专家，他们自己会对他们所翻译的东西负责的，我希望他们的翻译不要给读者留下太多的遗憾。

目　录

1

作者简介

斯蒂文·贝斯特（Steven Best），得克萨斯大学（位于埃尔帕索）哲学副教授。他著有《后现代理论》（*Postmodern Theory*）和《后现代冒险》（*The Postmodern Adventure*）〔这两部都是与道格拉斯·凯尔纳（Douglas Kellner）合著〕等。

洛伊尔·卡罗尔（Noël Carroll），威斯康星-麦迪逊大学哲学教授。他著有《恐惧的哲学》（*The Philosophy of Horror*）、《大众艺术的哲学》（*The Philosophy of Mass Art*）和《超越美学》（*Beyond Aesthetics*）。

约翰·科克尔（John Coker），南亚拉巴马大学哲学副教授、哲学系主任。他是关于亚里士多德、尼采和德里达的一些文章的作者。

大卫·E. 库珀（David E. Cooper），达勒姆大学哲学教授。他的著作包括《存在主义：一种重建》（*Existentialism：A Reconstruction*）、《世界哲学：历史导论》（*World Philosophies：An Historical Introduction*）、《海德格尔》（*Heidegger*）、《事物的尺度：人道主义、谦逊和神秘》（*The Measure of Things：Humanism，Humility and Mystery*）。

斯蒂芬·霍尔盖特（Stephen Houlgate），华威大学哲学教授。他著有《黑格尔、尼采和形而上学批判》（*Hegel，Nietzsche and the Criticism of Metaphysics*，1986）和《自由、真理和历史：黑格尔哲学导论》（*Freedom，Truth and History：An Introduction to Hegel's Philosophy*，1991），主编有《黑格尔读本》（*Hegel Reader*）和《黑格尔与自然哲学》（*Hegel and the Philosophy of Nature*，两部均出版于 1998 年）。在 1994 年至 1996 年，他担任过美国黑格尔协会主席，目前他是《英国黑格尔协会会刊》（*Bulletin of the Hegel Society of Great Britain*）的主编。

大卫·英格拉姆（David Ingram），芝加哥洛约拉大学哲学教授。他著有《哈贝马斯与理性的辩证法》（*Habermas and the Dialectic of Reason*）、

1

《理性、历史与政治》(*Reason*, *History*, *and Politics*)、《团体权利：调和平等与差异》(*Group Rights*: *Reconciling Equality and Difference*)、《批判理论和哲学》(*Critical Theory and Philosophy*)，以及很多其他著作。

道格拉斯·凯尔纳 (Douglas Kellner)，加利福尼亚大学洛杉矶分校教育哲学乔治·内勒讲座教授，他是关于社会理论、政治学、历史和文化的很多著作的作者，其中包括《批判理论、马克思主义和现代性》(*Critical Theory*, *Marxism and Modernity*)、《让·鲍德里亚》(*Jean Baudrillard*)、《后现代理论：批判的探究》(*Postmodern Theory*: *Critical Interrogations*)、《后现代转向》(*The Postmodern Turn*) 和《后现代冒险》(*The Postmodern Adventure*，与斯蒂文·贝斯特合著)。

肖恩·D. 凯利 (Sean D. Kelly)，普林斯顿大学哲学助理教授。他发表的主要成果涉及现象学、知觉哲学和认知科学。

玛丽·贝思·马德尔 (Mary Beth Mader)，孟菲斯大学哲学助理教授。她发表过研究伊利格瑞 (Irigaray) 和萨拉·考夫曼 (Sarah Kofman) 的文章，并且翻译了伊利格瑞的《马丁·海德格尔的遗忘空间》(*The Forgetting of Air in Martin Heidegger*)。

杰夫·马尔帕斯 (Jeff Malpas)，塔斯马尼亚大学 (位于澳大利亚的塔斯马尼亚州首府霍巴特) 哲学教授。他著有《唐纳德·戴维森与意义的镜子》(*Donald Davidson and the Mirror of Meaning*) 和《位置与经验》(*Place and Experience*)，以及很多文章。他也是一些文集的主编。

凯利·奥里弗 (Kelly Oliver)，纽约州立大学石溪分校哲学系主任和教授，她著有《女人化的尼采》(*Womanizing Nietzsche*)、《没有主体的主体性》(*Subjectivity without Subjects*)，以及两部关于茱莉亚·克里斯蒂娃 (Julia Kristeva) 的著作，一部是关于原初的解释，而另一部是论文集《克里斯蒂娃著作中的伦理、政治和差异》(*Ethics*, *Politics and Difference in Julia Kristeva's Writing*)。

大卫·谢尔曼 (David Sherman)，蒙大拿大学 (位于密苏拉) 哲学助理教授。他著有《黑格尔的自我意识现象学》[*Hegel's Phenomenology of Self-Consciousness*，与利奥·劳希 (Leo Rauch) 合著]，以及关于批判理论、存在主义和政治理论的一些文章。

罗伯特·C. 所罗门 (Robert C. Solomon)，得克萨斯州立大学 (位于奥斯汀) 哲学教授。他著有《从理性主义到存在主义》(*From Rationalism to Existentialism*)、《在黑格尔的精神之中》(*In the Spirit of Hegel*)、

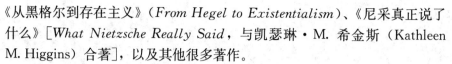

《从黑格尔到存在主义》（*From Hegel to Existentialism*）、《尼采真正说了什么》［*What Nietzsche Really Said*，与凯瑟琳·M. 希金斯（Kathleen M. Higgins）合著］，以及其他很多著作。

罗伯特·威克斯（Robert Wicks），奥克兰大学（位于新西兰的奥克兰）哲学高级讲师。他是关于法国和德国哲学以及其他主题的很多文章的作者。

编者导言

罗伯特·C. 所罗门（Robert C. Solomon）

用"大陆哲学"这个名称来标示过去两个世纪以来，或者大致是自18 *1*世纪末伊曼努尔·康德（Immanuel Kant）的工作以来，欧洲大陆上的哲学，或者宁可说大量哲学，这是比较奇怪的。因为这个标签更适合于欧洲本身以外的地方，它必然会产生一些混乱。例如，除了像黑格尔（Hegel）、尼采（Nietzsche）、海德格尔（Heidegger）和萨特（Sartre）这样一些众所周知的名字之外，并不存在一个公认的构成大陆哲学标准的哲学家群体。"大陆哲学"也并不意指任何一种同类的哲学、风格、问题或传统。事实上，所谓"大陆哲学"还包括大量文学理论家、作家、社会学家、社会批评家、精神分析学家和政治活动家，他们中的许多人通常并不会被当作哲学家（他们也不认为自己是哲学家）。"大陆哲学"更没有划分出一块特定的领域。相比欧洲而言，在英国、美国、澳大利亚和新西兰所出现的惊人变化还真是可以用上这个标签，因为这些国家的哲学研究大多转向了语言问题，并且更加注重"分析性的"问题。这个标签也没有划分出任何特有的气质或方法。仅仅列举这本书中所讨论的两个早期哲学家黑格尔和克尔凯郭尔（Kierkegaard），除了一些花哨的术语（这些术语的大部分都被克尔凯郭尔反讽性地用来嘲弄黑格尔式的计划），他们在气质或方法上就很少具有相同之处。存在主义者拒斥唯心主义者，而后现代主义者又拒斥存在主义者。其实，"大陆哲学"这个说法的主要作用，似乎常常是在所谓"分析的"和"大陆的"哲学家之间人为地划分出一条战线来，在那里，唯一清楚的是，这两类哲学家之间充满了敌意和猜疑，或者就最乐观的方面来看，仅仅相互容忍而已。

因此，让我们以这样一个规定来开始这本书的讨论，即在这里并没有意指任何这样的对立。在本书中将讨论的内容超越了诸大陆和诸文化的界限，并关注于认识论、形而上学和语言的本质与结构（通常与分析哲学相一致），以及关注于激烈的社会批判和"生活的意义"等诸如此类的问题。而且，大陆哲学所背负的传统（它常常也拒绝这个传统）与推动大部分分析哲学发展的"西方"哲学传统是相同的。这个传统始于苏格拉底（Socrates）、柏拉图（Plato）和亚里士多德（Aristotle），并一直延续到康德。语言、问题和关注点大部分都是共享的，并且即使是在风格方面的极力渲染的差异也往往是被夸大的。晦涩的写作既不是大陆哲学的决定性特征，也不是独属于它的特征，文学天赋也同样如此。

在人们所认可的大陆哲学领域中，至少也存在一种非常糟糕和有害的划分，就像广为人知的"分析的"和"大陆的"哲学划分一样。这就是在"后现代"和"前-后现代"或者说"现代"的欧洲哲学家及哲学之间的争议性划分。可以肯定，如果不充分了解20世纪或者更早先的德国哲学家的工作（尽管很多人确实试图这样做），人们就不能够说清楚20世纪下半叶的那些更为著名的法国哲学家。特别是尼采和海德格尔，他们通常被视作哲学后现代主义的重要前驱，即使他们自身并不是后现代的。不过，绝大多数（非常认真地）自称是"后现代"或者"后结构主义"的哲学家和哲学，都受到了那些先前的哲学家和哲学的深刻影响。在一种远超名义的意义上说，如果没有现代哲学的丰富遗产，就不会有后现代或者后结构主义的哲学。

从哲学上讲，这些分歧在于如何对待这样一个启蒙理想，即要去发展一种普遍的哲学，这包括一种无所不包的知识概念、一种普遍的人性观以及一种世界性的伦理学和政治哲学。所有这些理想可以用传统哲学的"真理"观念勉强地进行概括。在许多方面，G. W. F. 黑格尔都代表了"前-后现代"或者说"现代"的欧洲哲学，他宣称他的著述和哲学有一个坚定的目标就是去发现各个时代的"哲学真理"。这种真理不能与更为平常的真理问题（例如历史的事实或者数学的命题）相混淆，它是哲学特有的（并且也可以说是他的哲学特有的）一种无所不包的、综合性的和"绝对的"真理观念。但是，也正是由于黑格尔"解构"了笛卡尔（Descartes）的传统和康德的自我，从而打开了后结构主义的大门。

相比之下，许多后现代主义者完全贬低和回避真理观念，他们常常回到弗里德里希·尼采那里，他是19世纪最后一位伟大的哲学家，并且可以说是第一位后现代哲学家，他在他的一些更为惊人的断言中宣称，真理不过是"一些易变的隐喻"和"一些更为有用的人类错误"而已。就尼采而言，以及就许多法国后现代主义者而言，对真理的抨击首先是对独断论的抨击，是对非批判性的确定性的抨击，这种确定性是太多哲学和（尤其是）神学的目标。然而，这种对真理的抨击远不止是一种怀疑主义的反应。在其最激进的意义上，对真理的抨击代表了对真理观念本身的拒绝，以及对作为真理化身的启蒙思想的拒绝。它也是对传统认识论的拒绝，以及对形而上学的拒绝（或者说至少是一种对形而上学的坚决抵抗，德里达承认形而上学是不可能被完全克服的）。它至少也显示了一种对"人性"观念的拒绝，对任何企图提出一种"总体化的"伦理学理论或者政治理论的拒绝，以及对哲学本质的一种再思考（如果说不是一种拒绝的话）。

可以预料的是，对于真理的抨击也导致了一种严肃的风格差异——或者宁可说一种不同的"做"哲学的观念。尼采的风格再次经常被看作一种典型。特别是与康德和黑格尔的浓重的学术写作相反，尼采著作的轻松、热情和过度被看作典范性的。他很少用超过几页的篇幅来探讨一个主题。他的洞见常常被体现在格言警句之中，体现在简明扼要的评论中，这些评论故意被写得模棱两可，并"充满了"多重解释。我们可以看到，他时常采取一些立场并做出一些断言，这些断言是相互矛盾的，或者甚至是完全对立的。他喜欢使用双关语。他介入辩论。他做出一些夸张的断言，并且使用一些夸张的语言，这种语言极为容易被误解。于是同样地，在 20 世纪后期，一代的法国哲学家及其崇法的追随者们也完全以"激怒平庸之人"为乐〔就像早期法国的一位招惹是非者西奥菲勒·戈蒂尔（Theophile Gautier）曾经坚持的那样〕，他们玩弄并扭曲语言，进行过分的以及有时可疑的词源学考据（在这里，追随了海德格尔和尼采），他们间或将一种深刻的哲学观点建立在一种双关语的基础之上，几乎"解构"了所有的基础性断言，并将许许多多哲学问题归结为政治与权力的变迁。

为了简便起见，我们说大陆哲学起始于 19 世纪之初，也就是康德去世之前。（就其通常的意思而言，"现代"大陆哲学开始于笛卡尔，涵盖了相当长的时期而一直到康德为止，并包括康德。）我们已经说过，早期大陆哲学的主要代表是黑格尔，但是在这之前和包围着黑格尔的是令人印象深刻的"后-康德主义的"哲学家阵势，同康德一样，这些哲学家认为他们自己也是某类"唯心主义者"。约翰·费希特（Johann Fichte）和弗里德里希·谢林（Friedrich Schelling）的名字尤为突出，此外还有许多其他哲学家。亚瑟·叔本华（Arthur Schopenhauer）——他也许是黑格尔的最直言不讳的强硬对手——是 19 世纪中期的浪漫主义者的宠儿。这个时期的其他批评者还包括丹麦哲学家索伦·克尔凯郭尔，以及柏林大学的一个前途无

编者导言

量的青年学生撰稿人卡尔·马克思（Karl Marx）。19 世纪下半叶也极为盛产哲学天才，这些天才通常会影响（并借鉴）社会科学。诸如弗朗兹·布伦塔诺（Franz Brentano）这样的心理学家、诸如爱德华·哈特曼（Edward Hartman）和 C. D. 朗格（C. D. Lange）这样具有生物学头脑的形而上学家、诸如恩斯特·马赫（Ernst Mach）这样具有哲学头脑的物理学家以及诸如威廉·狄尔泰（Wilhelm Dilthey）这样的"解释学的"哲学家都是典范性的。当然还有尼采，他也许是所有前-后现代哲学家中最著名的，并且是目前最受关注的——尽管就像我已经提到过的，他也常常被看作一个后现代哲学家。

20 世纪之交也以各种各样的哲学努力为标志，但或许最为决定性的是一位摩拉维亚的数学家埃德蒙德·胡塞尔（Edmund Husserl）的工作，在其力图认识必然真理的本质并将哲学转变成一种"严格的科学"时，胡塞尔建立了一种令人振奋的做哲学的新方式，即现象学。他的学生马丁·海德格尔追随并深入修正了他，但海德格尔转而既启发了一代法国人——著名的有让-保罗·萨特（Jean-Paul Sartre）和莫里斯·梅洛-庞蒂（Maurice Merleau-Ponty）——又启发了后来的解释学，这种解释学被汉斯-格奥尔格·伽达默尔（Hans-Georg Gadamer）所典范化。伴随着第一次世界大战的结束，大陆哲学的"从康德到现象学"的阶段也宣告终结。当然，观念的历史从来都不是如此地简单划一，而且仅仅因为其是如此新近的，并在很多方面仍然是未经消化的，因此接下来的发展甚至更加难以概括。显而易见的是，德国哲学发生了一种彻底的变化，或者说在 1930 年代初期由于纳粹的上台而继续了一种已经发生的彻底的变化。跟随路德维希·维特根斯坦（Ludwig Wittgenstein）这位逃离大陆的流亡者，一些随后被称为"逻辑实证主义者"的哲学家也移居国外，并且发展了他们的分析哲学。然而，其他一些哲学家则将他们的哲学天赋转向了迫切需要的社会批判，他们试图弄清现代生活和德国文化是怎样凑在一起而造就了希特勒和许多其他社会弊病。

由此，诞生了批判理论和法兰克福学派。法兰克福学派的理论家们，例如马克斯·霍克海默（Max Horkheimer）、西奥多·阿多诺（Theodor Adorno）和赫伯特·马尔库塞（Herbert Marcuse），挑战和质疑了整个现代文化，并且使启蒙变得成问题（没有完全否定启蒙）。他们大力地抨击了海德格尔与纳粹的合作以及其哲学，并提出了他们改变社会的激进方案。下一代的法兰克福学派理论家，例如著名的尤尔根·哈贝马斯

（Jürgen Habermas），延续了这种批判，但对启蒙更为同情。哈贝马斯与伽达默尔的更为保守的解释学的交锋是出了名的，但他转而又面对着更多的当代危险和对手，特别是那些新近的后现代主义者。雅克·德里达（Jacques Derrida）和米歇尔·福柯（Michel Foucault）以及其他很多人，在法国并且进而在整个欧洲和其他国家迅速崛起。他们以一种激进的新颖方式抨击传统哲学，并且提出，不仅哲学，而且现代文化本身，都充满了种种矛盾和没有根据的奢望。在他们之后，转而跟随着新一代的女性主义哲学家，这些哲学家既受到西蒙娜·德·波伏瓦（Simone de Beauvoir）的深刻影响，也对她进行了深刻的批判，由于其或多或少地首创了法国女性主义，因此波伏瓦应该获得巨大的赞誉。法国新女性主义者们进一步激进地扭转了持续进行的几乎对一切事物的批判。

上面即是我们在这本书中将会讨论到的那段时期及诸人物的一段简史，它被过度简化了。它可以用许多不同的方式来撰写，并可以凸显许多不同的人物和运动。但是，除了这种简史之外，还有另一种历史，即这些作家在欧洲大陆之外的接受史。要理解什么是大陆哲学，不仅需要理解它内在的张力和"辩证法"，而且还需要看到由它同这样一种哲学的所谓的对立所造成的曲解，这种哲学现在被称为美国和英国的"主流哲学"。事实上，如果简要地考察一下美国、英国和澳大利亚的大陆哲学史，人们能够看到三个完全不同的阶段。

第一个阶段开始于第二次世界大战之后，并延续到1960年代，在此期间，欧洲哲学家们大多被忽视，并且即使是被人们提及，也是被当作怀疑的对象并遭到许多鄙视。让-保罗·萨特和阿尔贝·加缪（Albert Camus）由于他们的小说和通俗作品而成为著名的"存在主义者"，但是他们通常都被排除在哲学课程之外，因为对他们几乎没有哲学兴趣。〔在英语世界的道德哲学家看来，萨特就让人感到相当可笑，例如 A. J. 艾耶尔（A. J. Ayer）就将萨特遭到普遍争议的"绝对自由"观念解释为做出了这样一个荒谬并且因此立即可摒弃的断言，即人们能够绝对地做他选择做的任何事情。〕分析哲学的偶像，牛津的吉尔伯特·赖尔（Gilbert Ryle）曾经与法国现象学家梅洛-庞蒂一起参加了一次会议，当梅洛-庞蒂带着和缓的态度并且礼貌地问他是否不认为他们是在"追求同样的东西"的时候，赖尔用一种表达了英美分析哲学对于当时大陆哲学的一般态度的腔调回答道："我希望不是！"

黑格尔和海德格尔只是被当作毁谤的对象来引用。例如，汉斯·赖辛巴赫（Hans Reichenbach）在他的《科学哲学的兴起》（*The Rise of Scientific Philosophy*）一书中引用了海德格尔的一段话，以作为一种不可思议地含混和"无意义"的哲学的例证。[作为对黑格尔及其英国追随者的一种可疑的致敬，英国主要杂志《精神》（*Mind*）曾有一期的前言用了一个空白页，它将这个空白页看作"绝对精神"的一种写照。]由于学生的要求，大陆哲学——主要是加缪和萨特——在一些学院和大学里面逐渐得到讲授。但是，它几乎没有得到哲学上的尊重。

第二个阶段大约始于 1970 年代，这个阶段通常被表述为是一个**"修好"**和相互理解的时期。一些讨论欧洲重要哲学家的著作试图依据"分析的"术语（也就是，清晰且直接地）来解释他们的观念。J. N. 芬德利（J. N. Findlay）大胆地尝试着将黑格尔介绍给分析的听众，并且他没有（像他曾经那样）被简单地忽视或攻击。亚瑟·丹托（Arthur Danto）接着瓦尔特·考夫曼（Walter Kaufmann）对尼采的巧妙的去纳粹化，创作了《作为哲学家的尼采》（*Nietzsche as Philosopher*），他从一开始就极为明确地提出，他所意指的是作为一个分析哲学家的尼采。不少出版社开始出版一些有关海德格尔、叔本华、胡塞尔以及"现象学"的书籍。萨特受到认真对待。胡塞尔与伟大的逻辑学家戈特洛布·弗雷格（Gottlob Frege）之间的联系也得到了重视和研究。有些文章开始讨论这样一些主题，例如 G. W. F. 黑格尔与哈佛逻辑学家 W. V. O. 蒯因（W. V. O. Quine）之间的相似性。研究生们开始撰写关于大陆哲学的重要人物和主题的博士学位论文，而没有直接将其与找不到工作的专长联系起来。主流哲学家们提到、引用那些哲学家，并且有时候甚至撰写关于那些哲学家的文章，那些哲学家不再被看作"另一边的"，而只是有点奇异和晦涩。这是一个蜜月期，并且"大陆哲学"这个标签（完全不同于更为具体的主题，例如"现象学和存在主义"）很少——即便有——被使用到。

然而，在 1980 年代又发生了新的变化。让-保罗·萨特刚刚去世。他曾经是伟大的人物[甚至夏尔·戴高乐（Charles de Gaulle）都曾说，"萨特，他**就是**法国"]，但在他去世之后，他在巴黎很快并且有些奇怪地被抛诸脑后了。[1980 年，文森特·德孔布（Vincent Descombes）出版了《现代法国哲学》一书，他甚至没有给予萨特一章的篇幅。]在海外以及海峡对岸，人们对随之而来的东西还抱有一些兴趣，但是哲学时尚出现和消失的迅速性考验着所有人的耐心，除了那些极为专注的人。在一个短暂的时期里，"结构主义"被说成是将要改变世界的崭新思维方式。一些新的名字出现了：人类学家克洛德·列维-斯特劳斯（Claude Lévi-Strauss）、一个叫米歇尔·福柯的哲学家-历史学家、一个叫雅克·拉康（Jacques Lacan）的古怪的精神分析学家、一个叫路易·阿尔都塞（Louis Althusser）的精神失常的马克思主义者以及一个叫罗兰·巴特（Roland Barthes）的才华横溢的作家和文学批评家。结构主义是各式各样的人物的一种奇异组合，并且（就像几十年前的"存在主义运动"所发生的那样），"结构主义者们"一个个都拒绝这一称号。作为一种运动，它很快又消失在各种思潮之下。取而代之的就是广为人知（在法国之外更加出名）的"后结构主义"。从法国输出的新哲学在其形式、语言和姿态上都让人感到眼花缭乱。这也是一个"电视-教授"的时代，常新的和更为耀眼的哲学明星在电视上蹿红了一周——或者有时一个季度——然后就从荧屏上消失了。

最后兴起的是后现代主义现象。它的最大明星是雅克·德里达，他很快在法国黯淡下来，但却继续在美国和其他国家受到关注。"解构"（Deconstruction）成了这个时代的新造词。它被文学理论家们过度地加以运用，并且与马克思主义的基本学说一道，很快在政治学尤其是学院政治中发挥了生动的作用。解构被那些对哲学满腹牢骚的人用作武器，这样的人有很多。德里达正确地以他对西方哲学传统的广泛掌握而自豪，而他的许多追随者却简单地将其用来抨击这同一个传统，并对这个传统所知甚少。德里达也许曾质疑了形而上学，但却从未完全否定形而上学，他注意到我们深陷于"传统"，并且无法逃避它。与此同时，福柯作为一个明星而得到自我重生，他不再是一个哲学或社会历史学家，或者一个结构主义者，而是成为这样一个新尼采主义的论题的强有力的拥护者，这个论题就是，正是权力在支配着"话语"的成功与失败，并且"真理"不过是一种幻觉而已。

现在，"大陆哲学"被对立于传统的和"分析的"哲学，但与过去不同，彼时自康德以来的欧洲哲学在很大程度上并不为人所知，它得不到阅读，并且因此也不被理解。现在大陆哲学经常被看作英美哲学中的"主流"哲学疾病的解药。**修好**已告结束。当剑桥大学要授予其名誉学位的时候，德里达遭到了指责。一些蛊惑人心的保守派哲学家甚至在大陆哲学中发现了"现在已经过时的"共产主义的一种并不如此微妙的替代物，发现了一种要去消灭的新的和危险的敌人，他们忽视了这样一个事实，即后现代主义的大多数人物通常都是无为主义者，并且是在政治上中立的。

不幸的是，这就是我们出版这本书的环境。因此，我们的目的就是要向学生和其他读者展示大范围的、各种引人注目的哲学立场和哲学家，这些哲学立场和哲学家经常被简单地混为一谈，并且在缺乏同情性阅读的情况下被摒弃。

于是，我们将试图以支持者和反对者的姿态来对现在所谓"大陆哲学"的最重要的内容进行呈现。不用说，我们不可能做到面面俱到。如果某个读者所喜欢的这个或者那个哲学家被漏掉了，我们只能表示抱歉。坦率地说，我们也注意到这样一个事实，即尽管我们的主题的公认标题是《大陆哲学》，但是通常的焦点（并且因此这本书的焦点）几乎全部都集中在法国和德国。丹麦仅仅由于存在主义哲学家索伦·克尔凯郭尔而经常被提及。荷兰——尽管偶尔会提到 17 世纪的伟大的斯宾诺莎（Spinoza）——则可能从未被提及，比利时、斯堪的纳维亚的其他国家、葡萄牙和西班牙〔尽管有乌纳穆诺（Unamuno）和奥特加·伊·加塞特（Ortega y Gassett）的遗产〕以及意大利〔尽管有维柯（Vico）和克罗齐（Croce）这样的重要人物以及大量值得注意的当代哲学家〕莫不如此。同时，东欧则被看作另外一个世界，并且必须承认巴尔干半岛各国在 20 世纪遭遇了它们所难以承受的灾难，因此将它们的哲学排除在外是没有道理的。然而，在我们选择所要论述的人物的时候，我们还是倾向于比较保守而没有进行尝试，这主要是因为篇幅的限制。在很大程度上，我们还是突出了那些争议较少的法国和德国的大师，他们通常都被看作界定了"大陆哲学"所意指的东西。虽然我们可以想象一下很多其他哲学家都能够被包括进来，但是我们无法轻易地想象遗漏掉任何一个我们已经包含进来的哲学家。

对于更为当前的人物——当下正在发生的东西——我们只能说我们还无法做出任何判断。断定这个或者那个当前的哲学家是"他或她这一代人中最重要的哲学家"，其效果（事后看来）更可能是可笑的，而不是看似合理的。（有时是整个一代哲学家，偶尔甚至是整个世纪的哲学家，在过了一段时间之后就完全消退了。）如果我们在 1970 年代早期编辑这本书，我们可能会错误地对结构主义的世界历史意义做出一些（事后看来）非常愚蠢的断言。如果我们在 1990 年代早期编辑这本书，我们可能会对后现代主义的重要性做出一些（事后看来）可能极为愚蠢的断言。〔我们可能会将鲍德里亚（Baudrillard）引证为某种哲学意义的代表。〕

现在，显而易见的是这样一些迹象，即当前的这类哲学——它具有完全可预料的且并不完全严肃的名称，即"后-后现代主义"——可能被发现为是一种短命的运动。但是谁知道呢？法国人在哲学领域统治了 20 世纪后期的大部分时间；或者至少说吸引了大部分的关注而声名远扬，就像德国人在 19 世纪以及 20 世纪两次毁灭性的和自伤元气的战争以前所做到的那样。如果我们将焦点转向欧洲其他国家或者更好地转向世界其他地区，或许这是一个不错的想法，这些地方的哲学依然充满生气，但却很少引人注目。或者甚至更好的是，世界的一个小角落将其偏见投射到人类全体的那种"先验借口"可能会终结。大陆哲学，以及尤其是后现代主义，所具有的一个优点就是它对多元文化主义的开放性，以及（在其最佳情况下）它对其他思维方式和做哲学的方式的包容性。我们能够保留文化和意识形态的差异，与此同时仍然去理解它们，去认识它们到底是什么。它们是一个单一且多元的物种之内的差异，这个物种最大的善和最大的恶都可以归因于那些膨胀的大脑半球，那些大脑半球使哲学不仅成为可能的，而且成为必要的。

第1章 G. W. F. 黑格尔：精神现象学

斯蒂芬·霍尔盖特（Stephen Houlgate）

8　　格奥尔格·威廉·弗里德里希·黑格尔（Georg Wilhelm Friedrich Hegel，1770—1831）是西方传统中最伟大的（尽管也是最少被研究的）哲学家之一。他的思想孕育了马克思主义和存在主义，并且对20世纪的许多重要哲学家产生了相当大的影响，其中包括杜威（Dewey）、伽达默尔（Gadamer）、萨特（Sartre）、德里达（Derrida）和哈贝马斯（Habermas）。的确，许多人都认为黑格尔的著作是非常难懂和晦涩的，因而用不着花费功夫去研究他。然而，在我看来，凡是费力去认真研究黑格尔著作的人，都会发现他是这样一位思想家，其丰富和深奥的思想只有柏拉图、亚里士多德和康德可以与之相提并论。

黑格尔于1770年8月27日出生在德国的斯图加特（Stuttgart）。他在图宾根学习哲学和神学，并与荷尔德林和谢林成为好朋友，他们对卢梭和康德，（至少是最开始的时候）对法国大革命都充满了热情。从1793年到1800年，他先在伯尔尼而后在美因河畔的法兰克福做一个家庭教师，这期间他写过一些有关宗教和爱情的文章手稿，这些手稿一直到20世纪初才得以出版。他于1801年到了耶拿，在谢林的影响下，他开始建立自己的哲学体系。1807年出版的《精神现象学》（*Phenomenology of Spirit*）就是针对这个体系所写的引言，其中包括了著名的关于主人和奴隶关系的分析，关于不幸意识和索福克勒斯悲剧《安提戈涅》（*Antigone*）的分析。在纽伦堡担任一所中学校长期间，他完成了这一体系本身的第一部分，即里程碑式的《逻辑学》（*Science of Logic*，从1812年到1816年共出版了3卷）。

黑格尔在1816年成为海德堡大学的哲学教授，并于1817年出版了《哲学科学全书》（*Encyclopaedia of the Philosophical Sciences*），这是他的整个体系的纲要，除了逻辑学之外，还包括自然哲学和精神哲学。黑格尔从1818年到1831年都生活在柏林，其间他出版著作和发表演讲，使得他成为德国最为著名且最具影响力的哲学家。《法哲学原理》（*Elements of the Philosophy*）于 1820 年出版，《哲学科学全书》的两个修订版分别出版于 1827 年和 1830 年。黑格尔死于 1831 年 11 月 14 日，他死后不仅留下了他的妻子玛丽、两个儿子卡尔和伊曼努尔，而且还留下了一套思想，这套思想直至今天还在启发和激励众多哲学家、神学家和社会理论家（尽管他被英国和美国的许多哲学权威所忽视）。

自由与互相承认

有些哲学家对黑格尔不仅采取冷漠的态度，而且充满了敌意和怀疑。例如，卡尔·波普尔（Karl Popper）就非常有名地将黑格尔（与柏拉图和马克思一起）列入"开放社会"最强劲的敌人名单之中。然而只要认真地去读黑格尔所写和所讲的东西，这一判断是难以站住脚的。他的著作和演讲都清楚地表明，他实际上是自由和理性的坚持不懈的拥护者，而不是极权主义或者蒙昧主义的朋友。

在《法哲学原理》中，黑格尔提出，自由就是可以进行选择，可以拥有财产，可以通过工作来满足一个人多种多样的需要。然而，自由并不是说可以做我想做的任何事情，因为自由只有得到他人的承认才是有保证的。我可以强调我能够自由地占有我所想要的东西，但是只有当其他人承认我有权利占有那些东西的时候，我才能够做到这一点。

在黑格尔看来，权利首先是由自由本身的概念来确立的，因为自由的概念决定了自由所要求的东西，而任何**必须**属于我作为一个自由的存在者的东西都因此构成我的**权利**。作为一个自由的存在者，我有权利拥有财产或者从事工作，不管他人是否承认那种权利。这就是为什么每当他人不尊重我的权利的时候，我都能够要求他人必须尊重我的权利；如果权利得不到优先考虑，那么他们也不能以这种方式要求承认，他人也不可能得到承认。然而，他人给予我的承认就是那种允许我实施我的权利的东西。我理所当然地拥有不可剥夺的财产占有权，但是只有他人尊重我这样做的权利的时候，我才能够成为这所或那所特定房子的合法所有者。因此，正如罗伯特·威廉姆斯（Robert Williams）所说的那样："只有当其得到了承认的时候，权利才是现实的或者客观存在的。"[1]

因此，对于黑格尔来说，具体的人类自由是与承认不可分割的。我们要求我们的自由被承认为是我们的权利，而且，如果我们的自由不只是一种梦想，那么我们需要他人的尊重。此外，我们所诉诸的这种观念——权利应该得到承认——要求我们反过来去尊重他人的权利和自由。因此要想成为自由的，我们必须得到他人的承认，而我们也必须承认他人的自由：真正的自由要求人与人之间相互的尊重和承认。正如黑格尔在《精神哲学全书》（*Encyclopaedia Philosophy of Mind*，1830）中所说："只有当他人也是自由的并且被我承认为是自由的时候，我才是真正自由的。"[2]

按照黑格尔的观点，人们在共同体内相互承认和尊重是自由的，例如，他们工作于其中的庄园或公司以及他们作为公民所从属的国家。因此，黑格尔确实相信人类天生就是生活在国家之中，就像他的许多批评者所指责的那样。然而，这并不是因为他以任何邪恶的或极权主义的方式"崇拜"国家。这是因为他将国家——至少当它是自由的和理性的时候——理解为是共同体，在这个共同体中，相互的承认同时得到人民的公民品性和法律的保障。在《精神哲学全书》的以下这些段落中，黑格尔阐明了承认、法律和国家之间的紧密联系：

> 在国家里面，占据支配地位的是人民的精神、习俗和法律。在那里，人被承认［anerkannt］和看作是一个理性的存在者，是自由的，是一个人；而且个体在自己那边通过克服他的自我意识的自然状态，并且通过遵守一种普遍之物，遵守那种在其本质和现实中都是意志的意志，遵守**法律**，而使得他自己值得这种承认；因此，他以一种普遍有效的方式对待他人，承认他们——就像他希望他人承认他一样——是自由的，是人。[3]

国家常常不能保证公民尊重法律以及相互尊重，并且经常侵犯公民的权利本身。然而，一个理性的国家恰恰是由一种对法律的共同尊重而团结在一起的国家，这种共同尊重要求人民相互尊重。

意识、自我意识和欲望

承认可以在社会和国家之内被发现，但是否存在阻止我们脱离社会的力量呢？因为脱离社会能够让我们享受隐士的那种无拘无束的自由，并且因此可以消除获得承认的需要。按自然法则来说，也许没有力量会阻止我们；但是黑格尔相信，如果那样做了，我们就会使自己丧失获得真正的**自我意识**的机会。按照黑格尔的观点，如果我依然是孤独一人而且只是关心自然的对象，那么我就不能充分地理解我是谁。只有当我的自我理解得到他人的承认和肯定时，我才会获得对于自身的正确意识。

这并不是说在缺乏这种承认的情形下，我就没有丝毫的自我认知。对黑格尔来说，对于一个对象的简单意识，比如对于一栋房子或者一棵树的意识，就已经包含了这样一个认知，即对象是不同于**我**的。同样地，所有知觉都会带来这样一个认知，即我作为知觉者是可能会犯错误的。然而，这种自我认知缺乏清晰客观的自我意识和自我理解：黑格尔提出，后者需要得到我们这些他人的承认。正如洛温伯格（Lowenberg）［或者宁可说他的虚构人物哈地斯（Hardith）］所说，黑格尔因此就"在自我意识的中间发现了一种初发的社会意识"[4]。一个隐士的生活最终不是我们的生活：我们生来就要理解我们是谁，而这就意味着我们生来就是社会的和政治的存在者。为了正确理解为什么情况是这样的，我们必须转向黑格尔的《精神现象学》。

《精神现象学》以一种繁复而又讲究的散文体，描述了意识从它最原始或者最朴素的形式——黑格尔将其称为"感性确定性"——到它最成熟的形式——自我认识的精神或者"绝对认识"——的发展过程。这个发展过程被理解为是**逻辑的**而不是历史的。这本书没有考察人的意识是如何通过时间而现实地发展到现代的自我认识，而是揭示了意识的普遍"形式"是如何因为它自身的结构而必然地发展到更高的形式。黑格尔所追溯的发展在某些部分与欧洲历史相重叠（例如，在对"斯多葛"意识的分析中），但是将黑格尔的这本书统一起来的是这样一个事实，即它明确地指出了意识的存在在逻辑上所蕴含的东西。

按照黑格尔的观点，当它注意到它自己的经验中所内含的东西——虽然这些东西最初是隐而不露的——时，意识就发展了。黑格尔首先讨论的是感性确定性（sensuous certainty），这种确定性是这样一种意识形式，这种意识形式让其自身意识到事物的简单的、直接的在场。它避开了所有间接的范畴，并且在它心中非常确定它在它面前所拥有的东西仅仅是在其所有简单性中的**这个**、**这里**、**现在**。然而，它的经验揭示出，它实际意识到的东西完全不仅仅是简单的直接性，更是不同要素的一种复杂的统一：一个在时间中回溯到其他现在的"现在"以及一个在空间上关联于其他这里的"这里"。当感觉意识相信它的对象比它最初所想的要更为复杂，它就

11

符合逻辑地将其自身转变成另一种形式：知觉（perception）。这并不是说，每一个专注于感觉经验的直接确定性的历史个体都将会相信他或她实际上意识到了知觉的复杂对象。这是在指出，更为发达的知觉立足点是在逻辑上暗含于感觉确定性的立足点，并且那些专注于直接的感觉确定性的人应当承认，他们所关联的对象比他们开始所想的要更为复杂。

这种逻辑发展的进程如何导向自我意识呢？黑格尔指出，知觉将其对象把握为很多"现在"和很多"这里"的一种复杂的统一，但是它不能决断这个对象的真正本质是更多地在其同一性之中，还是更多地在其多样性之中。知觉停止在对象的多重特性和对象的内在统一性之间进行区分。然而，一旦它将其对象看作是拥有一种内在统一性，那么它就不再是单纯的知觉，而成为知性（understanding）。知性于是认识到事物的内在统一性实际上在于合规律性、理性和生命。黑格尔宣称，当这一点发生时，知性就被证明为不仅是对对象的意识，而且是**自我**意识——因为它在它的对象中发现了构成它自己本质的那些性质。在其变成自我意识之前，知性已经包含了一种自我理解的要素：它认识到，它正是对对象的**理解**（**知性，**understanding），而不是单纯的知觉。然而，只有当它在对象本身中仅仅遇到了属于它自身的诸性质时，它才能发展成在其完整意义上的自我意识，也就是，**高于一切的**对其自身的意识。

黑格尔指出，知性总是让其自身意识到有别于它的东西，而且并不了解它就是自我意识的。正是我们现象学家们，而不是知性自己，认识到知性实际上意识到了它自身。用黑格尔的话来说，"这种真理仅仅**对我们**存在，还未对意识存在"。尽管如此，在将其他事物理解为是合理性的和合规律的时，知性确实是"在直接与其自身交流，在仅仅享受其自身"；黑格尔指出，这就是为什么知性提供了这样的满足。[5]因此自我意识不仅仅是自然的一个意外，更是逻辑地被蕴含在意识本身的结构之中。黑格尔接下来的任务就是去考察在**明确的**自我意识中包含了什么，或者"**意识在认识其自身时认识到了什么**"[6]。在黑格尔看来，当我们使得我们的自我和我们自己的同一性成为我们关注的明确的（以及全身心投入的）对象时，也就是当我们完全且明显地被我们自身吸引时，我们就明确地成为自我意识的。就像我们将会看到的，这样一种自我意识被证明为比它所想象的要更为复杂和更为矛盾。

首先需要注意的是，当意识仍然是在意识**有别于**它的东西时，意识变得完全被其自身所吸引。黑格尔的现象学方法已经表明，自我意识产生自我们对对象的意识。当意识了解到这样一个事实时，即它首先是在意识并关注其自身，知觉和知性的对象并不立刻就从眼前消失。相反，它们会作为外在对象而存留在我们面前，**在与它们的关联中**，我们主要意识到我们自身。对黑格尔来说，自我意识因此并不排他性地是对某人自身的意识，它是与有别于我的某物的一种关系，在这种关系中，我首要地关联于我自身。

这并不是否认，就像笛卡尔在《第一哲学沉思集》中所指出的，我能够"闭上我的眼睛，塞住我的耳朵，脱离我所有的感觉"，并且在同事物的完全分离中"与我自己交谈"。[7] 然而，通过笛卡尔式的怀疑能够达到的东西仅仅是**抽象**的自我意识，因为这样一种怀疑抽离了所有条件，而只有在这些条件之下，具体的、无所不包的自我意识才是可能的。就像我们在下面将会看到的，黑格尔承认，这样一种抽象的自我意识是可能的，并且是真正的、具体的自我意识的一个重要环节。然而，他声称，真正的自我意识本身并不简单地抽离我们对对象的意识，而是（借用康德的术语）"伴随着"我们对对象的意识。

从黑格尔的观点来看，笛卡尔忽视了他异-相关性（other-relatedness）的要素，这种要素对于真正的自我意识来说是关键性的。然而，从笛卡尔那里仍能够学到关于真正的自我意识的某种东西：因为在意识到实在的、外在的对象时，自我意识也必须寻求**否定**那些对象。意识在有别于它的东西中发现它自身，但是我所遇到的对象的他异性不可避免地阻止我完全关联于我自身。因此为了达到纯粹的自我意识，我必须将我面前的对象看作是某种毕竟**不**在本质上有别于我或独立于我的东西，而是某种仅仅**为我**（for me）的东西。我继续将对象看作是实在的，并且（与笛卡尔不同）我并不宣称他是我的想象的虚构物；但是我认为它并没有抵抗我，而是屈从于我的这一能力，即为了我自己的满足和自我享受而否定或消费它的能力。就自我意识通过否定它周围的对象而关联于它自身而言，它就是——用黑格尔的话说——**欲望**（desire，*Begierde*）。因此，自我意识必然采取欲望的形式，因为笛卡尔对了一半：意识确实通过否定它周围的对象而增强它对它自身的意识，但是它将它的否定活动指向这样一个对象领域，这个对象领域的实在性是毋庸置疑的，并且因此永远**有待**被否定。

需要注意的是，欲望在《精神现象学》中出现在这一节点，这并不是（或者宁可说，不仅仅是）因为我们是有机的、具身化的存在者，而是因为自我意识本身的本质。具体的自我意识并不是直接的自我认识，而是被对他物的认识所中介化的并与其不可分离的自我认识。自我意识首要地对其自身感兴趣，但是作为**意识**的一种复杂形式，它必然关联于外在事物。如果它要达到一种对它自身的纯粹意识，它就因此必须要否定和摧毁它所遇到的其他事物。作为这种否定有别于它自身的东西的活动，自我意识就是欲望。用黑格尔自己的话来说，欲望的起源因此是这样一个事实，即"自我意识在本质上是……从**他异性**的回归"。需要注意的是，在黑格尔看来，我们所欲望的东西并不是对象本身，而宁可说是——就像让·伊波利特（Jean Hyppolite）所讲的——"自我同其自身的统一"。如果黑格尔是正确的，那么在追求享受对象时，我们实际上是在追求享受**我们自身**。[8]

欲望是否定对象的实践活动，这一观念构成了由亚历山大·科耶夫（Alexandre Kojève）所呈现的对黑格尔的《精神现象学》的具有影响力的解释的基石。科耶夫从 1933 年到 1939 年在巴黎的高等研究院（École des Hautes Études）讲授黑格尔的《精神现象学》，并且在他的听众中有很多 20 世纪中叶的法国著名知识分子，包括梅洛-庞蒂、巴塔耶（Bataille）、克罗索夫斯基（Klossowski）、布雷顿（Breton）和格诺（Queneau）。[9]他的讲稿在 1947 年被出版，并且同伊波利特于 1946 年出版的对《精神现象学》的拓展性评论一起，为接下来 50 年里在法国（以及之外）阅读黑格尔设定了标准。

然而，在我看来，通过将这一观念——欲望是否定的活动——与另一个更深层的观念——欲望的主体在本质上是"空洞的"——混为一谈，科耶夫严重歪曲了黑格尔在《精神现象学》中对自我意识的解释。根据科耶夫所言，欲望的主体是"一种贪求内容的**空洞**（emptiness, *vide*）；一种想要被完满的东西填充的空洞"；也就是说，"欲望是存在的**缺席**"，它寻求"以一种**自然的**、生物的内容"来填充它自身。据我看来，这种独特的科耶夫式的欲望观念在黑格尔的解释中找不到任何位置。的确，欲望确实否定对象。然而，它这样做并不是填充主体中的一个虚空，而宁可说是确认和增强主体对自我的意识：黑格尔写道，欲望仅仅是意识的运动，通过这个运动，它的"自身同自身的同一性对它来说成为明确的"。不同于科耶夫，《精神现象学》中的欲望的自我并不缺乏对它自己的存在的意识。如果有什么的话，宁可说它本身太充实了，因为它将它周围的所有东西都看作是只为它一个。在这样做时，欲望将他者仅仅看作是欲望本身否定它的一个机遇。因此，对黑格尔来说，欲望是"这个他者的虚无的确定"，但是完全不清楚的是，欲望将它自身看作是纯粹的"缺席"或"空洞"。[10]

从欲望到相互承认

　　明确的自我意识必须采取实践活动或欲望的形式。然而，黑格尔指出，在欲望的满足中所达到的自我确定性实际上并完全不像它最初显现的那样纯粹。这是因为欲望仅仅通过否定或消费别的东西而得到满足。在其他东西缺席的情况下，就不存在满足和某人自身的确定性。就像黑格尔所写的，"欲望和在其满足中获得的自我确定性是以对象为条件的，因为自我确定性来自扬弃这种他者"。因此，"为了这种扬弃（supersession，*Aufheben*）能够发生，必须有这种他者"。[11] 对黑格尔来说，欲望是内在矛盾的：它需要**他者**，以便它能够**独自**享受它自身。

　　因此，自我意识从来就不能够不受干扰地沉湎于它的满足和自我确定性。无论它在何时获得满足，它必定再次寻找激发它的欲望的新对象，并在消费它们时享受它自身。就像黑格尔所说，自我意识必然"再次产生对象，同时也产生欲望"，而且它会反复不断地这样做。这就是为什么欲望不能向我们提供它所允诺的纯粹自我意识：它对它自身的确定性总是被它与其他事物的新的相遇所侵扰，这些事物是它为了享受它自身而需要的。用朱迪斯·巴特勒（Judith Butler）的话来说，欲望因此"断定**它自身是一种不可能的计划**"；或者像黑格尔自己所说的（在这一有些笨拙的句子中）："实际上欲望的本质是某种有别于自我意识的东西。"[12] 然而，黑格尔并未从这一点得出结论说真正的自我意识本身是不可能的。宁可说，他继续考察对于达到这样一种自我意识来说，需要什么东西——超越欲望。

　　欲望未能确保纯粹的自我确定性，因为它总是需要寻求**有别于**意识的新对象。在否定这些对象时，欲望确实找到了满足并享受它自身；但是一旦它再次遇到事物的他异性和独立性，它就不再确定它自身。然而，如果意识能够在其对事物独立性的认识中保存它对它自身的确定性，那么一种更为牢固的自我意识将会被达到。它如何能够做到这样呢？

　　黑格尔的回答是很明显的：通过将其注意力明确地转向这样一些事物，这些事物在它们的独立性中否定它们自身，并且因而允许意识仅仅确定它自身。简单地排除所有对其他事物的意识，这对自我意识来说并不是一种选择。黑格尔已经表明，自我意识首先出现在我们对其他事物的意识中，并且这样一种对他异性的意识仍然是那种明确关注其自身的意识的一个组成部分。这就是为什么自我意识必须是欲望。因此，如果意识不被局限于作为永恒更新的欲望，那么对它来说唯一符合逻辑的选择就是关联于某种独立的事物，这种事物为了自我意识而否定其自身："由于对象的独立性……只有当对象本身在其自身之内实施否定时，它才能达到满足。"[13]

哪些种类的事物实施着对其自身的这样一种独立的否定呢？一个可能的选项是**有生命**的对象，或者有机体。在其对知性的解释中，黑格尔指出，知性的对象不仅包含那些被规律所统治的对象，而且也包含那些活的对象。生物因此也属于欲望寻求去消费的那些对象。此外，就像黑格尔所解释的，生命是自我否定的明确过程：死亡不仅仅从外面来到有生命的有机体这里，而是从一开始就内在于生命，因为"生命的单纯实质是将其自身分裂成各种形态，与此同时，又消解这些存在差异"[14]。

因此，生物是否向我们提供了这样的机遇，以使得我们在意识到那种独立于我们的东西时，仅仅意识到我们自身？几乎提供了，但又没有完全提供。问题在于，当生物否定它们自身时，它们并未保存它们的独立性：当它们死亡时，它们就完全停止存在。就像黑格尔所言："那种分化的、完全有生命的形态在生命的过程中确实也扬弃了它的独立性，但是它凭借其显著的差异而不再是它所是的东西。"[15]（对于无机对象来说，同样的东西也是正确的：就它们"否定它们自身"而言，它们仅仅通过不再是它们所是的东西而做到这样。）

然而，自我意识的逻辑要求我们关联于对象而达到自我确定性，这些对象保持着它们相对于我们的独立性。只有通过关联于这样一个对象——这个对象否定其自身，但是它"在这种对其自身的否定性中同样是独立的"——我们才能满足这一要求。黑格尔坚称，这样一个对象不能仅仅是一个生物（或一个无机对象），而必须是另一个意识或自我意识。因此，**"只有在另一个自我意识中，自我意识才达到它的满足"**[16]。

在这一点上，黑格尔看起来不再仅仅是笛卡尔的一个批评者，而是从后者的沉思中吸取了积极的教训（尽管黑格尔并未提到他的名字）。从笛卡尔那里，我们并未学到什么是具体的自我意识；只有现象学能教给我们这一点。然而，在其**我思**论证中，笛卡尔证明了即使在它怀疑和抽离它自身的所有独特方面时，意识仍保持着对它自己的独立性和存在的一种抽象认识。自我意识的逻辑要求我们在同另一个事物——这个事物为了我们而否定它自身，并且在这样做时还保存着它的独立性——的关联中达到具体的自我确定性。就像汉斯-格奥尔格·伽达默尔（Hans-Georg Gadamer）所写的：“只有意识能够……以这样一种方式取消它自身，在这种方式中它并未停止存在。”[17]我认为，我们从笛卡尔那里（当然也从费希特那里）学到了这个事实。

重要的是，不要忽视这里的争论点。笛卡尔自己未能看到，具体的自我意识是在同那种不可还原地**有别于**意识的东西的关联中被获得的。然而，他帮助我们看到了，那个他者不仅采取无生命物或有生命物的形式，而且也必须采取另一个**自我意识**的形式，因为他表明，只有自我意识能够否定它自身的每一个方面，同时在这样做时还保存着它自身。当然，为了成为真正的和具体的自我意识，那个其他自我意识必须转而关联于有别于它的东西，由此它必须自己就成为欲望，并且关联于另一个自我意识。然而，黑格尔在这里提出的具体观点就是，任何具体的自我意识所关联的那个他者至少必须能够是**抽象的**自我意识：因为只有以这种方式，它才能完全否定它自身，并且同时保持它的同一性。

在我们同他者的关系中确定我们自身，这样一个欲望不是通过消费事物而得到满足，而是通过与另一个自我意识——这个自我意识不仅能够是抽象的自我意识，而且还可以采取欲望的形式并关联于一个与它自身有别的自我意识——相互作用而得到满足。自我意识因此必然是社会的或“精神的”：“‘我’就是‘我们’，同时‘我们’就是‘我’”。黑格尔评论道，在这种社会关系中，我在那里以一种对象形式发现了我的同一性：“‘我’和‘对象’一样多”。这是因为，我发现我的同一性被某种有别于并独立于我的东西**所承认**。这种承认的要素被内置到其他自我意识所实行的独立的自我否定的行为之中：因为通过否定其自身，他者宣称其自身自在且自为地是空无——它“将它的他异性设定……为是一种虚无”——并且因此**为我开路**。他者因此允许我在关联另一个东西时完全关联**我自身**，因为我在他者那里看到的所有东西都是他或她对我的同一性的承认。[18]

如果我们想要享受完整的自我意识，隐士的存在对我们来说不能成为一种选择，因为我们只有在那些承认我们的他者的社会中才能确切地成为自我意识的。当然，我们可以试图抛弃自我意识。然而，黑格尔将会指出，自我意识是由意识本身符合逻辑地引起的。只要我们有意识，我们就必定因此寻求成为完整的自我意识。看起来，隐士与内在于意识本身的逻辑相悖地生活着。

16

科耶夫为自我意识的社会特征提供了一个非常不同的解释。就像上面所注意到的，科耶夫将欲望理解成"空洞"或者"存在的缺席"。我们被告知，这样一种空洞通过"毁灭、转变和'同化'被欲望的非-我"而得到填充。科耶夫继续说道，"由这样一种欲望的主动满足所创造的这个自我将会同欲望所指向的事物拥有同样的本质"。如果它仅仅欲望生物，那么它将会因此成为"一个'实物主义的'自我，一个仅仅有生命的自我，一个动物的自我"。然而，以这种方式，欲望不能明确地意识到它自己的本质性的空洞；可以说，它不能被非-存在所填充。只有当其否定和同化**另一个空洞的欲望**时，欲望才明确且自我有意识地成为"空洞的"和"否定的"。这是因为，以他者的欲望为食的自我仅仅彻底地成为欲望和否定性：关于它没有给予任何东西，没有任何自然的和"像事物一样的"东西。此外，欲望不仅寻求吸纳他者的欲望，而且它也寻求被那些作为自由的、否定的欲望的他者**所欲望**和**所承认**。它因此是"对'承认'的欲望"。因此，社会是人的，"仅仅作为一组欲望，这些欲望相互欲望着作为欲望的彼此"。的确，对于科耶夫来说，人类历史仅仅是"被欲望的欲望的历史"。[19]

科耶夫对黑格尔式欲望的解释是富有想象力和影响力的（它尤其给萨特留下深刻印象），但是它错失了黑格尔论证的关键点。对科耶夫来说，那个推动欲望成为社会的（通过欲望另一个人的欲望）东西是这样一个欲望，这个欲望仅仅想要成为纯粹的**否定的欲望，并且因而成为那种改变被给予的存在者的行动**"，或者说，是这样一个欲望，这个欲望想要不受被给予的东西的决定而成为自由的。[20] 在我看来，这个成为（并且被承认为）**纯粹**否定性的欲望之后在黑格尔的解释中肯定发挥了作用；事实上，就像科耶夫自己所指出的，它是引发生存和死亡斗争的东西。然而，在我们至此为止一直在考察的那种对欲望的解释中，它并未发挥作用。

黑格尔自己的解释并没有展示欲望如何寻求成为纯粹欲望，寻求不受独立对象的决定而成为自由的，而是展示了自我确定性如何被一个意识获得，这个意识将独立的他异性看作是**不可还原的**。与科耶夫式的欲望不同，黑格尔式的欲望了解到我们总是意识到有别于并独立于我们的东西，并且我们从来就不能满足这样一个欲望，即想要成为纯粹自由。对黑格尔来说，如果我想要只意识到我自身，我因此只能在与那种独立于我并且保持独立于我的东西的关系中做到这样。但是这如何是可能的呢？只有当在其独立性中的他者否定它自身并且让它自身任由我处理的时候。而只有当另一个自我意识将它自身看作是空无，仅仅只承认我，并且由此使我仅仅只发现被反映在它之中的我自身时，这才转而是可能的。伽达默尔完美地指出了这一点：“如果自我意识想要成为真正的自我意识，那么它就必须……发现另一个愿意'为它'的自我意识。”[21]

概括地说：对科耶夫来说，推动自我意识成为社会性的那种东西是它的这样一个欲望，即想要同化另一个欲望（同时被欲望）；对于黑格尔来说则相反，使得自我意识成为社会性的那种东西是它对作为一个承认它自身的**独立**源泉的他者的接受。科耶夫和黑格尔之间的这种重要差异将他们导向对这一问题的不同看法，即社会生活中隐含了什么，并且社会生活使得什么成为必然的。

根据科耶夫所言，欲望进入社会关系的直接后果就是斗争和冲突。科耶夫坚称，每一欲望“都想要否定、同化其他作为欲望的欲望，想要使这种欲望成为它自己的，想要征服这种欲望”。此外，每一个欲望都寻求让它的排他性的满足权利被所有其他欲望承认。“如果……有大量的这些欲望要求普遍承认，”科耶夫总结道，“很明显的是，源自这些欲望的行动只能够——至少在开始时——是一种生存和死亡的**争斗**。”[22]这种“争斗”或斗争实际上导致了主人和奴隶的创造。人的社会存在和历史存在因此主要以争斗、奴役和工作为特征。

对科耶夫来说（或者宁可说，对科耶夫的黑格尔来说），存在这样一个节点，在这个节点上历史发展会停止，即当一个结束斗争和统治的相互承认的共同体被产生出来时。（科耶夫的黑格尔将这种“普遍”国家——有些怪诞地——等同于拿破仑的帝国。[23]）然而，在这个节点之前，盛行于整个历史之中的东西是斗争和统治，因为它们是由那种首先引发了社会互动的欲望产生的。

在我看来，通过将斗争置于社会互动的核心（尽管他相信它能够被克服），科耶夫（也许与尼采一起）为萨特的这样一个冷酷的主张——“意识之间的关系的本质是……冲突”——铺平了道路。正是基于这一主张，萨特指责黑格尔“乐观主义”地相信真正的相互承认是可能的。黑格尔因其“卓越的直观”——直观到我“**在我的存在之中**依赖于他者”——而受到赞赏；但是他因认为“一种客观的共识能够在意识之间——依据他者对我的承认和我对他者的承认——得到实现”而受到指责。[24]

萨特在《存在与虚无》中对社会冲突的不可避免性的强调是众所周知

地坚定的，但是他并不是唯一一个挑战这样一个观念的人，这个观念被杰伊·伯恩斯坦（Jay Bernstein）称为黑格尔的"令人担忧的'和解'"[25]。很多后黑格尔主义者都回避黑格尔的这一主张，即相互承认在现代社会中是一种真正的可能性，并且他们宁愿追随康德，将承认和尊重至多看作是在一个本质上并不完美的世界中的一种道德理想。一些人甚至已经论证那种成功的相互承认的观念是无法维持的。例如，最近亚历山大·加西亚·杜特曼（Alexander Garcia Düttmann）就声称："承认总是被嵌入在一种不稳定的张力中……［并且］总是一种不恰当的、不同的、片面的承认。"杜特曼坚称，事实上，如果人们追随黑格尔的观念，那么"承认只有在一种生命和死亡的斗争中才能成为它的概念所意指的东西"。[26] 就像我们已经看到的，科耶夫将不会认可这样一个定性判断。然而，几乎毫无疑问的是，通过声称生命和死亡斗争直接产生于自我意识之间的社会互动的本质，他为这样一些判断打开了大门。

与科耶夫相反，黑格尔认为，自我意识之间的互动使之成为必然的那种东西是相互承认，而不是冲突。这并非意味着社会和历史存在实际上将总会以对其同胞的尊重和爱为特征；黑格尔并非那样幼稚。它意味着，从逻辑上说，当其所蕴含的所有东西都变得完全明确起来时，真正的社会互动会被发现需要相互承认。黑格尔并未否认社会冲突在不断出现。然而，他的主张是，它之所以出现并不是因为我们是社会存在者本身，而是因为我们未能正确理解社会互动需要什么。

需要注意的是，依据这种解释，黑格尔的这一信念——相互承认对于人类来说是一种真正的可能性——中没有什么特别"乐观主义的"东西。这个信念以对这样一种形式的精细理解为基础，这种形式是真正的交互主体性在逻辑上必须采取的形式：如果社会生活想要实现它的目的，并且使得我们能够在与有别于我们的东西的关系中意识到我们自身，那么**除了相互承认**，它就不能成为任何东西。对黑格尔主义者来说，实际上是萨特忽视了真理：因为只有那个本身就误解了真正的交互主体性所蕴含的东西的人，才能做出这样一个断言，即社会生活在本质上充斥着冲突——萨特正是在这个断言的基础上指责黑格尔的"乐观主义"。

对黑格尔来说，自我意识必须是欲望；但是我们只有通过关联于某种不可还原地独立的东西——我们发现我们自己的同一性被反映在这个东西之中——才会达到一种对我们自身的完全客观的意识。这样一个东西只能是另一个自我意识，这个意识**承认**我们。因此，从逻辑上讲，具体的自我

18

意识必须是社会性的和交互主体性的。但是，为什么我要求来自另一个人的承认就意味着我们的关系必须是**相互**承认的关系呢？黑格尔的回答在《精神现象学》的第178–184节中被找到。[27]

黑格尔指出，真正的自我意识面对着另一个自我意识，它发现它自身被这另一个自我意识承认。它因此"**走出了它自身**"：它并不仅仅被封闭在它自己的内在性之内，也可以说看到了它的同一性位于"那里"。在这样一种关系中，自我意识通过被承认而确定地获得了一种对自我的意识。然而与此同时，黑格尔坚称，它感觉它已经"**失去了它自身**"，正是因为它在那里、在他者的眼中发现了它自己的同一性。然而，同样地，自我意识缺乏任何这样的真正感觉，即感觉到他者是真正**有别于**它的，因为它在他者那里仅仅只看到它自己的自我。因此，就自我意识仅仅只发现了它自身被另一个意识所承认而言，它对它自身和对他者的意识实际上都仍存在缺陷。

为了纠正这种情况，黑格尔指出，自我意识必须"着手扬弃（super-sede, *aufheben*）这个其他的独立的存在者，以便由此确定**它自身**是作为本质性的存在者"。为了做到这样，自我意识从他者那里撤出它自身，将它真正的同一性放置在**它自身**之内（可以是，"在这里"），并且由此克服它之前的这样一种感觉，即只有在**他者**之中并通过**他者**，它才是它所是的东西。然而，在做出这一改变之时，自我意识就失去了这样一种东西——这种东西已经被展示为任何具体的自我意识的一个关键性的组成部分——并且就像黑格尔所指出的，由此"着手扬弃它自己的自我"：因为通过坚持它自己的同一性完全保持于它自身之内，它就放弃了这样一个观念，即它的同一性被发现是反映在另一个东西之内并且因此是某种对象之物。

然而一切都没有丢失：因为黑格尔立刻就指出，自我意识的这种撤退——撤离他者并撤入它自身之内——实际上是模棱两可的。在撤入它自身之内时，意识确实恢复了这样一种确定性，即它是它自在所是的东西。用黑格尔的话来说："它收回了它自己的自我……〔并且〕再次与它自身相等同。"然而，与此同时，自我意识向其他的自我意识归还了它自己本身的他异性。它不再将他者仅仅看作是一个反映了它的镜子，而是"同样再次将其他的自我意识还给其自身……并且因此再次让他者成为自由的（*entläßt also das Andere wieder frei*）"。[28]也就是说，自我意识**承认**他者是另一个自由且独立的自我意识。自我意识的行动由于这种原因而是模棱

19

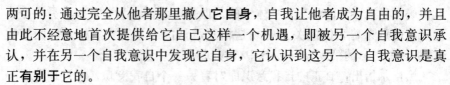

两可的：通过完全从他者那里撤入**它自身**，自我让他者成为自由的，并且由此不经意地首次提供给它自己这样一个机遇，即被另一个自我意识承认，并在另一个自我意识中发现它自身，它认识到这另一个自我意识是真正**有别于**它的。

刚开始的时候，自我意识并未"将他者看作是一个本质性的存在者"，因为在他者中，它仅仅看到了它自身。然而，它仍未享受一种对自我的纯粹意识，因为它"在那里"、在另一个意识（它并未正确承认这个意识）中发现它自身。现在，与之相反，自我意识拥有一种对于它自己的同一性的清晰意识，并且承认他者是完全有别于并且不同于它自身的某种东西。由此，它就能够最终满足具体的自我意识所要求的条件：因为它能够得到另一个自我意识的承认并被反映在这个自我意识之中，这个自我意识被认作真正**他异的**。

就像我们已经看到的，达到自我意识要求我在同有别于我的东西的关联中关联于我自身。这意味着我必须关联于另一个自我意识，这个自我意识只承认我。自我意识因此必须是社会性的和交互主体性的。我们现在认识到，由他者给予我的承认本身并不足以使我成为具体的自我意识。为了达到这一目的，我必须得到这样的另一个自我意识——我会反过来承认这个自我意识是一个自由且独立的他者——的承认。真正的自我意识因此需要的不仅仅是他者承认我的同一性，也是我们彼此之间的**相互承认**。自我意识必须是"两种自我意识的双重运动"，这两种自我意识一起自由地发挥作用。在这样一种运动中，黑格尔写道："每一个都看到**他者**做的事情与它所做的一样；每一个都自己做着它要求他者的事情，并且因此也做着这样的事情，这种事情是它只有在他者做着同样事情的限度内才会去做。只由一方采取的行动将会是无用的，因为想要发生的事情只能由双方引发。"

对黑格尔来说，相互承认要求所牵涉的两种（或者更多）自我意识的非强制性的合作。的确，两种自我意识不仅仅需要自由地承认彼此；实际上，它们必须都**承认**，它们的相互承认和合作对于彼此成为具体的和客观的自我意识来说是必需的。用黑格尔的话来说，它们必须"**承认**他们自身是**相互承认**彼此的"。

就像威廉姆斯指出的，真正的自我意识包含的东西远多于单纯的欲望（尽管它必须也包含欲望）。欲望"抓住并否定对象"，但真正的自我意识却要求来自他者的承认，这种承认反过来蕴含着"允许他者成为它所是的"并"让他者成为自由的"。自我意识希望在他者中只认识到它自身，并且成为他者承认的唯一对象。然而，这样的自我确定性只有"通过与他者的合伙或合作"才能被达到。[29]因为如果某个人想要获得对他自身的具体的、客观的理解，他就必须与某个其他的人结合在一起。

需要注意的是，在我们已经考察的那些段落中，黑格尔不仅仅是在为人性设定一个道德理想。他是以坚定的严格性来展开具体的自我意识的必要条件。他揭示出，作为必然意识到有别于我们自身的东西的存在者，我们只有在得到另一个存在者——我们反过来承认这个存在者是自由的——承认时才能达到对我们自身的确定性。我认为，这种相互承认的观念处在黑格尔整个社会哲学和政治哲学的核心。

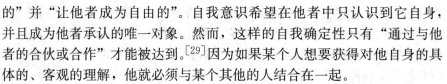

主奴辩证法

根据黑格尔的观点，冲突并不是由那种首先使社会互动变得可能的逻辑所产生的。然而，它由一种未能领会到相互承认的重要性的原始自我意识所产生。事实上，当自我意识被一种欲望——这种欲望类似于科耶夫所描述的欲望——激活时，它就被产生了：这种欲望被承认为纯粹否定的活动。这样一种欲望并不是纯粹的、自我专注的欲望本身，因为它寻求另一个欲望的承认。然而，它想要"通过从它自身中排除所有其他东西"而被承认为"自我等一的"，并且因此是"自我同一的意识的纯粹否定性存在"。[30]就像黑格尔所展示的，这种欲望具有深刻的矛盾。

这样的自我意识想要表明，它并不被束缚于或被限定于自然所给予它的任何东西，它的同一性并不被束缚于它的性别、年龄、肤色或者任何与其身体有关的东西。事实上，它想要表明，它甚至不依附于生命。它也想证明，它并不受限于外在于它的任何事物或任何人。这样的自我意识因此将它自身看作是不受任何被给予或有别于它自身的事物的决定或限制而绝对自由。它试图以两种方式证明这种自由：通过寻求他者的死亡以及通过在过程中大张旗鼓地冒着生命危险。以这种方式，它表明，除了它自己的自由或者纯粹的"为自我的存在"之外，它不珍视任何东西。事实上，它表明，在它自己的眼中，它自己的同一性仅仅在于**否定**任何被给予或有别于它自身的东西的纯粹活动。黑格尔在其解释的任何地方都没有指出原始的自我意识将它自身看作一种寻求被"填充"的"空洞"。然而，科耶夫正确地讲述，它将它自身看成是纯粹的"否定的-否定性"。正是这样一种欲望，即想要通过杀死他者而证明它自身是纯粹的自由和否定性——一种激活了每个自我意识的欲望——导致了那种生存和死亡的斗争。那种斗争因此不是由资源的任何匮乏——或者像保罗·雷丁（Paul Redding）所指出的，由"保存生命"的欲望——产生的，而宁可说是由一个原始的自由*观念产生的*。[31]

原始的自我意识不仅想要成为自由的，它还想要被他者承认为自由的。它想要让他者看到，在这样做时，它正试图杀死他者并且正冒着生命危险。这种想要获得承认的欲望让这样的自我意识陷入了自我矛盾。罗伯特·所罗门（Robert Solomon）很好地说明了这一点："就只有与他人一起，某人的同一性才得以产生并被定义而言，杀死他人是自我挫败的，因为这个人恰恰失去了那种他所要求的承认的源泉。"[32]因此，如果其中一个自我意识想要获得承认，它们中的另一个就必须让步。这并不是说，在每一个这样的斗争中，一方实际上将会让步，而是说这种境遇的**逻辑**要求一方退让。这样做了的那个人因此会表明，它终究不是绝对自由的。它实际上依附于生命并且害怕死亡，同时承认它的同一性是（至少部分地）由被给予和有别于它的东西所决定和限定的。这种意识因此承认，它的同一**性依赖**于它自己的身体和在它周围的自然事物的领域，并且在对这种依赖性的意识中，它成为他者的仆人、奴仆或奴隶。那个其他的自我意识已经成功地证明它自身是绝对自由的和无畏的，它被奴隶承认为他的（或她的）领主和主人。生存和死亡的斗争因此在逻辑上——如果并不总是在实际上——导致主人与奴隶的关系。

这种关系——黑格尔对它的著名解释深刻地影响了马克思——并不是社会生活所固有的。例如，在存在真正的相互承认的地方，它就不会被遇到。它是两个（或更多）**原始**自我意识的承认的斗争的结果，其中一个——奴隶——最终接受了被汤姆·洛克莫尔（Tom Rockmore）正确地称之为"深层真理"的东西，即"生命对它来说像纯粹自我意识一样是本质性的"，并且由此让另一个享受无阻碍的自由的感觉。[33]

主人与奴隶之间的这种关系是复杂的。黑格尔讲到，就他在世界之中的事物——奴隶承认他自身依赖于这些事物——上行使权力而言，主人间接地统治着奴隶。然而，主人也在奴隶身上行使直接的权力，并且——同时在字面意义上和在象征意义上——将奴隶插入到他自身和他计划占有的事物之间。这样一个事实，即"领主通过奴仆间接地将其自身关联于事物"，具有特别的重要性，因为它解释了为什么主人发现了一个避开了简单欲望的满足层次。[34]

我们回想到，欲望否定和消费事物；但是它也违反事物的独立性，因此它未能"利用事物总体"，并由此未能达到完全满足。通过将奴隶插入到他自身和事物之间，主人成功地将欲望的这两个方面彼此分开。他让奴隶去处理事物的独立性和具有抵抗力的"别处性"，并且为他自身保留了"对它的纯粹享受"。在奴隶的帮助之下，主人因此使得他自身不受欲望的挫败而成为自由的，并且沉湎于消费的纯粹乐趣中。[35]

与之相反，奴隶面对着这样的东西，他将这种东西看作是坚定独立的对象的世界。然而，奴隶仍然是自我意识地欲望其本身，并且就其自身而言享受着某种程度的否定事物的自由。但是，他的否定活动不能延伸到事物的消费和毁灭，而是必须将其自身限定在改变那些被持续看作独立的事物。黑格尔将这种改变性的否定活动称作**劳作**或**劳动**。（顺便说一下，黑格尔的观点并不是奴隶们可能只是永远劳作，而从不吃东西，而是他们将他们作为奴隶——而不是人本身——的独特活动理解为劳动。）对黑格尔来说，劳动因此是这样一种欲望活动，这种活动遇到来自事物的抵抗，并且因此"受到抑制"（*gehemmt*）。[36] 它并不完全否定事物，而是为了主人的快乐而将其重新加工成——例如，通过烹调它或给予它一个新的形态——一个新的对象。主人因此能够占有一个对象，这个对象不再被当作完全独立的，而是仅仅被看作他的快乐的一个手段。因此，在主奴关系中，欲望被分裂成不同的生产活动和消费活动：一个人劳动和生产，以便另一个人能够消费，并且在这样做时能够彻底地享受**他自身**。

当然，马克思后来在19世纪将生产和消费之间的一种类似的分裂判定为内在于资本主义的。然而马克思指向的是那种被他看作资产阶级社会中的一种客观分裂的东西，而黑格尔——至少在《精神现象学》中——则纯粹感兴趣于意识的特定形式理解它们自身的方式。他并未声称主人实际上只在自由地消费，而是仅仅声称，他以这种方式将他自身看作是自由的（并且奴隶通过让其自身束缚于无止境的劳动而强化了这一点）。然而，黑格尔立即指出，主人自己的经验动摇了他关于其自身所拥有的舒适观念。

主人所面对的问题是双重的。一方面，尽管他得到了奴隶的承认，但是主人并未反过来承认奴隶，并且因此不能在奴隶对他的承认中找到真正的价值。黑格尔写道，结果"就是一种单方面的和不平等的承认"[37]。另一方面，对主人来说体现了其绝对自由的那种关系——他对奴隶的统

22

治——也提醒他，在他的自由中，他实际上依赖于另一个人。就像洛温伯格的虚构人物哈地斯和梅露蒂（Meredy）所指出的，主人"对承认的需要……有害于他的自足性"，并且他"最终被一种依赖性所困扰，这种依赖性不同于奴隶的依赖性"[38]。在这种意义上，主人看到他自己境遇的**真理**被表达在奴隶之中，并且这种真理被证明是令人不快地双刃性的：一个人对另一个人的绝对统治总是依赖于后者的顺从。

然而，还有一种感觉，在其中"独立意识的**真理**"——主人——通过注意奴隶而被发现：因为在奴隶中，我们开始看到主人提出专属要求的那种自由和独立**事实上**是什么。"就像领主表明，它的本质属性与它想要成为的东西正好相反，"黑格尔写道，"在其完善中的奴役也将会真正地转换成它直接所是的东西的对立面……并且被转变成一个真正独立的意识。"这并不意味着——就像伊波利特非常有名地指出的——主人变成了"奴隶的奴隶，而奴隶被显示为主人的主人"。宁可说，它意味着——就像所罗门认识到的——"主人变得依赖于奴隶；［而］奴隶变得**独立**于主人"。[39]

那么，奴隶如何被证明为是自由的呢？首先，通过他的劳动：因为尽管他是被主人逼迫着去劳作，但是他的劳动仍然是他自己的活动。此外，与主人的不受约束的欲望——这种欲望消费对象并且没有留下任何东西来标示其活动——不同，劳动让奴隶能够将持久的客观表达给予其自由。对奴隶来说的事物的独立性保存了奴隶在其之上所进行的劳作；因此，"在加工事物时，奴仆自己的否定性，他的为自我的存在，对他来说成为一个对象"[40]。奴隶也许没有发现他自身被其他自我意识所承认，但是他确实发现他的自由**体现**在他的劳动对象中。

对于奴隶的自由来说，同样重要的是他对死亡的恐惧。在原初的生存和死亡的斗争中，两个意识都寻求将他们自身承认为是"纯粹否定性的存在"——那种"自我同一的"但却并不被束缚于成为任何特定事物的存在。[41]主人成功地为他自身获得了这样的承认，并且在对他周围的对象的不断消费中表达了他要成为"纯粹否定性的"意识。换而言之，奴隶则将他自身看作被束缚于自然的给定的特性，并被这些特性所定义，因此看起来没有要成为纯粹否定性的意识。然而，黑格尔指出，在对死亡的恐惧中，奴隶实际上确实是在将他自身看作纯粹的否定性：因为在恐惧的时刻，他设想他自身是**死了**，并且因此是**空无**。奴隶不只是注意到这样一个事实，即他将在未来的某个时刻死去；他认为他自身**现在就是**死了并且**就是**空无。事实上，这就是让他恐惧的东西：他看到有关他自身的所有东西

23

都"内在地消散了"（*innerlich aufgelöst*）并且"动摇了其根基"，而且他一想到实际上完全是空无，就会颤抖。尽管他对它感到战栗，但是在这一刻奴隶是将他自身看作**存在**，尤其还是空无的存在。他因此以这样一种方式看待他自身，这种方式看起来只被主人所保留，即作为"纯粹的否定性"。就像科耶夫所讲的，在其恐惧中的奴隶"瞥见到了他自身是虚无"[42]。

黑格尔评论道，恐惧本身就是"内在的和沉默的"：它使得奴隶内在地颤抖，但却不走出去主动否定他周围的事物。[43]尽管如此，恐惧并不仅仅是弱化性的，因为它深化了奴隶通过劳动所获得的自由意识。恐惧有时候被评论者们仅仅理解为那种首先迫使奴隶为主人而劳动的东西。然而，黑格尔的观点比这个更为微妙：正是这种恐惧改变了奴隶对劳动本身的意义的理解。

奴隶必须劳动，因为他屈从于主人。然而，通过他的劳动，奴隶发现他拥有改变事物本身并且事实上依据他自己的意志和意向来改变它们的自由。通过在事物之上劳作，他因此获得了那种被黑格尔称为"自己的主见"（*engener Sinn*）的东西。然而，奴隶的自由是那种改变他遇到的**特定**事物的自由：将这块木头制成一把椅子或者将这些原料做成面包。于是，依据他进行劳作时被要求的东西，奴隶发展出了**特定的**技艺。他展现在其劳动中的自由因此仍然是一种有限的自由：它在于为这些**特定的**对象赋予新形态的这种**特定的**能力，并证明了这样一个事实，即奴隶的意识仍然沉陷于给定的特定性的世界（或者像黑格尔所讲，"确定的存在仍然在**原则上**束缚着它"）。

如果奴隶的自由仅仅在于他的劳动能力，那么他的同一性将只由他所拥有的特定技艺来定义。这些技艺将会是他的一切，而且他将会坚持能够运用它们。他通过他的劳动所获得的那种"自己的主见"将会由此落入顽固的"固执己见"（self-will, *Eigensinn*）。此外，他将会表明，他自身完全依赖于——并且受奴役于——他的特定技艺。他的自由将会因此是"一种仍然陷入奴役之中的自由"。他将会显示"一种技艺，这种技艺强于（*mächtig*）某些特定事物，但却不强于……整个客观存在"。[44]

然而，当其以死亡的恐惧为先导时，奴隶劳动的特征将会完全不一样。在死亡的恐惧中，奴隶一想到完全是空无，就会颤抖；然而同时黑格尔指出，在其恐惧之中的奴隶体验到了他自己的"本质属性"。奴隶发现，即使当他认为有关他自身的所有东西都已经"消散了"的时候，他仍保持着一种对**他自身**的意识。他由此了解到，最终他作为自我意识的存在并不被束缚于成为任何特定事物。奴隶因此认识到，自我意识的本质属性是**"为自我的纯粹存在"**（并且，在这样做时，有些类似于笛卡尔在第二沉思的开端所做的）。正是从死亡的恐惧中获得的这种对它自身的新的理解改变了奴隶对他的劳动的理解：因为他现在能够将他的劳动不仅理解为一种特定技艺的运用，而且理解为这样一个事实——它的作为自我意识的存在**并不被束缚于成为任何特定事物**——的外在的、主动的表达。换句话说，它的劳动能够被看作他不受特定性和确定性限制的本质自由的一个特定表达。如果没有死亡的恐惧，奴隶只会将他的劳动仅仅理解为一种独特的技艺；然而，凭借死亡的恐惧，它能够将他的劳动理解为他的"否定性本身"或他的"普遍构型活动"的工作。他由此能够将他自身看作不仅是某些事物的主人，而且是"整个客观存在"的主人。[45]

科耶夫认识到，在死亡的恐惧中，奴隶面对着他自己的虚无。然而，他看起来没有注意到黑格尔的主要观点：通过允许他使其同一性脱离他所从事的特定劳动，奴隶的这样一个意识——他的本质尤其在于成为空无——向他提供了一种深刻的自由意识。黑格尔式的奴隶并不将他的特定技艺看作界定了他是谁，而是将它们看作对他否定和改变事物的**一般**能力的特定表达。他因此不只是一种一维（或者二维，或者三维）的存在，而宁可说是一种多维的存在，这种存在认识到他能够从事所有类型的劳动，并且不被束缚于这种或那种特定工作。可以说，黑格尔的奴隶与马克思有着类似的看法。在奴隶的世界，就像在共产主义社会一样，没有人被限定于"某个专属的活动领域，而是每一个人都可以在他所希望的任何分支中取得成就"；由此，"将没有画家，而最多只有在其他活动中从事绘画的人"。[46]然而，黑格尔的奴隶和马克思之间的重要差异在于，奴隶通过设想他自己的死亡而获得他对内在自由的意识，而马克思则看起来完全忽视了死亡的主体。

死亡、宽恕和相互承认

主人的绝对自足性的要求被他对依赖性的意识所损害；与之相反，奴隶被发现通过他的劳动而享受了一种深刻的自由意识。奴隶也感觉到它自身是纯粹的否定性，尽管与主人不同，他在他的劳动中而不是在消费中表达出这种感觉。然而，奴隶并未获得完全的自由或自我意识，因为它仍然——至少外在地——屈从于他的主人，而且并未参与一种相互承认的共同体（根据定义，这要求废除奴役）。尽管如此，还是能够从奴隶那里学到很多关于真正自由的东西。

除了享受和给予承认（并拥有欲望），真正自由的自我意识必须承认生命和具身化对它来说也是本质性的，并且承认它必须从事劳动。它还必须想起它自己的死亡：在设想它自身是死了的时候，它发现即使看到关于它自身的所有东西都消散了，它仍会保持着对它自身的一种意识。它因此了解到，它作为自我意识的同一性并不被束缚于成为任何特定的事物，并且为了**存在**，它无须固守其特定性。想起死亡因此教给我们这一点，即我们能够舍弃我们的特定性并且仍然保持一种关于我们自身的意识。我们能够放弃这种或那种劳作，并且仍然保持着从事其他种类的劳动的自由。这并不是要否认，我们在我们选定的职业中所获得的特定的同一性对我们来说可能是非常重要的。这仅仅是指出，那种特定的同一性对于我们的自我性意识来说并不是绝对本质性的，因为对我们来说总是有可能在做其他事情时发现自由。

在一个真正自由和相互承认的共同体中，将不再需要通过承认的斗争而寻求某人自身的确定性，或者对于某些成为奴隶的人来说，通过恐惧暴力地死在另一个人的手上而寻求其自身的确定性。然而，我们将仍需要通过记住我们的可朽性而被教导着舍弃我们自身。黑格尔相信，这样做的任务属于宗教。对于黑格尔来说，宗教生活的一个本质性部分因此就是记住死亡。这并不意味着导向冷漠、轻率，或者让现实的欲望消亡。宁可说，宗教信仰相信，我们能够被推进到简单且忠实地接受这样一个事实，即我们生来就是会死的，并且凭借那种接受，我们将不再试图坚持地固守我们是谁。这一点转而将会给予我们——在生命之内——一种内在自由的意识，并且将尤其让我们自由地去爱和宽恕他人。

在他 1821 年为其《宗教哲学讲演录》（*Lectures on the Philosophy of Religion*）所写的手稿中，黑格尔声称，死亡的接受和对他人的爱之间的密切关系在基督的形象中被最大程度地显示出来。黑格尔写道，"爱"在于

> 放弃某人的人格，放弃某人自己的所有东西，等等。［它是］一

种自我意识到的活动，［是某人自身］在他人中的，甚至是在死亡的这种最外在的他异存在中的最高屈服……基督之死［就是］这种爱本身的景象。[47]

真正的宗教生活因此不是为了追求彼世的救赎，而是为了寻求在此时此地充满基督精神——这种精神让死亡来临，并因此让它自身被取代，而且在这样做时显示出对他人的爱和宽恕。

因此，对于宗教信仰者来说，死亡并不仅仅是一个恐惧的对象（尽管死亡的恐惧永远不会被完全消除），它也绝不是一个热切欲望的对象。死亡是对自我的彻底否定，是开放并谦卑地接受这样一种东西，这种东西让我们自由地舍弃我们自身，并"宽恕那些对我们犯下罪恶的人"。在《精神现象学》中，黑格尔写道，对他人的宽恕包含了对某人自身的"放弃"：它蕴含着停止固守某人自身和某人自己的无情判断，并给予他人第二次机会。对黑格尔来说，宽恕因而成为不同个体之间和谐的基础。事实上，它使得"作为**绝对精神的相互承认**"成为可能。在宽恕他人时，我并不坚持让他人服从于我自己的自以为是的判断，而是"再次让他人成为自由的"；由此我承认，无论他或她可能已经做了什么，他人都总是自由地去爱、宽恕，并且因此转而去承认包括我在内的其他人。通过使宽恕变得可能，对死亡的开放性接受因此被发现是导向相互承认，这种相互承认是真正的自由和自我意识的条件。[48]

在一个依据法律保障权利的国家里，相互承认必须采取世俗的生命形式。然而，在黑格尔看来，相互承认也要求宗教的基础：因为我们需要认识到它兼容于这样一个存在事实，即我们生来就是会死的。乔治·巴塔耶（Georges Bataille）认为，死亡或"分解""并不容易与承认的欲望相协调"[49]。与之相反，宗教信仰知道这并不是一目了然地真实的。死亡本身确实毁灭了生命，并且因此消除了给予或接受承认的可能性（就像奴隶很好地理解的）。然而，**在我们寻求保存的生命的内部**开放并且接受死亡，这将会使得宽恕以及与之伴随的相互的爱和尊重成为可能。由于这一原因，宗教将对死亡的接受放置在人类生活的核心，并且理解到这样的生活（连同它所包含的所有劳动和辛劳）通过它而得到更新或"重生"。

对黑格尔来说，宗教因此是这样一个共同体的不可或缺的组成部分，这个共同体是通过爱、通过与他人的带着尊重的统一而被联合起来，而不是通过暴力和奴役而被联合起来。正是在这样一个共同体中，我们发现我们自身被承认是自由的，并且由此获得真正的自我意识。黑格尔的论证也表明，这样一个共同体是真正的"来生"在其中被发现的地方。在我看来，这样一种黑格尔式的观念——自我意识、承认和对死亡的接受是不可分割地关联在一起的——是西方哲学史中最为深刻的观念之一，并且它也是我们今天需要认真关注的一个观念。

【注释】

[1] Williams (1997), p. 101.

[2] Hegel (1971), p. 171 (§431 Addition).

[3] Hegel (1971), p. 172 (§432 Addition).

[4] Loewenberg (1965), p. 83.

[5] Hegel (1977), pp. 101-2 (§§163-4).

[6] Hegel (1977), p. 103 (§165).

[7] Descartes (1984), vol. 2, p. 24.

[8] Hegel (1977), p. 105 (§167); Hyppolite (1974), p. 160.

[9] Rosen (1998), p. 237.

[10] Kojève (1980), pp. 38-40; Hegel (1977), pp. 105, 109 (§§167, 174).

[11] Hegel (1977), p. 109 (§175).

[12] Butler (1987), p. 91; Hegel (1977), p. 109 (§175).

[13] Hegel (1977), p. 109 (§175). 也参见 Lauer (1976, p. 99) and Pinkard (1994, p. 52)。

[14] Hegel (1977), p. 108 (§171).

[15] Hegel (1977), p. 110 (§176).

[16] Hegel (1977), p. 110 (§§175-6).

[17] Gadamer (1976), p. 61.

[18] Hegel (1977), p. 110 (§§176-7).

[19] Kojève (1980), pp. 4, 6-7, 40.

[20] Kojève (1980), p. 38.

[21] Gadamer (1976), pp. 61-2.

[22] Kojève (1980), p. 40.

[23] Kojève (1980), pp. 58, 69.

[24] Sartre (1958), pp. 237, 240, 429.

[25] Bernstein (1984), p. 14.

[26] Düttmann (2000), p. 191.

[27] Hegel (1977), pp. 111-12.

［28］译文有修改。

［29］Williams (1992)，p. 155.

［30］Hegel (1977)，p. 113 (§ 186).

［31］Kojève (1980)，pp. 4−5；Redding (1991)，p. 182；Hegel (1977)，pp. 113−14 (§ § 186−7).

［32］Solomon (1983)，p. 450.

［33］Rockmore (1997)，p. 69；Hegel (1977)，pp. 115 (§ 189).

［34］Hegel (1977)，p. 115 (§ 190).

［35］Hegel (1977)，p. 116 (§ 190).

［36］Hegel (1977)，p. 118 (§ 195).

［37］Hegel (1977)，p. 116 (§ 191).

［38］Loewenberg (1965)，p. 88.

［39］Hegel (1977)，p. 117 (§ 193)；Hyppolite (1974)，p. 172；Solomon (1983)，p. 451，强调由本章作者所加。

［40］Hegel (1977)，p. 118 (§ 196).

［41］Hegel (1977)，p. 113 (§ 186).

［42］Kojève (1980)，p. 47；Hegel (1977)，p. 117 (§ 194). 米勒将 "*innerlich aufgelöst*" 翻译为 "quite unmanned" （"完全无人的"）。

［43］Hegel (1977)，p. 119 (§ 196).

［44］Hegel (1977)，p. 119 (§ 196).

［45］Hegel (1977)，pp. 117, 119 (§ § 194, 196).

［46］Marx (1977)，pp. 169, 190.

［47］Hegel (1984−7)，vol. 3, 125.

［48］Hegel (1977)，pp. 407−8 (§ 670).

［49］Bataille (1997)，p. 289.

参考文献

Bataille. G. 1997：Hegel, death and sacrifice. In F. Botting and S. Wilson (eds.)，*The Bataille Reader*. Oxford：Blackwell，279−95.

Bernstein, J. 1984：From self-consciousness to community：act and recognition in the master-slave relationship. In Z. A. Pelczynski (ed.)，*The State and Civil Society. Studies in Hegel's Political Philosophy*. Cambridge：Cambridge University Press，14−39.

Butler, J. 1987：*Subjects of Desire. Hegelian Reflections in Twentieth-Century France*. New York：Columbia University Press.

Descartes, R. 1984：*The Philosophical Writings of Descartes*，2 vols.，trans.

J. Cottingham, R. Stoothoff, and D. Murdoch. Cambridge: Cambridge University Press.

Düttmann, A. G. 2000: *Between Cultures. Tensions in the Struggle for Recognition*, trans. K. B. Woodgate. London: Verso.

Gadamer, H-G. 1976: *Hegel's Dialectic. Five Hermeneutical Studies*, trans. P. C. Smith. New Haven, Conn.: Yale University Press（最初出版于 1971 年）。

Hegel, G. W. F. 1971: *Philosophy of Mind. Being Part Three of the Encyclopaedia of the Philosophical Sciences* (1830), trans. W. Wallace and A. V. Miller. Oxford: Clarendon Press（最初出版于 1830 年、1845 年）。

—— 1977: *Phenomenology of Spirit*, trans. A. V. Miller. Oxford: Oxford University Press（最初出版于 1807 年）。

—— 1984-7: *Lectures on the Philosophy of Religion*, 3 vols., ed. P. C. Hodgson, trans. R. F. Brown, P. C. Hodgson, and J. M. Stewart. Berkeley, Calif.: University of California Press.

—— 1991: *Elements of the Philosophy of Right*, ed. A. W. Wood, trans. H. B. Nisbet. Cambridge: Cambridge University Press（最初出版于 1821 年）。

Hyppolite, J. 1974: *Genesis and Structure of Hegel's Phenomenology of Spirit*, trans. S. Cherniak and J. Heckman. Evanston, Ill.: Northwestern University Press（最初出版于 1946 年）。

Kojève, A. 1980: *Introduction to the Reading of Hegel. Lectures on the Phenomenology of Spirit*, ed. A. Bloom, trans. J. H. Nichols. Ithaca, NY: Cornell University Press（最初出版于 1947 年）。

Lauer, Q. 1976: *A Reading of Hegel's Phenomenology of Spirit*. New York: Fordham University Press.

Loewenberg, J. 1965: *Hegel's Phenomenology. Dialogues on the Life of Mind*. La Salle, Ill.: Open Court.

Marx, K. 1977: *Selected Writings*, ed. D. McLellan. Oxford: Oxford University Press.

Pinkard, T. 1994: *Hegel's Phenomenology. The Sociality of Reason*. Cambridge: Cambridge University Press.

Popper, K. R. 1966: *The Open Society and its Enemies*, 2 vols. London: Routledge（最初出版于 1945 年）。

Redding, p. 1991: Hermeneutic or metaphysical Hegelianism? Kojève's Dilemma. *The Owl of Minerva*, 22 (2), 175-89.

Rockmore, T. 1997: *Cognition. An Introduction to Hegel's Phenomenology of Spirit*. Berkeley, Calif.: University of California Press.

Rosen, S. 1998: Kojève. In S. Critchley and W. R. Schroeder (eds.), *A Companion to Continental Philosophy*. Oxford：Blackwell，237－44.

Sartre, J.-P. 1958：*Being and Nothingness. An Essay on Phenomenological Ontology*, trans. H. E. Barnes. London：Methuen（最初出版于 1943 年）。

Solomon, R. 1983：*In the Spirit of Hegel. A Study of G. W. F. Hegel's Phenomenology of Spirit*. New York：Oxford University Press.

Williams, R. 1992：*Recognition. Fichte and Hegel on the Other*. Albany, NY.：State University of New York Press.

Williams, R. R. 1997：*Hegel's Ethics of Recognition*. Berkeley, Calif.：University of California Press.

延伸阅读参考文献

Harris, H. S. 1997：*Hegel's Ladder*, 2 vols. Indianapolis, Ill.：Hackett.

Houlgate, S. 1991：*Freedom, Truth and History. An Introduction to Hegel's Philosophy*. London：Routledge.

—— (ed.) 1998：*The Hegel Reader*. Oxford：Blackwell.

——2001：G. W. F. Hegel. In S. M. Emmanuel (ed.), *The Blackwell Guide to the Modern Philosophers from Descartes to Nietzsche*. Oxford：Blackwell，278－305.

Lamb, D. (ed.) 1998：*Hegel*, 2 vols. Aldershot：Ashgate.

O'Neill, J. (ed.) 1996：*Hegel's Dialectic of Desire and Recognition. Texts and Commentary*. Albany, NY：State University of New York Press.

Pinkard, T. 2000：*Hegel. A Biography*. Cambridge：Cambridge University Press.

Pippin, R. 1989：*Hegel's Idealism. The Satisfactions of Self-Consciousness*. Cambridge：Cambridge University Press.

Stern, R. (ed.) 1993：*G. W. F. Hegel. Critical Assessments*, 4 vols. London：Routledge.

Stewart, J. (ed.) 1998：*The Phenomenology of Spirit Reader. Critical and Interpretive Essays*. Albany, NY：State University of New York Press.

Taylor, C. 1975：*Hegel*. Cambridge：Cambridge University Press.

Westphal, M. 1998：*History and Truth in Hegel's Phenomenology*. Bloomington, Ind.：Indiana University Press, 1998 (first published by Humanities Press, Atlantic Highlands, NJ, 1979).

第 2 章　亚瑟·叔本华

洛伊尔·卡罗尔（Noël Carroll）

亚瑟·叔本华（Arthur Schopenhauer，1788—1860）出身于但泽（现为格但斯克）的一个富裕的德国家庭。最初，叔本华被教育着像他父亲一样去经商——一种不合亚瑟趣味的职业——在其父亲于 1805 年自杀之后，他获得了追求其他兴趣的自由。叔本华先后在哥廷根（Gottingen）和柏林（Berlin）学习，1812 年，他完成了他的博士论文——《论充足理由律的四重根》（"On the fourfold root of sufficient reason"）。尽管他尝试着去教学，但是他继承的遗产足够多，以至于他不必为了生计而工作。1818 年，他出版了其悲观主义的杰作《作为意志和表象的世界》（*The World as Will and Representation*）的第一卷。它并未立即获得成功；然而，1850 年之后，这部著作开始被广泛阅读，这不仅是因为很多人将其看作一部好用的康德导读，而且还因为其高品质的文学性。叔本华无疑是一位杰出的作家，这是其哲学持续流行的一个主要原因。他对作曲家理查德·瓦格纳（Richard Wagner）和青年尼采（Nietzsche）也具有重要的影响。

与大多数人相比，叔本华过着极为舒适的生活，他每天都吃着丰盛的餐食，进行着良好的交谈，并且经常接触艺术。尽管在爱情上是不幸的，并且因在声望方面黑格尔使他黯然失色而感到愤恨，但叔本华自己的痛苦经验似乎很难相称于对人类生命的阴沉且悲观的看法，他因提出这种看法而闻名，尤其是在《作为意志和表象的世界》中。叔本华个人很少面对那些我们任何人都会将其看作极度困境的事情，他认为我们的存在是最糟糕的存在可能性，这种存在被无休止的痛苦、未满足的欲望和无聊所折磨。由于这些信念似乎很难由叔本华的个人经验所触发，因此，我们需要转向他的形而上学，以便解释他深沉的悲观主义——他的这一看法，即存在是永恒的痛苦，对我们中的很多人来说，这种痛苦仅仅偶尔通过审美体验而被缓解，而对于极少数人来说，则通过禁欲式放弃的生活而被缓解。

叔本华的形而上学

康德和柏拉图的哲学，连同各种印度教和佛教著作，为叔本华提供了
31 主要的灵感来源。尽管批判了康德哲学的很多细节，但叔本华接受了康德
的现象和本体之间的区分，并将它用作他自己哲学体系的基础。也就是
说，对叔本华来说，世界能够依据两个方面被领会：它向我们显现的方式
（现象的方面）以及世界自在存在的方式（本体的方面）。如其向我们显现
的那样的世界是作为理念或表象的世界；如其自在的那样的世界是作为意
志的世界。就像我们可以将著名的、可逆的鸭-兔图要么看作鸭子，要么
看作兔子，因此我们也可以将世界要么领会为表象，要么领会为意志。让
我们先来看这些方面的其中一个。

将世界领会为表象意味着什么呢？它意味着，由于人类精神的结构而
依据特定范畴与世界相遇：空间、时间和因果性范畴（这些范畴是叔本华
从康德那里获得的）以及主-客关系范畴（这一范畴是叔本华引入进来以
补充康德的列表的）。叔本华将这些范畴——这些精神滤镜——称为充足
理由律。由于精神是依据这些范畴而被结构的，因此所有惯常经验和惯常
认识都会落入它们的影响范围，并由它们所组织。

可以说，就精神仅仅将那些服从于这些范畴的东西接受为可理解的信
息而言，精神依据这些范畴而结构经验。因此，在任何经验中，我们都依
据空间和时间范畴而组织我们所遇到的客体——我们将它们放置在空间和
时间中——并且我们将它们看作是彼此之间处于因果关系之中，同时也与
我们处于因果关系之中（在此，我们处于主体的范畴之下，而它们则落入
客体的范畴）。所有惯常经验都是依据这些范畴而被结构的。它们是我们
通常依据着来认知或认识世界的范畴。逃避这些滤镜的任何事物——未能
落入这些范畴的任何事物——在惯常意义上（这包含科学知识）都将会是
不可认知的——不可认识的或不可经验的。

为什么这些范畴被称为充足理由律呢？因为这些范畴提供了我们对这
样一些问题所拥有的基本的理由或回答，这些问题是我们对惯常经验的客
体所问的，例如"它们在哪里？"（空间）、"它们在什么时候？"（时间）以
及"它们是为什么或基于何原因？"（因果性）。而且，正是因为我们的精
神是依据这些范畴来组织或建构作为表象的世界，因此惯常经验是关于各

大陆哲学

38

种各样的个体事物的经验，这些事物在空间和时间中被区分开，并且作为原因有别于结果，作为主体有别于客体。由此，作为表象的世界是被个体化原则（the principle of individuation，the *principium individuationis*）所统治；也就是说，在惯常经验中，现象向我们显现为个体事物——在那里的马、我旁边的树、砸破了窗户的石头。

现象世界（诸现象的世界）是作为表象的世界，是由于这样一个事实——我们的精神是依据充足理由律而被结构的——而被经验为由个体事物组成的世界。它正是如我们所有人所熟悉的那样的世界。但是，像康德一样，叔本华并不相信这就是事情的全部。作为表象的世界是如其向我们显现的那样的世界。但是自在的——远离依据充足理由律的认知的——世界是什么样的呢？我们说精神凭借前述的范畴而建构世界。但是，它在建构什么呢？这些范畴运作于什么之上？它们正在组织的信息是什么？如果这些范畴正在被运用，那么情况必定是它们正被运用于某物。必定有一种世界自在存在的方式，一种与这样一种方式——在这种方式中我们关于它的经验是依据范畴来建构它——不同的方式。叔本华与康德一起将这个看作世界的本体方面，它对立于现象方面，也就是说，对立于因我们精神的本质而如其向我们显现的那样的世界。

然而，对于康德来说，尽管我们能够认识到有世界的这种本体方面——有一种世界自在存在的方式——但是我们却不能认识关于它的任何具体东西。为什么不能呢？因为在惯常意义上，认识本体领域的内容就是以我们对待现象的方式将我们的知性范畴——充足理由律——运用于本体。但是，如果我们以那种方式行事，那么我们将不再是讨论本体领域，而是讨论现象领域——因我们精神的结构而如其向我们显现的那样的世界。如果认识就是运用充足理由律，那么我们不能认知本体领域，因为依据定义，本体领域就是相关范畴无法通达的东西。如果有任何东西易于被认知——这种认知依据范畴而被理解——那么它是现象，而不是本体。因此，对康德来说，除了认识到有某种自在之物，关于它不能谈论任何东西。包括叔本华在内的随后的哲学家们发现这一结论是令人沮丧的。告诉一个哲学家某种东西是不可能的，没有什么能比这一点更有效地激发哲学想象。因此，叔本华开始努力去发现一种方法，以便认识世界自在存在的方式，这种方法能够避开康德所界定的认识论障碍。

简单地说，叔本华的挑战是这样的：所有惯常知识都关联于范畴。这些范畴在空间和时间中对事物进行个体化，并将它们组织在因果关系中。

可假定的是，世界自在存在的方式也许并不像这样——它也许不是由在空间和时间中被个体化的并且被因果性地组织起来的事物组成。也许，它以某种非多样的状态存在，在这种状态中，客体并不彼此区分或与主体区分，原因与结果也不是独立的存在者。但是，因为空间、时间和因果性是我们的知识范畴——因为任何我们能够宣称认识的东西都必须依据它们的条件而被认知，所以我们如何能够认识关于这样一个领域——在这个领域中，这些范畴必然是不适用的——的任何东西呢？

很明显的是，在这里有一个重要的前提，即我们知识的范围同那种能够依据范畴而被认知的东西的范围是一样的。但是，如果有某种知识是独立于范畴的，那么这将可能开放出这样一种可能性，即那种知识能够把握世界自在存在的方式。这是叔本华解决康德式难题的关键。

叔本华赞同我们是依据范畴来组织和认识外在经验——我们对现象的经验，对外在于我们的世界的经验。但是，还有另一个经验维度，一个内在的维度，并且我们对这个内在维度的知识看起来并不是依据充足理由律。

所以说，当我们从内部经验我们自身的时候，我们的经验就不是被范畴所塑造。我并未将我的内在自我经验位于空间之中，主体和客体关系也没有恰当描述自我意识。当我们内在地经验我们自身时，主体和客体是同一的；我们并不是作为主体的我们自身的客体。我们的动机也不是被经验为外在的原因。因此，在很大程度上，我们对我们自身的经验超越了充足理由律。当我们从内部认识我们自身时，充足理由律远远没有完全运作起来。

但是，这意味着我们能够在某种程度上通达某种外在于现象的东西——通达远离作为表象的世界的某种东西。我们能够从内部通达我们自身，并且这种经验和知识看起来以重要的方式处在范畴（空间、因果性和主-客关系的范畴，尽管可以说不是时间的范畴）之外。这就是说，我们能够通达物自身——尽管是有限的通达——仅仅因为依据我们的自在生活我们是自在世界的居民。我们能够认识自在世界，因为在某种程度上，我们生活在那里——或者更技术性地讲，因为我们自身就是本体的。

关于我们经验为外在于我们自身的东西的惯常知识——表象知识——受到充足理由律的支配。但是，存在另一种知识，那种从我们自身的内部获得的知识。这种知识完全不受充足理由律的调节。通过直接认识，我们内在地认识到我们自身。并且，在这样一个程度上——这种通过直接认识获得的自我知识并不是排他性地受范畴的支配——我们能够拥有某种关于世界自在存在的方式的知识。此外，叔本华认为，我们可以使用这一本体领域的认识立足点来推断自在世界的概况。也就是，我们能够从我们通过内省而发现的关于我们自身的东西出发进行推断，以便对自在世界的本质进行某种讨论，因为，我们是通过自我意识而直接获得它。

叔本华承认，我们无法绝对地确定这种东西——我们从我们关于自身的内在经验中推断出的关于自在世界本质的东西——是一种通向自在世界的完全可靠的指南，但是他认为，这是我们能够期待对自在世界有任何了解的最佳（也许这也是唯一的）方式。在这里，叔本华在理智上的诚实确实令人钦佩，然而，考虑到他在其中继续描述自在世界的自信语气，人们不禁要问，在这样一个微小样本——我们自己的自我意识——的基础上，他是否大大高估了人们关于整个本体世界能够有权去说的东西。

尽管如此，叔本华仍全力以赴地推进他的计划。通过鼓励我们与他一起进行内省，他让我们问我们自己：我们内在生命的本质是什么？它有什么独特之处？我们的本质性的内在特征是什么？因为他相信（可能没有足够的依据），如果我们能够回答这些问题，那么我们就能富有成效地假设那些也整个地是自在世界的特征。

因此，如果内在地看，我们发现了什么呢？我们是什么呢？叔本华讲到，用一个词来说，"意志"——生活的意志，拓展我们自身的意志，保存我们自身的意志，占有事物的意志，阻止我们自己退化和消散的意志，保持我们自身完整的意志，以及繁殖的意志。我们的内在生命显示出，它自身被卷入到不断努力去获得我们继续存在所需要的东西，并且进而为了扩大我们的统治而去获得更多东西。

通过反思我们所能够通达的自在世界的唯一样本——我们自身——叔本华邀请我们去推测自在世界是意志：存在的意志，生命意志，自我保存和拓展的意志，一种宇宙生命力量，这种力量此外还是不可分割的，因为它不受充足理由律（这种充足理由律负责将事物分割成不同的实体）的影响。

自在世界是意志。此外，由于自在世界并不是多样的，不是分裂的——因为它全部是意志——并且由于正是自在世界在提供显现在作为表象的世界中的每一种事物的必要基础，因此，我们可以假定，每一种事物——每一个体事物——都拥有一个意志的方面。在这里，叔本华不仅在想有生命的事物，例如植物、动物和人，而且同样在想无生命的事物，例

34

如岩石。例如，考虑一下悬索桥抵抗飓风的冲击；它抵抗断裂；它团结在一起，努力维持着，试图保持其完整性。就这一点而言，它显现出自我保存的意志。对叔本华来说（尽管可能并不是对我们余下的所有人来说），这不仅仅是一种隐喻。因此，在这样一种思考的基础上，他总结说，作为表象的世界中的每一种事物——每一个体事物——都是意志的一种显现。

作为表象的世界——个体事物的世界——和作为意志的世界——不间断的、不可分割的欲求的世界——的关系是什么呢？对叔本华来说，现象地显现给我们的每一事物都是意志的一种客体化。也就是，显现给我们的每一个体客体在根本上都是意志的一种构型或客体化，是以保存其自身为基础的意志的一种融合。在这里，做个比喻可能是有用的：显现给我们的每一个体事物就像意志海洋的表面上一朵暂时的浪花，这朵浪花在最终消散并重新统一于不可分割的意志海洋——它只是这个意志海洋的短暂显现——之前，短暂性地将其自身聚集成一种暂时的形式，并努力维持其完整性。

此外，意志的这些客体化以不同的程度进行。一块石头中的意志指数少于一个动物中的意志指数，而一个动物中的意志指数转而又少于在一个人那里被客体化的意志。更高程度的意志包含了更多数量的意志，并被更为复杂地组织起来。然而，由于采用了个体事物的外观，意志的这些客体化最终必须被看作幻觉。作为表象的世界是一种面纱——他在印度教习语摩耶（Maya）中提到它——因为它不是世界自在存在的方式。自在地讲，世界必须被构想成统一的欲求，被构想成纯粹的欲求力量。统治着作为表象的世界的个体化原则最终只是一种幻觉，这种幻觉源自不可分解的世界意志的不同程度的客体化或表达，这种世界意志构成了自在世界的本质。

叔本华的悲观主义

到目前为止，叔本华的分析产生了关于实在性的这样一个观点，即实在性拥有两个方面：作为表象的世界和作为意志的世界。然而，至此为止，我们还未遇到叔本华自夸的悲观主义。它是如何进入图景之中的呢？35 简而言之，叔本华相信，悲观主义源自对欲求本身所涉及的东西的一种分析。他写道：

一切欲求皆出于匮乏，出于缺乏，并且所以也就是出于痛苦。这一欲求一经满足也就完了；可是一面一个愿望得到满足，另一面至少就有十个不得满足。再说，欲望是经久不息的，需求和需要可至于无穷。而［所得］满足却是时间很短的，分量也扣得很紧。何况这种最后的满足本身甚至也只是表面的；事实上这个满足了的愿望立即又让位于一个新的愿望；前者是一个已认识到了的错误，后者还是一个没认识到的错误。在欲求已经获得的对象中，没有一个能够提供持久的、不再衰退的满足，而是这种获得的对象永远只是像丢给乞丐的施舍一样，今天维系了乞丐的生命以便在明天［又］延长他的痛苦。因为这个缘故，所以说如果我们的意识还是为我们的意志所充满，如果我们还是听从愿望的摆布，加上愿望中不断期待和恐惧，如果我们还是欲求的主体，那么，我们就永远得不到持久的幸福，也得不到安宁。(Schopenhauer，1969，vol. I，§38；中译本见第273页，译文稍有改动)①

通过内省，叔本华相信（也许过于自信了），我们能够发现自在世界的本质。它就是意志。现在，通过更进一步内省和分析，叔本华鼓励我们去探问："去意志意味着什么？"他指出，去意志就是去欲望。去欲望转而就是去意识到一种匮乏或一种贫乏，意识到欲望的对象。但是对一种匮乏的意识是痛苦的，它包含了痛苦。因此，所有的欲望都是一种痛苦的形式。就我们在本质上是意志的创造物而言，去欲望就是我们的本质属性。因此，欲望充满了我们生命的每个瞬间。由此，我们的生命始终与痛苦息息相关。

此外，通过反思我们的内在本质，我们能够获得对自在的实在性的本质的洞见。因此，自在世界最终就是一种痛苦的折磨。这在很大程度上源自这一假设，即作为意志的世界是无休止的欲求（无休止的欲望）的世界。此外，由于我们是从充足理由律的规约之外观照它，因此这种不间断的、不可分割的欲求和痛苦是无法解释的；因为它不能依据因果律而被理性化，因此作为意志的世界没有原因。就其是不可解释的（并且因此是无意识的）欲求的一个不间断的过程而言，痛苦就是自在世界的本质。

痛苦是对人类生命的一种几乎无法消除的诅咒。为什么呢？人类生命

---

① 中译本的信息为译者所加。以下不一一标出。——译者注

是一种欲望的生命。欲望要么得到了满足，要么没有得到满足。如果它们没有得到满足，我们继续承受着痛苦。如果它们得到了满足，满足是短暂的；它仅仅持续了片刻，并且很快就有更多狂暴的欲望随之而来，由此，也有更多的痛苦。

欲望具有产生更多欲望的倾向，比任何时候能够扑灭的欲望还要多，并且即使在欲望得到暂时满足的地方，相比于我们在前一段时间内——在那段时间内，我们期望着我们欲望的实现——所遭受的痛苦，满足的快乐（如果它不是立刻就让人失望）是很小的。想想这样一个小孩，她几个月来都在等待她的圣诞礼物（根据叔本华所言，顾名思义，是痛苦的一段时间），然后和她的新玩偶玩了几分钟，接着又匆匆转向她的下一份礼物。

此外，一旦欲望产生，终止欲望最有可能引起一种无聊的状态，这本身就是一种不快乐的经验，它转而会促进新的欲望的产生（包括人为的欲望，例如渴望追随时尚），并且这些新的欲望当然会随之带来更多的痛苦。欲望，痛苦，无聊，痛苦，更多的欲望，更多的痛苦——人类生命是一种不可避免的痛苦循环。我们就像跑轮上的老鼠，持续不断地欲求着，但总是发现我们自身在同一个地方，痛苦的地方。

值得注意的是，叔本华试图主要通过推论来让我们相信我们的悲惨处境，而不是通过对人类生存的所有可怕特征的经验性回顾（从战争、饥饿和地震，到竞争、嫉妒和怨恨）。然而，叔本华的论证可能不如乍看之下那样令人信服。在推论中可能存在几个裂缝。

例如，叔本华将欲望和贫乏联系起来；但是，我们无疑可以欲望我们并不匮乏的事物：我欲望我的妻子，但是我已经幸福地结婚了。同样地，叔本华将欲望和痛苦联系起来。但是，在惯常语言中，欲望并不必须是痛苦的；它可能是快乐的源泉。只有在这样一种技术定义——例如叔本华的定义，这种定义规定任何欲望、任何关于匮乏的意识都是痛苦的——之下，欲望才总是痛苦的。因此，叔本华的结论——所有欲望都是痛苦——可能依赖于一种含糊其词：他所想到的痛苦和苦痛仅仅是规定性的，并且不应当被看作惯常意义上的所有欲望的一种必然的、令人不快的伴随物。

此外，尽管叔本华正确地观察到，欲望是人类生命的一个持续特征——我们很少停止欲望——但是他忘记了在欲望的生命从不停止这一事实和欲望（特定的欲望）从不会得到满足这一断言之间存在差异。尽管我在明天会再次口渴，但我现在的口渴可以凭借一杯冰凉的啤酒而得到令人惬意的满足。因为这些和那些原因，叔本华的论证可能并不像他所认为的那样确凿。

然而，即使人类生命并不像叔本华所主张的那样痛苦，但仍可以提出一种合理的境况，即事情是非常糟糕的。并且不管人类生命是像叔本华所宣称的那样极度悲惨的，还是仅仅非常糟糕，但这都提出了一个不可避免的问题，即是否能从所有的痛苦中解脱，是否能从无意识的和痛苦的欲求中得到慰藉。为了这一目的，叔本华提出了两个建议：通过审美体验，生命能够得到至少暂时的缓和；以及通过禁欲式的放弃之路，整个的生命——尽管只有极少数人的生命——都能得到实质性的改善。

叔本华的美学

由于禁欲主义的放弃是如此苛刻的一种磨炼，因此对于我们大多数人来说，审美体验是我们从欲求之轮中解脱出来的首要渠道。此外，由于艺术使审美体验变得特别容易通达，因此在叔本华的体系中，艺术具有异常的重要性。也许没有任何其他的主要哲学家像叔本华那样赋予艺术如此高的地位。对他来说，艺术不亚于一种拯救的源泉，尽管只是暂时的。

艺术如何能够发挥这种功能呢？根据叔本华所言，尽管惯常知识是为意志服务的，但是仍然有另一种知识能够将我们从我们不可调和的欲求中解脱出来。这就是柏拉图式知识。由于柏拉图式理念永恒存在着，如果我们将我们自身沉浸到对它们的观照中，以至到达这样一个程度，即它们完全占据了我们的意识，那么我们将会在这些柏拉图式理念中丧失我们自身，遗忘我们的个体性，并且——就像占据着我们精神的那些柏拉图式理念那样——超越时间的束缚。这样的审美体验能够在对自然之美做出反应时发生，但是艺术作品是柏拉图式理念的特别有效的传送者，并且由于这一原因，它们提供了逃离充足理由律和个体化原则的机会。

在联系自然之美阐明这一过程时，叔本华写道：

> 由于被精神之力提高了，我们放弃了对事物的惯常看法，并且不再仅仅追求它们的相互关系，这些事物的最后目的总是对我们自己的意志的关系。因此，我们在事物上考察的已不再是"何处""何时""何以""何用"，而仅仅只是"什么"。此外，我们也不是让抽象的思维、理性的概念盘踞着意识，而代替一切的却是把人的全副精神能力

献给知觉，浸沉于知觉，并使全部意识为宁静地观审恰在眼前的自然对象所充满，不管这对象是风景，是树木，是岩石，是建筑物或其他什么。用一种有意味的表达来说，我们完全自失于这一对象之中；换句话说，我们忘记了我们的个体性，忘记了我们的意志，并且仅仅只是作为纯粹的主体，作为客体的镜子而存在，以至于好像仅仅只有对象的存在而没有知觉这对象的人了，所以我们也不能再把知觉者和知觉分开来了，而是两者已经合一了，因为整个意识都为一个单一的知觉景象所充满和所占据。(Schopenhauer，1969，vol. I，§34；中译本见第273页，译文有改动)

在这里所描述的事件有两个方面：客体的方面，柏拉图式理念；以及主体的方面，知识的纯粹的、无意志的主体。柏拉图式理念并不是一个个体事物的理念，例如一朵玫瑰花，而宁可说是"玫瑰花性"（roseness）的理念。相比于个体事物的理念，柏拉图式理念据说具有更高的客观性，因为相比于个体事物，它们是意志的更清晰的显现（客体化或表达）。它们也被宣称为外在于充足理由律的框架，因为柏拉图式理念——不像个体的玫瑰花——并不栖居于某个特定的地点或时间。宁可说，它们类似于种的理念，并且就像"玫瑰花"这个种，它们并不在任何空间或时间中存在。种的理念也不能进入因果关系；"玫瑰花性"既不是一个原因，也不是一个结果。因此，通过将他的或她的意识交付给柏拉图式理念，认识的主体变得像理念一样，由此便退出了充足理由律及其对欲求的服务。

主体可以通过两条路径达到这种状态：客体——不管是一个艺术作品，还是某些自然物种的一个特别典型的案例——也许以一种极为引人入胜的方式在知觉上吸引着我，进而突然使这一系列的事件得以发生；或者由于我使我自身进入一种特定的观照态度，一种审美态度，因此客体完全充满了我的意识。进而我在客体中迷失我自身；我在知觉上将我自身沉浸于它；我向客体完全开放我自身，并且有效地融入它。

但是，由于在这里我的注意力的对象是一个柏拉图式理念，并且由于一个柏拉图式理念是外在于空间、时间和因果性，因此主体呈现了柏拉图式理念的这个方面；而且一旦这种情况发生，主体和客体之间的分裂就消散了。我摆脱了我的个体同一性，以及充足理由律的框架的其他部分，并且在摆脱我的个体同一性时，我超越我的个体意志，成为叔本华称之为一种无意志的、永恒的知识主体的东西。通过观照柏拉图式理念，并同其融

38

合，我享受到一种独立于充足理由律的知识，这种充足理由律的框架当然服务于个体意志的设计。因此柏拉图式理念的知识将我从个体意志和欲求的领域中解脱出来。

对叔本华来说，存在不同的知识模式。惯常的知识来源于意志的需要，它受充足理由律的支配。科学是这种知识的系统化。但是还存在柏拉图式理念的知识。这种知识能够从自然中获得，但是对于我们大多数人来说，它更容易从艺术中获得。但是，艺术如何确切地让我们关联于柏拉图式理念呢？

艺术是天才的产物。天才是一个能够独立于充足理由律而认识世界的人。叔本华评论说，这就是为什么艺术天才毫无实际能力，并且在数学上如此糟糕的原因；他们更接近于疯子，而不是科学家。通过运用他的或她的想象力来完成自然，天才能够从自然中提取柏拉图式理念——从某个特定的、不完美的实例中收集这个种的本质性特征。在某种程度上，我们所有人都拥有这种能力，这被这样一个事实所证明，即我们能够响应艺术天才的作品。但是只有极少数人能够始终如一地做到这样。这些人就是艺术天才，他们能够让我们其余人通过他们的眼睛——这些眼睛不受充足理由律的支配——而观看世界，由此为我们提供了机会，以便从无止境的欲求循环中暂时解脱出来。

沉浸于柏拉图式理念的这种过程——就像通过天才的作品向我们传达的那样——是快乐的。但是，重要的是注意到，它以两种独特的方式是快乐的。就像这个过程拥有两个方面——客观的和主观的——这个过程产生两种快乐：（1）一种客观的快乐，这种快乐是认知性的，并且通过关联于柏拉图式理念而降临，它向我们给予了关于作为意志的世界的本质的独特洞见；以及（2）一种主观的快乐，这种快乐是情感性的，并且包含了从人类生存的欲求和痛苦中解脱的感觉。就第二种快乐包含了不受实践关切限制的自由而言，它同康德无利害的快乐的观念具有某种关联；然而，叔本华的解释在这一点上不同于康德的解释，即康德将无利害性看作原本意义上的审美体验的一个基础，而对叔本华来说，从实践关切中超脱出来是审美体验的一个中心点。

也就是，一方面，对叔本华来说，无利害（脱离实践关切，脱离欲求）就其本身而言就是快乐的一种形式——它是从个体意志的纠缠中解脱出来的问题，在那里这种解脱本身就是一种类型的快乐。另一方面，对康德来说，"无利害的"仅仅修饰了"快乐"这一术语，在被提升到高于日常生命之流时，无利害性并不像它对叔本华来说看起来所是的那样，是一种特定类型的快乐。

叔本华认为审美体验通过领会柏拉图式理念而提供了认知性快乐，这一点可能看起来完全对立于康德的观点，即在自由美中所获得的快乐与确定的概念毫无关系。然而，当人们认识到叔本华的柏拉图式理念并不是概念，更不用说是确定的概念时，这种差异就会被发现为并不是如此鲜明。宁可说，它们是知觉的客体。艺术的领域是感觉，艺术通过知觉给予我们感性知识或感觉知识。

像亚里士多德一样，叔本华相信从艺术中获得的快乐的一个主要部分是认知性的——也就是，那种源自认识到作为意志的世界的快乐。然而，尽管这种知识通过知觉而来到我们这里，但是它是一种形式的一般知识，或者说关于类型的知识，而不是关于特定事物的知识。

这是如何可能的呢？在这里，也许最好是考察一个类比，即在字典中的图示或图解与柏拉图式理念之间的一个类比。对一个麻雀的字典图示是对麻雀的一种理想化的描述，而不是一个特定麻雀的图像。字典的图示提供了关于类型或种的本质性特征的知识，并且它通过处理知觉而做到这一点。同样地，柏拉图式理念在类型或种的层次上通过涉及知觉的理想化而给予我们关于意志的不同程度的客体化的知识。

对于叔本华来说，通过艺术而可获得的认知性快乐能够依据美而被思考。由于这种快乐关联于知识，美就是明晰性的一种功能，凭借这种功能艺术作品将类型或柏拉图式理念呈现给知觉。这是艺术作品所产生的快乐的一个关键性的决定因素，但它并不是唯一的决定因素。由于艺术作品所提供的是意志的不同程度的客体化的理想化，因此它们所提供的快乐将会同通过探究中的艺术作品而被显现或被表达的意志的程度直接成正比地变动。由艺术作品所显现或呈现的意志的程度越高，它所产生的快乐就越多。因此，因为一块石头所拥有的意志比一个人少，所以相比于一块石头，一个人的意志的柏拉图式理念的图像就会显现更高程度的客体化意志，并且由此，在同等条件下，相比于石头的图像，人的图像将会引起更大的快乐。

叔本华给我们提供了若干维度，凭借这些维度，我们可以划分由一个艺术作品所提供的快乐。例如，对任何艺术作品，我们都可以探问：(1) 它所给予的快乐主要是情感性的（解脱的消极快乐）还是认知性的（知识的积极快乐）呢？(2) 体现在艺术作品中的意志的客体化是怎样的程度（因为客体化水平越高，它产生的快乐就越多）呢？此外，怀着这些区分，叔本华还对各种艺术形式进行了等级划分。

建筑使得意志的最低程度的客体化——重力和硬度之间的冲突（在那里硬度对抗重力）——显现出来。这并不是一种层次非常高的客体化；它并没有深入显示世界意志的真正本质；因此，建筑所给予的快乐主要是情感性——一种从欲求中解脱出来的感觉的问题。关于流水的景观——例如喷泉——也同样如此。风景画和静物画描绘有生命的事物。在这方面，与建筑相比，它们向我们呈现了意志的更高的客体化，并且因此提供了更多的认知性快乐，而动物画和雕塑则站得更高，因为相比于水果、蔬菜和叶子，动物包含意志的一种更大程度的客体化。由于相比于其他动物，人类更清晰且更有力地表达了意志的外观，因此，相比于任何其他形式的视觉艺术，关于人的绘画和雕塑提供了更多的认知性快乐。

然而，诗歌排在比视觉艺术更高的位置，因为相比于绘画和雕塑，它能够呈现人的意志客体化的更多方面，由此能提供对作为意志的世界的本质的更深入的洞见。而在各种形式的诗歌中，悲剧是最高的，因为它以可知觉的形式给予我们关于人的生存的最深刻真理的最清晰图像——在根本上是痛苦，一个无法形容的痛苦的问题。这样，悲剧以一种强有力的启示性方式切入了意志的本质。

到目前为止，叔本华已经依据不同的艺术形式模仿意志的不同程度的客体化的能力而关注了这些艺术形式。但是，这引发了一个问题，即在艺术的等级结构中，应该将音乐放置在什么地方，因为音乐——纯粹的管弦乐——并不直接是一种模仿性艺术。用叔本华的语言来讲，它并不模仿意志的这种或那种程度的客体化。然而，叔本华并没有因为这个原因而将音乐从艺术秩序中剥离出来，而是将音乐的这种特征看作其优势。他写道：

> 音乐乃是全部意志的直接客体化和写照，犹如世界自身，犹如理念一样，这些理念的杂多现象便构成个体事物的世界。所以音乐不同于其他艺术，绝不是理念的写照，而是意志自身的写照，这种意志的客体性就是理念。因此音乐的效果比其他艺术的效果要强烈得多，深入得多，因为其他艺术所说的只是阴影，而音乐所说的却是本质。(Schopenhauer, 1969, vol. I, §52；中译本见第357页，译文有改动)

其他艺术让我们认知性地通达处在各种客体化层次中的意志，而音乐则通过其节奏和韵律而允许洞见到意志本身的整个本质，以一种言谈的方式，通过其旋律、和音、不谐和音、终止等等，来追踪它的脉动。音乐提供了对作为意志的世界的脉搏的知觉认识，因此不仅使我们脱离作为表象的世界，而且使得我们能够直接认识其内在动力。叔本华承认我们不能证明这一点，但是认为如果我们反思这个假设，那么我们将会赞同他。

禁欲主义

对于绝大多数人来说，艺术——尤其是音乐——为我们提供了从欲求之轮中解脱出来的唯一希望。但是，还存在另一条走得少得多的路径，即禁欲式的放弃。人的自然倾向是利己主义，即追求人们自己的利益和欲望。但是，根据叔本华所言，这是人的痛苦的来源。于是，为了避免痛苦，人们必须尝试着否定欲望，否定意志："那些达到了意志之否定的人，通过对每一种东西的自我强加的放弃，通过一种忏悔且艰苦的生活方式，以及通过追寻他们不喜欢的东西，而全力以赴地努力维持这条道路……〔禁欲主义就是〕通过拒绝喜欢的东西并追寻不喜欢的东西而同意志的这种审慎的决裂，是为了持续克制意志而自愿选择的忏悔和自我惩罚的生活方式。"（Schopenhauer，1969，vol. I，§ 68）

然而，单单禁食、节欲以及其他形式的自我否定的实践还不能带来解脱。知识也被需要。回想一下，构成审美体验的那种解脱在很大程度上是一种超越个体化原则的功能，这种功能也关联着对意志本质的洞见。同样地，如果一个完整的生命想达到这种救赎，它也必须包含以这样一种方式超越个体化原则，凭借这种方式，人们知觉到意志的真正本质——它是不可分解的和统一的，而且我们的个体性和他者的个体性之间的区分是一种幻觉。此外，一旦这样一个人——将她称为一个圣人——意识到这一点，她自己的利益背后的个体意志的喧嚣就平息下来，并且就她将他者的生命当作她自己的而言（因为我们都不可分割地是同一个世界-意志），她将她自身献祭给他者。

叔本华写道：

现在，如果通过个体化原则进行观看，如果这种对在其所有现象中的意志的同一性的直接知识呈现在一种高度的独特性中，那么它将会立刻显示出对意志的影响，这种影响会更加深远。如果那种摩耶之幕，那种个体化原则，从一个人的眼前被移除，以至达到这样一个程度，即他不再在他自身和其他人之间做出自我本位的区分，而是对其他个体的痛苦和他自己的痛苦一样感兴趣，并且因此他不仅在最大程度上是仁慈的和慈善的，而且当几个其他人能够由此而得救时，他甚至准备牺牲他自己的个体性，那么自然而然地是，这样一个人——他在所有存在者中认识到了他自己真正的和最内在的自我——必定也将所有生存之物的痛苦当作他自己的痛苦，并且因而在其自身中承担整个世界的痛苦。任何痛苦对他来说都不再是奇怪的或陌生的……这种对整体的知识，对物自身的内在本质的知识——它已经被描述过——成为所有和每一欲求的清净剂。现在，意志脱离了生命；它对这样一些快乐感到恐惧，在这些快乐中它认识到了对生命的肯定。这个人达到了自愿放弃、舍弃、真正冷静以及完全无意志的状态。（Schopenhauer，1969，vol. I，§38）

也就是，一旦某人通过个体化原则进行观看，他就会接受他的个体性以及所有的痛苦，而如果某人不在其自身和他人之间进行区分，那么这就会让意志清净，并使得这个人脱离它，同时还为他人做出牺牲。一旦圣人已经知觉到欲望所固有的痛苦的真正面目，欲望就会被放弃，并且它们的能量就会被自我节制和自我牺牲的行为所驱散。相比于同艺术作品的偶然相遇，这提供了一条通向更为持久的慰藉的路径。但是，它明显是极少数人的选择。耶稣和佛陀的名字浮现在人们的脑海中，也许还有其他罕见的神秘主义者和圣人。但是，它并不是大多数人能够承担的一个使命。对我们来说，存在的是那种充满欲望和无情的痛苦的生命，这种生命仅仅被抚慰性的审美体验的间隙所舒缓。

42

结论性意见

叔本华的形而上学非常复杂，并且经常难以理解。为什么当圣人放弃欲望时，她不会遭受无聊呢？当某人厌恶世界-意志的凶残时，他究竟如何能够脱离世界-意志呢？并不清楚的是，叔本华的体系能够始终如一地支撑他所提出的所有各种设想。

同样地，叔本华所提出的审美体验的机制往往很难与其形而上学协调一致。据说，与建筑的相遇会让我们暂时逃离欲求的世界，因为当沉浸于硬度和重力的柏拉图式理念时，我们是外在于充足理由律的。但这如何可能呢？毫无疑问，这些特定的柏拉图式理念——假设存在这样的东西——必定与抗拉强度有关。因此，由于抗拉强度包含了因果性，我们如何能够外在于充足理由律的框架而观照硬度理念和重力理念的对抗。而且，关于其他艺术形式，也可以得出类似的观点。能够存在没有因果性的叙事——更不用说悲剧——吗？

但是，令人困惑的不仅是叔本华本体论的细节，就像已经注意到的，对作为痛苦的存在的最终本质的推导在几个方面也有缺陷。因此，叔本华在当代哲学家中几乎没有追随者，这也许并不奇怪。然而，有一个领域中，他的影响仍然能够被感觉到，这个领域就是艺术哲学。除了他对各种艺术形式的暗示性评论，他的这样一个观念——审美体验是从实践欲求中的一种解脱——也对传统产生了持续的影响，并且已经被诸如克莱夫·贝尔（Clive Bell）和门罗·比尔兹利（Monroe Beardsley）这样的艺术理论家们和哲学家们所改造。然而，即使在这里，有关叔本华哲学的说服力的问题也必须被提出来，因为他的观点没有给这样一种可能性留下任何空间，这种可能性即某些所谓的艺术是将我们同世界联系起来，而不是让我们同其分离。而且，相比于我们必须相信世界最终只是阵阵痛苦的一个单一球体，我们无疑有更多理由相信这也能够成为艺术的一个合法功能。

参考文献

Schopenhauer, A. 1969：*The World as Will and Representation*，trans. E. F. J. Payne. New York：Dover.（中译本见叔本华：《作为意志和表象的世界》，石冲白译，杨一之校，北京：商务印书馆，2007 年。）

第3章　索伦·克尔凯郭尔

大卫·E. 库珀（David E. Cooper）

"我的整个作者身份的范畴"

尽管他影响着 20 世纪的哲学和神学，但是索伦·克尔凯郭尔（Søren 43 Kierkegaard，1813—1855）的抱负却唤起了一种更为古老得多的传统。与其说是宗教问题的核心性将他同诸如阿威罗伊（Averroes）和迈蒙尼德（Maimonides）这样的伊斯兰教和犹太教哲学家们联系在一起，不如说克尔凯郭尔与他们共享的是这样一种方针，即依据一种宗教目的而塑造和测度作者身份。"我的整个作者身份的范畴"，克尔凯郭尔在 1848 年的一篇回顾性的文章《对我的著述事业的看法》（*The Point of View for My Work as an Author*）中解释道，是去"**了解**宗教，本质的基督教"。虽然他承认他不能"强迫"读者去"判断着"支持基督教——"也许他判断的与我所意愿的正好相反"——但克尔凯郭尔认为，他不仅能够强迫读者"去了解和判断"，而且除非读者的判断像"我意愿"的那样行事，否则就会出现问题。因为预期的"作者身份的运动"一直都是"把握住'单个个体'"，如果依据宗教来理解，即把握住"上帝面前的单个个体"（*PV*，pp. 452ff. (E)）。[1]

在同一篇文章中，克尔凯郭尔解释道，正是由于这种宗教目的，因此他的很多著作，例如《非此即彼》（*Either/Or*），都采取了一种"间接的交流"形式。这些著作就是假名出版的"美学"著作，克尔凯郭尔警告道，在这些著作中由"作者"所表达的观点并不等同于他自己的。我们被告知，这种策略的原因在于，一些读者的"幻觉"——例如，他们错误地相信他们已经是真正的基督徒——"从来不能够被直接消除"。相反，他们"必须"由一个"作者""从后面进行接洽"，这个作者像苏格拉底一样，看似是与他们自己的立场相一致，但其实只是暴露其不充分性（*PV*，p. 459（E））。对阿威罗伊来说，为了有效地充当宗教的"朋友和同胞姐妹"，哲学有时候必须对一种真理进行乔装，这种真理如果"直接"被传递，那么最好的情况将会是不被吸纳，而最坏的情况将会是被很多读者危险地误解（Averroes，1974，p. 306）。克尔凯郭尔将会同意这一点。

一些评论者认为，克尔凯郭尔对"整个作者身份"的评判不应该全信。要么他单纯地误解了他早期著作的特征，要么他的评判本身就属于"间接的交流"，并且应该被解读为反讽性地或"苏格拉底式地动摇他自己的权威"（参见 Rée and Chamberlain，1998，p. 6）。没有理由接受这种观点。也许克尔凯郭尔夸大了五年前（当《非此即彼》出版时）他的"作者身份的运动"的观念明确化的程度。人们也需要注意，只有在他最重要的著作——被乏味地取名为《〈哲学片段〉的非科学结语》（*Concluding Unscientific Postscript to* Philosophical Fragments）——出版之后，对"宗教状态"的关注才明确地集中于"成为一个基督徒"（*PV*，p. 452（E））。但是，尽管有那些限定条件，我仍认为《对我的著述事业的看法》提供了关于克尔凯郭尔从 1843 年至 1848 年以及其后的目的的一种真诚且合理准确的图像。更为重要的是，他自己的解释鼓励将这些著作理解为一种原创的、具有挑战性的并且合理系统的哲学。尽管克尔凯郭尔所讨论的主题看起来完全不同，而且那种讨论的很多部分都具有不透明的、"间接的"特征，但是对宗教信仰的长期且不同寻常的论证仍表明了他的作者身份。他的所有或大部分主题——认识论的、伦理学的、心理学的——都围绕着论证和目的的那种运动。

直到 1840 年代初，那些主题以及甚至那个目的才明确化。虽然克尔凯郭尔的宗教信念在 1930 年代期间得到了他的《日记》的充分证明，但是在那十年的大部分时间里——当时他是哥本哈根大学的一位神学学生——他被认为是一个花花公子，他更为关注戏剧以及美食和美酒，而不是他的学习。然而，三个事件推动了他人生方向的改变和确定。首先，他父亲——一个富有但却虔诚且阴郁的商人——在 1838 年的去世激起了儿子对其迄今为止未能严肃对待那个生命而感到孝心上的内疚。其次，1840 年，他与一个显赫的哥本哈根家庭的女儿里基娜·奥尔森（Regine Olsen）订婚，接着在一年之后他解除了婚约，这些促使克尔凯郭尔相信，他拥有的是文学的和宗教的命运，而不是一个居家型男人的更为世俗的命运。（他从未清晰地解释过并且也许他自己都没有完全理解他解除婚约的原因，尽管这是克尔凯郭尔在他的一些著作中以一种恰当的间接方式明显地试图去正视的事情。）最后，1841年访问柏林大学对克尔凯郭尔的哲学方向的定型起了很大作用，这种作用的达成并不是凭借他在谢林（Schelling）以及其他大师足下所学到的东西，而是凭借他们的抽象和体系建构在他那里引起的反感。正是从德国回来之后，克尔凯郭尔才疯狂地开始了他"审美的"和"宗教的"创作。1845—1846年，当克尔凯郭尔成为丹麦一家期刊恶毒嘲讽的目标时，他终止了放弃写作并移居乡下的意图。他感到必须做出的回应逐渐升级为一系列著作，这些著作对他的国家的政治、文化和宗教机构提出了尖锐的批评。这些后期著作是与一类不那么具有争议的著作同时创作的，在这后一类著作中，克尔凯郭尔努力向其同胞们灌输一种意识，这种意识有关于基督教信仰的真正的、严格的本质。1855年，当他昏倒并于数周之后去世时，克尔凯郭尔在其家乡——他很少在那里漫游——已经成为一个著名且具有争议的人物。

鉴于我赞同克尔凯郭尔自己对其作者身份所陈述的理解，因此我支持这样一些评论者，他们乐观地"理解"克尔凯郭尔的著作，并提供一种"统一化的解释"，这种解释将会阐释为什么这些著作值得哲学家的关注，而不仅仅是传记作者、文学批评家和精神分析学家的关注。[这些评论者包括C. 斯蒂芬·埃文斯（C. Stephen Evans，1992）、大卫·R. 劳（David R. Law，1993）以及马克·C. 泰勒（Mark. C. Taylor，1975），其中泰勒探测到"作者身份的一个独特意图，即……引导读者在个人生存中实现真正的自我"（1975，p. 23）。］如今，没有必要为这些支持进行辩护，以便对抗早期的批评者，对这些批评者来说，由于坦率地讲克尔凯郭尔并不是一个好的哲学家，因此这样的解释是不可能的。具有讽刺意味的是，这种不屑一顾似乎已经成为克尔凯郭尔的祖国丹麦的很多评论者的态度，并且它也确实反映了对于战后"牛津哲学家们"来说他所具有的形象，即他是**妙语**的传送者，但却不是哲学课程上要描绘的人物（关于这些接受以及20世纪的其他接受的考察，参见Poole，1998）。

更需要讨论的是一个当前流行的观点，这个观点受到"新的克尔凯郭尔"的拥护者们的支持，依据这个观点，试图理解克尔凯郭尔的系统的哲学意义之所以是"可笑的"，肯定不是因为他是一个哲学笨蛋。宁可说，在这个观点看来，克尔凯郭尔的"计划"并不是去缔造一种"新哲学"，而是去证明"所有哲学的无效性"〔约西亚·汤普森（Josiah Thompson），引自 Law，1993，p. 6〕。克尔凯郭尔是一位作家，而不是一位哲学家或神学家，他运用文学手法——反讽、假名等等——并不是服务于推进任何哲学立场，而是服务于"动摇"或"解构"任何这样的立场。实际上，在这种方法的更为激进的形态中，甚至询问一个克尔凯郭尔的文本是关于什么东西的都是一种错误，更不用说它是否陈述了关于某物的任何**真的**东西：因为，凭借着惊人的先见之明，他预见到了对脆弱的、不可逃避的"能指游戏"的德里达式的和拉康式的洞见，这些能指并不指涉自身之外的任何东西。当然，这些"洞见"在他的文本中没有得到论证，因为那会适得其反地将它们变成更为哲学的论题。宁可说，它们是在文本的文学手法中"表现出来"或者被"具体化"。〔关于这种方法的较不激进和较为激进的形态，分别参见 Mackey（1971），Poole（1993）。〕

即使是更为冷静地将克尔凯郭尔看作一个反哲学的反讽主义者或典型的解构主义者，认为他并不致力于任何"肯定的"立场，这些都仍是被夸大的，并且会产生可识别的误释。考虑一下由最近一部文集的编者们所推广的对一个"新的克尔凯郭尔"的欢迎，这个"新的克尔凯郭尔""并不那么喜欢救世主基督，而是喜欢反讽主义者苏格拉底"，很明显因为后者声称拒绝持有任何意见（Rée and Chamberlain，1998，p. 5）。当然，克尔凯郭尔崇敬苏格拉底，而且编者们也许想到了《〈哲学片段〉的非科学结语》中的一段话，在这段话中，苏格拉底因其在面对"客观不确定性"时自称"无知"的"实话"而被称赞。如果真是这样，那么他们应该注意，6 页之后，苏格拉底的无知被不利地对比于这样一种"真理"，即对神人（God-man）的真正的基督教信仰，这种"真理"依据任何理性标准来说都是"荒谬的"："与信仰的力量相比"，苏格拉底的无知仅仅是一种"诙谐的玩笑"（*CUP*，pp. 204，210）。

46

正是克尔凯郭尔的"间接的交流"、他的假名的著作，才激发了这种反讽性的、"新的"克尔凯郭尔的出现。但是，即使当注意力被限定在这些著作时，一个永远嬉笑、自我破坏的作者形象也仍然是一个歪曲的形象。那些著作**不仅仅**是由语言、玩笑、反讽和文学炫技——在这些东西背后，只有可笑平庸的读者才会去寻找任何类似哲学论题的东西——组成。它们包含了看起来像——并且**就是**——"直接的"哲学论证的扩展部分。例如，考虑一下《哲学片段》和《〈哲学片段〉的非科学结语》中的很多页面，它们致力于批判黑格尔的这一观点，即历史事件中存在一种理性的必然性，并且旨在相反地确立"所有进入存在的事情都……不是以必然的方式……而发生"（*PF*, p. 75）。在此，没有任何东西表明克尔凯郭尔正在做的事情不同于他看起来在做的事情：反对一个哲学论题，并且支持另一个哲学论题。

当注意力转向克尔凯郭尔"署名的""直接宗教的"著作——这些著作与假名的著作同时出版——的时候，对"新的克尔凯郭尔"的拥护者们来说会出现一种明显的困难。在《对我的著述事业的看法》中，他自己强调，这些著作的出版是为了破除这样一个印象，即他已经从一个"审美的"作者"转变成了"一个"宗教的"作者。为了就其对这些著作的理解而批评"新的"克尔凯郭尔主义者们，我们可以强调这一点。如果它们就其自身而言并不是反讽性的和自我破坏的，那么很难看到为什么假名的著作应当以那种方式被看待，因为"署名的"著作典型地既符合克尔凯郭尔对其"整个作者身份"的评判，也符合读者——至少是我们这些平凡的、老派的读者——长期以来对"审美的"著作的意义所理解的东西。例如，1844 年《布道词四篇》（*Four Upbuilding Discourses*）中一篇所陈述的论题就是，"需要上帝是一个人最高的完美"。根据《对我的著述事业的看法》，这不仅是弥漫在整部文集中的论题，而且 1943 年假名出版的《恐惧与战栗》的很多读者都认为它就是对那个"信仰的骑士"和"单个个体"亚伯拉罕（Abraham）的讨论所传达的"讯息"。

然而，如果"直接宗教的"著作并**不**被看作"直接的"，那么问题就是："为什么不呢?"那个对"间接的交流"进行"新的"阅读的主要理由——它的假名的作者身份——并不适用。我能够想到的唯一答案就是诉诸一种对文本的解构性阅读的一般的、先在的信奉。如果所有文本都是自我破坏的，并且从来不能够谈论或关涉它们看似要谈论或关涉的东西，那么克尔凯郭尔"署名的"著作也不会例外。当然，亚里士多德和康德的著作、伊妮德·布莱顿（Enid Blyton）和雷蒙德·钱德勒（Raymond Chandler）的著作以及解构主义评论者们讨论克尔凯郭尔的著作也都将不能这样。对克尔凯郭尔进行"新的"阅读仅仅需要与对每一个提笔写字的人进行"新的"阅读一样的理由。

这里并不是重复朝向文本的一种全面的解构主义姿态的那些特征的地方。注意到这一点就已经足够了，即与运用在任何其他人的那些著作中相比，它的"洞见"运用在克尔凯郭尔的大部分著作中时并不会更为适用。这也不是进行这样一个判断的地方，即判断将一个怀有明显的宗教性——

实际上是救赎性——目的意识的人看作一个嬉戏的、自我破坏的牛虻是不是一种道德上的——以及一种理智上的——侮辱。这里有更为紧迫的任务：去阐明旨在"把握住""上帝面前的单个个体"的思想"运动"。

"存在主义之父"

在19世纪的大部分时间里，克尔凯郭尔既不是一个平庸的哲学家，也不是一个反讽性的反-哲学家。他可以同尼采一起被安全地"看作"为存在主义（existentialism）的主要先驱。甚至这个名称都要归功于克尔凯郭尔，因为当雅斯贝尔斯（Jaspers）、海德格尔（Heidegger）和萨特（Sartre）将"生存"（existence）这一术语限定在由人类所享有的独特的存在类型上面时，他们遵循了他的先例，即将"作为人而生存"区别于一般存在（being in general）（*CUP*，p. 85）。

尽管他们拒绝承认受益，但是毫无疑问，海德格尔和萨特受到了克尔凯郭尔式主题的启发，这首先展现在"单个的"或"生存的个体"这一主题上，他们像这个丹麦人一样，将这个个体召唤到"本真性（authenticity）"——召唤着去自为地"意识到并判断"每一个人，并且"完全冒险地去成为其自身，作为……这个确切的个体"（*SUD*，p. 341（B））。对他们来说，就像对他来说一样，"单个个体"必须"摆脱'群体'"（*PV*，p. 452（E）），将其自身从那种"平均化的""幽灵"——这种"幽灵"既是一种"怪异的抽象"，又是"所有权力中最危险的"（*TA*，pp. 261，263（E））——的专政中挣脱出来，克尔凯郭尔将这种"幽灵"称为"公众"（the public），而海德格尔则将其称为"常人"（*Das Man*，Them）。还有其他的、更为具体的受益之处。海德格尔（1980，第40节）和萨特（1957，第1章）分别将畏（*Angst*，anxiety）——完全不同于一般害怕的某种东西——作为一种与虚无的相遇和一种对某人自由的意识进行讨论，这直接来自克尔凯郭尔。他同样将它描述为"绝对不同于害怕"，描述为一种其"对象……是空无"的"情绪"以及一种关于"**能够**"的意识（*CA*，pp. 139，141（E））。

由于这些原因以及其他原因——例如，对人类行为的"自然主义的"解释的一种共同的敌意——将克尔凯郭尔包括在存在主义的著作选集中是很恰当的。这类选集的编者们在这一点上是正确的，即他们坚持认为，他像这部书中被展现的其他人物那样，"认为我们在生命中所找到的意义并不是简单地降临在我们身上的某种东西，而是我们通过斗争……选择和承当……而获得的某种东西"（Guignon and Pereboom，1995，p. 2）。因此，令人吃惊的是发现保罗·利科（Paul Ricoeur）将克尔凯郭尔作为"存在主义之父"的名声指责为"纯粹的错觉"。然而，利科为这种指责提供的唯一支撑是这样一个过分夸大的主张，即"'存在主义'哲学的所谓的家族从未真正存在过"——因此没有任何父亲。[顺便提一句，为那个主张所提出的唯一论据既与其不相关，又与其不一致：这个"家族"很快就"崩塌了"，因为萨特走向了马克思主义，海德格尔走向了"仿古、诗意的沉思"，等等（参见 Ricoeur，1998，p. 10）。]

然而，可以提出一种更为明智的境况，以便来抵制将克尔凯郭尔的思想与典型的存在主义立场过分紧密地同化。这可以总结为，这种同化忽视了宗教在克尔凯郭尔思想中的核心性。他也许会劝诫他的读者"完全冒险地去成为其自身"，但同时也会清楚表明，只有当"独自在上帝面前"时，这种冒险才会成功。他确实哀叹人们普遍地"迷失"于那种幽灵、"公众"，但同时也会坚持认为，对一个人来说，唯一的替代性选择就是他"宗教地找到其自身"（TA, p. 267（E））。

然而，陈述这个境况的这种总结性方式仅仅只是指示了克尔凯郭尔与其存在主义的崇拜者之间的距离，并且有可能会误导性地暗示——就像萨特所认为的——存在主义的偏好与任何类型的宗教信念都是不兼容的。这个境况也许可以通过考察来自阿拉斯代尔·麦金太尔（Alasdair MacIntyre）的《追寻美德》（After Virtue）的一段话而得到详细阐释，在这段话中，克尔凯郭尔——至少在《非此即彼》中——被认为宣告了"现代特有观点……[即]……承当[是]无标准选择的表达……对这种选择来说，没有可能给出任何合理性论证"（MacIntyre，1982，p. 38）。在这里所确定的观点是通常与存在主义关联在一起的观点，但却不是克尔凯郭尔的。我在后面将会证明他确实为宗教信仰的"选择"提供了一种合理性论证，尽管是一个不同寻常的论证。目前，我只是强调对于克尔凯郭尔来说，如果人们要通过选择和承当而成功地"完全成为其自身"，那么必要的恰恰就是一个"标准"或"尺度"（Maalestock）。"自我的标准永远是：那种它直接在其面前是一个自我的东西。"（SUD, p. 363（E））——克尔凯郭尔继续论证说，那就是上帝。

尽管将这样一种观点——塑造生命的选择和承当必定是"无标准

的"——强加给克尔凯郭尔是错误的，但强调对他来说它们在获得"我们在生命中发现的意义"时所具有的重要性，这却并不会同样错误。然而，依据"存在主义的克尔凯郭尔"的很多拥护者们的方式来这样做，而不指涉宗教，这是不完整的，并且设置了错误的"腔调"。给人的印象是，"本真的"选择"就其本身而言"就很重要，或者说**本身**就是真正的个体性和自我的实现。但是，就像已经注意到的，对于克尔凯郭尔来说，除非选择以某种特定方式进行，否则就不会有这样的实现。在这方面，他的立场甚至不同于诸如加布里埃尔·马塞尔（Gabriel Marcel）这样的"宗教的存在主义者们"的立场，对后者来说，可以说这一点——他或她的"绝对承当"必须朝向上帝——对于本真的或"可利用的"人而言并不是决定性的。

克尔凯郭尔对选择的标准或尺度的关注标示了在哲学方向或气质上同存在主义作家们的一个重要差异。通常而言，用现在的术语来说，这些作家都是"反–实在论者"或"人道主义者"，对他们而言，就像威廉·詹姆斯（William James）所说的那样，"你不能排除人"对实在自然的"贡献"（James，1977，p. 455）。世界是"人的世界"，如果独立于人的视角和兴趣，那么就不能为它的存在提出任何意义。不管克尔凯郭尔是否**本应该**是一个反–实在论者，考虑到他对知识的一些评论，实际情况是他并不是。[关于对将他看作是反–实在论者的那些人的令人信服的回应，参见 Evans（1998）。关于存在主义的反实在论倾向，参见 Cooper（2000，2001）。]用现代的术语来说，他是一个"形而上学的实在论者"，对他而言，有一个实在，"一个存在的系统"，这个实在和系统对人类来说也许是不可通达的。"没有这样一个系统吗？情况完全不是那样……存在自身就是一个系统——对上帝来说。"（CUP，p. 118）自然并不是某种人类"建构物"，关于这种"建构物"的任何观念都必须与人的视角相关，宁可说，自然或"创造的总体是上帝的作品"（CUP，p. 246）。历史真理也不依赖于"人的贡献"。如果我们不能获得有关历史进程的知识，这是因为历史事件赖以发生的"跳跃"是"虚幻的"（参见 PF，pp. 72ff.）。克尔凯郭尔在道德话语领域也是一个实在论者。关于善良和罪恶，"只满足于一种单纯人类的标准"，这是一种错误的、"异教的"美德观（SUD，p. 365（E））。

克尔凯郭尔要求关于道德和其他承当的一种并非"单纯人类的"标准或尺度，这标示着他在实在论问题上同大多数存在主义思想家的距离。这种距离也解释了在克尔凯郭尔著作中对"确定性"的关注的在场，这种关

49

注在存在主义著作中通常是缺席的。尽管克尔凯郭尔是一个"形而上学的实在论者"，但是他拒绝了这样一种"怀疑论"，他将这种"怀疑论"归到康德身上，因为康德认为实在自身——物自身——必然是不可知的（*CUP*，p. 328）。正如我们将会看到的，克尔凯郭尔像叔本华一样，试图打开一条通向实在知识的"内在的"或"内向的"路径。虽然克尔凯郭尔尊重古希腊皮浪式的怀疑主义形式，但是他认为，这是一种无法真正维持的姿态，即使哲学家们经常轻松地口头支持它（*CUP*，p. 318）。的确，它是一种克尔凯郭尔并未设想其自身会维持的姿态。在他的《日记》中，很多尖刻的段落都证明了它对确定性的需求——一个"锚地"、一个"中心"、一个"真正的阿基米德支点"、一种"生命中不可动摇的东西"、一种"调节性的重量"、一种"强制"。如果没有一个"锚地"或一种"生命中不可动摇的东西"——克尔凯郭尔会将其等同于上帝——我们"海量的信息"将会没有体系或焦点，我们的生命将不会"被任何高于［其］自身的东西所限制"，而且克尔凯郭尔对"我们能够为之而生并为之而死的理念"的追求将会一直受挫（*J*，pp. 44-5，66，181，241）。

对一个"必须处在世界之外"的阿基米德支点的这种追求，对于反-实在论者来说，是构想不当的，因为"人的世界""之外"没有任何东西。但是，对确定性的寻求甚至被那些带有存在主义色彩的作家们——他们在观念上并不是明显的反-实在论者——所拒绝。例如，阿尔贝·加缪（Albert Camus）认为，面对我们要对其进行认识的要求，实在必然会保持"沉默"，以至于留给我们理解的仅仅是一个已经"［被］还原成人的、［被］打上我们的印记"的世界。这也许会使我们的境遇变得"荒谬"，但却没什么可哀叹的：因为通过接受这种境遇，同时通过"创造"我们自己的信念和意义，我们获得了"威严"和"尊严"（Camus，1975，pp. 23，54，104）。对克尔凯郭尔来说，正好相反，任何这样的尊严都要求一个"人的世界""之外"的"标准"和"锚地"。

为了理解这种要求的位置，就要将克尔凯郭尔的哲学安置在一种比存在主义更为古老并且不利于存在主义的传统中。不管克尔凯郭尔对确定性的追求具有多少原创性，这都会将他放置在一长串哲学家的行列，对这些哲学家来说确定性问题一直是核心的。然而，以这种方式安置克尔凯郭尔会出现一个问题，因为属于那个传统的哲学家们经常会谈论努力"发现"确定的东西，谈论"找到"真正实在的东西。人们想知道，当他同存在主义者们一起如此强调"选择"、"承当"、"冒险"和"意志"时，克尔凯郭尔是在做什么呢? 简短的回答是, 只有通过这些"生存的"冒险——而不是通过"客观的"探究——对于克尔凯郭尔来说, 才能获得确定性, 并且抓住阿基米德支点。只有那个"进行选择……赌上[他的]整个生命"的人"……才会看到"(*J*, p. 185)。为了详细阐释这个回答, 并且由此把握住克尔凯郭尔作者身份的"运动", 我们首先需要来考察他对知识和真理的解释。

"真理就是主观性"

鉴于克尔凯郭尔多次提到一种所有信念都屈从的不确定性以及面对那种不确定性时对信念的需求, 强调一种对确定性的寻求也许看起来是错误的。然而, 通常而言, 那些提及都是指向他在其他地方看作"客观的确定性"的东西。克尔凯郭尔并不想排除某种确定性, 这一点在这样一些段落中被展示出来, 在那里, 依据悖论性的习语, 这被对立于客观确定性——例如, 当他写道, "将其自身与一种永恒幸福联系在一起的信仰的确定性被一种不确定性所定义"(*CUP*, p. 455)。

为了理解那种对立, 需要对克尔凯郭尔的认识论——它在《哲学片段》中得到简要勾勒——有一个概观。超越了直接释放的感觉的那些信念并不能免于错误, 因为当我们从我们的感觉"得出"关于世界的"结论"时, 我们可能会被"欺骗"(*PF*, pp. 82-3)。更严重的是, 我们不能假定"思想和存在"之间的一种普遍的同一, 这不仅因为我们的概念从根本上说是从一种丰富的、具体的实在中抽象出来的, 而且因为"认知者是一个生存的人"(*CUP*, p. 196), 他的概念既是想象和兴趣的产物, 又是客观探究的产物。因此, 除非像黑格尔那样, 通过偷偷地将我们的概念图式私置到实在的结构中, 我们将思想与存在的同一描绘成一种"同义反复"(*CUP*, pp. 122ff.), 否则我们就必须将我们的信念仅仅当作一种对实在的"接近"。

这样的论证已经使得像尼采这样的其他哲学家成为一个否认独立于人的视角的实在的"反-实在论者"。我们已经看到, 那不是克尔凯郭尔所采取的方向。鉴于他并未那样做, 人们也许会期待他会转而得出**怀疑的**结论。我们就是无法认识任何东西。但是, 因为一个有趣的理由, 他同样没有这样做。在他看来, 我们的主张的不可靠性错误使得这一点——人们无论是应当相信它们，还是应当怀疑它们——是开放的。这是因为两种态度都是"自由的行动"或"意志"：它们是"对立的激情"，而不是由证据的分量所决定的判断（*PF*，pp. 82-4）。的确，当信奉一个不是由证据所确保的主张时，"一种相信的意志"在起作用，但是，以皮浪的方式拒绝信念，这同样是意志的一种运用。

在日常的经验信念的情况中，不需要太过担心面对客观不确定性的"跳跃"：如果我们想要充当能动体，那么我们就不可避免要做出一些跳跃，而且当有时候我们在错误的方向上跳跃时，这也几乎不会是世界末日。然而，当我们转向"本质性的"认识或"伦理-宗教的认识"时，情况就会不同（*CUP*，p. 198）。在此，在人们为之而生并为之而死的诸理念的领域里，确定性是必需的，因为将某人的生命赌在一种"接近"上，这将会是疯狂的。因此，缺乏关于基督生命——在那里，每一个"微小因素都是……无限重要的"（*CUP*，p. 26）——的历史确定性，这对于基督教信仰来说将会是并且必定是灾难性的——也就是说，**如果**这种信仰的确定性是"客观的"探究所追求的那类确定性。克尔凯郭尔的一个关键性主张是，这不能是所涉及的确定性类型，因为联系到"本质性的认识"，我们的"客观不确定性"几乎是彻头彻尾的。（实际上，就像我们将要看到的，在基督教的具体情况中，信仰的对象比"客观不确定"更为糟糕：它是纯粹悖论性的。）由于另一个重要原因，它也不能是所涉及的确定性类型。克尔凯郭尔写道，在与基督教的关联中，客观性是一个"极为不幸的范畴"：因为如果一个对"基督教真理的"客观"证明"即将来临，那么这个真理"将会停止作为当前的某种东西而存在"（*CUP*，pp. 43，32）。相反，它将会"冰冷且直白地"竖立在那里，不能够激发"信任性的献身"，并且不能被"吸纳进我的生命中"（*J*，p. 44）。

这些评论需要澄清，但是我们先来考察一下在克尔凯郭尔的很多批判性读者中间的这种不足为奇的感觉，即他意指的确定性或"本质性的"认识只是某种心理状态——例如，一种内在的确信——这种心理状态对真理是中立的：是这样一种意义上的认识，即一个排外的偏执狂也许"认识到"法国人都是说谎者，而不是一种知识意义上的认识，这种认识要求认知者同真的东西之间存在一种关系。但是，克尔凯郭尔心中的确定性或知识真的能够是那样"真理-中立的"吗？如果它是那样的，那将是令人失望的：他对信仰、"充满激情的内在性"等等的呼唤将会还原成劝诫，这些劝诫旨在诱导仅仅具有治疗价值的某些心理状态。此外，很明显，它将

51

会同克尔凯郭尔一再坚持的东西——以"充满激情的内在性"形式存在的"主观性"是"在真理之中","主观性就是真理"（例如，*CUP*，pp. 203-4）——相矛盾。

然而，批评者们会竭力主张，这种冲突事实上仅仅是表面的，因为克尔凯郭尔通过"主观真理"所意指的东西本身就被发现是真理-中立的——也就是说，同真实、客观的情况无关。他讲到，从主观上探究真理就是探究"个体"与一个"知识""对象""的关系"，并且即使当其关联于客观的"非真理"时，这个个体仍可能是"在［主观的］真理中"。两页之后，当其声称，一个浅薄的基督徒尽管拥有一种"关于上帝的真实观念"，但是与一个缺乏那种观念的"充满激情的"异教徒相比，在他那边却拥有较少的主观真理，克尔凯郭尔似乎确认了他的批评者们的担忧（*CUP*，pp. 199，201）。他的批评者们总结说，克尔凯郭尔提到"充满激情的内在性"所信奉的东西对一个个体来说就是"真的"，这不应该掩饰这样一个事实，即他完全不是在谈论一种知识意义上的真理。

尽管这个结论是错误的，但它却是一个可以理解的结论，因为坦白地讲，克尔凯郭尔对主观性和真题的评论是一团糟的。在不同的段落中，他在这样一些观点之间摇摆，即认为，关于"本质性的"信念，主观性是"最终的要素"，而客观性则是一个"消亡的"要素；认为，主观性完全"优越于"客观性；以及认为，真正的知识必须拥有"客观实在性"（关于这样一些段落的混杂，参见 Law，1993，pp. 118-9）。此外，他并不关注客观性概念中的含混性。当他写到基督教以一种"纯粹客观的方式"被接近时，克尔凯郭尔是在一种方法论的意义上理解这个概念：成为客观的就是从探究中"将［某人］自身排除出去"，是以一种超然的、非个人的方式从事它（*CUP*，p. 21）。但是，例如当他提到"客观实在性"时，就会涉及一种本体论意义：客观之物是那种无论如何都存在的东西，它独立于人的视角或信念。

如果他注意到那种区别，批评者们就不太容易将克尔凯郭尔的主观性解释为真理-中立的。因为尽管主观的、激情内在的人在其接近真理时或朝向真理的立场中当然不是客观的，但这并不意味着，就他"在真理之中"而言，被相信的东西的客观实在性是无关紧要的。实际上，在下面的部分中将会显示，对于克尔凯郭尔来说，真正的主观性要求与客观实在的或真实的东西——上帝——具有一种恰当的关系。但是，如果是这样的话，那么人们应该怎么解释两段之前引用的《〈哲学片段〉的非科学结语》中的那几段话——在那里他似乎否定了这一点？对"'充满激情的'异教

52

徒"的段落的细读提供了一个回答。异教徒可能缺乏"关于上帝的真实观念"：尽管如此，当他祈祷时，他的祈祷"事实上向着上帝"，纵使他对他向着祈祷的东西没有恰当的理解。而那个浅薄的、肤浅的基督徒"事实上正在崇拜一个偶像"，因为"他在非真理中祈祷"。换句话说，那个异教徒在更高的真理中，这不仅是因为他的内在性和激情，而且因为尽管他在神学观念上是错误的，但他却**是**恰当地关联于真正的上帝。这段话绝没有否定这样一个主张，即本体论意义上的客观性对主观真理来说是至关重要的①，而是肯定了它。请注意，顺便提一下，即使这种解读是错误的，也没有理由将这个段落看作对与客观真理无关的"激情"的全面认可。异教徒毕竟是一个**宗教**信仰者。如果他"崇拜"的对象是无产阶级的胜利或黑格尔式的理念，那么人们就不能想象克尔凯郭尔会将他——不管多么"充满激情"——描述成"在真理之中"。

尽管事情如何客观地显现由此并不是与主观地在真理之中存在无关，但仍有一个问题：为什么克尔凯郭尔坚称，"本质性认识"的主观性质——它的"激情"等等——对于其作为承载真理的知识的地位来说是关键性的？就算由于各种原因——治疗的或其他的——对于信念或信仰来说变得"充满激情"要"更好"，那为什么这应当与其作为知识的资历密切相关呢？就算那个浅薄的基督徒刻画了一个丑陋的形象，那为什么要依据真理而将他同他的更为"充满激情的"同教者区分开来呢？实际上，这样一些问题迫使人们去考察之前已经引用的克尔凯郭尔的观点，即对于浅薄的、方法论上客观的基督徒——例如，那种仅仅在历史证据的基础上进行信仰的人——来说，宗教并不是"作为当前的某种东西而存在"。

克尔凯郭尔将主观的"内在性"描述为"占有"（appropriation），并将"主观真理"描述为"占有的真理"。他告诉我们，"在主观之物对知识来说具有重要意义的任何地方"，"占有都是……重点"（*CUP*，pp. 366，21，79）。在这里，否定性的观点是拒绝这样一个观念，这个观念即"伦理-宗教的认识"始终是一个单纯的依据可靠的基础——例如权威的证据——赞同真命题的问题。以此为基础，我可以说认识到恺撒（Caesar）是秃头，但却不能说认识到他是"伟大的"。"如果我没有亲自认识它"，

---

① 原文是"无关紧要的"（immaterial），而非"至关重要的"（material），但是联系到上下文的意思，这里应该是强调克尔凯郭尔认为客观性对主观真理来说是很重要的，而非无关紧要的，原文应该是出现了笔误，因此根据文义进行了修改。

如果我没有"看到"它，"那么我就完全没有认识到它"（*CUP*，p. 324）。这样的真理不能由一个人"直接传达"给另一个人。为了真正地认识这样的事情，为了与其相关地"在真理之中"，一个人必须自为地占有它们。因此只有"两类人能够认识关于"基督教的"某些东西"：那些"充满激情地……信仰它"的人，以及那些凭借一种"对立的激情"拒绝它的人（*CUP*，p. 52）。对任何其他人来说，基督教都"不是当前的某种东西"。

53　　克尔凯郭尔以两种相关的方式来证明这种具有吸引力的观念——作为占有的"本质性认识"。第一，如果某人没有"充满激情地产生兴趣"，那么他就不会内在化这类知识，而且甚至不**理解**他声称认识到或相信的东西。在经验信念的情况中，这种理解可能不是必要的：也许我可以在不理解它们的情况下相信各种科学假设是真的。但是，就像恺撒的例子所显示的，"伦理-宗教的认识"是不同的。对伦理"客观冷漠"的某个人"不可能认识"关于另一个人的伟大或卑鄙的"任何事情"（*CUP*，p. 52）。因此，作为内在激情的占有是理解的前提条件，由此也是信念和认识的前提条件，是"在真理之中"存在的前提条件。

　　第二，尽管克尔凯郭尔强调"内在"，但"伦理-宗教的认识"是某种必须将其自身显现在一个人的**生命**之中的东西。正如詹姆斯·科南特（James Conant）所言，对克尔凯郭尔来说，"一个概念的宗教［或伦理］变调只有在某个特定的生命种类中才具有其意义"（1995，p. 277）。这就是克尔凯郭尔的观点，他写到，一个人的"生命就是他相信的证明"（*J*，p. 185），而且"主观的思想家……在他自己的伦理生存中……拥有……现实性"（*CUP*，p. 228；强调由作者所加）。具有说服力的要点是这样的：尽管我能够在其与我的生命没有任何必然关系的情况下相信某物是方形的或白色的，但是我却不能同样地相信某物是罪恶的或值得崇拜的，除非这种信念在我的生命中被接受。宣告"通奸是一种罪恶"，然后若无其事地继续犯下它，这必定会使得这种宣告的真诚性成为可疑的。作为在生命中对一个信念的接受，作为一种被意愿的承当，占有是拥有那种信念的前提条件，由此也是信仰者拥有任何能够"在真理之中"的东西的前提条件。

"成为一个主体"

　　因此，对克尔凯郭尔来说，作为内在且鲜活的"占有"的主观性对于

"在真理之中"存在而言是必要的。但是他做出了一个更为激进的断言：主观性要求同客观实在的东西——上帝——具有一种恰当的关系。不过，"占有"如何能够要求那种关系呢？一个"充满激情的"无神论者肯定可以既内在又充满活力地占有他的或她的信念。然而，就像克尔凯郭尔的"客观性"意指不止一种东西，他的"主观性"也同样如此，并且正是在一种与占有不同的意义上，主观性要求"同上帝的关系"。

　　大卫·R. 劳正确地注意到，在克尔凯郭尔的著作中，主观性的"第二种含义是'成为一个主体'，即成为一个真正的自我（self）或人"（1993，p.115）。尽管每个人都"称得上是一个主体"，但是真正地**是**或**成为**一个主体，这仍然是一个"任务"，并且基督教"教导说，成为主观的道路"就是"真正地成为一个主体"（*CUP*, pp.130-1）。在这样的段落中用"自我"代替"主体"，不会丢失任何意义。因此，正是作为自我性（self-hood）的主观性，而不是作为占有的主观性，在要求"同上帝的关系"。（这并不意味着占有被排除在图景之外：相反，没有人能够"成为一个"不进行占有的"主体"。）

　　自我性要求"同上帝的关系"，这一点被明确表达出来。"没有上帝"的某人"……从不会在本质上是其自我（只有通过在上帝面前存在，人们才是这个自我），并且因此从不会满足于是其自我"（*CD*, p.317（E））。这些语句表明，为了是一个自我，某人必须实现自我理解，并且当他看到他自己是"在上帝面前"时，这才会被实现。克尔凯郭尔的论证包含这两个主张，这在如下评论中得到明确揭示："这个观点，即需要上帝是人的最高完美……想要依据其完美来看待人，并且使他以这种方式来看待其自我，因为在这个观点中，并且通过这个观点，人学会认识其自我。而且，对那种没有认识到其自我的人来说，他的生命其实是……一种妄想"（*FUD*, p.88（E））。认识到其自我的人承认他需要上帝，否则他的生存就是一种妄想，而不是一个真正的个体或自我的生存。

　　因为对克尔凯郭尔来说，自我知识既是可能的，也是走向承认真正实在的东西的道路，所以有些类似于叔本华的"一条道路"的观念，即"一条从内在"走向自在存在的东西的"道路"（Schopenhauer, 1969, vol.2, 195）。在克尔凯郭尔看来，这条"道路"是什么呢？如果认为他提供了一种对上帝存在的"客观证明"，任何理性的精神都必定会发现这个证明是令人信服的，那么这就曲解了他。情况就是这样，尽管他的从自我理解到上帝的"运动"和笛卡尔的一个著名论证之间，存在着一种明显的结构的相似性。后者论证到，通过反省我们认识到我们拥有完满的观念，而且从这一点，我们可以**推论**出上帝的存在，因为只有他（He）才能让我们拥有这个观念（Descartes，1988，p. 166）。克尔凯郭尔拒斥这样的"证明"。当某人"认为［他］能够证明上帝存在"时，他就"被欺骗了"（*PF*，pp. 190−1）。因此，不管克尔凯郭尔的从自我性到上帝的"道路"是什么，它都不会采取如下形式：

> 自我是 Φ
> 如果自我是 Φ，那么上帝存在
> 所以，上帝存在

克尔凯郭尔的道路同时是现象学的和辩证法的，它通过排演自我理解的若干"阶段"——每个阶段都比前一个阶段更为充分——来解释特定的经验所意味的东西。并未完全沉陷在"群体生活"——在这种生活中，人们几乎没有意识到他们的个体性以及向他们开放的可能性——中的那些人拥有特定的经验，或者也许更恰当地说，拥有自我反思的**暗示**，无论多么不成熟，这些暗示都标示着关于他们自身的某些东西。克尔凯郭尔的关注点不是去确定这样一些暗示的原因——上帝或基因中的某些东西——而是去澄清它们所意味的或"所意指的"东西。如果恰当地来进行解释，它们暗示着，只有在"同上帝的关系"中，人们才真正地是一个自我，那时自我"透明地在那种创立了它的力量之中安息"（*SUD*，p. 352（E））。通常而言，在认识到这些暗示的完整意义之前，一个人将会——也许像克尔凯郭尔自己一样——经历几个"生命道路的阶段"。然而，早期阶段所领会的东西并不会被抛弃：事实上，它将会以一种黑格尔式的扬弃（Aufhebung）的方式被"吸纳"到最后的解释中。就像阿利斯泰尔·汉内（Alistair Hannay）极好地评论的那样，克尔凯郭尔并不像马克思（Marx）那样将黑格尔上下颠倒，而是将其"内外"颠倒（Hannay，1982，p. 52）：辩证的历程既不是理念的，也不是人类历史的，而是个体自我的。

克尔凯郭尔的道路并不是对上帝的一种"证明"，因为揭露经验的意义并不比分析词语的意义更能解决与实际存在有关的问题。只有首先确立经验拥有"外在的指涉"，它们的解释才能够成为对实际存在的东西的一种证明。克尔凯郭尔在任何地方都没有试图确立那一点。尽管如此，对于发现克尔凯郭尔的道路是令人信服的那些人来说，以及对于不能不严肃对待他们的暗示的那些人来说，某些东西已经被证明了：要么那些经验终究是虚幻的，要么自我性要求"同上帝的关系"。

克尔凯郭尔所关注的暗示在必要时可能会被全部归在**绝望**（despair）——那种几乎折磨着我们所有人的"致死的疾病"——的庇护之下。他毫不怀疑绝望的意义，对那些处在其中的人来说，这可能是难以理解的。它暗示着，"自我［不］是单纯的人的自我，而是……直接在上帝面前的自我"，并且只有当"绝望被完全根除"的时候，自我才能"在意愿着成为其自身时……透明地安息"在上帝之中（*SUD*，pp. 363，352 (E)）。尽管如此，克尔凯郭尔对绝望做出了一些听起来令人费解的评论。例如，我们读到，绝望是一种我们应当做出的"选择"（*E/O* II，p. 215）；不管我们是否认识到它，我们都是在绝望之中；以及"所有绝望的准则"是"去意愿着摆脱某人自身"（*SUD*，p. 356 (E)）。

然而，这些评论却彼此一致，并且同关于绝望的意义的主要断言相一致。当绝望作为一种失常、一个有趣的转折且并不意指任何东西地袭来时，我们应当"选择"它，而不是解除它。实际上，严肃对待绝望是某人在"最深层的意义"上占有这一观念——"他的自我，在……上帝……面前存在"——的前提条件（*SUD*，p. 360）。人们可以在不知情的情况下陷入绝望，因为他们也很容易经验它：他们可能会"结束它"或使自己对它免疫，但那是另一回事。绝望的人"意愿着去摆脱"他的自我，这一点会招致两种解释。由于暗示着一种"更高的"或"神学的自我"，绝望可能会包含一种摆脱"更低的"、世俗的自我的愿望。同样地，对那些顽固地依附于其"单纯的人的自我"的人来说，绝望会导致对"更高的"自我前景——这种前景的实现需要严谨和献身——的抗拒（参见 Hannay，1998）。

为了完整地理解绝望的意义，人们会自然地转向克尔凯郭尔对自我的描述，尽管它是概略的。我们被告知，人拥有"双重本性"，因为他是对立面——"无限的和有限的""时间的和永恒的""自由和必然"——的一种"综合"（*SUD*，p. 351 (E)），或者是一种"心灵和身体的综合……由精神所构成和维持"（*CA*，p. 146 (E)）。然而，一个自我并不仅仅是这样一些要素的组合，因为只有当它们之间的恰当关系已经"将它自身建立起来"时，它才会存在。绝望是一种"在……诸方面或要素的［这种］综合……之中的错误关系"。

克尔凯郭尔在任何地方都没有提供对这种自我性描述的更多澄清，尽管他**没有**想到的东西有时候是很明显的。例如，他没有宣称一种笛卡尔式的观念，即人是一对实体，这对实体是物质的和非物质的，它们以某种方式被结合在一起。因此，通过"永恒的"方面，他并不意指一种非物质的灵魂的永久性。克尔凯郭尔的描述的概略性也不会真正引起失望。首先，它的**主旨**是相对清晰的。为了成为一个自我，某人需要在人的生存的本来破碎的要素之间实现一种完整和统一：当他或她仍然是"可变的、三心二意的和不稳定的"（*PH*，p.53）时，自我仍未"将它自身建立起来"。其次，从一开始就建立一种对自我性——这种自我性在通往那种仅仅被绝望**所暗示**的东西的生命道路的最后阶段才被占有——的理解，这会同克尔凯郭尔的策略相冲突。只有当绝望"被根除"的时候，自我性的概念才通过谈论一种"综合精神"——这种精神被把握为那些早期暗示的意义——而被指示出来。而且由于正是作为"有意识的行动"的结果，作为选择和决定的结果，我才能最终"在任何深层的意义上将我自身称为'我（I）'"（*J*，p.47），因此，只有向那些已经进行了同样旅程的他人，我才能够传达这种更深层的意义，克尔凯郭尔认为，这种意义仅仅被他的自我性描绘所指示。

"生命道路诸阶段"

除了第一个和最后一个阶段，克尔凯郭尔著名的"生命道路诸阶段"中的其他阶段都能依据在这些阶段的那些人——彼时，他们还不是自我，因此他们的生命仍然"远远……不是一个人的生命应该成为的样子"（*PH*，p.54）——所经验到的暗示而被最恰当地解释。在最后阶段，即真正的基督教信仰的阶段，随着此时绝望的"被根除"，一个人已经既学会认识其自我，又学会做其自我。在第一个阶段——它在克尔凯郭尔的描述中隐蔽的在场已经被安东尼·鲁德（Anthony Rudd，1997，p.24）有效地注意到——某人太过非反思性地沉陷于"群体生活"，以至于一点也不能意识到其自我是——并且因而不能做——一个个体的人。这样的意识开始于第二个阶段，即"审美的"阶段，我们大多数人都是沉陷于这个阶段。

在《非此即彼》中所描绘的"审美的"人物没有一个——甚至那个"感觉-爱欲的人"唐璜（Don Juan）都不会——是完全非反思性的：事实上，《诱惑者的日记》（"The Seducer's Diary"）的同名主人公就在积极地进行谋划。将这些人物统一起来的东西并不是一种对艺术的趣味，而大致上是他们对快乐的追求，尤其是对感官快乐的追求。不管它的确切形式是什么，"每一种审美生命观都是绝望"（E/O II，p. 229），并且这是因为审美者没有"选择其**自我**"。这转而又是因为他的生命缺乏真正的承当，它"在瞬间中……不断地"被引领：它"取决于一个外在于其自身的条件"，屈从于外在的刺激和情绪。它是某个人的生命，这个人还不是一个自我，而是一种"多样性"，他没有那种"至圣之物"，没有"人格的统一力量"（E/O II，pp. 234ff.，164）。审美者往往易于进行这些令人不安的反思，如果他"选择绝望"，而不是丢弃它，那么他将会领会到，他的生命是一个仅仅有限的生物的半－生命，它被束缚于瞬间，并且被必然性所统治。在他的生命中没有什么东西适应于我们"双重本性"的另一半。审美者"依靠必然性而不是依靠自由来发展"，"不会进行无限的运动"，并且不了解他"永恒拥有"的东西（E/O II，pp. 229，236）。自我性的恰当综合在审美者那里没有"被建立起来"。

"威廉法官"将这些观点传输给他年轻的审美者朋友，他知道如何实现这种综合——通过"伦理地"生活。在这里，"伦理的"具有一个与它有时在《〈哲学片段〉的非科学结语》中所承载的意义不同的意义，它是作为人的生存的"更高"层次的同义词。在《非此即彼》中，伦理是黑格尔称作为伦理（Sittlichkeit，从 Sitte＝custom 即习俗来理解）的东西的领域——是一个社会的既定规范和原则的领域，这些规范和原则调节着人们"在生命中的地位"，如作为市民、父母、配偶等等。在法官看来，通过承当这样的规范，一个人会找到自由，会被"无限化"，并且会意识到他的"永恒本性"（E/O II，pp. 218，274-5）。通过依据一般原则来塑造其生命，一个人将不再屈从于外在"条件"，不再沉陷于"有限的"享乐主义的追求，并且不再生活"在瞬间之中"，因为他达到了目的的终身恒定性。简而言之，他成了一个自我，整合了其"双重本性"的对立两极。因为在伦理阶段，人们的"有限"本性并未被忽视，例如：与连续的诱惑相比，幸福、忠诚的婚姻会产生更大的爱欲满足。

然而，对于克尔凯郭尔来说，绝望的"根除"以及自我性的实现并不是在这个伦理阶段。这至少被三种经验所暗示，即使是伦理上没有瑕疵的人都容易产生这些经验。因为，被暗示出来的东西是，人不能满足于社会**习俗**（mores）所提供的"单纯的人的标准"。第一种经验——"几乎是……绝望"——在一位牧师朋友寄给法官的一封信中得到描述（E/O II，pp. 343-56）。这是这样一种感觉，即无论在伦理上多勤恳，"与上帝相比，我们总是在错误之中"。情况并不是我们首先确立了一个永远正确的上帝的存在，与他相比，我们实际上是"脆弱的生物"，宁可说，永恒的罪责感暗示了一种"更高的"尺度，这种尺度超越了以人的方式设计的伦理尺度。在伦理生活中，仍然存在一种"有限和无限之间的错误关系"（*CUP*，p. 268）。在认识到他仍是"在错误之中"的时候，一个伦理上没有瑕疵的人领会到了一种"将其自身从有限提升到无限"的能力，这种能力不仅仅是一种通过承当普遍原则而调节其生命并为其生命带来恒定性的能力。

第二，在意识到是"三心二意的"或"拥有两种意志"的时候，会有一种暗示性的绝望（*PH*，p. 53）。就像已经注意到的，因为人们此时是一种"多样性"，缺乏一种"人格的统一力量"。在《心灵的纯粹性》（*Purity of Heart*）中所提出来的对这种绝望的疗法是去"意愿一件事"。但是，这为什么不应该是伦理的呢？毕竟，克尔凯郭尔坚持认为，它不能简单地是某种"大的"东西，"而不管它是不是好的或坏的"，并且选择了坏的那个人肯定会被"对好（the Good）的痛苦渴望"所困扰和撕裂（*PH*，pp. 55–6）。然而，他接着指出，这种好并不是伦理的善好（ethical good），因为根本性的是，那个"一件事"真正地是一（one），真正地是一个统一体。伦理的善好仅仅"看起来是一件事"，并且那个致力于它的人仍是"三心二意的"，仍是一种"多样性"（*PH*，p. 52）。为了真正地是一，某个目的（*telos*）必须是不变的、绝对的、无条件的以及没有内在冲突的：一个"尘世的目标"，例如伦理的目标，完全不符合这些标准。"根据他所生活的城市的习俗和传统而行事"（*CUP*，p. 244）的那个人依据一些复杂多变的规范来调节他的生命，这些规范是相对于环境且以环境为条件的，而且在它们之间还可能有冲突。一旦他领会到这一点，那个人就会承认需要——假如他是真正地"意愿一件事"——一种"同绝对目的的关系"，这个绝对目的不会"在那些相对目的中耗尽其自身"，并且甚至有可能要求"放弃"它们（*CUP*，p. 405）。换句话说，我们必须"亲近上帝"，因为只有上帝是"一件事"——不变的、无条件的等等（*CG*，pp. 485ff. ）。因此，只有一个完全专注同上帝的关系的人，才会作为一个自我而被一种"统一的力量"结合在一起。

道德冲突和绝对目的（*telos*）的主题也出现在《恐惧与战栗》中。在那里，道德冲突被"悲剧英雄"人格化，这个"悲剧英雄"被冲突性的伦理责任——在阿伽门农（Agamemnon）的案例中，分别是对他的女儿的责任和对他的人民的责任——所撕裂，没有理性解决的希望。然而，这本书并不是关注"伦理之内"的那些冲突，而是关注伦理与"在其之外的目的"之间的冲突（*FT*，pp. 87-8）。这种冲突主要是由亚伯拉罕——一个"信仰的骑士"——所说明，他必须在这两者之间进行决断，即一方面是伦理的责任——同时对家庭和民族，而另一方面则是上帝让他献祭以撒（Isaac）的命令。就像这个故事所表明的，"外在于"伦理的那个目的是一个人由于其同上帝的"私人关系"而拥有的对上帝的绝对责任（*FT*，pp. 108，88）。

然而，重要的是认识到，《恐惧与战栗》中的思想运动不是从上帝的存在和同上帝的关系到"伦理的悬搁"。这本书的"作者"沉默的约翰尼斯（Johannes De Silentio）尽管"崇敬"亚伯拉罕，但却并不"理解"他（*FP*，pp. 85-6）。他自己并不是一个"信仰的骑士"，而是一个在伦理阶段的人，这个人仍在反思他对亚伯拉罕的崇敬暗示了什么东西。为什么他讨厌简单地将亚伯拉罕谴责为一个杀人犯，就像他认为黑格尔和其他那些将伦理视作为"绝对的"人应该做的那样？上帝是绝对的目的，这是这样的反思所导向的地方，而不是一个提前建立起来的前提。

约翰尼斯所意识到的东西首先是，只有在"单个个体高于普遍之物"时，崇敬才会是正当的（*FT*，p. 84），而且对自我性的需求"胜过"伦理规范。这并不意味着这个"单个个体"可能会忽视伦理，宁可说，他"依据他同绝对之物的关系来决定他同普遍之物的关系"，而不是相反（*FT*，pp. 97-8）。否则，一个人就不是"特别的"，不是在走着他自己的"更高的……孤独之路"，而是"属于宗派的"，是"群体"中的一副面容。如果没有一种以对其自我忠诚的名义而"悬搁伦理"的意愿，那么一个人会缺乏那种"真正的人的要素"，即**激情**（*FT*，pp. 108，103，106，145）。这种激情必须采用宗教信仰的形式，这需要更进一步的反思，需要领会到，如果没有信仰，一个人将会停留在绝望或"悲伤"中，因而不是一个真正的自我。只有在"无限性的极乐"中，并且凭借一种对某人的"永恒有效性"的意识，"悲伤"才能被克服（*FT*，pp. 70，75）：只有到那个时候，某人的"双重本性"的"更高"方面才被公正对待。

由绝望和崇敬提供的各种暗示于是将我们从伦理阶段带到一个"更高的"阶段，即宗教阶段。克尔凯郭尔是否由此而抵达了"他的作者身份的运动"的目的地呢？没有完全抵达。亚伯拉罕尽管是一个"信仰的骑士"，但却不是一个基督徒，而且在克尔凯郭尔于同一本书里对另一个"信仰的骑士"——所谓的"店主"——的描绘中，基督教信仰也不是本质性要素（*PF*，pp. 68-70）。实际上，这些骑士仍然是处于这样一个阶段，这个阶段在《〈哲学片段〉的非科学结语》中被称为"第一种宗教状态",它不同于一种独特的基督教的"第二种宗教状态"。事实上,可以论证的是,一个信仰的骑士完全不需要是一个拥有宗教的——无论如何都是有神论的——信仰的人。也许一个骑士的信仰可以是对着"一个绝对的好或绝对的目的",但却没有"依据宗教术语来确定此目的"(Rudd,1997,pp.157-8)。当然,与第二种宗教状态有关的一些态度——例如愿意放弃某人的"有限的"忧虑,并立即赴死——并不是有神论者们的特权。尽管如此,克尔凯郭尔很清楚,最后的阶段是第二种宗教状态的信仰:只有当"信仰的对象"是上帝-人--个"个体的人"耶稣的时候,才会有完整的信仰,"在那里完全没有绝望",并且最后,自我恰当地将"其自身与其自身"关联,并"透明地在那种创立了它的力量之中安息"(CUP,p.326;SUD,p.372(E))。

在这最后一步之前支持克尔凯郭尔对通过绝望和相关经验而被暗示的东西的解释的那些读者,也许会判断这一步太远了。克尔凯郭尔在他的最后一步中流露出他自己独特的宗教承当——一个任何暗示性经验的现象学都不能够引发的承当。这个判断是正当的,因为当克尔凯郭尔主张自我性、绝望之"根除"需要独特的基督教信仰时,他是无力的。在《〈哲学片段〉的非科学结语》中有一个这样的论证是,只有基督教拥有资源来解释某人的这样一种意识,即他太过"腐化",太过"罪恶",太过"空无",以至于无论多么坚决,他都不能通过他自己的努力来实现自我性。但是,其他宗教,包括伊斯兰教,也会声称拥有这样的资源。

更进一步论证关涉到基督教信仰的悖论性特征。在《恐惧与战栗》中,克尔凯郭尔就已经声称,信仰必须对抗理性。"信仰恰好开始于思想停止的地方",而且那种使得亚伯拉罕成为一个信仰的骑士的东西就是他"相信荒谬的力量",因为他相信他将会既失去以撒,又"收回他"(FT,pp.82,65)。然而,与这种"荒谬性"相比,基督教的悖论是"绝对的"。"那个神人是……绝对的悖论",在其之上"知性必须停下来"(PC,p.375(E))。这就是所谓的道成肉身的悖论,是永恒者和神圣者作为一个在历史中被定位的人的悖论。克尔凯郭尔此时论证道,因为这个悖论是绝对的,它独一无二地要求绝对的信仰,要求承当的最大的"内在性"。"危险越大,信仰越强"(CUP,p.176)——并且,能有什么比信仰那种从理性的立场来说是完全不可能的东西更为"危险的"呢?这个论证是一个糟糕的论证。我对明天将会好起来的信念(信仰)并不一定"弱于"你对明天也将会是后天的信念（信仰）。我的信念（信仰）是逻辑上可能的某种东西，而你的则不是，这并不相关于我们各自信念的深度、弹性和"内在性"。

我们从一开始就看到，克尔凯郭尔的目的并不是"强迫"他的读者"成为一个基督徒"，而且当然也不是依靠提出任何理性精神都无法挑剔的"证明"。即使这样一些证明是可获得的，那个仅仅被它们所说服的人可能会成为"基督教世界"的一员，但却不会成为一个真正的基督徒，这个基督徒的信仰是与理性无关的。尽管如此，克尔凯郭尔的目的是使得他的读者意识到，如果他们严肃对待他们通过绝望的暗示——这些暗示指向他们也许会成为并且肯定想要去成为的可能的自我——那么他们就必须超越他们单纯"有限的""相对的"条件。他们必须向着宗教"跳跃"。很难判断，克尔凯郭尔赢得这样一些读者时会有多失望，这些读者尽管迄今为止一直追随着他，但却发现自己完全没必要更进一步地越过基督教的"悖论"的障碍。

【注释】

[1] 关于引用克尔凯郭尔著作时的缩写，参见下面的参考文献。

参考文献

克尔凯郭尔的著作选集

Bretall，R.（ed.）1973：*A Kierkegaard Anthology*．Princeton：Princeton University Press.（文中以（B）所标示的引用就是指的这本书。）

Guignon，C. and Pereboom，D.（eds.）1995：*Existentialism：Basic Writings*．Indianapolis，Ind.：Hackett.

Hong，H. and Hong，E.（eds.）1997：*The Essential Kierkegaard*．Princeton：Princeton University Press.（文中以（E）所标示的引用就是指的这本书。）

克尔凯郭尔的单部著作

下面书名之前的大写字母是本章中使用的对它们的缩写。除非另有说明，否则著作均如艾德娜·H. 洪（E. H. Hong）和霍华德·V. 洪（H. V. Hong）在 26 卷本的《克尔凯郭尔著作集》[*Kierkegaard's Writings*（KW），26 vols.，Princeton：Princeton University Press，1978—2000] 中所翻译的那样。

CA The Concept of Anxiety（KW8）

CD Christian Discourses（KW17）

CG   The Changelessness of God（KW23）

CUP   Concluding Unscientific Postscript to Philosophical Fragments（KW12）

E/O   Either/Or（1971），vol I trans. D. and L. Swenson，vol. II trans. W. Lowrie. Princeton，NJ：Princeton University Press.

FT   Fear and Trembling（1985），trans. A. Hannay. Harmondsworth：Penguin.

FUD   Four Uplifting Discourses（KW5）

J   Journals of Kierkegaard（1960），trans. A. Dru. London：Fontana.

PC   Practice in Christianity（KW20）

PF   Philosophical Fragments（KW7）

PH   Purity of Heart（*is to will one thing*）（1961），trans. D. Steere. London：Fontana.

PV   The Point of View for My Work as an Author（KW22）

SUD   The Sickness Unto Death（KW19）

TA   Two Ages：*The Age of Revolution and the Present Age*（KW14）

讨论克尔凯郭尔的著作

Conant, J. 1995：Putting two and two together：Kierkegaard, Wittgenstein and the point of view for their work as authors. In T. Tessin and M. von der Ruhr（eds.），*Philosophy and the Grammar of Religious Belief*. Basingstoke：Macmillan，1998，248−331.

Evans, C. S. 1992：*Passionate Reason*：*Making Sense of Kierkegaard's Philosophical Fragments*. Bloomington, Ind.：Indiana University Press.

——1998：Realism and antirealism in Kierkegaard's *Concluding Unscientific Postscript*. In Hannay and Marino（1998），op. cit.，154−76.

Hannay, A. 1982：*Kierkegaard*. London：Routledge.

——1998：Kierkegaard and the variety of despair. In Hannay and Marino（1998），op. cit.，329−48.

——and Marino, G.（eds.）1998：*The Cambridge Companion to Kierkegaard*. Cambridge：Cambridge University Press.

Law. D. R. 1993：*Kierkegaard as Negative Theologian*. Oxford：Clarendon Press.

Mackey, L. 1971：*Kierkegaard*：*A Kind of Poet*. Philadelphia, Penn.：University of Pennsylvania Press.

Poole, R. 1993：*Kierkegaard*：*The Indirect Communication*. Charlottesville, Va.：University Press of Virginia.

——1998：The unknown Kierkegaard：twentieth-century receptions. In Hannay and G. Marino（1998），op. cit.，48−75.

Rée, J. and Chamberlain, J.（eds.）1998：*Kierkegaard*：*A Critical Reader*. Oxford: Blackwell.

Ricoeur, p. 1998: Philosophy after Kierkegaard. In Rée and Chamberlain (1998), op. cit., 9-25.

Rudd, A. 1997: *Kierkegaard and the Limits of the Ethical*. Oxford: Clarendon Press.

Taylor, M. C. 1975: *Kierkegaard's Pseudonymous Authorship: A Study of Time and the Self*. Berkeley and Los Angeles, Calif.: University of California Press.

其他被引用的著作

Averroes 1974: *The Decisive Treatise*. Reprinted in A. Hyman and J. Walsh (eds.), *Philosophy in the Middle Ages*. Indianapolis, Ind.: Hackett.

Camus, A. 1975: *The Myth of Sisyphus*, trans. J. O'Brien. Harmondsworth: Penguin.

Cooper, D. E. 2000: *Existentialism: A Reconstruction*, rev. edn. Oxford: Blackwell.

——2001: *Humanism, Humility and Mystery*. Oxford: Oxford University Press.

Descartes, R. 1988: *Selected Philosophical Writings*, trans. J. Cottingham et al. Cambridge: Cambridge University Press.

Heidegger, M. 1980: *Being and Time*, tans. J. Macquarrie and E. Robinson. Oxford: Blackwell.

James, W. 1977: *The Writings of William James*. Chicago, Ill.: University of Chicago Press.

MacIntyre, A. 1981: *After Virtue: A Study in Moral Theory*. London: Duckworth.

Sartre, J.-P. 1957: *Being and Nothingness*, trans. H. Barnes. London: Methuen.

Schopenhauer, A. 1969: *The World as Will and Representation*, 2 vols., trans. E. F. J. Payne. New York: Dover.

第 4 章　卡尔·马克思

道格拉斯·凯尔纳（Douglas Kellner）

　　就其著作将哲学与来自其他学科的材料相结合，以对当前的时代进行批判而言，卡尔·马克思（Karl Marx，1818—1883）的工作是典型的大陆哲学（continental philosophy）。诸如黑格尔（Hegel）、克尔凯郭尔（Kierkegaard）、尼采（Nietzsche）、萨特（Sartre）和福柯（Foucault）这样迥异的大陆哲学家，都发展出了针对他们各自社会历史境遇的原创性的理论视角，并伴随着令人印象深刻的知识探索，这一探索将哲学与历史、社会理论、文学或科学综合起来。当然，马克思远远地超越了传统大学哲学（university philosophy）的界限。他的思想被等同于马克思主义（Marxism），也就是一场社会主义的和革命的运动，这场运动自 1860 年代以来已经成为一种哲学的和政治-历史的力量，而且他经常因其观点根植于历史而被信奉或被诽谤。

　　在这一章中我将主张，尽管马克思主义作为一种政治运动和力量，已经被 1980 年代晚期"现实存在的社会主义"（"actually existing socialism"）的瓦解所削弱[1]，但作为一种理论，马克思主义仍然拥有很多东西可以提供。我将把马克思的思想置于现代性的时代——他如此尖锐地对这一时代进行了理论阐释——和大陆哲学的辩证法之中，这种辩证法被解释为对当今时代的跨学科探究。在这一阅读中，卡尔·马克思的思想将作为诸多经久不衰的大陆哲学的一种而从共产主义的灰烬中显露出来。它提供了对历史、社会、经济、政治和文化的现存知识的一种宏大的哲学综合，并且提供了针对现代社会的尖锐的批判视角。从这一观点来看，马克思主义不仅不是一种过时的 19 世纪哲学和失败的乌托邦计划，而且它还提供了包含着看待和思考世界的新方式的辩证的探索方法，提供了原创性的哲学视角以及对现代社会和文化的一种激进批判。

一个革命的黑格尔主义者的生平和时代

卡尔·马克思 1818 年 5 月 5 日出生于德国的特里尔（Trier），该地位于莱茵兰（Rhineland）的一个深受附近法国文化影响的省区。马克思的祖先是犹太人，尽管他的父亲亨利希（Heinrich）为了保留其作为一名律师和政府官员的工作而改信了基督教。卡尔所受的教养完全是世俗的，他的父亲和他的学校教育使青年马克思专注于启蒙运动的人道主义（Enlightenment humanism），而路德维希·冯·威斯特华伦（Ludwig von Westphalen）——与卡尔青梅竹马并且后来成为其妻子的燕妮的父亲——向马克思介绍了法国大革命（the French Revolution）的激进观念和法国乌托邦思想家。[2]

因此，在一个主要是前现代的环境里，青年马克思就接触到了现代观念。直到他 1836 年进入柏林大学（the University at Berlin），马克思才系统地研究了黑格尔，而且在青年黑格尔运动（the Young Hegelian movement）的热烈气氛中，马克思卷入了当时的哲学论辩。马克思的博士论文《德谟克利特的自然哲学和伊壁鸠鲁的自然哲学的差别》写于 1839 年和 1841 年间，并于 1841 年在耶拿（Jena）被接受。在一个预示了其新兴哲学-政治计划的响亮结论中，马克思写道：

> 在哲学史上存在着各种关节点，它们使哲学在自身中上升到具体，把抽象的原则结合成统一的整体，从而打断了直线运动，同样也存在着这样的时刻：哲学已经不再是为了认识而注视着外部世界；它作为一个登上了舞台的人物，可以说与世界的阴谋发生了瓜葛，从透明的阿门塞斯王国走出来，投入那尘世的茜林丝的怀抱……像普罗米修斯从天上盗来天火之后开始在地上盖屋安家那样，哲学把握了整个世界以后就起来反对现象世界。现在黑格尔哲学正是这样。（*MER*, pp. 10-11；中译本见：《马克思恩格斯全集》第 40 卷，北京：人民出版社，1982 年，第 135-136 页）

马克思从黑格尔那里借用了一种批判性和反思性的思想模式，这种思想模式改进了启蒙理性主义的主题，抨击了陈旧的思想和社会形式，与此同时也发展了他自己的思想和批判模式。在早期的几篇文章中，马克思以启蒙的方式呼吁"理性"的"实现"以及对现存一切的一种"无情的批判"（*CW*3，p. 142；中译本参见①：《马克思恩格斯全集》第 1 卷，北京：人民出版社，1956 年，第 417、416 页）。对于青年马克思而言，"**实现过去的思想**"意味着实现自由、理性、平等和民主的启蒙观念（*CW*3，p. 144；中译本参见：《马克思恩格斯全集》第 1 卷，北京：人民出版社，1956 年，第 418 页）。当他在一篇讨论黑格尔的文章《〈黑格尔法哲学批判〉导言》中提到"**哲学变成现实**"的时候，他设想的是启蒙计划的圆满完成（*CW*3，p. 187；中译本参见：《马克思恩格斯全集》第 1 卷，北京：人民出版社，1960 年，第 459 页），是将启蒙观念转变为社会政治现实。

当然，黑格尔相信理性已经在普鲁士王国被实现，但是，马克思的早期文章声称德国的条件是极端落后的、腐朽的、过时的和不合理的（*CW*3，pp. 176ff.）。通过运用一种关涉到法国大革命时资产阶级的作用和当前时代无产阶级的境况的类比，马克思指出无产阶级是一个全世界的阶级，它代表了普遍的苦难和革命的需要（*CW*3，p. 186f.）。对于黑格尔来说，君主和官僚机构代表了国家的普遍利益，然而对于马克思来说，这些都是虚假的普遍，它们被无产阶级的苦难所驳斥，而无产阶级的利益则并没有被纳入资产阶级国家。相比之下，对于马克思来说无产阶级代表了解放的普遍利益，而且它的使命就是推翻资本主义——马克思断定，对于实现启蒙运动的承诺来说，这是一个必要的事件。

马克思也采用了黑格尔的历史分期概念，并且对黑格尔的概念进行了进一步阐述，指出当前时代是与众不同的和原初性的，它标志了同过去的一种决裂。在黑格尔的《精神现象学》的序言中，他写道：

> 此外不难看出，我们的时代是一个充满创造力的时代，一个向着新时期过渡的时代。精神已经与这个延绵至今的世界决裂，不再坚持它迄今的实存和表象活动，而是打算把这些东西掩埋在过去，并着手进行自我改造。诚然，精神从未止息，而是处在一个不断前进的运动中……自身塑造着的精神也是慢慢地和安静地成熟，获得新的形态，也是一砖一瓦地拆除着它的旧**世界**的建筑……这种渐进的、尚未改变整体面貌的零敲碎打，被一道突然升起的闪电中断了，这闪电一下子就树立起了新世界的形象。（Hegel，1965 [1807]，p. 380；中译本见：

---

① 第 4 章中"中译本参见"，表示译文与经典引文稍有不同。

《黑格尔著作集》第3卷，北京：人民出版社，2015年，第7页）

黑格尔去世之后，他的追随者们在1830年代和1840年代接手了当前时代的独特性的主题，并考虑上升到一个更高的历史阶段的可能性。为现代世界的起源和发展轨迹提供一种历史解释，这将成为马克思毕生的事业。与之相比，黑格尔则从未真正描述过现代性的特征，或者对当前时代进行过详细的社会学分析。在其试图描述现代社会的诞生和起源以及历史发展的关键阶段时，马克思重复了黑格尔的非凡研究，但是马克思主要研究的是政治的和经济的历史，而非黑格尔所关注的文化的历史。

对于青年黑格尔派来说，个体和社会的解放的关键是从宗教中解放出来；因此，马克思和他那一代的进步学生们都将现代思想和现代这个时代视为是典型世俗的。[3]他们深受大卫·施特劳斯（David Strauss）1835年的圣经批判和由路德维希·费尔巴哈（Ludwig Feuerbach）（1957［1841]）所发展的对宗教的人类学批判的影响。通过对各种福音书（Gospels）中耶稣（Jesus）生平里的矛盾进行详细的文本分析，施特劳斯质疑了福音书的神圣性。马克思的密友布鲁诺·鲍威尔（Bruno Bauer）则挑战了它们的真实性，他宣称圣经故事是纯粹的神话。费尔巴哈在这样一个需要——将人类的理想化特征投射到一个被崇拜和被服从的神身上——中揭露了宗教的人类学起源。费尔巴哈的尖锐批判将神学还原成哲学人类学，并且宣称人类在宗教信仰中崇拜他们异化了的人类力量，将人类力量迷恋为神圣的。

在对宗教和国家进行批判时，早期马克思追随了青年黑格尔派。美国独立战争（American Revolution）和法国大革命激发了新的激进民主理论，而这鼓舞了马克思及其同伴们去对仍然统治着欧洲大部分地区的旧的专制秩序进行批判。这些"资产阶级"革命产生了对"非法的和反自然的不平等形式"进行标记的话语，并且因此唤起了对历史地产生的"压迫形式"的注意。诸如农奴与地主或资本与劳动这样的从属关系被呈现为统治关系，马克思谴责了这些关系，与此同时也要求消除它们。

同柏林的哲学激进派（philosophical radicals）的青年黑格尔派团体（the Young Hegelian group）的交往，意味着马克思在德国不可能获得教职，因此在获得了哲学博士学位之后，他于1842年去了科隆（Cologne）并在《莱茵报》（*Rheinische Zeitung*）获得了一份工作，不久以后，他便在24岁时成为其主编。在报社工作期间，青年马克思发现了经济条件的重要性和资本主义的影响，并就贸易自由的辩论、资产阶级对拓展铁路的鼓吹、税收减免以及共同的通行费和关税撰写文章（*CW*1，pp. 224ff.）。他也发现了穷人的困境，报道了对摩泽尔河谷（Mosel valley）农民的审判，这些农民被指控从过去曾经是公共用地但现在却被宣称是私有财产的土地上盗窃林木。此外，马克思通过抨击普鲁士的新的审查规定和对离婚法的限制来拥护启蒙观念，并且发表了一些曾经为了出版自由而撰写的最引人注目的文章（*CW*1，pp. 109ff.，132ff.）。

然而直到他于1843年搬到巴黎为止，马克思一直生活在相对守旧的和前现代的德国，并且没有真正地直接接触新兴工业资本主义社会或工人阶级运动。在巴黎时，马克思开始研究法国大革命，进而开始研究资产阶级政治经济学的经典著作。他意图作为《德法年鉴》（*German-French Year-book*）的合作主编来维持生计，但《德法年鉴》在发行了一期之后即被停刊；它在德国边境被警察所没收。马克思的文章宣称"向德国制度**开火**"并支持无产阶级革命（*CW*3，pp. 175ff.；中译本见：《马克思恩格斯全集》第1卷，北京：人民出版社，1956年，第455页），这导致他丧失了其德国公民权，并使他成为一个流亡者，他先是流亡到法国，然后是比利时和英国，他在这些地方度过其余生的大部分时间，直到1883年去世。

《德法年鉴》包含了马克思的一些重要的早期文章，以及弗里德里希·恩格斯（Friedrich Engels）——他将会成为马克思的合作者和终生的朋友——的《国民经济学批判大纲》。[4] 恩格斯1820年出生于德国北部的工业城市巴门（Barman）。他的父亲是一个工厂主，而恩格斯则在17岁的时候进入家族企业工作。在巴门和不来梅（Bremen）做了几年办事员之后，恩格斯于1841年到1842年用了一年时间在柏林服兵役，在那里他加入了青年黑格尔派。接着，恩格斯于1842年被送到英国他父亲的工厂里学习工厂生产业务，这个工厂坐落于当时最先进的资本主义社会的工业中心。除了学习工业生产，恩格斯还考察了英国新的工人阶级的生活，以便为他1845年出版的《英国工人阶级状况》（*CW*4，pp. 295ff.）一书收集材料。

1843年至1844年，马克思在巴黎开始认真研究经济学，而1844年与恩格斯在巴黎会面之后，他加强了其经济学研究。马克思深信资本主义的兴起是现代社会和历史的关键，并在《1844年经济学哲学手稿》① 中概述了他的分析。这个在其一生中都未出版的文本，依据对资本主义的异化劳动及其预期解放的一种勾勒，呈现了他针对现代社会的最初视角（*CW*3，

---

① 《1844年经济学哲学手稿》，也称《巴黎手稿》。

pp. 231ff.）。[5]马克思的《巴黎手稿》显示，他已经深入研究了古典政治经济学、法国的革命和社会主义理论以及德国哲学，它们是那种独特的马克思式综合的三大关键要素。马克思早期的理论视角将现代社会视为工业资本主义的产物；它从启蒙运动和德国哲学的理想的立场出发来对异化、压迫和剥削进行批判，并且倡导革命来实现现代性的积极潜能，同时消灭它的消极特征。

马克思在其《巴黎手稿》的序言中承认了恩格斯"对政治经济学批判的贡献"（CW3，p. 232），并且继续推进他自己对资本主义社会的阶级结构的分析，提供了关于现代性的一个早期看法，即作为工人阶级的一种灾难的现代性（CW3，pp. 231ff.）。对于马克思来说，资本主义把工人转变成商品，工人被迫出卖他的或者她的劳动力。工人的劳动力因此属于资本家，而且它的生产活动是被迫的、强制的和不自由的。由于劳动产品属于资本家，因此工人不能满意于其活动为其本身生产了某些东西，并且因而感到与它的产品、它的劳动活动、其他的工人以及它自己的人的需求和潜能相异化。

马克思的看法重塑了黑格尔的主奴辩证法，并且首先依据工人同劳动对象的异化而使劳动的异化概念化。在资本主义生产方式中，劳动的对象和制度显现为某种"异化"之物，显现为一种独立于工人的力量，就像早期工业厂房制度毫无疑问地向工人所显现的那样。其次，劳动的异化包含了以"工资奴役"（wage slavery）的形式——在其中，工人相对于资本家主人而生存在一种"奴役"状态——而丧失对劳动过程（和生命活动）的控制。对于马克思来说，在资本主义下的人们因而与"生产活动"相异化，这种生产活动会表现为外在的、非本质的、强制的和不自由的。因此，资本主义制度中的劳动不仅是令人讨厌的，而且还造成了与人们特有的人性相异化，这一人性被马克思定义为自由的和生产性的活动。由于异化劳动没有产生自我实现或满足，因此也就造成了与类存在、其他人和本性相异化。

马克思与黑格尔和费尔巴哈一起，将类生活视为把人同动物区分开来的普遍的、自由的和创造性的活动，但是对于马克思来说，资本主义下的劳动则是破碎的、片面的和不自然的。资本主义的劳动制度在工厂中奴役个人，耗尽他们的时间这一生活媒介。马克思对资本主义的批判因此预设了一种人性和非异化劳动的概念，在这一概念中劳动被概念化为本质性的生命活动，即一项事业，通过这项事业人们明显满足了人的需求并发展了人的潜能——或者未能发展它们。对于马克思来说，非异化劳动被定义为自由的和自觉的活动，这种活动发展了人类的潜能，并且因此使个人能够实现他们的"类存在"或人性。

因此，对于马克思而言，资本主义生产是人类异化的基础，而且它对人类的非人性化需要革命来克服它。马克思还未设想到资本主义应如何被克服，不过重要的是，即使在他的早期手稿中，他都反对"粗陋的共产主义"（crude communism）——"平均化"（leveling）、摧毁个性，并且不能培养全面的人类力量（MER，p. 82）。然而，马克思确实要求消灭私有财产制度，这种制度将会被"真正的人类和社会财产"所取代，在那里"物体的使用和享受"（MER，p. 102）将会被提供给个人，以便他们从事自由的和创造性的生产活动。

67 马克思的哲学成就是对由诸如黑格尔和费尔巴哈这样的哲学家所发展的异化和人性概念进行具体化，将哲学概念转化为社会称谓（social terms），从而采用普遍概念，并将它们重构为历史上的具体概念。对于马克思来说，异化既不是一个主观概念，也不是一个本体论概念，而是一个社会历史的规范性范畴，这一范畴指向一种应当被克服的悲惨事态。因此，对于马克思来说，从劳动异化中解放出来是一项批判的-革命的计划，这一计划包含了对资本主义的超越。

在《国富论》中，亚当·斯密（Adam Smith）将人设想成讨价还价的动物，在那里自爱或利己主义被看作首要的人类特征，而竞争则被看作自然状况（Smith，1937［1776］）。相比之下，对于马克思而言，人则在根本上是社会的、合作的、多面的和多变的，并能够推动新的历史发展和创造。斯密将劳动描述成"耶和华的诅咒"和一种本体论负担，同时认为它会限制休息、闲暇和平静，而马克思则将生产活动和劳动视为独特的人类特征。对于斯密而言，劳动分工是国家财富的来源，而对于马克思来说，它则是工人阶级的灾难。对于马克思而言，人类是多面性的存在，他们需要丰富的活动和自由自觉的自我决定来实现他们基本的人的力量。因为对于马克思来说，个人是社会性的和合作性的，资本主义则与人性相矛盾，因而需要一种新的社会制度来解放人性并创造一个配得上人类的社会。[6]

对于亚当·斯密来说，资本主义的市场社会为人类提供了合适的体制，并且资本主义是与人性相兼容的，而对于马克思来说，它们则是彼此对立的，需要一种新的人类和社会制度。然而，马克思并不持有一种本质主义的人性理论——在这种理论中，人类被构想为固定的、永恒的和不变

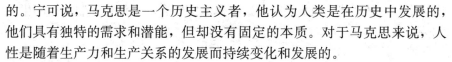

的。宁可说，马克思是一个历史主义者，他认为人类是在历史中发展的，他们具有独特的需求和潜能，但却没有固定的本质。对于马克思来说，人性是随着生产力和生产关系的发展而持续变化和发展的。

因此，马克思削弱了困扰以前哲学的本质主义/历史主义二分法，而且实际上向哲学家们提出，他们需要结合人类学、历史学、社会科学和哲学，以便恰当地从理论上阐述人类、人们的异化和压迫以及人们潜在的解放。马克思从未充分发展他的哲学视角，而是转而将政治经济学作为他主要的理智焦点，尽管我将主张，人性的一种理论、其在资本主义下的异化以及潜在的解放构成了马克思全部研究的基础。从他的《巴黎手稿》开始，马克思的哲学反思就同发展一种现代社会的批判理论相关联，这一理论将哲学问题置于现代历史境况的背景之中。例如，在他的《1844年经济学哲学手稿》中，马克思以敏锐的洞察力提出了资本主义制度下的劳动异化所导致的一些关键问题：

（1）把人类的最大部分归结为抽象劳动，这在人类发展中具有什么意义？

（2）主张细小改革的人不是希望**提高**工资并以此来改善工人阶级的状况，就是（像蒲鲁东那样）把工资的**平等**看作社会革命的目标，他们究竟犯了什么错误？（*CW*3, p.241；中译本见：《马克思恩格斯全集》第3卷，北京：人民出版社，2002年，第232页）

马克思对第一个问题的回答是，尽管劳动是一种普遍的活动，个人通过它满足他们的需求，并且将他们自身与动物区分开来，但是在资本主义制度下，劳动采用了雇佣劳动这一特殊形式，在这一形式中，个人通过向资本家出卖自己的劳动力而同他自身或她自身相"异化"，从而为另一个人而生产，并屈从于强制的和不自由的活动。因此，现代工业秩序的出现对于工人阶级来说是一场灾难，马克思将这视为历史中的一种性质独特的境况。马克思总结说，提高工资仅仅是"给奴隶以更高工资"，并提出为了允许个人的全面发展和实现，工资奴役本身必须被废除（*CW*3, p.295f.）。

马克思假定，人是能够潜在地控制和享受对象的主体。然而，在新兴的工业体制中，对象控制了主体，个人从而被劳动对象所统治。即便资产阶级也不能控制陷入周期性衰退和萧条的资本主义生产方式。资本主义经济失去了控制，而马克思和恩格斯则设想了一种状况，在那里个人控制着他们的劳动体制和对象，而不是被它们所控制。因此，他们的社会主义概念假定了一种现代主权概念，在这一概念中联合的个体将控制他们的生活和劳动条件。

辩证法、哲学和科学

马克思的新兴计划结合了哲学、历史和我们现在称为社会科学的东西。也许正是马克思的《关于费尔巴哈的提纲》——1845 年写于布鲁塞尔（Brussels)，当时他正在创作《德意志意识形态》——为其独特的哲学视角提供了最简明的总结。著名的第十一条提纲明确表述了马克思哲学概念的行动主义实质："哲学家们只是用不同的方式**解释**世界，问题在于**改变**世界。"（*CW*5, p. 8；中译本见：《马克思恩格斯文集》第 1 卷，北京：人民出版社，2009 年，第 502 页）第一条提纲明确表述了马克思在对片面立场的一种辩证克服中对唯心主义和唯物主义的独特融合："从前的一切唯物主义（包括费尔巴哈的唯物主义）的主要缺点是：对对象、现实、感性，只是从**客体**的**或者直观**的形式去理解，而不是把它们当做**感性的人的活动**，当做**实践**去理解，不是从主体方面去理解。因此，和唯物主义相反，唯心主义却把**能动的**方面抽象地发展了，当然，唯心主义是不知道现实的、感性的活动本身的。"（*CW*5, p. 6；中译本参见：《马克思恩格斯文集》第 1 卷，北京：人民出版社，2009 年，第 499 页）

马克思肯定了费尔巴哈的唯物主义及其对身体和感觉的强调，同时也肯定了黑格尔对思想和主观性的现实的强调，因此，他使自己和除唯心主义之外的黑格尔辩证法结盟，也和强调感觉、批判性实践和唯物主义的批判性的启蒙传统结盟。马克思对启蒙的改变在于，他激进化了黑格尔对批判和否定的强调，并将变革性活动概念化为**"革命的实践"**（*CW*5, pp. 6-8；中译本见：《马克思恩格斯文集》第 1 卷，北京：人民出版社，2009 年，第 500 页）。

马克思采用了黑格尔的否定概念，他断言否定性的辩证法在黑格尔那里是"作为推动原则和创造原则"（*CW*3, p. 332；中译本见：《马克思恩格斯文集》第 1 卷，北京：人民出版社，2009 年，第 205 页），凭借这种辩证法，思想批判局部的和片面的观点，通过否定克服矛盾，并且抨击压迫和异化人类的制度和力量。在系统否定片面的或压迫性的既存现实，同时试图在一种更高的综合中克服所有矛盾和冲突时，马克思追随了启蒙批判和黑格尔的辩证法。在通过以突然性、新颖性为特征的断裂和中断来理解冲突的克服——一种独特的现代理解方式——时，他同样追随了黑格尔。黑格尔-马克思式的辩证法拒斥历史的连续性理论，强调间断性。马克思还特别关注历史的间断，这些间断产生了动荡，而这些动荡则以独特的现代形式引起了骚乱、暴力和苦难。

因此对马克思来说，"批判"描绘了片面的、矛盾的、压迫性的思想形式和社会条件，这些思想形式和社会条件将要被否定与克服。马克思赋予批判概念以特权，使它成为他理论的一个核心方面，并且给他主要著作中的几部都加上"……的批判"的副标题。[7]马克思摆脱了黑格尔的唯心主义辩证法和对现存社会的一种非批判性的肯定，并将辩证法转变成唯物主义研究和社会批判的一种方式。对于马克思来说，辩证法是连接性的，展示了不同社会部门以及通常被视为分离的诸现象之间的联系（例如文化和社会条件）。他的辩证法同样是否定性的和革命性的，它分析矛盾和关联，并且描绘需要变革的条件。马克思的理论是历史的，也是唯物主义的。例如，"矛盾"指的就是具有张力且不平等的现实历史状况，它们需要通过社会斗争来解决（完全不同于纯粹的对立，在这些对立中，对立面——例如上和下，或者或此或彼——是纯粹的语言建构，它们是平等的和对称的，没有张力或者爆发力）。正如我在后面一部分将要指出的，马克思的图景还从一种包含了更多自由、正义和社会财富的社会主义社会形式的视角来对当前的现代社会进行了谴责。

然而，在转向作为恰当的探究方法和知识来源的经验科学时，马克思的哲学-辩证视角超越了黑格尔。当然，对于马克思来说"科学"总是德语意义上的**科学**（*Wissenschaft*），它意味着一种历史的、规范的和全面的理论化模式，并被严格的经验研究、实践中的观念试验、基于研究的概念和假设的修正以及结果的持续改进、发展和系统化所调节。因此，在其早期的哲学研究之后，马克思支持科学高于哲学，呼吁研究"处在一定条件下……可以通过经验观察到的发展过程中"（*CW*5, p. 37；中译本见：《马克思恩格斯全集》第 3 卷，北京：人民出版社，1960 年，第 30 页）的现实个体。并且指出："思辨终止的地方，即在现实生活面前，正是描述人们的实践活动和实际发展过程的真正实证的科学开始的地方。"（*CW*6, p. 37；实际上应该是 *CW*5, p. 37，中译本见：《马克思恩格斯全集》第 3 卷，北京：人民出版社，1960 年，第 30~31 页）哲学因而失去了其自足的存在空间：它被合并到真实的历史中去了，而且作为一门自主学科消失了，因此产生了哲学向着科学的扬弃（Sublation，*Aufhebung*）。这一转变提供了一种跨学科的空间模式和方法模式，这一模式对资本主义社会构造中的经济、国家、社会制度和文化之间的相互联系进行研究；它从另一种社会组织形式下的更好的社会和更人性化的生活的理想的规范性视角出发来对现代社会制度进行批判。

从方法论的立场来看，马克思开始了哲学和科学的一种重构，而且发展出了一种社会批判理论，这一理论将新的认识论（即，激进的历史主义和实践）与广泛的历史视角和细致的经验研究融合起来。通过与斯密和资产阶级政治经济学的果断决裂，马克思的理论摒弃了先前的社会科学观念，并且开创了一种批判性的社会科学的新形式，这种形式的社会科学赋予实践作为真理标准的特权，并且拒斥所有不能在实践上被确证和不能用实验方法证实的观念。

马克思向科学的转向受到费尔巴哈的影响，费尔巴哈捍卫知觉和经验知识，反对黑格尔的唯心主义。在他的《1844年经济学哲学手稿》中，马克思强调，他的结论是通过"完全经验的"分析而获得的，而且他对资本主义的批判是"从**当前的**经济事实"——资本主义制度下的工人异化——出发的（*CW*3，pp.231，271；中译本见：《马克思恩格斯全集》第3卷，北京：人民出版社，2002年，第219、267页）。然而，马克思从未在科学和辩证法之间进行真正的区分，他指出："经验的观察在任何情况下都应当根据经验来揭示社会结构和政治结构同生产的联系，而不应当带有任何神秘和思辨的色彩。"（*CW*5，p.35；中译本见：《马克思恩格斯全集》第3卷，北京：人民出版社，1960年，第29页）这段文字阐明了马克思观念中经验主义和辩证法的结合：依据经验科学的模式，研究者应该毫无猜测或歪曲地来对经验事实进行描述，并且应该将社会和政治现象与经济结构联系在一起。反过来，诸观念将在实践中得到检验，正如"人应该在实践中证明自己思维的真理性，即自己思维的现实性和力量，自己思维的此岸性"（*CW*5，p.6；中译本见：《马克思恩格斯文集》第1卷，北京：人民出版社，2009年，第504页）。

但是，马克思所描述的事实总是历史性的，总是受制于变化和发展，而马克思的视角则是聚焦于历史及现代社会的结构和运动。马克思通过具体的经验和历史研究发展出了他的历史理论和社会批判理论，尽管他的分析的呈现框架可以说是黑格尔式的和辩证的。正如他后来在《资本论》中所指出的，黑格尔辩证法"按其本质来说，它是批判的和革命的"（*MER*，

p. 302；中译本见：《马克思恩格斯全集》第 44 卷，北京：人民出版社，2001 年，第 22 页），它表明了社会是伴随着矛盾和危机的，这些矛盾和危机会导致社会的分裂和瓦解，并且从而进入更高的社会阶段。对这种历史观点进行深化将会占据马克思生命的大部分时间。

历史唯物主义和现代社会

早期的马克思代表了黑格尔和启蒙的批判理性主义的一种综合，正如被法国大革命的激进民主派所影响的那样。马克思在致力于其经济学研究的时候，因在一份激进的流亡者报纸上发表文章而于 1845 年被驱逐出巴黎，他移居到了布鲁塞尔，在那里他开始了与恩格斯的合作。他们一起去英国观察新的工厂以及工业的生活和工作条件。在他们回来之后，他们就开始展开他们对现代世界的起源的勾勒，而这则以《德意志意识形态》——该文本写于 1845 年至 1846 年，而且在他们的一生中从未出版——中的"历史唯物主义"而闻名。这个文本非常重要，因为它明确表述了他们对现代社会的分化结构的一些初次阐述，而且还概述了他们关于人类和社会的历史唯物主义视角。马克思和恩格斯（CW4）还出版了一部对布鲁诺·鲍威尔和他们先前的青年黑格尔派同伴进行联合抨击的著作，即《神圣家族》（1845），他们现在认为鲍威尔这些人是伪激进分子和唯心主义者。此外，马克思还在《哲学的贫困》（1846）中发表了对蒲鲁东经济学的批判，他宣称这个法国作家陷入了黑格尔的唯心主义冗词中，从而神秘化了具体的经济现象，而马克思和恩格斯则正试图分析这些现象。

在研究现代社会的起源和生成时，马克思和恩格斯发展出了历史和社会的一种新的唯物主义理论，将生产方式、生产力和生产关系、劳动分工、意识形态以及阶级斗争的概念引入进来作为理解社会和历史的关键。他们还提出了作为生产方式的一种演替的历史观念，这种演替导致了现代资产阶级社会的出现，并且在未来会过渡到共产主义社会。对于马克思和恩格斯来说，与现代资产阶级社会联系在一起的高度分化的生产方式，"随着**人口的增长**"而出现，并且以"个人之间的**交往**"（CW5, p. 32；中译本见：《马克思恩格斯全集》第 3 卷，北京：人民出版社，1960 年，第 24 页）为前提。[8] 在马克思的理论中每一个社会都由如下部分构成：

一定的社会关系同麻布、亚麻等一样，也是人们生产出来的。社会关系和生产力密切相联。随着新生产力的获得，人们改变自己的生产方式，随着生产方式即保证自己生活的方式的改变，人们也就会改变自己的一切社会关系。手工磨产生的是封建主为首的社会，蒸汽磨产生的是工业资本家为首的社会。（*CW6*, pp. 165-6；中译本见：《马克思恩格斯全集》第 4 卷，北京：人民出版社，1958 年，第 143-144 页）

尽管这段文字经常被当作马克思的所谓的技术决定论的一个例子，但人们也可以将它理解为在强调社会关系和分化在现代社会构成中的重要性。社会分化转而又同劳动分工相连，这种劳动分工开始于家庭，导致了精神劳动和物质劳动的分工，并且充当了进一步的社会分化的发动机（*CW5*, p. 46f.）。然而，分化采取了从属与统治的关系形式，而且马克思发展出了针对现代资产阶级社会的最早的一种批判理论，并抨击了压迫和剥削。

尽管马克思的理论经常被指责为将统治和压迫限定于阶级，并且忽略了诸如性别和种族（Balbus, 1982）这样的压迫形式，但是马克思和恩格斯也指出，不平等"在家庭中已经出现，在那里妻子和孩子是丈夫的奴隶"（*CW5*, p. 46；中译本见：《马克思恩格斯全集》第 3 卷，北京：人民出版社，1960 年，第 36 页）。他们还谈到了"家庭中隐蔽的奴隶制"，而且对"父权"力量进行了持续批判，从而为女性压迫的批判提供了概念空间。的确，马克思和恩格斯经常将社会生活的生产和**再生产**描述为社会和历史的基础（*CW5*, pp. 42, 43, 46, 多处），并且因而将概念的重要性归因于家庭和社会再生产。当然，他们的主要焦点几乎完全集中在生产和工人阶级的压迫上面，尽管恩格斯最终将会撰写一部有关家庭的著作（1972 [1884]）。

马克思的辩证理论还明确阐述了现代社会形式中经济、政治组织、社会和文化之间的关系。他的社会批判理论因而在一种连接了经济、社会结构、国家和文化的跨学科空间中展现出来。对于马克思来说"政治经济学"指的是一种结合了政治学和经济学的结构，它描述了一种社会组织模式，马克思将这一组织模式描绘成一组现代法律的、政治的、社会的及文化的制度和实践——他将这些制度和实践称为"上层建筑"（*Uberbau*）——的"基础"（*Unterbau*）。

对于马克思来说，现代社会是高度分化的社会，它们在国家与市民社会、诸阶级和日益复杂的经济之间产生分化。马克思跟黑格尔一样在国家和"市民社会"（更确切的是"资产阶级社会"）之间进行了区分，其中"资产阶级社会"指的是在家庭和经济范围内的私人生活领域，而"国家"描述的则是公共生活领域。[9] 作为国家的一个成员，人们是自由和平等的国度中享有普遍权利的一个公民（*citoyen*），而在资产阶级社会的领域中，人们则只是自利和竞争的一个分裂的和竞争性的领域中的一个私人。

黑格尔将普鲁士王国设想为理性的实现，这种实现调和了社会经济秩序的矛盾，而马克思则发展出了一个针对现代世界组织的更具批判性的视角。在他看来，黑格尔所描述的分裂和分工在现代国家中并未被克服。宁可说，社会被分化成两个不同的领域，在其中个人"**不仅在思想**中，在意识中，而且**在现实**中，在**生活**中，都过着双重的生活——天国的生活和尘世的生活。前一种是**政治共同体**中的生活，在这个共同体中，人把自己看作**社会存在物**；后一种是**市民社会**中的生活，在这个社会中，人作为**私人**进行活动，把他人看作工具，把自己也降为工具，并成为异己力量的玩物"（*CW*3，p.154；中译本见：《马克思恩格斯全集》第3卷，北京：人民出版社，2002年，第172-173页）。对于马克思来说，在社会上分化的资产阶级社会是一个冲突的社会，它的特征是一个"利己主义"的、"**一切人反对一切人的战争**"的领域。"它已经不再是**共同性**的本质，而是**差别**的本质。它成了人同自己的**共同体**、同自身并同他人**分离**的表现"（*CW*3，p.155；中译本参见：《马克思恩格斯全集》第3卷，北京：人民出版社，2002年，第174页，译文根据此处的语境稍有改动）。

因此，马克思是最早描述由新的资产阶级社会的分化所造成的社会冲突以及最早将国家固定在其结构中的人之一。他从黑格尔那里接受了分化范畴，对于黑格尔来说，这一范畴主要是一个逻辑的、思维的概念，而对于马克思来说，它则是一个社会分析范畴。对黑格尔来说，"分化"（*Differenzierung*）意味着范畴的产生、分裂和外化的过程，这首先是在思维领域（黑格尔的逻辑），然后进入自然和精神的领域。在对精神（*Geist*）领域进行分析的时候，黑格尔描述了社会和政治领域中的分化，认为这些分化在他的哲学中被吸收、调和以及从而被扬弃（*aufgehoben*）了。相比之下，对马克思来说，分析之下的分化指涉了结构上相互关联的资产阶级社会、国家以及文化和日常生活的诸形式的具体社会历史发展，他以社会理论的语言而非哲学的语言来描述这一发展，因此开创了现代性的经典社会话语。

在新的分裂的资产阶级市民社会中，个人被分成利己主义的原子，他们彼此对立，并且被以阶级为基础的自利和贪婪所驱使。由资产阶级革命所建立的"人的权利"保证每个个体相对于国家、社会而保持着一定的自主性和一整套的权利。因此，个人在他们的国家生活——在这里他们是自由和平等的——和社会日常生活——在这里不平等和不自由进行着统治——之间被分裂开来。从国家的立场来看，个人是一个公民，拥有普遍权利，并且和所有其他的公民平等，而在市民社会中，个人只是一个**小市民**，他以独特的利益为特征，并在为了生存而同其他人进行的竞争性斗争中被造就。

马克思一直承认个人是资产阶级社会的一种重要产物，而社会主义将会对这一产物进行保存和发展。[10]然而他也看到，资产阶级社会产生了个人主义的一种原子化的、分裂的形式，这种形式被私人利益的恶魔限制和支配着。此外，他相信现代市民社会还摧毁了封建主义的共同纽带，并且共同性需要在现代世界中被重新构造起来。因此，"政治解放"只不过是从封建主义限制中的局部的和抽象的个人解放，马克思将其讽刺性地描述为**"不自由的民主制"**(*CW*3 [1843], p. 32；中译本参见：《马克思恩格斯全集》第 3 卷，北京：人民出版社，2002 年，第 43 页)。与之相比，马克思要求"人类解放"，这包含了对市民社会的利己主义、私有财产和宗教的超越，并且因此包含了社会最终从资本主义中解放出来(*CW*3，p. 170f.)。

马克思 1840 年代的历史观被呈现在《共产党宣言》中，该著作以激动人心的叙述方式概述了他和恩格斯对现代性的起源、发展轨迹的看法(*CW*6，pp. 477ff.)，而且具体化了他以前著作中以阶级斗争的观念对"革命的实践"所进行的强调。《宣言》发表于 1848 年初，加速了在它出版之后不久整个欧洲所爆发的一连串革命。它提供了针对资本主义全球化的一个最早的批判性视域，以及对资本主义的起源和演变的一种扣人心弦的叙述。

对于马克思和恩格斯来说，以世界市场为特征的全球体系的兴起，以及在全世界各地区所进行的相似的生产关系、商品和观念的强加，在创造现代资本主义社会时是至关重要的："大工业建立了由美洲的发现所准备好的世界市场"(*CW*6，p. 486；中译本见：《马克思恩格斯文集》第 2 卷，北京：人民出版社，2009 年，第 32 页)。反过来，"不断扩大产品销路的需要，驱使资产阶级奔走于全球各地。它必须到处落户，到处开发，到处建立联系"(*CW*6，p. 487；中译本见：《马克思恩格斯文集》第 2 卷，北京：人民出版社，2009 年，第 35 页)。正如马克思曾经在一封书信中所写的那样，铁路、汽船和电报"最终代表着适合现代化生产工具的交通手段"（转引自 Hobsbawm，1979，p. 32；中译本见霍布斯鲍姆：《资本的年代：1848—1875》，张晓华等译，北京：中信出版社，2014 年，第 40 页），从而使世界市场成为可能："资产阶级，由于一切生产工具的迅速改进，由于交通的极其便利，把一切民族甚至最野蛮的民族都卷到文明中来了……一句话，它按照自己的面貌为自己创造出一个世界。"（CW6，p. 488；中译本见：《马克思恩格斯文集》第 2 卷，北京：人民出版社，2009 年，第 35－36 页）

在马克思的视野中，资产阶级不断地变革生产工具，而世界市场则产生了巨大的商业、航海与发现、交通以及工业力量，创造了一个丰富、多样和繁荣的潜在新世界。马克思和恩格斯还指出，正如"各民族的精神产品成了公共的财产"，民族主义的"片面性和局限性〔如何〕日益成为不可能"（CW6，p. 488；中译本参见：《马克思恩格斯文集》第 2 卷，北京：人民出版社，2009 年，第 35 页）。在指明了世界市场的资源和积极创造——它们为社会组织的更高阶段提供了基础——之后，马克思和恩格斯指出，世界市场还产生了一种"对狭隘地域性的个人"进行代替的"**世界历史性的、真正普遍的个人**"的新阶级（CW5，p. 49；中译本参见：《马克思恩格斯全集》第 3 卷，北京：人民出版社，1960 年，第 39 页，译文根据语境稍有改动）。这种个人的阶级——工业工人阶级、无产阶级——被还原成抽象的劳动力，变得毫无财产，并且同"现存的有钱的有教养的世界相对立"（CW5，pp. 48-9；中译本见：《马克思恩格斯全集》第 3 卷，北京：人民出版社，1960 年，第 39 页）。由于无产阶级只有其锁链可以失去，并且会获得一个世界，马克思和恩格斯相信，工业无产阶级将会作为革命的阶级组织起来，以推翻资本主义，并且创造一个消除了贫困、不平等、剥削和异化劳动的新的社会主义社会，进而使得个人和社会财富的充分发展成为可能（CW5，p. 48f.；CW6，p. 490f.）。

因此，马克思的理论是最早对一个将会环绕世界的复杂市场体系进行构想的理论之一。马克思和恩格斯设想了世界全球性危机和革命的可能性，这种危机和革命将在资本及其对手之间的巨大斗争中笼罩地球。他们的工人阶级革命者们将会是坚定的国际主义者和世界主义者，将会把自己视为世界公民而非特定国家的成员。马克思的理论因此同样具有很多市场自由主义者们的幻想，即自由贸易的世界体系的发展将会产生繁荣和世界主义，这两者都轻视了民族国家、民族主义、国家竞争和战争的重要性，这些东西不仅是过去几个世纪的特征，而且直到今天还将继续成为重要的力量。

资本和反革命

在 1848 年这一激动人心的革命之年，马克思和恩格斯首先从布鲁塞尔来到了巴黎，进而又到了德国，在那里动荡的局势让马克思赢得了一次特赦。马克思回到了科隆，在那里他为一份报纸——《新莱茵报》——寻求支持，在接下来的两年里他都在发行这份报纸。马克思和恩格斯站在资产阶级民主人士的一边，这些人士正在为现代议会制而与旧的封建力量斗争。他们设想了一种革命的两阶段理论，在这种理论中，工人最初会让自己与资产阶级联盟，然后则为社会主义共和国而斗争。然而，反革命盛行起来；马克思的报纸被停刊，而他则再次被迫流亡。

在其参加 1848 年至 1849 年的德国革命和欧洲革命之后，马克思移居到了英国，而恩格斯则随同他一起。恩格斯的命运是在接下来的 25 年间一直在其父亲位于曼彻斯特（Manchester）的制造公司里工作，而马克思则在伦敦进行研究和写作。在 1850 年代，这期间马克思和恩格斯断断续续地被卷入到激进流亡社区的争论之中，而且两人都定期地为《纽约论坛报》（*New York Tribune*）和其他报纸撰稿，并及时了解国际政治事务。但是马克思主要致力于他的经济研究，在这些研究中，他详尽无遗地分析了资本主义的经济结构，完善了他关于作为现代社会基础的资本主义的论断。在 1850 年代和 1860 年代，这期间马克思花费了大量时间来钻研经济文献和档案。马克思确信资本主义经济是现代社会结构和进程的关键，并且只有资本主义社会的主要危机才能导向一种更高形式的社会主义社会，他辛勤地研究了当时所有重要的经济文献和档案，对之前的经济理论进行了系统批判，同时提出了他自己的经济理论。

马克思在被霍布斯鲍姆（Hobsbawm，1979）描述为"资本时代"的时期进行着他的经济研究。从他在伦敦的有利位置来看，马克思处于一个绝佳的位置来探察从 1850 年代直到他 1883 年去世这段时间所发生的空前的经济扩张。这是机械化的新模式扩张的时代，在这一时代中，机器生产了大量商品，而且扩大了的贸易形成了一个充满活力的世界市场。此外，科学和技术快速发展，不断地变革生产。这既是一个巨大财富的时代，也是一个富人和穷人之间产生极大分裂的时代，这些分裂引起了马克思和恩格斯所记载的激烈的阶级冲突。

马克思每天在大英博物馆的图书馆里探察这些发展，在那里他及时了解了这一时代的经济和政治变迁：他在未出版的《大纲（1857—1858）》①（CW28）中概述了他的经济学体系，并且在 1859 年发表了其经济理论的一个导论（CW29）。在多年的贫困和默默无名之后，马克思终于声名鹊起。1864 年，他当选为国际工人联合会（the Working Men's International Association）的主席，而且进行了就职演说。而且，在从事了长达 20 余年的经济研究之后，马克思终于在 1867 年出版了他的巨著《资本论》的第一卷，该著作提供了对现代社会结构的一种批判性分析（CW35）。《资本论》被翻译成很多语言，而且最终被公认为现代经济理论的经典文本。

马克思的巨著汇集了几十年来对资本主义的起源、生成和结构的庞大研究。对马克思来说，现代资本主义社会是一个商品生产的社会，它以大规模的工业、不断扩大的劳动分工和那些根植于资本主义生产关系——特别是资本和劳动、资产阶级和工人之间的关系——的矛盾为特征。马克思从商品的分析入手，探求了资本家在无偿的劳动时间里从工人那里榨取的"剩余价值"和利润的秘密。这种剥削理论同对支配工人的资本主义工业体系的力量的细微分析结合在一起。在《资本论》的一些更强有力的段落中，马克思指出了劳动分工"除了扩展到经济领域以外，又怎样扩展到社会的其他一切领域，怎样到处为专业化"和"人的细分"的所有垄断体系奠定基础，为以所有其他能力为代价的单一能力的人的发展奠定基础，"以致亚·斯密的老师亚·弗格森曾经叫喊说：'我们成了奴隶民族，我们中间没有自由人'"（MER，p. 394；中译本参见：《马克思恩格斯全集》第 44 卷，北京：人民出版社，2001 年，第 410 页，译文根据此处的语境稍有改动）。[11]

通过《资本论》，马克思因此已开始将现代构想成一种统治制度，凭借这种统治制度，商品形式开始在其总体性中统治社会，在那里工人被降低到商品的地位，而生产则适应于商品生产，以便生产利润和剩余价值。

---

① *Grundrisse* 或 "Fundamental Outline"（1857—1858），在《马克思恩格斯全集》中译本第二版第 30 卷中，这一手稿被译为《政治经济学批判（1857—1858 年手稿）》，根据该卷前言的介绍："这部手稿于 1939 年和 1941 年在莫斯科第一次以德文原文发表时，编者加上《政治经济学批判大纲》的标题，从此它就以《大纲》闻名于世。"（《马克思恩格斯全集》第 30 卷，北京：人民出版社，1995 年，前言第 4 页）

因此，现代社会是那些被资本所支配的社会，是被抽象的社会力量所支配的社会，这些社会力量将一种统治制度强加给现代的个人。对于马克思而言，资本主义在根本上是一个商品生产的社会，而现代性则是一个围绕商品生产而被组织起来的历史时代。在前现代社会中，物神是由树木或者其他有生命的或无生命的物体所构成的，而在资本主义制度下，商品拜物教使价值变成交换价值，据此使用价值或人类的发展被最小化，而价值则主要存在于商品的占有和使用，存在于货币形式的抽象交换价值的支配地位。

资本主义因而在文明史中建构了一种独特的社会组织模式，这种模式由商品的生产、交换、分配和消费所构成。因此，对于马克思来说，现代性是同资本主义的胜利联系在一起的：他的《资本论》一书就是对资本主义力量的一种证明，就是工人阶级被工业体系的力量及资产阶级对劳动的霸权所束缚的程度的一种标志。作为时代的标志，在经济空前扩张的时代，在工人阶级组织起来并向资本的"主宰力量"提供反作用力之前，《资本论》被研究和出版。马克思的专著因此是资本在反革命时代的胜利的一种表达，在那个时代，资本成功地进行了统治，并且还未面临强大的对抗性的反对力量。当然，马克思自身投入了一种新生的运动，这种运动将会质疑资本主义，并且将会对一种替代性的经济体制和社会组织模式产生有利影响。

社会主义和革命

对于马克思来说，现代资本主义社会建构了一种社会组织形式，在这种组织形式中，个人缺乏对其社会关系的自觉控制和驾驭，而且个人被异化并从属于一种压迫性的社会制度。与之相比，共产主义社会则将会推翻"一切旧的生产和交往的关系的基础，并且破天荒第一次自觉地把一切自发产生的前提看作是先前世世代代的创造，消除这些前提的自发性，使它们受联合起来的个人的支配"（CW5, p. 81；中译本见：《马克思恩格斯全集》第3卷，北京：人民出版社，1960年，第79页）。因此，与从笛卡尔到启蒙运动和康德再到实证主义（positivism）的现代理论的个体的单子主体相对立，马克思设想了一种集体的社会组织，这种社会组织将会自觉地控制生产和社会生活。

马克思于是分析了社会协作和联合的新形式，分析了新的依存关系，这些形式和关系将个人一起束缚在新兴的资产阶级社会秩序之中，而且它们产生了更好、更自由以及平等主义的社会联合形式的潜力。对于马克思来说：

> 个人的真正的精神财富完全取决于他的现实关系的财富。……仅仅因为这个缘故，各个单独的个人才能摆脱各种不同的民族局限和地域局限，而同整个世界的生产（也包括精神的生产）发生实际联系，并且可能有力量来利用全球的这种全面生产（人们所创造的一切）。各个个人的**全面的**依存关系、他们的这种自发形成的**世界历史性的**共同活动的形式，由于共产主义革命而转化为对那些异己力量的控制和自觉的驾驭，这些力量本来是由人们的相互作用所产生的，但是对他们说来却一直是一种异己的、统治着他们的力量。（*CW*5，pp. 51–2；中译本见：《马克思恩格斯全集》第 3 卷，北京：人民出版社，1960 年，第 42 页）

因此，现代经济的劳动分工、财产制度和竞争性市场体系使得个人彼此分离，并且使得个人不能控制他们的劳动活动，进而产生了异化和压迫。然而，现代经济还使个人聚集起来，产生了日益"丰富的现实联系"、新颖的合作形式和新型的联合形式，这些都将会使得对经济和社会条件的控制以及一种更高的历史阶段成为可能，在这种历史阶段中，联合的个体能够驾驭他们的经济和社会。马克思宣称，在社会主义条件下，自愿联合的个体将会控制他们的社会生产，而且将会运用他们的社会力量和生产力来满足他们的需求并发展他们的潜能。因此，现代社会的诞生产生对工人阶级而言不仅是异化和压迫，而且还是其解放的先决条件。这是《德意志意识形态》的一个主要主题，而马克思和恩格斯的分析则以一种世界革命的愿景而告终，在这种革命中，资本主义将会被社会主义所取代。他们将社会主义描绘成现实的历史运动，并将革命描绘成"历史的动力"，进而创造了一种极为革命主义的历史观（*CW*5，pp. 54，83；中译本参见：《马克思恩格斯全集》第 3 卷，北京：人民出版社，1960 年，第 43、77 页）。

因此，除了对阶级冲突和分化的新形式进行概念化，马克思还最早看到，资本主义在将社会划分成阶级的同时也产生了新的协作和团结模式。在 1853 年的《不列颠在印度统治的未来结果》一文中，马克思指出："资产阶级历史时期负有为新世界创造物质基础的使命：一方面要造成以全人类互相依赖为基础的普遍交往，以及进行这种交往的工具，另一方面要发展人的生产力，把物质生产变成对自然力的科学统治。"（*MER*，pp. 663-4；中译本见：《马克思恩格斯全集》第 12 卷，北京：人民出版社，1998年，第 251 页）因此，马克思将"普遍交往"和"互相依赖"或互相依存描述成现代社会的决定性特征，它们创造了联合的新模式，也创造了分化和冲突的新模式。

在《大纲》［即《政治经济学批判（1857—1858 年手稿）》］中，马克思描述了（施加于自然之上的）社会力量的广大新兴来源，这种社会力量被包含在累积的"科学劳动"和"自然科学在工艺上的应用"之内，也被包含在"产生于……社会组织的……一般生产力"之内（*MER*，p. 282；中译本参见：《马克思恩格斯全集》第 31 卷，北京：人民出版社，1998年，第 95 页）。马克思的独特贡献在于，他将复杂的协作视为那种推动资本主义的发展和现代性的兴起的秘密"社会力量"。在其《资本论》的著名章节——"协作"、"分工和工场手工业"和"机器和大工业"——中，马克思分析了资本主义生产方式的力量，这种生产方式源自工场中的协作方式和新的联合形式，这些方式和形式产生了新的社会力量以及更高社会组织形式的基础。在讨论协作的这一章中，马克思写道："资本主义生产的起点"是集合"人数较多的工人在同一时间、同一空间……为了生产同种商品，在同一资本家的指挥下工作"（*MER*，p. 384；中译本见：《马克思恩格斯全集》第 44 卷，北京：人民出版社，2001 年，第 374 页）。资本主义协作的早期形式包含了"使许多分散的和互不依赖的单个劳动过程转化为一个结合的社会劳动过程"（*MER*，p. 384；中译本见：《马克思恩格斯全集》第 44 卷，北京：人民出版社，2001 年，第 383 页）。

然而，在讨论协作的这一章中，马克思将其重点置于资本家的命令及其"指导权威"——它们是作为工人阶级的反抗的"反压力"，以及置于监工和经理控制之下的"工业工人大军"的发展。在马克思政治解放的图景中，他设想工人自身为了他们自己的目的而将协作的社会力量据为己有，消灭资本主义的所有者及扈从（监工和经理），并且自己接管生产过程本身，以发展他们自己的潜能，并为他们自己的需求而进行生产。

在强调协作的社会力量和劳动分工时，马克思因此同时描述了资本主义所产生的新潜力、资本家占用这些力量来对工人进行剥削和统治以及这样一种图景：在这一图景中，工人自身为了他们自己的目的而利用联合与协作的新力量。因此，在马克思分析由资本主义所产生的新的协作和联合模式的生产力和社会力量的同时，他还在赞颂资本主义专业化力量的相同页面中指出了这种专业化的异化和专制的一面。对于马克思来说，现代资本主义社会的消极和积极特征都在推动现代性走向同资本主义的不可避免的决裂或破裂。一方面，马克思相信资本主义固有的危机趋势正在导致动荡，导致加剧的危机，并导致最终的崩溃。另一方面，他相信现代性的积极特征——例如，生产过程中工人之间日益增强的协作，将联合的生产者聚集在工作场所的大公司（在那里他们能够被组织起来，并增强他们的社会力量），以及特别是那种将会消灭社会必要劳动的自动化趋势——将会增进自由的王国，从而为更自由、更平等和更民主的社会秩序提供基础。因此，从马克思的视角来看，资本主义和社会主义是现代性的两种形式，是现代性中的两种发展模式。在马克思看来，社会主义代表了现代性的更高阶段，代表了其实现的先决条件。

在其倡导民主制作为政治组织的最高形式方面，马克思的社会主义理论与启蒙现代性是一体的。在早期对黑格尔的一个评论中，马克思拥护民主制作为国家的最高形式："它对其他形式的国家制度的关系，同类对自己的各个种的关系是一样的。然而，在这里，类本身表现为一个存在物，因此，对其他不适合自己的本质的存在物来说，它本身表现为一个**特殊的**种。民主制对其他一切国家形式的关系，就像对自己的旧约全书的关系一样。在民主制中，不是人为法律而存在，而是法律为人而存在；在这里法律是**人的存在**，而在其他国家形式中，人是**法定的存在**。民主制的基本特点就是这样。"（MER，p. 20；中译本见：《马克思恩格斯全集》第 3 卷，北京：人民出版社，2002 年，第 40 页）此外，马克思还拥护一种激进的民主制。与黑格尔不同，对于马克思来说，主权在民而不是国家或君主。民主制下的国家制度"即人的自由产物"，并代表了"人民的自我规定"（MER，p. 20；中译本见：《马克思恩格斯全集》第 3 卷，北京：人民出版社，2002 年，第 40、39 页）。因此，人民主权（popular sovereignty）包含了人民在社会生活的所有领域里的自治。

马克思、"为民主而战"和自由王国

在《共产党宣言》中，马克思和恩格斯拥护现代国家形式，敦促工人"赢得民主之战"，并为建立民主共和国而斗争。然而，只有到其关于巴黎公社（the Paris Commune）的讨论中，马克思才最为充分地发展了他关于民主的观点。在 1871 年的普法战争（the Franco-Prussian war）之后，在德国和法国的联合武装力量对其进行镇压并屠杀了其数以千计的支持者之前，巴黎公社持续了两个月的时间。马克思指出，"公社正是"工人的"社会共和国"的"毫不含糊的形式"，并且代表了"生产者的自治政府"，它为"法国一切大工业中心作榜样"（*MER*，pp. 632–3；中译本见：《马克思恩格斯文集》第 3 卷，北京：人民出版社，2009 年，第 154、155页）。巴黎公社由国民议会（popular assemblies）组成，它的代表是"可以随时撤换"的工人，这些工人与其他的工人工资相同。公社将创建一支人民的国民自卫军和警察部队以及一个被选举出来的司法机构：

> 在公社没有来得及进一步加以发挥的全国组织纲要上说得十分清楚，公社将成为甚至最小村落的政治形式，常备军在农村地区也将由服役期限极短的国民军来代替。每一个地区的农村公社，通过设在中心城镇的代表会议来处理它们的共同事务；这些地区的各个代表会议又向设在巴黎的国民代表会议派出代表，每一个代表都可以随时罢免，并受到选民给予他的限权委托书（正式指令）的约束。仍须留待中央政府履行的为数不多但很重要的职能，则不会像有人故意胡说的那样加以废除，而是由公社的因而是严格承担责任的勤务员来行使。民族的统一不是要加以破坏，相反，要由公社在体制上、组织上加以保证，要通过这样的办法加以实现，即消灭以民族统一的体现者自居同时却脱离民族、凌驾于民族之上的国家政权，这个国家政权只不过是民族躯体上的寄生赘瘤。（*MER*，p. 633；中译本见：《马克思恩格斯文集》第 3 卷，北京：人民出版社，2009 年，第 155–156 页）

因此，马克思拥护一种激进的人民主权和民主形式，在这种形式中人民将统治其自身。一种人民主权的形式取代了代议制民主，它将体现人民的自治："普选权不是为了每三年或每六年决定一次由统治阶级中什么人在议会里当人民的假代表，而是为了服务于组织在公社里的人民"（*MER*，p. 633；中译本见：《马克思恩格斯文集》第 3 卷，北京：人民出版社，2009 年，第 156 页）。一支人民的国民自卫军和警察部队将保证没有永久的国家机器能够高踞在社会之上并威胁社会。公社构成了"终于发现的可以使劳动在经济上获得解放的政治形式"（*MER*，p. 635；中译本见：《马克思恩格斯文集》第 3 卷，北京：人民出版社，2009 年，第 158 页）。

在他对一个被解放的社会的最高构想中，马克思设想了一个由现代技术和工业的发展所促成的自由王国。在《政治经济学批判（1857—1858年手稿）》中，他勾勒了一个资本主义和后资本主义社会之间可能决裂的理论，这一决裂将会像前资本主义和资本主义社会之间的决裂一样彻底。在他的论述中，资本产生工厂、机器生产，并最终产生一种机器自动化体系（*MER*，pp. 278ff.）。在他对自动化的著名分析中，马克思勾勒出一个关于资本主义制度下完全自动化的生产体系的发展的大胆构想，这种发展使得资本主义走向终结，并且为一种完全不同的社会制度创造了基础。在马克思的构想中，"知识和技能的积累，社会智力的一般生产力的积累"被吸收进资本之中，并且产生出"随着社会知识的积累、整个生产力的积累而发展"的机器体系（*MER*，p. 280；中译本见：《马克思恩格斯全集》第31卷，北京：人民出版社，1998年，第92、93页）。随着机器化和自动化的发展，工人变得越来越多余，与机器和大工业日益发展的力量相比，处于更加无力的状态。而机器将工人从艰辛且繁重的劳动中解放出来。在这种情况中，"劳动表现为不再像以前那样被包括在生产过程中，相反地，表现为人以生产过程的监督者和调节者的身份同生产过程本身发生关系。……工人不再是生产过程的主要作用者，而是站在生产过程的旁边"（*MER*，p. 284；中译本见：《马克思恩格斯全集》第31卷，北京：人民出版社，1998年，第100页）。

因此，资本主义制度使"**大量可以自由支配的时间**"变成可能，这为"个人生产力的充分发展"创造了广阔余地（*MER*，p. 286；中译本见：《马克思恩格斯全集》第31卷，北京：人民出版社，1998年，第103页）。自由时间为社会个体的更多的教育和发展留下余地，这一个体"作为这另一主体又加入直接生产过程。对于正在成长的人来说，这个直接生产过程同时就是训练，而对于头脑里具有积累起来的社会知识的成年人来说，这个过程就是［知识的］运用、实验科学、有物质创造力的和对象化中的科学"（*MER*，p. 290；中译本见：《马克思恩格斯全集》第31卷，北京：人民出版社，1998年，第108页）。因此，资本主义为一个没有异化劳动的新社会制造了基础，在这一社会中，个体将拥有自由时间来充分发展他们的人的能力，而劳动本身将会成为一个实验、创造和进步的过程，自动化体系在其中会生产大部分社会商品，而个体因此也能够享受闲暇和创造性工作的成果。

这样一个社会将会是一种与资本主义社会完全不同的社会秩序，它围绕着工作和商品生产被组织起来。马克思承认这个新社会将拥有一个完全**"改变了的生产基础，一个由历史过程首次创造的新的生产基础"**（*MER*，p. 293；中译本参见：《马克思恩格斯全集》第 31 卷，北京：人民出版社，1998 年，第 245-246 页，译文依据前后语境有改动）。在《资本论》第三卷中，马克思以"自由王国"来描述这一全新的社会秩序，他写道："这个领域内的自由只能是：社会化的人，联合起来的生产者，将合理地调节他们和自然之间的物质交换，把它置于他们的共同控制之下，而不让它作为一种盲目的力量来统治自己；靠消耗最小的力量，在最无愧于和最适合于他们的人类本性的条件下来进行这种物质交换。"（*MER*，p. 441；中译本见：《马克思恩格斯全集》第 46 卷，北京：人民出版社，2003 年，第 928-929 页）

因此，马克思最独特的社会主义构想设想了一种制度，这种制度将会标志一种历史的断裂，这一断裂像前资本主义社会和产生现代性的资本主义社会之间的决裂一样引人注目。资本主义是一个围绕着工作和生产而被组织起来的商品生产的社会，而社会主义将会是一个围绕着个人的全面发展而被组织起来的社会秩序。马克思在其后期著作《哥达纲领批判》中明确表述了这一关于新社会的激进构想，将其作为向共产主义的一种更高阶段进行过渡的产物。在第一阶段，"来自资本主义社会的长久阵痛"将会限制社会和个人的发展水平，但是

> 在共产主义社会高级阶段，在迫使个人奴隶般地服从分工的情形已经消失，从而脑力劳动和体力劳动的对立也随之消失之后；在劳动已经不仅仅是谋生的手段，而且本身成了生活的第一需要之后；在随着个人的全面发展，他们的生产力也增长起来，而集体财富的一切源泉都充分涌流之后，——只有在那个时候，才能完全超出资产阶级权利的狭隘眼界，社会才能在自己的旗帜上写上：各尽所能，按需分配！（*MER*，p. 531；中译本见：《马克思恩格斯全集》第 25 卷，北京：人民出版社，2001 年，第 20 页）

关键性的是，马克思看到了根植于现代性的历史轨迹本身的社会主义的潜质。马克思避开道德主义的和乌托邦的概念，并从理论上阐明，正如历史力量产生了资本主义现代性一样，历史也将会提供建构社会主义社会的可能性。然而，这样一种过渡将会牵涉政治选择和斗争，而马克思的很多注意力都被用来致力于分析诸多能够产生社会主义的阶级力量和物质条件。

因此，从 1860 年代中期到他最后的岁月，马克思投入了大量精力来推动社会主义政治运动。他寻求能够产生社会主义革命和历史新阶段的政治策略，这一历史新阶段像资本主义现代性同先前的前资本主义社会形态决裂一样，彻底地与先前的阶段相决裂。

危机、革命的历史主义和向社会主义的过渡

当然，最大的问题在于社会主义革命如何发生。有时候，马克思设想只有资本主义制度的彻底危机和崩溃才会产生向社会主义过渡的可能性。例如，在《政治经济学批判（1857—1858 年手稿）》中，马克思依据资本主义的灾难性崩溃而设想了将会导致一场暴力动乱的决裂：

> ……生产力获得最高度的发展，同时现存财富得到最大程度的扩大，而与此相应的是，资本贬值，工人退化，工人的生命力被最大限度地消耗。

> 这些矛盾会导致爆发，灾变，危机，这时，劳动暂时中断，很大一部分资本被消灭，这样就以暴力方式使资本回复到它能够充分利用自己的生产力而不致自杀的水平。但是，这些定期发生的灾难会导致灾难在更高的程度上重复发生，而最终导致用暴力推翻资本。（MER, pp.291-2；中译本见：《马克思恩格斯全集》第 31 卷，北京：人民出版社，1998 年，第 150 页）

然而，在 1872 年第一国际的一次代表大会即国际工人协会海牙代表大会的致辞中，马克思提出，一条通向社会主义的民主道路——在那里"工人可能用和平手段达到自己的目的"——在诸如美国、英国和荷兰这样的国家里也是可行的（MER, p.523；中译本参见：《马克思恩格斯全集》第 18 卷，北京：人民出版社，1964 年，第 179 页）。在某种程度上，马克思的政治学总是特定的，并且总是面向当前的政治斗争和运动，而且与很多对他的攻击相反，他的政治学从来都不是固定的和教条的。在确立了那一冒险的诸多政治原则的《德法年鉴》的 1843 年导言中，马克思写道："在这种情况下，我们就不是以空论家的姿态，手中拿了一套现成的新原理向世界喝道：真理在这里，向它跪拜吧！我们是从世界本身的原理中为世界开发新原理。我们并不向世界说：'停止斗争吧，你的全部斗争都是无谓之

举'，而是给它一个真正的斗争口号。我们只向世界指明它究竟为什么而斗争；而意识则是世界**应该**具备的东西，不管世界愿意与否。"（*MER*，pp. 14-15；中译本见：《马克思恩格斯全集》第 1 卷，北京：人民出版社，1956 年，第 418 页）

在很大程度上，马克思在其一生都遵循这一原则。他在《德意志意识形态》中对社会主义的勾勒——在那里人们将"上午打猎，下午捕鱼，傍晚从事畜牧，晚饭后从事批判，但并不因此就使我成为一个猎人、渔夫、牧人或者批判者"（*CW*5, p. 47；中译本见：《马克思恩格斯全集》第 3 卷，北京：人民出版社，1960 年，第 37 页）——反映了乌托邦式的社会主义的理想，这种社会主义早于马克思最终将会坚持的共产主义概念。确实，《共产党宣言》的诸原则和理想总结了正在兴起的共产主义运动的计划，而且在 1848 年革命中，马克思加入了自由主义者和工人争取民主共和国的斗争，并把共产主义构想为未来的理想。在 1860 年代期间，马克思明确表述了第一国际工人联合会（the First International Working Men's Association）的原则，并再次将他的社会主义理想搁置在一边，而正如刚才所说的，在其讨论巴黎公社的著作中，他支持公社形式的政府。

因此，马克思试图将他的政治理论与当时最先进的政治力量结合在一起，并且与最激进的斗争和运动相一致地表述他的诸原则。这种形式的"革命历史主义"从当前的力量和斗争中获得政治理想，而不是设计了一个先天蓝图，然后将其强加给多样的运动和环境。的确，马克思看到了在不同的政治环境中，不同形式的斗争和不同的替代性选择是不可避免的，因此，他从来不主张某种单一的革命策略或者社会主义概念，而是依照当前的斗争和可能来发展他的概念。

总而言之，马克思的政治理论是面向作为革命希望承载者的实际存在的斗争，而且总体来说，他采用了阶级集团的一种多级模型和分析，而不是采用像《共产党宣言》中那样，去除了无产阶级反对资产阶级这一内核的"融化的图景"。尽管在他的政治理论中有不同的侧重点，但阶级斗争和阶级的联合都是任何革命或者向社会主义过渡的一个必要条件。在其 1848 年之后的著作中，马克思的很多关注点都集中在阶级分析上，在这种分析中，他解释了阶级差异、联盟和冲突。的确，他的历史唯物主义理论指出，阶级的作用在历史上是关键性的，而他的革命理论则表明，阶级斗争是实现社会主义的一种首要工具。

然而马克思相信，资本主义以一种比任何先前的社会形态都要更为革命的方式发展了生产力，他相信总有一天——正如他在《资本论》中所说的——当"资本的垄断成了与这种垄断一起并在这种垄断之下繁盛起来的生产方式的桎梏。生产资料的集中和劳动的社会化，达到了同它们的资本主义外壳不能相容的地步。这个外壳就要炸毁了。资本主义私有制的丧钟就要响了。剥夺者就要被剥夺了"（*MER*，p. 438；中译本见：《马克思恩格斯全集》第 44 卷，北京：人民出版社，2001 年，第 874 页）。

最后，马克思相信，随着它们进一步发展它们的潜能，诸资本主义社会将会不断地革命化自身，但是资本主义的矛盾和危机趋势将会产生向他视为更高的文明模式的过渡。在马克思 1883 年去世之后的几十年间，资本主义经历了很多危机，而且一种革命的工人阶级运动兴起了，这种运动中的一派接受了马克思的观点。此外，诸多革命性政权迸发，它们进行了社会主义革命，并用马克思的观念来合法化它们的政策，而作为马克思主义支柱的苏联共产主义阵营则崩溃了。那么，根据历史经验和马克思主义的理论批判，马克思主义理论的局限和贡献到底是什么呢？

经典马克思主义的局限

经典马克思主义的局限在《共产党宣言》和"融化的图景"中是显而易见的，在那里，资本主义社会融化为两大阶级，即资产阶级和无产阶级，这两大阶级以无法消除的敌对面对着彼此。在经典马克思主义的构想中，只有一场阶级战争以及无产阶级的胜利才能够解决这一矛盾。然而，在马克思主义经典著作的其他地方所分析的社会分化和分裂趋势，挫败了这种预示着一场简化的阶级战争的双阶级模式，从而揭示了这种形态的经典马克思主义是过时的，或者至少是非常成问题的。不过，在《路易·波拿巴的雾月十八日》和他的其他历史著作中，马克思将关于阶级分化的一种更为复杂的模式运用于同时代的现代社会。

因此，马克思主义的某些形态是过时的，特别是作为无产阶级、无产阶级革命的理论和运动的马克思主义。由此，作为一种所谓的理论和实践的统一，作为一种通过无产阶级革命而彻底改变世界的计划，马克思主义似乎在历史上过时了，并且甚至被篡改了。对很多批评者来说，马克思对无产阶级太过不加批判，他和恩格斯总是把无产阶级视为一个普遍阶级，这个普遍阶级代表着解放的普遍利益，并且是内在革命的。由于这样一个事实，即它是最大的、最受压迫的以及最有潜力武装的阶级，因此马克思自 1840 年代早期开始就把无产阶级看成是革命的力量。他相信，把工人阶级聚集在工厂里，这为组织创造了一种物质基础，并且无产阶级能够通过罢工和革命活动破坏资本主义生产过程，从而为推翻资本主义创造条件。然而不清楚的是，没有受过教育的群众如何能够获得阶级意识，如何能够组织起来并展现出推翻资本主义的意志和决心以及牺牲。

对于诸如赫伯特·马尔库塞（Herbert Marcuse）这样的新马克思主义者们（neo-Marxists）来说，马克思的无产阶级概念根植于对他那个年代的工厂制度中的产业工人的具体分析，因此，"无产阶级"概念不应当运用于后工业化的状况，这些状况展现出工人阶级分裂成了不同的阶级部分，并且显现出不同类型的劳动（参见 Kellner, 1984）。由于这个原因，尽管马克思对他那个年代的产业工人阶级进行了鞭辟入里的经验分析，而且尽管他的革命计划被他那个时代的阶级对抗的本质所证明，并体现在后来的社会主义革命中，但是当前的时代却需要新的社会主义和革命理论。

此外，依据历史的回顾，在经典马克思主义理论中，缺乏一种主体性理论，缺乏革命意识发展，这也削弱了它的理论和实践效能。马克思似乎认为，阶级和革命意识将会自然地发展，将会作为生产过程中工人地位的一个结果。然而，后来的马克思主义理论家们激烈地争论着阶级意识是自发地发展的呢［就像罗莎·卢森堡（Rosa Luxembourg）所宣称的］，还是必须从外部带给工人［就像考茨基（Kautsky）和列宁（Lenin）所认为的］。但是，与之相对，随后的新马克思主义理论家们和其他一些人将会发展出更加复杂的意识、交往和教育理论，通过这些理论，为民主的社会变革而奋斗的政治主体性能够得以形成。

后来的新马克思主义理论家们同样认为，马克思淡化了文化在塑造意识和行为时的作用，并且尤其是在联合资产阶级社会内的工人阶级时的作用。[12] 从这一视角来看，马克思太过相信工人阶级就是一种内在革命性的阶级，而且他没有预见到它在资本主义制度内的分裂与联合，也没有预见到它在资本主义发展的后期阶段中的无力性和保守性。此外，强调一个统一的无产工人阶级，这也同朝向阶级分化和分裂的现代性趋势相矛盾，同马克思自己的某些——但并非全部——著作中所承认的趋势相矛盾。

马克思的很多文本似乎也太过强调劳动，这种劳动是作为独特的人类活动，并且作为人类发展的关键。对生产的过分强调伴随着一种不充分的交互主体性概念，这种概念对于个体意识及其在交往、符号行为和文化

大陆哲学

中的发展，缺乏一种充分发展的理论。与后来的社会理论家们——例如迪尔克姆（Durkheim）、米德（Mead）和杜威（Dewey）——不同，马克思未能察觉到广泛的交往在联合和团结的新形式的发展中的重要性。因此，他过多地强调了阶级斗争，强调了直接行动，而对交往和民主的强调却不够。

事实上，马克思从未把握自由民主制度的重要性，这些制度作为现代社会的一种重要遗产，应当被吸收进社会主义。尽管他在其讨论巴黎公社的著作中拥护一种激进的民主自治模式，而且尽管他长期支持民主制作为一种理想，但马克思却从未恰当地理解在资产阶级社会内发展起来的分权制度和权力体系、制衡制度以及民主参与。因此，马克思拥有一种不充分的民主理论，而且未能发展出一种制度理论，这种理论有关于民主制及其在资本主义下的限制，以及社会主义如何能够使得其更完满和更丰富的类型成为可能。

马克思的理论也有某些方法论局限，这些局限与它太过非批判性地接受现代科学有关。在马克思主义内部有一定的独断论和实证论倾向，这与马克思和恩格斯未能以一种足够激进的方式批判现代科学有关。[13]从《德意志意识形态》开始，马克思和恩格斯总是认为他们的理论展现了自然科学的方法、严谨和其他优点。他们将他们的理论描述为科学，并采用"科学社会主义"这一术语来描述他们理论的独特性。在其后期著作中，马克思写到了"资本主义生产的自然规律"和"以铁的必然性发生作用并且正在实现的趋势"（*MER*，p. 296；中译本见：《马克思恩格斯全集》第44卷，北京：人民出版社，2001年，第8页）。这样一种决定论的话语违背了马克思其他文本中的意志主义和对革命实践的强调，并且指向一种对科学的太过非批判的偏好，这种偏好在现代理论中是典型的。

马克思理论中的其他独断论因素还包括过分还原性地关注生产和经济要素，这种关注有时候采用经济还原论的形式。然而在这里，对社会关系和社会分析的辩证模式的强调，提供了一种更具批判性的视角和方法。同样地，尽管存在一种接近历史决定论的马克思主义形态，并且在马克思的某些论述中存在一种预测社会主义必然胜利的倾向，但是在马克思的著作中还有历史分析的其他例子，这些例子对比了资本主义危机的趋势和稳定的趋势，并且描绘了历史倒退和工人阶级失败的可能性（例如，就像在马克思的《路易·波拿巴的雾月十八日》中那样）。而且虽然马克思的有些历史叙述在其重要性和范围上非常虚浮且笼统，但仍存在耐心且细致的历史研究，这种研究并未让事实去适应理论的先入之见。

马克思在当代

因此，在马克思体量庞大的全集中，存在一些倾向，这些倾向会削弱他思想中的某些更具还原性的倾向，这些还原性倾向经常构成摒弃的基础。此外，尽管共产主义崩溃了，但是马克思的观念仍继续同理解和批判当前时代息息相关。马克思被公认为资本主义全球化的最早理论家和批评家之一，而且由于资本在当今世界仍继续是主要的组织力量，它无情地摧毁着过去的生活形式，同时创造新的经济、社会、文化和日常生活形式，因此，马克思对资本主义的批判性视角一如既往地与我们息息相关。此外，马克思的辩证法模式有助于避免经济和技术决定论的双重形式，这些形式是对当前时代的新的经济和技术形式进行理论化时的主导模式（参见Best and Kellner，2001）。

的确，马克思对技术以及对社会形式和社会关系的密切关注为理论化经济、社会、政治和文化的新形式提供了一个有用的视角。他的辩证法思想明确表述了经济和其他生活领域之间的相互作用，提供了一种在这样一个时代仍然具有针对性的思想方法和思想模式，在这个时代里，资本的全球重组正在引起巨大的变革、骚乱和冲突，而这些都需要新的理论和对抗性的实践。此外，随着新千年的展开，反全球化运动正在兴起，这些运动在重构和拓展马克思的观念。

可以说，在当前全球资本主义的星丛中，富人和穷人之间日益扩大的分裂使得马克思对剥削、贫困和压迫的批判成为一种仍然具有价值的遗产，而且马克思的危机理论以及对资本主义矛盾会产生一种新文明形式的分析是否会预测到未来的发展，这仍是一个开放性的问题。马克思对民主制的强调依然是一项重要的政治遗产，并且不应当忘记的是，马克思本身从未设定过一种先锋政党，他对所有官僚主义形式都是批判性的，而且他支持激进的民主自治而非政党统治；因此，不能让他对"现实存在的共产主义"的失败负责（参见Kellner，1995）。

从哲学的角度来看，马克思在理智和政治上的巨大成就在于发展出一种将经济、政治、历史和人性联系起来的现存知识的综合，而且是用一种全面的和批判的方式来发展它。马克思创作了大量的著作，这些著作仍然是所有时代最令人印象深刻和最具影响力的理论成就之一，而且还为我们提供了西方哲学传统中最伟大的思想体系之一。作为其时代的产物，马克思理论的某些方面明显已经过时了，但是由于我们继续生活在一个由资本主义全球化、富人和穷人之间日益扩大的分裂以及政治冲突所定义的时代，因此卡尔·马克思的思想继续诉说着我们的当代境遇。

【注释】

[1] 关于我对共产主义衰落之后的马克思主义的地位的解读，参见 Kellner (1995)。在环境和选择把我带到加利福尼亚 (California) 之前，我 25 年以来一直在奥斯汀 (Austin) 的得克萨斯州立大学 (University of Texas) 教授马克思主义哲学。我想要将这一研究献给这些年来参加"哲学 360"(Phil 360) 这门课程的那些学生。我也想要感谢鲍勃·安东尼奥 (Bob Antonio) 对这一研究的早期版本的评论，以及对马克思、哲学和社会哲学的很多富有成果的讨论。最后，感谢鲍勃·所罗门 (Bob Solomon) 和大卫·谢尔曼 (David Sherman) 这么多年来对马克思主义和大陆哲学的讨论，以及对这一研究的有益的修改意见。

[2] 马克思最早期的两个文本——从其高中时期就被保存下来——强调最大限度地发展人们的个体性以及为人类幸福而工作的重要性。参见 *CW1* (pp. 3-9)；中译本见《马克思恩格斯全集》第 1 卷，北京：人民出版社，1995 年，第 455-460 页。关于马克思的生平和时代，参见 Mehring (1962)，McLellan (1973)，Riazanov (1973) and Wheen (2000)。我使用缩写"*CW*"来指涉从 1975 年到 1990 年代出版的卡尔·马克思和弗里德里希·恩格斯的《著作集》(*Collected Works*) 中的各卷，以便指涉被引用的文本。因此，"*CW1*"指的是《著作集》的第 1 卷，在卷数之后的是引文的页码。我使用 *MER* 来指涉收录在《马克思恩格斯读本》[*The Marx-Engels Reader*（Marx and Engels，1978）] 中的文本。

[3] 例如，在 1843 年，马克思写道："对宗教的批判是其他一切批判的前提"(*CW3*, pp. 175-6；中译本见：《马克思恩格斯全集》第 3 卷，北京：人民出版社，2002 年，第 199 页)。在这一分析之后，马克思简单地断定，宗教的批判已经结束，并且自此之后他将从事社会和政治批判。

[4] 关于马克思对《年鉴》的贡献，参见 *CW3* (pp. 131ff.)；关于恩格斯的贡献，参见 *CW3* (pp. 418-43)。关于恩格斯的生平和时代，参见 Marcus (1974)，Hunley (1991) and Carver (1989)。至于恩格斯对马克思主义的贡献，我的观点参见 Kellner (1999)。

[5] 这些笔记在马克思的一生中从未出版，并且它们在 1932 年出版时引起了轰动，它们呈现了一个朝气蓬勃的哲学的和人道主义的马克思，这个马克思非常不同于那个经济理论家和"科学社会主义者"，后者被官方的马克思式工人阶级运动所拥护。关于《巴黎手稿》对于马克思主义的解释的重要性，参见 Marcuse (1972 [1932]，

pp. 3-48)。

[6] 关于马克思和斯密之间的差别，参见 Kellner（1977），这篇文章也讨论了"亚当·斯密问题"，提到了斯密思想中的差别，这一差别出现在《国富论》（*Wealth of Nations*，1937 [1776]）和《道德情操论》（*Theory of Moral Sentiments*，1999）之间，前者是个人主义的，后者则强调人类的社会本性和协作本性。

[7] 在 1843 年对《德法年鉴》的一个早期宣告中，马克思要求"**对现存的一切进行无情的批判**"，并且总是让批判成为他的方法的一个重要部分（*CW*3，p. 142；中译本见：《马克思恩格斯全集》第 47 卷，北京：人民出版社，2004 年，第 64 页）。关于批判在马克思理论中的几种意义，参见 Kellner（1981）；关于对包括马克思在内的经典社会理论中的批判性和独断性类型的分析，参见 Antonio and Kellner（1992）。

[8] "交往"（intercourse，*Verkehr*）这个术语被马克思和恩格斯用来描述社会环境中的个体互动模式。这一术语很快被"生产关系"所取代，这种"生产关系"概念成为他们分析社会互动模式的主要焦点。然而，"交往"概念要更为宽泛，并且接近于哈贝马斯（Habermas）后来描述为社会"互动"的那种东西。无论如何，宣称马克思和恩格斯把一切都还原为生产，这是错误的，因为至少在其早期著作中，他们使用了一种社会互动的概念。例如可参见《德意志意识形态》，在那里马克思和恩格斯指出，共产主义将推翻"一切旧的生产**和交往**的关系的基础"（*CW*5，p. 81，粗体为作者所加；中译本见：《马克思恩格斯全集》第 3 卷，北京：人民出版社，1960 年，第 79 页）。也可参见《哲学的贫困》，在那里马克思将社会描述为"人类交互互动的产物"（*CW*6，p. 87）。后来，马克思和恩格斯使协作和交往成为关键性的生产力，所以他们从来不像批评者们——从哈贝马斯（Habermas [1971，1984]）到鲍德里亚（Baudrillard [1975，1981（1973）]）——所宣称的那样，将社会互动的维度从他们的视野中排除出去。关于现代社会和社会理论的兴起，参见 Mazlish（1989）。

[9] 参见 Hegel（1942 [1821]）和 *CW*3 [1843]（pp. 146-74）。值得注意的是，黑格尔和马克思所使用的德语术语是"*bürgerlich Gesellschaft*"（"Bourgeois society"，"资产阶级社会"），因而将新的现代社会与资产阶级的兴起联系起来。这一术语的标准英语翻译是"civil society"（"市民社会"），这种翻译掩盖了这一联系，正如目前使用这一术语来描述那样一些机构一样，那些机构被哈贝马斯称为"公共领域"，在他的表述中，这种领域描述了那些介于市民社会和国家之间的机构。

[10] 参见马克思的《巴黎手稿》，在那里他肯定了个体性是与某人的社会存在不可分割的，而且界定了一种"现实的、个体的社会存在"（*CW*3，p. 299）。同时参见《德意志意识形态》，在那里马克思和恩格斯也将个体描述为是现代社会的一种关键组成部分，以及一个要去实现的理想（*CW*5，pp. 75ff.）。

[11] 在整个《政治经济学批判（1857—1858 年手稿）》和《资本论》中，马克思重复了他早期对资本主义下的劳动异化和社会主义下的异化克服的分析，因此我不同意"两个马克思"的观点，即一个马克思是带着异化和非异化问题的哲学的人道主义

者，另一个马克思是科学社会主义者。这一模式被诸如阿尔都塞（Althusser）这样的晚期马克思的拥护者以及诸如弗洛姆（Fromm）这样的早期马克思的拥护者所推动，这些早期马克思的拥护者支持哲学的人道主义者胜过经济主义的革命者。与之相反，我将马克思视为一个资本主义的批判理论家以及一个从1844年直到其去世的社会主义革命的拥护者，这样一个理论家、革命拥护者融合了哲学和科学。

[12] 分析作为工人阶级联合模式的当代资本主义文化，这是法兰克福学派的一个关键主题；相关讨论参见 Kellner（1989）和 Wiggershaus（1994）。这也是葛兰西（Gramsci）、卢卡奇（Lukács）、布洛赫（Bloch）以及其他所谓的西方马克思主义者的一个重要主题。

[13] 在《德意志意识形态》中，马克思和恩格斯将哲学和自慰类比于科学和性交，将唯心主义哲学指涉为"谬论"，并且将哲学限定于总结一般的结果（CW5，pp. 36-9，多处），自此以后他们将自己的工作呈现为科学。然而，对哲学的这样一种傲慢的摒弃，为独断论和实证论打开了大门。

参考文献

Antomio, R. J. and Kellner, D. 1992: Metatheorizing historical rupture: classical theory and modernity. In G. Ritzer (ed.), *Metatheorizing*. New York: Sage, 88-106.

Balbus, I. 1982: *Marxism and Domination*. Princeton, NJ: Princeton University Press.

Baudrillard, J. 1975: *The Mirror of Production*. St. Louis, Miss.: Telos Press.

——1981 [1973]: *For a Critique of the Political Economy of the Sign*. St. Louis, Miss. Telos Press.

Best, S. and Kellner, D. 2001: *The Postmodern Adventure*. New York: Guilford Press/London: Routledge.

Caver, T. 1989: *Friedrich Engels. His Life and Thought*. London: Macmillan.

Engels, F. 1972 [1884]: *The Origin of the Family, Private Property and the State: In the Light of the Researches of Lewis H. Morgan*, trans. A. West. London: Lawrence and Wishart.

Feuerbach, L. 1957 [1841]: *The Essence of Christianity*. New York: Harper & Row.

Habermas, J. 1971: *Theory and Practice*. Boston, Mass.: Beacon Press.

——1984: *Theory of Communicative Action*, vol. 1. Boston, Mass.: Beacon Press.

Hegel, G. W. F. 1942 [1821]: *The Philosophy of Right*. New York: Oxford University Press.

——1965 [1807]: *The Phenomenology of Mind*. New York: Harper & Row.

Hobsbawm, E. 1979: *The Age of Capital*. New York: Vintage.

Hunley, J. D. 1991: *The Life and Thought of Friedrich Engels. A Reinterpreta-tion*. New Heaven, Conn.: Yale University Press.

Kellner, D. 1977: Capitalism and human nature in Adam Smith and Karl Marx. In J. Schwartz (ed.), *The Subtle Anatomy of Capitalism*. Santa Monica, Calf.: Goodyear, 66−86.

——1981: Marxism, morality, and ideology. *Canadian Journal of Philosophy*, supplementary volume, VII, 93−120.

——1984: *Herbert Marcuse and the Crisis of Marxism*. Berkeley, Calif., and London: University of California Press and Macmillan Press.

——1989: *Critical Theory, Marxism, and Modernity*. Cambridge: Polity Press/Baltimore, Md.: The John Hopkins University Press.

——1995: The obsolescence of Marxism? In B. Magnus and S. Cullenberg (eds.), *Whither Marxism?* London and New York: Routledge, 3−30.

——1999: Engels and modernity. In M. B. Steger and T. Carver (eds.), *Engels after Marx*. University Park, Penn.: The Pennsylvania State University Press, 163−78.

Marcus, S. 1974: *Engels, Manchester, and the Working Class*. New York: Vintage.

Marcuse, H. 1972 [1932]: The foundations of historical materialism. In *Studies in Critical Philosophy*. Boston, Mass.: Beacon Press, 2−48.

Marx, K. and Engels, F. 1975—: *Collected Works*. New York: International Publishers/London: Lawrence and Wishart（文章中的引用标示为 *CW*，后面跟着卷数，例如 *CW*5）。

——and——1978: *The Marx-Engels Reader*, ed. R. Tucker. New York: Norton（文章中的引用标示为 *MER*）。

Mazlish, B. 1989: *A New Science. The Breakdown of Connections and the Birth of Sociology*. New York: Oxford University Press.

McLellan, D. 1973: *Karl Marx. His Life and Thought*. New York: Harper & Row.

Mehring, F. 1962: *Karl Marx*. New York.

Riazanov, D. 1973: *Karl Marx and Friedrich Engels*. New York: Monthly Review Press.

Smith, A. 1973 [1776]: *An Inquiry into the Nature and Causes of the Wealth of Nations*. New York: Modern Library.

——1999: *The Theory of Moral Sentiments*. New York: Norton.

Wheen, F. 2000: *Karl Marx. A Life*. New York: Norton.

Wiggershaus, R. 1994: *The Frankfurt School: Its History, Theories, and Political Significance*, trans. M. Robertson. Cambridge: Polity Press.

第5章　弗里德里希·尼采

罗伯特·C. 所罗门（Robert C. Solomon）[1]

弗里德里希·威廉·尼采（Friedrich Wilhelm Nietzsche，1844—1900）在19世纪末期提倡一种彻底的"价值重估"，而且成了20世纪的一个"不合时宜的"先知。相对主义和虚无主义、"上帝之死"、现代性的失望以及欧洲自信的丧失等主题，连同一种与日俱增的无意义感和不祥之感，都在他的哲学中找到了一种表达。我们知道，随之而起的是两次世界大战、一场全球性危机、法西斯主义和大屠杀（the Holocaust）。但是在尼采的哲学中，未来的恐惧总是被一种抽象的希望和对生命的具体热爱所缓和。

尼采是一位杰出而又激烈的文体家，面对甚至最不可接受的大话和指责，他都很少退缩。因此，他招致了各种各样异想天开的解读，这些解读远远超出了他可能构想或提出的东西。很明显，尼采打算震撼和挑衅我们，而且刺激我们进入批判性的自省之中。不那么清楚的是，我们应该如何看待他看似说过的许多令人无法接受的东西。那些从尼采的文本中常常被断章取义地抽取的引文，经常被写入一个假设的语境（"如果……将会怎么样"），或者被认为是一个思想实验，或者被反讽性地表达，或者被置入一个虚构人物的言语中。（一个著名的例子，尼采被引述为讲道："你到女人那里去？别忘带上你的鞭子。"但是，这句话是由尼采的虚构人物查拉图斯特拉所引用的，而说出它的则是其虚构性的史诗般著作《查拉图斯特拉如是说》中的一个老妇人，因此，它的意义以及它的严肃性是十分成问题的。）因而，在阅读尼采时，首要的问题并不在于试图理解他意指了什么（就像在本书中如此多的其他作家那里一样）。他的语句极为清晰而具体，并且还很精彩。阅读尼采时的首要问题在于试图弄明白在何种程度上他意指了他看似正在言说的东西。

例如，在其所有著作中，他都讽刺和抨击怜悯的情绪，认为那些感觉到它的人充其量也只是伪善者，而且如果没有它世界会更好。但是，从他自己的信件以及从熟识他的那些人的报告中，我们都能知道尼采自身是一个极富同情心和极为敏感的人。因此，我们应当如何理解他所说的那些极端的东西呢？尼采有时看似嘲弄柔弱、贫困和穷人。他将道德的起源追溯至古代世界的最为贫困的状态，并且认为我们的价值反映了一种"奴隶道德"。我们要怎么理解这一点呢？他为自己"权力意志"（the Will to Power）的发现而自豪。但是这一听起来不祥的词组（*der Wille zur Macht*，权力意志）意指什么呢？它是——就像它经常被解释的那样——对从俾斯麦到希特勒一直支配着德国的那种强权政治的一种认可吗？

相反，尼采的诸形象常常远远超出其文本基础而被称颂。他让他半虚构的人物查拉图斯特拉宣告**"超人"**（*Übermensch*）的来临，但是接下来却从不讨论这一**超人**可能是谁或是什么。他也让查拉图斯特拉宣告生命的"永恒轮回"（eternal recurrence）——他有时声称这是他最伟大的观念。但是这也被限定在其著作中少数简短的提及上。甚至是"权力意志"——尼采最众所周知的和著名的观念之一——也仅仅只是零星而主要地出现在其未出版的笔记中。

有时候，尼采以这样一种方式兴奋地描述恐怖，即他看起来沉湎于其中，而不是使自身远离它。例如，在其最自觉的论辩性著作《论道德的谱系》中，尼采以血淋淋的细节描述了在惩罚作恶者时我们所获得的乐趣，以及自古代以来不时打断"文明"社会的残酷节日。他似乎以这样一些残酷的方式为荣，在这些方式中，勇士们毫无仁慈或毫无人道地对待他们的敌人。我们要将这些理解为认可吗？理解为人们怎样行为的单纯提示吗？理解为诸多震撼和挑衅我们的努力吗？还是理解为反讽，并暗自谴责文本看似正赞成的东西？

并且，我们要如何理解这一著名事实，即尼采常常自相矛盾，有时甚至是在连续的页面上？尼采仅仅是试图给予我们看待同一现象的不同视角或方式吗？如果是这样，那么他认可或者他能够认可它们中的任何一个吗？如果不是这样，那么我们因而应当将他所说的所有东西都斥为糟糕透顶的混乱或不一致吗？这些是每一个尼采读者都要面对的问题，无论他或她是一个初学者还是一个高级学者。

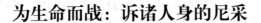

为生命而战：诉诸人身的尼采

尼采的生活和个性不能完全同其著作相分离。已经使得尼采如此声名狼藉的很多过激的和刺耳的主张也许可以通过理解写下它们的那个人而更好地被理解。毕竟，正是尼采可能比自苏格拉底以来的任何哲学家都要更强烈地坚持，作为一个哲学家，人们所说的和所做的都是协调一致的。也正是由于这一原因，尼采才如此经常地运用那些诽谤性的诉诸人身的论证，这些论证作为那种攻击人身而不是论点或立场的谬误而被描述在每一导论性的逻辑或修辞著作中。但是尼采是在这样一些基础上才这样做的，即一个是另一个的指示（如果不同样也是一种"证据"的话）。可以将尼采的策略比拟为一个律师的策略，即进行质证，揭示一个证人的利益和偏见，以便展示这些东西如何影响了他或她的证词。

因此在其最后期的一部著作中，他讲到，苏格拉底的问题在于他是丑陋的，并且并不热爱他的生命，而这就解释了在其哲学中什么东西是最为重要。相应地，唯一正确而恰当的是我们也从这个角度考察尼采。这个人是谁，以至于他能对道德、宗教以及甚至人性本身做出这样一些轻率且令人不可接受的断言？当然，这并不是说尼采的哲学应当被读解为单纯的自传或单纯的投射。就像任何哲学家的观念一样，这些观念都必须凭借它们自己而成立（或不成立）。然而，重要的是既领会到尼采用以反对他人的那些诉诸人身的论证，又领会到那些论证能够反过来用以反对他时所凭借的方式。就像他在《善恶的彼岸》中所写的：

> 我逐渐明白，迄今种种伟大哲学是何物：是其缔造者的自我表白，一种无意为之和未加注意的回忆。[2]

因此，尼采——我们发现他的个人表白和回忆如此引人入胜——是谁呢？他 1844 年出生于现在德国东部的一个小镇［洛肯（Röcken）］上。他的父亲和祖父都是牧师，而且年轻的尼采也立志成为一个牧师，这将其后来特别地针对基督教以及一般地针对宗教的论辩性抨击置入一个具有启发性的视角中。在尼采只有 4 岁的时候，他的父亲和他的弟弟都去世了，而他则由他的母亲、祖母和两个未婚的姑姑抚养长大。他和他的妹妹伊丽莎白（Elisabeth）分享了童年，而后者将会在尼采的故事中成为某种反派角色。

但是作为孩子，在很多年里他们都喜爱着对方。他随后开始上学，并擅长音乐和文学，进而进入波恩大学（Bonn University）学习神学和语文学（古典语言和文学），并越来越走向古典。

1867 年在其服兵役期间，尼采从马上坠落，并遭受严重的胸部损伤。这是他与疾病持续斗争的开始。尼采终其余生都孱弱而多病。这应当有助于我们理解为什么尼采比其他哲学家都更为强调健康、力量和"生命"的重要性。健康不仅仅被看作美满生活的前提（例如，就像亚里士多德论证的那样），而且还被看作隐喻（连同其对立面疾病、病痛和衰败）。它是诸多理念、意识形态、世界观、宗教和哲学的诊断工具。

1869 年，在 24 岁时从莱比锡大学（the University of Leipzig）获得博士学位之后，尼采开始在瑞士的巴塞尔大学（the University of Basel）教书。直到其生命最后的悲剧性岁月之前，他都很少再次回到德国。他讲授古典学和希腊哲学（柏拉图和亚里士多德）。他甚至被聘为主任！但是1870 年，他在普法战争中充任卫生员，而且除了对战争的现实感到恐惧，他还感染了一些严重的疾病，这使他本来就欠佳的健康状况变得更加糟糕。1879 年，他辞掉了在巴塞尔的工作，而且从那时起，他就通过依靠微薄的补助金生活以及在欧洲最美的几个地点之间漫游而度过其一生。例如，他在锡尔斯玛利亚（Sils Maria）的阿尔卑斯山（Alps）度过其夏天，并在地中海地区（Mediterranean），在威尼斯（Venice）和尼斯（Nice），度过其冬天。

尽管有几段强烈的友谊（主要通过信件），但他在大多数时候都十分孤单。他有两次考虑过结婚，而且都是唐突且不成功地进行求婚，第一次是向一个名为玛蒂尔德·特蕾米达赫（Mathilde Tramedach）的音乐专业学生（在 1872 年），而后是向极度具有才华且美丽的露·安德烈亚斯·莎乐美（Lou Andreas Salomé）。在必定是他生命最幸福且最富创造力的几个月里，露和尼采是亲密的朋友。但后来她同他最好的朋友［保罗·雷伊(Paul Reé)］一起私奔了，而尼采则将自己托付给了一种孤单的生活（倒不是说"孤独"）。

在 1882 年和 1889 年，尼采疯狂地进行写作，并且出版了他最伟大的几部著作。从他的笔记和信件中我们知道，他有更多的希望和计划。但是1889 年 1 月，据说在都灵的大街上使一匹马免遭毒打时，他完全崩溃了。（尼采作为一个没有一丝同情心的怪物的声名就到此为止。）他以一种近乎植物人的状态继续活了十年，并在 20 世纪——他做了如此多的事情来预示这个世纪——之初的 1900 年去世。但对于一个曾经大胆写下"在正确的时间死去"的人来说，这是多么可怕的讽刺。

从这一极为简短的传略，我们可以领会到支配着尼采哲学的那一激情如何能够被总结为"生命之爱"。就其自身而言，这并不是非常具有教益。但是它却大大有助于解释为什么健康和疾病在他的思想中发挥了如此重要的作用，以及为什么他如此激烈地反对所有被他视为生命之贬损的理念和意识形态。在这些当中最为重要的就是基督教，他在这一宗教中被抚养长大，并且他如此了解这一宗教。因此，尼采后期自封的"敌基督"的角色在很大程度上是——就像那一宗教如此频繁地警告的——一种"内部攻击"。

陷入爱情：叔本华、音乐和古希腊人

哲学家们一般认为他们自己是理性的大师。相反，尼采则被他的激情所驱动，并被等同于他的激情。（在这一点上，就像卡尔·雅斯贝尔斯富有洞察力地指出的，没有人比克尔凯郭尔更像他。）而且尼采是一个充满诸多强烈激情的人，这里包含着爱，但同样也包含着强烈的憎恶和鄙视。在他求学时候，他发现了他生命的第一真爱，古希腊人的文学。他阅读《伊利亚特》（*Iliad*）和《奥德赛》（*Odyssey*）。他阅读索福克勒斯（Sophocles）和伟大的希腊悲剧家。他阅读柏拉图（Plato）和亚里士多德（Aristotle）。而且像他那个世纪的很多德国知识分子一样，他对善好生活的构想在很大程度上是被其阅读所塑造的。

当他在 1865 年偶然拿起德国伟大的悲观主义者亚瑟·叔本华（Arthur Schopenhauer）的一本书《作为意志和表象的世界》（*The World as Will and Representation*）时，尼采再次着了迷。而且在他仍是一个学生时，他又爱上了理查德·瓦格纳（Richard Wagner）的音乐，而后来当他见到他时（在 1868 年），他又爱上了作曲家本人，对于没有父亲的尼采来说，瓦格纳成为某种父亲形象。［他也爱上了瓦格纳的妻子柯西马（Cosima），但这是一个非常不同的故事。］瓦格纳深受叔本华哲学的影响，而这提供了一个理想的讨论主题。但是到 1876 年，在创作了一些对叔本华和瓦格纳充满赞誉的文章之后，尼采发现他自己对他们两人感到厌恶。在他最后的几部著作中，尼采仍然将他们联系在一起，但是不再是赞赏，而是作为德国颓废的征候。在两种情况中，尼采的爱都已转为憎恶。尼采后来坚称，同瓦格纳的决裂是他生命中唯一最为痛苦的经历。而纵观其生涯，尼采都在持续努力克服叔本华的悲观主义，这种悲观主义如此地违背作为他自己哲学的首要驱动力的生命激情。

对我们来说可能很难想象尼采认为他的真正天赋是成为一名作曲家，而不是成为一名哲学家，但是这有可能是一个合理的提醒，即我们不应该总是太过认真地对待尼采关于他自己所说的和所相信的东西。他实际上确实创作了少数几首合唱曲和钢琴曲，它们显得沉闷而非深刻。（这些现在在激光唱片上都很容易找到。）但是很明显瓦格纳尤其完全不尊重他的音乐，而且不难想象，他的毫无保留的嘲笑很快就激起了尼采不仅去拒斥瓦格纳及其音乐，而且（在接下来的十年）也在很大程度上拒斥"现代性"。毫无疑问，就其使得尼采专注于他的哲学而言，瓦格纳的不敏感性还是具有某种益处的。对此，我们心存感激。尽管如此，音乐还是以各种方式进入了尼采的哲学，从他对音乐的叔本华式的赞美，即赞美音乐完全是生命本身的表达，到他的著作的自觉的音乐结构。他经常指出，尤其是音乐赋予生命以意义，而他最为著名的一个隐喻，他的酒神精神（the Dionysian）的观念，使得这一点再明显不过了。

酒神精神的观念，连同对他整个哲学进行了预示的很多其他观念，在其热切期待的第一本书《悲剧从音乐精神中诞生》（*The Birth of Tragedy out of the Spirit of Music*）中被引入进来。这本书本身——至少在他的哲学同僚的眼中——是一个学术上的失败。它没有附注。它很少有学术界所（一贯）期待的细致、挑剔的哲学。它有狂野且离谱的断言。而且尼采以在当时被看作是当代流行音乐的东西，以及以对其朋友和导师理查德·瓦格纳的过度赞誉，污染了古典学术指定的纯粹性。但尼采日神精神（the Apollonian）和酒神精神的双重观念也标志了一种与对古典著作和古希腊生活的传统看法的彻底决裂。

日神精神体现了对古希腊人的既定看法，即认为他们是理性的、自主的个体，并关注秩序、节制、美和明晰性（一定程度上在古代世界是未知的）。相反，酒神精神则体现了古希腊文化野性的那一面——过度和残酷，就像在酒神狄奥尼索斯的神秘崇拜的狂欢中那样——以及诸如《俄狄浦斯王》（*Oedipus Rex*）和《美狄亚》（*Medea*）这样的古希腊悲剧的极端暴力和残酷性。[按照传说所云，狄奥尼索斯自身被泰坦巨神按照赫拉（Hera）的命令撕成碎片。]尼采引人注目的论点是，古希腊悲剧和古希腊生活只有依据日神精神与酒神精神的结合，依据秩序及"文明"与无序及疯狂的结合，才能得到理解。

在整本书中，有一个明确无误的世俗主题，即生命是苦难，但这种苦难不能被生命之外的任何东西"救赎"。在说这样的话时，尼采就开始不仅拒斥他的基督教背景，而且还拒斥苏格拉底和柏拉图的强大的哲学理性主义。甚至在这第一部著作中，尼采对苏格拉底的矛盾态度——钦佩、羡慕以及蔑视——就已经很明显。尼采承认苏格拉底标志着思想史中的一个重要转折点，但他也指责苏格拉底以对日神式理性的一种过分强调以及随之对"另一个世界"的一种不健康的渴望误导了西方思想。

在总结他自己当时的世界观时，尼采写道："唯有作为审美现象，世界才是永远合理的。"而关于古希腊人本身，他讲道："他们势必受过多少苦难，才能变得如此之美！"叔本华悲观主义的和无神论的哲学在此是很明显的，但同样明显的是尼采努力乐观地面对已让叔本华如此震撼的佛教第一圣谛，这一圣谛讲到生命在本质上就是苦难。

尼采、科学、真理和真实性

在他早期的一些文章中，尼采引入了一个在其整个生涯将会间或出现在其著作之中的主题，这一主题将会被一些哲学家总结为"真理的问题"。简单地说，这个问题是这样的："真理（'真实的世界'）这样一种东西存在吗？并且（如果存在的话）我们能够认识它吗？"哲学家们已经强调尼采著作的这一方面，因为它是——在我们时代的认识论倾向中——一个毋庸置疑的哲学问题。但是首要地通过其所谓的"知识论"的视角来阅读尼采，这将会是一个巨大的错误。关于真理和知识，他写的东西极少，这些东西实际上是一些分散的评论，缺乏任何一般的理论。他最长的单个讨论——以一个寓言的形式——仅仅只有一页长［在《偶像的黄昏》（*Twilight of the Idols*）的"'真实世界'最终如何变成了寓言"一节中］。在其著作《善恶的彼岸》（*Beyond Good and Evil*）里，尼采将现代哲学中对认识论的痴迷称为"一种胆怯的时代主义"和"在其最后挣扎中的哲学"。

然而，尼采对诚实和真实性的持续坚持以及他对了解事情真理的明显痴迷却相悖于这样一个观点，这个观点让他成为一个怀疑论者或者对真理不屑一顾。尽管在他的心中知识问题总是第二位的，但他的考察却旨在回答这样一个实践问题，即**如何生活并生活得很好**。因此，如果将尼采称为**一个实用主义者**（pragmatist），并将他的思想同美国哲学家威廉·詹姆斯（差不多是他的同代人）的思想相联系，人们不会犯太大错误。例如，尼采之所以拒斥一个超越知识边界的"真实世界"或"自在"世界的理念，是因为对于如何**处理**这样一个理念我们毫无头绪。此外，就自在世界被构想为**另一个**世界、一个**更好的**世界而言，它看起来将会贬低这个世界的价值，并且由此它违背了尼采哲学的支配性激情，对生命——今生——的爱。不是尼采对知识提出了怀疑的疑问，而是他仅仅由于知识是实践的才将知识看作是有价值的。在他自己的生命中，他经常表达他对知识的爱，将其看作是赋予他自己的生命以意义的一种方式。

尼采关于知识的诸论点的简明观点是，不存在任何真理，也就是说，"没有真理"。但这是什么意思呢？在一篇早期未发表的文章的一个引人注目的短语中，尼采提出，真理是"隐喻的一支机动部队"。但是在《快乐的科学》——尼采将其看作他的权威著作之一——中，他转而提出一种直接的经验主义-实用主义意义上的真理："让我们对它进行检验！"（"我不想再听到任何不容许被检验的事情和问题。"）但是他也提出，对我们来说看起来是真实的以及甚至是必然的东西仍然有可能是错误的。"错误可能是生命的条件之一。"此外还指出："人的真理到底是什么呢？——它们是他无法否认的错误。"在他的笔记中，他重复这这一断言，即真理是"一种错误，没有这种错误一个物种就无法生存"，而且他有时将真理（就像他几乎在所有事情上所做的那样）等同于权力意志。他坚称，存在"很多种类的真理"（19 世纪哲学中一个反复出现的主题），并且因此"没有真理"。同样是在他的笔记中，他回到了他的支配性主题，"**生命**的价值最终是决定性的"。

我们应该如何来理解对比鲜明的诸多格言的这种混杂呢？我认为，在这里（就像通常那样）应当依据语境来阅读尼采，并且这里的问题应当是：他在反对什么？他在拒斥什么论点（或诸论点）？在所有这一切中，很明显的是，尼采在拒斥单纯表象背后的真实世界的理念，因而是在反对两位哲学巨人柏拉图和康德。我们所经验的世界**就是**实在的世界。像任何真正的经验主义者将会做的那样，他也拒斥这样一些真理的理念，这些真理与经验中的任何东西都没有关联，并且因而不可能被检验。而且像任何真正的经验主义者那样，他也抨击宗教和学院学术的独断论，在这些独断论那里，对完完全全的真理的坚持消除了分歧、想象或多元的合法观点的任何问题。尼采使用"错误"这个词语来指涉并非绝对完全真实的事态，这种使用说明了他的一般倾向，即显著的夸大其词。贯穿其各种评论的是一个源自其支配性的生命激情的论点，即值得相信的东西（不管我们是否想授予它"真理"这个名称）是支撑和强化生命的东西。

此外，没有理由认为，支撑和强化生命的东西应当是一个单一的或者甚至是一组连贯一致的论断。恰恰相反，"有很多种类的视角"，并且有同样多种类的真理。但是，从这一点推论出**没有**真理，这是另一种夸大其词。宁可说，这直接导向尼采最为著名的一个主题，并且也同样导向他的大部分哲学的方法。它被称作"视角主义"（perspectivism，一译透视主义），而且从尼采的观念可以推断出，哲学应当是一种实验主义，它应当以不同的方式思考事物，并且从不同的角度看待事物。因此，艺术和美学提供了某些看待、思考世界的方式，而科学和学术则提出了另一些方式。宗教和道德也是世界观、视角，而并非像它们的拥护者经常宣称它们所是的那样是绝对真理。人们可能会将这种视角主义追溯到康德的（自然的和道德的）"两种立场"的观点，但是尼采远远超出了康德的观点，因为他既指出在两者任一领域都没有"必然真理"，又指出存在着很多这样的视角。

尼采对真理的关注提出了关于他同科学和科学思维的复杂关系的问题。有时候，他尤其因科学的反-独断论及其实验主义（"让我们试验它一下？"）而称赞它。另一些时候，他将科学与美学相对立，并且指责科学家们（以及学者们）是一种**禁欲主义**，也就是说，是一种堕落的自我否定的实践。此外，很明显的是，当科学能够充当反对宗教和道德独断论的武器时，尼采就对它热情之至。但是，当科学本身成为独断论的或道德主义的时，他就像其抨击任何思想狭隘、生命僵化的事业那样猛烈地抨击它。总而言之，尼采更赞同科学，而不是不赞同，但是值得强调的是，对于科学尼采最为赞赏的是它的实验方法和它持续的自我批判。而且哲学也应当以此方式推进。

反对道德的活动

当他还在巴塞尔时，尼采就在一系列具有震撼力的著作中开始了其"反对道德的活动"，这些著作开始于1878年的《人性的，太人性的———一

97

本献给自由精灵的书》(*Human，All Too Human，A Book for Free Spir-
its*)，继之以第二卷《人性的，太人性的（二）——见解与箴言杂录》
(*All Too Human II，Assorted Opinions and Sayings*)，接着是 1879 年至
1880 年的《漫游者和他的影子》(*The Wanderer and His Shadow*)。这些
著作完全以简短的爆发和格言——从各方面刺破了形而上学气球的一两句
警句——的形式写成，它们对科学给予高度赞赏，并且［就像后来的弗洛
伊德（Freud）那样］提供了对日常道德生活的诊断。这些著作中的一个
持续的主题是有时被称为"心理利己主义"——这样一个观念，即没有不
自私的或"非-利己主义的"行动——的东西。举两个他最常使用的例子，
甚至爱和同情都不是无私的或非自私自利的。但尼采在这两个断言之间摇
摆：一边是强烈的断言，即每一行动都是自私自利的；另一边是更为温和
得多的断言，即没有行动是完全无私的或非自私自利的。（对于后一个断
言，甚至伊曼努尔·康德都会认同。）

在尼采永远离开巴塞尔以及学术生活的体面之后，两卷本的著作《人
性的，太人性的》就被两部更为彻底实验性和探索性的格言著作——《朝
霞——关于道德偏见的思考》(*Daybreak*：*Thoughts on the Prejudices of
Morality*) 和《快乐的科学》(*The Gay Science*)——所补充。在这里，
尼采找到了他的成熟的声音，并且以一种惊人的反-独断论的（这并不是
说谦和或谦卑的）风格将他的各种偏见和奋斗目标结合起来。"自由精灵"
这个名称是尼采极为认真对待的一个名称，并且在他的整个著作中，它将
会作为一个标识性的口号而被重复。他不仅就个人而言从大学生活的限制
（既是道德性的，又是制度性的）中解放出来。在他自己的"漫游"中，
他觉得可以自由地对无限制的观念进行实验，并且甚至是对其文化的最为
神圣的教条进行挑战。

这样的独立性的危险是很明显的，并且尼采也清楚地意识到了它们。
他从来没想过人们可以无须价值地生存（以一种经常被称为"虚无主义"
的状态）。问题是**哪一些**价值，因为他并未假定资产阶级基督教社会的价
值是仅有的价值。（因而他对道德的主要不满之一就是它自称同义于价值，
或者至少是"最高的"价值。）尼采在其直接文化的价值中被抚养长大，
但是通过古典著作，他开始领会（并且在某种程度上内在化）一套非常不
同的（并且绝不是"原始的"）价值。而且通过他对叔本华以及叔本华在
生物学上的浓厚兴趣的解读（更不用提他自己对其健康的持续关注），尼
采完全领会了另一套既非由社会所教养的亦非由社会所强加的价值的力

量，即身体的自然需求。作为一个自由精灵并不是摆脱价值，而是去反思、重新审视并动摇一套特别独断且具有局限性的价值，即犹太-基督教的和小资产阶级的道德的价值。

尼采非常出名地声称他自己是一个"非道德主义者"（并且在其生涯的末期也声称是"敌基督者"）。但是他的哲学可能更应该被看作是努力复兴一种更为肯定性的道德，而不是复兴传统的"你不可怎样"，这些"你不可怎样"规定了犹太-基督教传统如此之多的东西。例如，在《朝霞》中，他呼喊道："我们如何能够憎恨我们自己并且期待其他人爱我们？"尼采会粗鲁地将寻常的道德分别抨击成"群氓"道德和"奴隶"道德，认为它既是愚蠢的又是怯懦的。但是在其更早期的著作中，他提供给我们的并不是一种全面的论点——更不用说一种一般的规范性理论——而是对道德生活、它的不一致性以及虚伪性的零碎且通常极具洞见性的观察。在此，他更像法国道德家拉布吕耶尔（La Bruyère）和拉罗什富科（La Roche-foucauld），而不是像现代伟大的道德理论家康德和密尔（Mill）。就像诸位法国道德家一样，尼采的主要武器是讥讽，他将道德行为看作是荒谬可笑的。他们知道揭穿虚伪和伪装的最好方式并不是借由广泛的论证。

正是在从《人性的，太人性的》到《快乐的科学》的"实验性的"系列著作中，尼采开始质疑不可置疑者（同情真的是一种美德吗？），提议不可提议者（上帝可能是我们最为可悲的特征的投射吗？），与他自己的宗教相对立地进行道德化（"我们对身体的折磨感到胆寒，但我们却毫无批判地在基督教中接受心灵的折磨。"），并且质疑理性（"理性如何抵达世界的呢？无理性地，就像人们可能预料的那样，偶然地。"）——而且这在其《快乐的科学（三）》里对"上帝之死"的最为引人注目的宣告中达到顶峰。在《朝霞》的第一卷第95节中，他以一段尖锐的声明总结他的观点："从前人们试图证明没有上帝，今天人们指出上帝信仰如何能够产生，以及用什么方法取得了权威性和重要性：因此做出没有上帝的反证就变得多余……从前……无神论者们不善于澄清问题。"

正是在这些著作中，尼采如此强调他的视角主义，这种视角主义并不是作为一种哲学"理论"，而是作为一种哲学方法、一种分析模式。尤其是道德被解释成只是诸多视角中的一个，因而动摇了它自称的"王牌"或绝对地位。与基督教的和古希腊的道德相反，尼采发现古希腊人极为超群。这些著作也拥有一种自由愉快的氛围，这种氛围标志着尼采同叔本华的最终决裂。《快乐的科学》的标题就是对自由思想的快乐的一种绚丽宣告，就像在这本书本身中的很多段落一样。它发现，悲观主义只是"奴隶道德"的另一种形态。

凭借《朝霞》，尼采的"战争"得到完全展开。尽管在其风格上很怪异，但这一战争也许最好被看作一种"道德心理学"的策略，也就是说，对信奉基督教道德视角的那些人的心理的和动机的分析。因此，《朝霞》就有大量**诉诸人身**的评论，正如尼采问：哪种人会接受一个如此强调罪责和苦难并且只是在来生才"得到补偿"的视角呢？为什么人们会想要去相信永世受罚，或者接受身体的降格以及其快乐的否定？尼采认为诸如罪责和来生这样的观念都是妄想的，但是他的主要焦点并不在于基督教教义的错误性。宁可说，它在于这样的信仰所招致的残酷性和生命的否定，在于消极的情感和邪恶的动机，在于诸如"博爱"这样的观念的虚伪性。

然而，在阅读尼采时，没有比这一错误更大的错误，这一错误即认为，他反对道德的战争是纯粹否定性的，他没有更好的东西来取而代之。的确，尼采的很多写作都是针对道德和道德家们（以及支撑着它们的宗教），但是它也抱有这样一个目的，即用别的东西——另一种"道德"，如果你愿意这样说的话——取代它们的位置。在可能是他最为著名的（并且最为晦涩的）著作《查拉图斯特拉如是说》（*Thus Spake Zarathustra*）（1883 年至 1885 年以章节的形式发表）中，尼采呈现了他的替代性的世界观。也许人们可以将其称为一种替代性的宗教，因为尼采的代言人查拉图斯特拉是依据古代波斯先知和琐罗亚斯德教（Zoroastrianism）的创立者而塑造的。但是查拉图斯特拉所宣讲的东西是非常"现世的"，是"忠实于尘世的"！在这里没有天堂中的上帝或来生的位置。

"上帝死了"是《查拉图斯特拉如是说》的核心主题之一。我希望没有必要说尼采在这里并未想到一个特殊的形而上学主张，有必要说的是他指涉的是人们对犹太-基督教上帝的信仰。他的主张是很多认为自己信仰上帝的人实际上并不信仰。他们的行动和他们的感情出卖了他们。在其同很多丰富多彩且稀奇古怪的人物的会面中，查拉图斯特拉总是会遇到他在其他地方称为"上帝的阴影"的东西，即在我们对自己的看法中的很多歪曲和曲解，这些歪曲和曲解关联于对超自然的全能者的信仰。

也正是在《查拉图斯特拉如是说》中，尼采引入了他最为著名的（并且最不翔实的）形象，**超人**（*Übermensch*）的形象。不管他是什么（而且这绝不是明晰的），**超人**看起来都意味着某种理想，意味着"尘世的意义"，可能也意味着追求的一个目标（只可惜尼采并未指出有可能达到这一目标）。人是"猿与超人之间的一根绳索"，是一座"桥梁"。在其他地方，他讥讽了"人类改良者"的理念。但话又说回来，通常认为（而且这并不是完全错误的）他的哲学的要点在于促进和激发未来的**超人**。

尼采的战争延续到他最为成熟和最为著名的著作《善恶的彼岸》（1886）和《论道德的谱系》（*On the Genealogy of Morals*，1887）。在那里，他将他很多探索性的格言充实成几乎可以被称为"理论"的东西，只是尼采十分明确地将前者限制为一种"序曲"，并且警告后者是一种"论争"。在他的立场中，有很多重要的变化，尽管认为尼采完全改变了他的观点将会是错误的。首先他大大弱化了他早期的心理利己主义，并且转而仅仅问到看似无私的行为是如何获得动机的（一个康德十分看重的问题，他坚称理性和道德提供了它们自己的动机）。对于尼采的标准观点来说更为重要的是，他的"权力意志"的概念进入了舞台中心。到他写作《善恶的彼岸》（以及他同一时期的很多未发表的笔记）的时候，很明显的是，为我们的行动提供动机的不再是利己主义，而是权力意志。（并且不仅仅是人类的行动。尼采有时候认为**所有的生命**都是权力意志，并且偶尔在他同样放弃的笔记中也认为**一切事物**都是权力意志，这是叔本华的形而上学的"意志"观念的一种微弱的回响。）

承担世界：主人、奴隶与怨恨

在《善恶的彼岸》和《论道德的谱系》中，但同样也在《快乐的科学》第二版（出版于1887年）的一个增补性章节中，尼采充分发展了他的道德心理学，并且为关于动机的诸问题——他在过去十年的大部分时间里一直在追问这些问题——提供了一个一般性的答案。这个答案就是权力意志。但是，相比于它对尼采提供给我们的通常微妙的诊断的阐明，这一富有启发性但却笨拙的短语更多地掩饰了这些诊断。首先他的研究不再如此分散和零碎。现在他利用他作为一个语文学家的训练来建构一种关于道德语言——尤其是那些关键性术语"善好的"、"坏的"和"恶的"——的起源的精妙（即使极具争议的）理论。他也信奉一种历史的方法，即**谱系学**（genealogy），也就是企图追溯生命的不同种类的价值和视角的**起源**。这里引人注目的论断再一次是，我们称为"道德"的东西实际上**只不过**是一个视角，而并非是"真理性的"或者是由无可置疑的上帝所要求的。它也与另外一些视角共存，从良好的精神或身体健康的角度来讲，这些视角中的一些也许更为可取。但是现在尼采对一个他曾在其整个战争中都轻率对待的区分进行了充分利用，这一区分即主人和奴隶之间的区分以及"主人道德"和"奴隶道德"之间的区分。

尼采的《论道德的谱系》连同《善恶的彼岸》一起，是世俗伦理理论的开创性著作之一。柏拉图给予了我们一个完美的社会；亚里士多德给予了我们幸福、道德生活的一种写照；康德提供了对"道德价值"和实践理性的一种分析；约翰·斯图尔特·密尔（John Stuart Mill）给予了我们功利原则，以及这一原则对集体的"质的"幸福的和善坚持。相反，尼采向我们提供一种具有争议的诊断，在其中道德显现为某种卑鄙且可怜的东西。我们称为"道德"的东西实际上是奴隶道德，之所以这样命名，不仅是因为它的历史起源，而且还因为它卑屈且低劣的本性。

尼采告诉我们，奴隶道德的基础是怨恨，一种以自卑感和懊丧的报复心为基础的愤恨情绪。［他使用了法语"*ressentiment*"（怨恨）一词，这个词暗示了一种更为全球化的愤恨感。］他将奴隶道德与被他称为"主人"道德的东西相对比，他将这种主人道德呈现为高贵的和自身可靠的。尽管这是尼采视角主义的典范实例——奴隶道德与主人道德是价值和价值观的替代性视角——但是就他（以及因而我们）发现这两种"道德类型"的哪一种更具吸引力而言，尼采却几乎未留下疑问。但尼采并未辩称主人道德是正确的或奴隶道德是错误的，他也没有援引任何共享的标准，根据这种标准两者能够得到衡量。诚然，主人更为强大，而奴隶则相对无力，但尼采并未援引力量的层级来表明一种道德比另一种更好。

尽管如此，尼采的道德"谱系学"的目的很明显是使初学阅读者对他的或她的奴性态度感到不舒服，并且它也被写作出来，以便激发一种诱人的优越感，激发这样一种渴望，即成为（即使不是这样一种自信，即某人已经是）"主人"。这些都是危险的态度，它们极为对立于我们通常期待从伦理论著中获得的教化性的道德支撑。它们都太容易让位于这样一种肤浅的傲慢，即"万事皆可"。

但是尼采并未想到这样的观点。在《朝霞》里的一段早期格言中，他评论道："人们应当进行很好的区分：任何仍想要获得权力意识的人都将使用任何手段……然而，拥有它的那个人在其品味上则变得非常挑剔和高贵。"[3] 在《善恶的彼岸》里的"何为高尚"这一节中，他明确指出他在捍卫的是人类的**卓越**，而不是单纯的自我放纵和放荡。在这种意义上，人们

101

可以恰当地说尼采在捍卫一种古老的伦理学范式——现在通常被称为"美德伦理学"。亚里士多德的《尼各马可伦理学》（*Nicomachean Ethics*）通常被引作最典型的范例，而且尼采和亚里士多德拥有很多共同之处，这不仅表现在他们的美德伦理学上，而且还表现在他们对生物学和自然主义的共同关注上。古希腊语单词 *areté* 既意指"美德"，又意指"卓越"，而且它指涉个体的独特特征（既有道德的，又有非道德的）。因此，它能够被对比于特殊的道德语言，这种道德语言指涉了非个人的规则以及超个人的（即使不是超自然的）证成。（这包含了作为一个单一道德属性的不幸术语"美德"，它对立于复数的和多元化的"诸美德"。）

美德伦理学的核心是道德品质的重要性。在品质的评价中，一个人在行动中的动机和情绪被认作是本质性的。出于高尚情绪而实施的行动就是高尚的行动，纵使这个行动本身是不合逻辑的或不幸的。相反，一个表达了邪恶的怨恨情绪的行动将会是邪恶的，纵使（通过判断中的错误、通过意外或者凭借一种过于微妙的反讽感）这个行动本身具有良性的结果。在尼采这里就像在亚里士多德那里一样，伦理学的内容部分是由"情绪"（feelings）[康德称为"倾向"（inclinations）的东西]构成的。的确，如果将尼采归类为一个赞颂激情生活的"浪漫"哲学家[尽管他拒斥被应用到叔本华哲学和其他德国哲学那里的浪漫主义（Romanticism）]，人们是不会犯错的。"权力意志"所意指的不仅是一个行动动机，而且是一种激情且充满活力的生活方式。[尼采将他自己描述成处于疯狂边缘的"炸药"（dynamite），这是对一种极为敏感的哲学的极端比喻。]根据尼采所言，重要的事情是培养人们的自然天赋和美德，并且甚至利用人们的弱点和缺点来创造一种美好的生活。在《快乐的科学》中尼采告诉我们："赋予某人的品质以风格。一种伟大的艺术。"也许这就是尼采伦理学的要旨。

因此，值得将尼采的主人/奴隶分析，尤其是《论道德的谱系》中的分析，看作一种宏大的、集体性的诉诸人身的论证，一种将整个伦理体系回溯到诸民族的个性的论证。很难不承认，伦理分析的内容应当包含那些实践着或创造了一种伦理学的人的动机。的确，康德自己也会坚称，在没有将行动背后的意图（或者"意志"）看作核心的情况下，人们不能评价一个行动的"道德价值"。而且，就像康德同样指出的，一个行动的形式意图（或准则）及其背后的动机在实践中也许是无法确定的。伦理学的实质内容并不仅仅在行动和判断的环境和结果中被找到，当然，我们也不再期待在单纯的准则及其形式一般化中找到它。根据尼采以及亚里士多德，

伦理学的所在地处于令人钦佩的（或可怜的）个体。主人们最终是道德高尚的，因为他们将他们自己设想为道德高尚的。奴隶们最终是可怜的，因为他们认为他们自己是可怜的。

102　　尼采的"谱系学"是一种心理学诊断以及一种（非常具有争议的）历史考察。它包含了对道德的历史和演变的一种非常简明扼要且极具神话色彩的解释，但是这种解释的核心是一种心理学的假设，这一假设有关于那种历史和演变背后的动机、机制。尼采告诉我们，"道德中的奴隶起义开始于怨恨本身变得有创造力并表现出价值之时"[4]。现代批评家们很可能将这种推测视为起源谬误的另一种版本而不予理会：问题并不在于道德的谱系、起源或动机，而是仅仅在于——以新康德主义的术语来说——我们当前的道德原则的**合法性**。传统的道德理论家们和尼采的阐释者们因而经常各执一词，前者聚焦于与道德准则的形式及证成相关的论证，后者则揭示这些所谓的道德的、非个人的及必要的理想背后的隐秘动机。这是一个很大且仍在热烈讨论的问题——谱系学和心理学如何能够服务于对当前的道德和道德哲学进行合法批判。

怨恨是一个强大的动机，但是为什么这种力量被尼采降格为软弱的症状，这是尼采的解释的更为微妙的问题之一。在这种表面的悖论之上，尼采又添加了新的东西，在《论道德的谱系》中尼采写道："这样一个怨恨之人的种族最终必然比无论哪一个高尚种族都更聪明，他们也将在一个完全不同的程度上推崇这种聪明。"（GM I 11；中译本见第345页）尼采也对最初的奴隶表达了一种勉强的赞赏：

> "最精神性的复仇动作。"正是犹太人敢于以一种震慑人心的一致性来颠倒贵族阶层的价值等式（善＝高贵＝权势＝美＝幸福＝神所爱），并且以深渊般仇恨（出自无力的仇恨）的牙齿牢牢咬住这个颠倒，就是说："只有悲惨者才是善者；也唯独受苦难者、匮乏者、病人、丑陋者才是虔诚者，才是上帝所赐福者……相反，你们，你们这些权势者和高贵者，你们对全部永恒来说都是恶人、残暴者、贪求者、不知餍足者、不信神者，而且你们在全部永恒中都是无福者、受唾骂者和受诅咒者！"（GM I 7；中译本见第339页，译文有改动）

用句套话来说，这就是尼采想要废除的奴隶"价值重估"的结构。通过将主人价值（亚里士多德的卓越）标示为"恶的"，奴隶就能够因为他的节制（也就是，他在实现卓越和获得美好生活上的无能）而将他自己看作在道德上是优越的。但是奴隶并未通过选择而剥夺自身。宁可说，通过"遗忘"他不能拥有它，他合理化了他对他不能拥有的东西的不拥有。而且，更一般地说，奴隶颠倒的价值重估必须"遗忘"它自己的动机以及它"保全面子"的巧妙努力，并且认为它自己是优越的。因此，奴隶道德倾向于造成大量的自我欺骗和虚伪。"当高尚的人自信开朗地自己面对自己而生活的时候……怨恨之人却既不率直，也不天真，自己对自己也不开诚布公。他的灵魂是歪的……"(GM I 10；中译本见第 344－345 页)

在他的整个生涯中，尼采也将道德描述成"群氓"现象（"群氓道德"）。这与奴隶道德不同。群氓道德或许最好被看作现代资产阶级道德，并由功利主义（utilitarianism）及其对幸福、安逸和康乐的强调所例示。群氓的隐喻意味着盲目的从众、无领导力，意味着一种毫无雄心和高贵性的沉闷安逸的生活。因此，功利主义谈论"最大多数人的最大善"，并将其解释为最少的痛苦和最大的快乐。尼采以最不奉承的方式将这解释成一种像牛一样安逸的哲学，这暴露了德国人对英国人的一种普遍的鄙视（夹杂着嫉妒和尊重）。但是，功利主义凭借多种方式——例如，凭借其自然主义、其对形而上学的和超自然的道德支撑的拒斥以及其对更大善的更多关注——仍极为兼容于尼采的伦理学。他实际上以相当大的热情阅读过约翰·斯图尔特·密尔，但是人们从尼采所写的关于他的东西那里将绝不会知道这一点。[5]

尼采更为激烈的一个嘲讽是"人不是为快乐而生活。只有英国人是"。这种尖刻的评论凸显了尼采同密尔的主要分歧。快乐和幸福（功利主义者们并未仔细区分这些）的核心性在尼采看来既是陈腐的，又在心理学上是错误的。快乐和避苦（到尼采成熟的著作时）并非是人类行为的首要动机，宁可说它们仅仅是成功的"伴随物"，并由权力意志所界定。（作为一种单纯伴随物的快乐也是一个非常亚里士多德式的主题。）他也拒斥功利主义核心的平等主义（egalitarianism）。（密尔："每一个人都计为一个人，并且仅仅只计为一个人。"）此外，尼采的"更大的善"的概念绝对不是资产阶级的。更大的善是由"伟大的人"所决定的，这种伟大的人在其追求一种更伟大的社会和文化时，可能会引起相当大的骚乱，并且带来巨大的不幸福。因此尼采幻想出了超人。但是对功利主义者来说（在尼采的夸张描述中），更大的善不外乎是安逸和没有痛苦。因此，尼采不太出名的角色（也是在《查拉图斯特拉如是说》中）"末人"沉闷地宣告："我们发明了幸福——并且眨巴着眼睛。"

尼采也指责道德是"不自然的"，甚至是"反自然的"。这一指责同样应当与"奴隶道德"和"群氓道德"分开进行考虑，而且它可以说并不兼容于它们。这个指责（它在尼采后期最好的著作之一《偶像的黄昏》中达到其最充分的表达）是道德既在其改变人性的傲慢企图上是"反自然的"（"某位可怜的、游手好闲的道德家却说：'不！人应当是别样的'"），又在其摧毁激情的持续努力上是"反自然的"（"我们不再钦佩这样的牙医，为了使牙不再疼，他们干脆把牙'拔掉'"）。尼采是人性（物种和个体的生物规定）的一个极为强烈的信仰者，而且他的道德经常被归结为这样一句古希腊口号："成为你所是的人！"这意味着我们每一个人都天生具有独特的天赋、美德和缺点，并且我们所能是的东西已经由我们的天性决定了。但如果是这样的话，那么奴隶就"在本性上"是奴性的，这是另一个亚里士多德式的论断，尼采通过将主人与奴隶比喻成老鹰和羔羊——"仿佛一猛禽能够选择成为一羔羊"，或者反之亦然——而让这一论断变得更为粗暴（在《论道德的谱系》中）。这里的寓意是人们不能选择自己的基本本性，而且不管对绵羊来说老鹰的行为可能如何"坏"，它都跟"恶"没有关系。此外，绵羊也像任何其他动物一样自然，并且它们的羊群行为就是它们本性的一部分。尼采承认，这也是广大人群的共同命运，而且这一令人震惊的段落的宿命论结果就是人们**不能**在生命中改变他们的命运。

104　　主人道德——尽管是以高雅的和更为艺术的形式，而不仅仅是原始的粗暴形式——不仅是自觉"善的"，而且是自然的。奴隶的起义因此就是一种反对自然之物的起义，也就是反对强壮、健康和充满生命力的东西。尼采给这一分析带来了什么偏见，这是很明显的（而且，就像**诉诸人身的**论证一样，我们能够很容易理解一个病弱且孤独的哲学家如何会赞赏这些美德）。在尼采最粗糙的幻想中，仿佛高贵的人曾经统治了世界，而现在世界则被充满怨恨的庸人所统治。但是甚至在其最粗糙的幻想中，尼采〔向他的道德前辈让-雅克·卢梭（Jean-Jacques Rousseau）一样〕也坚称"我们不能回到过去"，坚称它们的有益及有害影响已经持续了超过 20 个世纪。

尤其是，在奴隶道德和基督教的主要支持下，我们已经变得**更为精神化**以及更为高雅。因此，我们应当渴求的不再是被他描述成"主人道德"的东西，而是未来道德的一种新的"立法"，这种"立法""超越善与恶"，但却带有现代最优秀的人的有教养的敏感性。尼采最经常地提到，伟大的德国诗人歌德（Goethe）就是这样一种"更高级的人"的范例。奴隶道德可能有其代价，但是它也带来了一些好处："在高贵的人这里，聪明却很容易散发出奢华和机巧的精细味道——因为在这里，相比于调节性的无意识本能的完美功能，或者甚至相比于一种特定的不聪明，一种大胆鲁莽……或者那种由愤怒、爱、敬畏、感激与复仇所引起的狂热冲动，聪明都远非是那么本质性的。"（GM I 10；中译本见第 345 页，译文有改动）

权力意志、生命肯定与永恒轮回

"权力意志"也许是尼采最为众所周知的新造词。回顾一下 20 世纪，这一短语散发着法西斯主义（fascism）、暴力和践踏人权的气息。毫无帮助的是，极具影响力的德国哲学家马丁·海德格尔——他自己曾经就是一个纳粹分子——坚称权力意志是尼采形而上学的核心。后现代法国哲学家吉尔·德勒兹（Gilles Deleuze）同样将"力量的游戏"解释成尼采的核心。在尼采的著作中，支持这些观点的内容出人意料地少。的确，"权力意志"这一短语在尼采著作中相当频繁地重现，而且尼采的假设，即人们通常是为了权力而非为了快乐或者出自义务感而行动，也拥有一定的合理性。人们很可能将它看作他早期所捍卫的心理利己主义的一种改进。

尼采讲的好像权力意志是其哲学的基石一样，而且太多的评论者都非批判性地认同了他。但是，关于权力意志的大多数讨论都是在其未发表的笔记中找到的，而且甚至是在它于发表的文本中明确出现的地方，尼采的认可也绝不是明确或直截了当的。其实，权力意志与被称为"意志"——它是尼采在叔本华那里所讥讽的——的那种神秘的形而上学实体没多大关联。权力意志也不是像这一短语所暗示的那样（以及像叔本华所坚持的那样）是一个单一的实体。此外，"权力"不仅指涉凌驾于他人之上的力量和权力，而且更为重要的是指涉自律，这使得它可能成为一个不幸的和令人误解的术语。

考虑到他的生物学（生理学）导向，尼采也会为了强调冲动、本能以及有目的但却欠缺考虑的行为而谈论权力意志，就像弗洛伊德在他之后将会做的那样。尼采对进化论的解释具有强烈的偏好（尽管他拒斥被他理解为达尔文式的"适应性"观念的东西）。尼采提醒我们，我们仍然是动物，是自然的一部分，我们由冲动和本能所驱动，而这些冲动和本能并非我们的选择。

在他未发表的笔记中，关于权力意志尼采说了一些很疯狂的东西，例如，它是**一切事物**的基础。在他更为清醒的出版物中，他主要用这个短语来意指人类行为的一种不受重视的动机，即我们经常拒绝承认的一种动机。但是，如果说它为**每一**人类行动提供动机，那么它就降低了它的解释力，而且尼采最好的解释是通过将权力意志与其他动机相对比和对抗而起作用的。的确，尼采后来拒斥由功利主义者们所设定的（以及他自己在其早期著作中所捍卫的）快乐主义，而且在表达了这一转向之后，"权力意志"这一短语吸引了我们的注意。但是我们应当谨防在尼采哲学中将一个夸大了的位置给予它。

在其权力意志的构想或评价中，尼采绝不是连贯一致的。在其早期著作中，他有时看似是被它惊骇到了。（在《朝霞》中，他将它指涉为"人类的恶魔"。）在《善恶的彼岸》中，他偶尔看起来像是赞颂它，但是大多数时候，它仅仅被呈现为心理事实，没有任何评价。这里的（合理的）暗示是，某人因为他或她想要更多权力而做某事。但是在《善恶的彼岸》中他坚称："某种生命体首先意愿的是释放它的力量。"[6]在其他地方他坚称，我们力求的是权力感，与对权力本身的欲望相比，这是一个非常不同的论断。（某些药物和心境——尼采肯定很熟悉它们——会唤起权力感，但实际上却让人十分虚弱。）尼采告诉我们："从前'为了上帝的缘故'而做的事情，现在都是为了金钱的缘故而去做，而金钱现在则给予我们最高的权力感。"[7]或者情况是我们现在相信金钱比信仰提供了更多的权力吗？当然，权力感更近似于快乐感（而且快乐如何能够不是一种感觉？）。因此它更为紧密地对应于尼采所拒斥的快乐主义-功利主义的立场。但是这两者实际上是同等的吗？看起来，哪怕是在尼采更为温和的假定上，它们都不是。

最令人印象深刻的东西不是尼采对权力意志的激烈陈述，而是他关于它在人类动机中的运作方式的观察性洞见。例如，在《快乐的科学》中，他提出爱也许是权力意志的一种表达："我们的邻人之爱——难道它不是一种对新的财产的渴望吗？"[8]而谈到同情和感激："以裨益于人或伤害于人的方式来对别人行使自己的权力；在有关的情况下，人们想要做的不过如此。"[9]因此，对权力意志最明显的解释就是施加于他人之上的权力以及被制度化为**帝国**（*Reich*）的权力。但是尼采谈论**"权力"**（*Macht*，power的德语词，意思为权力、力量等），而非**"帝国"**，而这也许应更好地被理解为个人的**力量**，而非政治权力或施加于他人之上的权力。因此，甚至苦

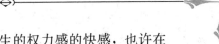

行僧都显示权力意志。"事实上，被看作活生生的权力感的快感，也许在大地上再大，也大不过在迷信的苦行僧灵魂中的那种快感。"[10]因此，权力意志意味着有效的自我实现和表达，而这肯定更为符合于尼采关于生命的审美视野。

相比于他经常使用的勇士隐喻，将权力意志看作自我控制——包括自律、自我批判以及甚至自我否定——让我们更好地把握了尼采的观念。但是，它同样指的东西——这种东西是不一样的——还有自我肯定，以及与其伴随的生命肯定，这完全相反于尼采凭借"权力意志"看似要达到的攻击性姿态。我之前提出，"权力意志"是尼采的主要主题生命之爱的一个代名词（对照于叔本华无爱的生存意志）。但是尼采拥有更好的短语来总结这一点，即总结他的哲学的核心主题。其中的两个是"**命运之爱**"（*amor fait*，the love of fate）和"**永恒轮回**"（eternal recurrence），即某人生命的无止境的重复（东方哲学里的一个常见主题）。

尼采的命运之爱通常以一种惊叹的方式被提供给我们，它能够以若干不同方式被理解。但是它首先是对人的生命的一种肯定，是对坦率地活着并接受生命给予我的任何东西的一种肯定。相当容易（再一次诉诸人身地来讲）理解，在对抗他自己时常令人折磨的疾病以及叔本华的悲观主义时，尼采如何能努力维持这种对生命的接受，这种接受完全不同于陷入怨恨（尽管没有人怀疑尼采经常这样做，自始至终地同它斗争）。对其他人而言，命运之爱可能意味着针对生活的一种自由而简单的"别担心，快乐一点"的态度。但是对尼采（以及我们当中的很多人）来说，这种努力要困难得多。

不同于大多数道德哲学家——他们大多数情况下都是停留在他们所分析和辩护的人类肥皂剧的"上面"——尼采明显是一个**道德家**。他进行说教。他进行斥责。他像《旧约·圣经》的任何先知一样进行审判。然而，这既不是说他对自己的这种倾向一无所知，也不是说他简单地接受了它。就像他如此严厉地讥讽的那位"游手好闲的道德家"一样，尼采看起来也总是在说："不！人应当是别样的。"与这一点相对，他哀叹道："我不想对丑作战。我不想指责；我不想指责那些进行指责的人。把目光移开将是我唯一的否定。"[11]值得怀疑的是，他在这一点上是否曾经成功过。但是，即使是就这样一个哲学家——这个哲学家首要地坚持哲学家应当是其哲学的一个范例——而言，我们也应当以极大的同情心来阅读尼采。

根据尼采在此所坚持的，爱命运意味着沉着并且甚至热情地接受发生的任何事情、人们所做的任何事情以及发生在你身上的任何事情："人们别无所愿，不愿前行，不愿后退，永远不。不要一味忍受必然性……而是要热爱之。"[12]这并不意味着我们应当像那位游手好闲的道德家一样懒散地袖手旁观，不意味着我们无须为我们手头的事情负责。但是，在这种意义上，生命的肯定是某种我们能够很容易理解的东西，尽管就像尼采一样，它是一个有时非常难以忍受的观念。

信奉永恒轮回的观念——事件的序列一次又一次地重现——凸显了尼采的"生命的肯定"。愿意忍受某人的生命，连同其所有的痛苦和快乐，这显示了一种对生命的爱。相反，怨恨、遗憾和懊悔则意味着不愿意正如它曾是的那样再过一遍某人的生活。在因为其成就及快乐而爱某人的生命和为了生命本身而爱某人的生命之间，有一种差异被暗含在这里。这是一个贯穿了尼采哲学的主题，从其发端于古希腊哲学和悲剧，到他最后一部著作，即他的准自传《瞧，这个人》。尼采坚称（与叔本华和佛教徒一起）生命是苦难，然而对此的恰当回应并不是怨恨或解脱（就像叔本华所提出的那样），也不是任何种类的救赎，它应当是全心全意的"酒神式的"接受。

临近《快乐的科学》结尾时，尼采向我们给出了他对永恒轮回的最好描述：

> 如果某一个白天或夜晚，一个魔鬼偷偷尾随你进入你最孤独的孤独中来，对你说："你现在过的、曾经过的这种生活，你将不得不再一次并且继而无数次地去过；其中将没有任何新东西，而是每一种疼痛、每一种喜悦、每一种思想和叹息，以及你生活中非语言所能表达的大大小小的一切，都必然回到你这里来，而且一切都以同样的次序、顺序回来——甚至这只蜘蛛，甚至这道树荫之间透过来的月光，甚至这个时刻，甚至我自己都同样回来。生存之永恒沙漏被一再颠倒过来——而你，一小粒尘土，伴随它一起！"
>
> 你难道不会扑倒在地，咬牙切齿，诅咒如此说话的魔鬼吗？或者你经历了一个非同寻常的时刻，你会回答他说："你是一位神，我从未听到过比这更神圣的话呢！"如果那种思想支配了你，它就会改变——也许捣碎——你现在的模样。在任何事情上都会有这样的问题："你想要这件事情再一次并且继而无数次地发生吗？"这个问题作为最重之重让你的行为来背负。要不然，你得如何善待你自己和生

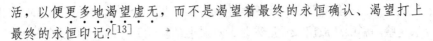

活，以便更多地渴望虚无，而不是渴望着最终的永恒确认、渴望打上最终的永恒印记？[13]

同样的命题在《查拉图斯特拉如是说》中得到重复："并非……一种新的生命，或者一种更好的生命，或者一种类似的生命"，而是"这种相同的、同一的生命"。[14]"这种相同的、同一的生命"能够以各种方式被解释。它肯定看起来意味着**在每一微小的细节中**。的确，也许让我们惊愕的是，我们都已注意到，哪怕改变过去的一个微小事件都有可能导致现在的很多重大变化。实际上，按照这种说法，如果你哪怕只是早五分钟出生，那么你也将会在某种重要的意义上成为**一个不一样的人**。因而更不用说，如果你遗憾读了商学院，而不是追寻你对文学的真正热爱，或者你希望你在如此年轻的时候绝未结婚和生小孩，那么你可能成为的那个人的意义将会真正地令人困惑。

　　就像所呈现的，永恒轮回并不是一种古老的时间理论，而是一种心理试验："如果……你会有什么感觉？"诚然，它是一种拥有古老而辉煌的渊源的时间模式，这些渊源可以追溯至印度的《吠陀经》（Vedas）和前希腊的（pre-Hellenic）古希腊人，然而几乎没有证据表明，尼采认真地想要信奉这种时间观构成其一部分的那些形而上学体系。永恒轮回是一种思想实验。它的重要性并不在于细节，而宁可说是在于对人们生命的一般肯定。毛德玛丽·克拉克（Maudemarie Clark）给出了一个对永恒轮回的很好的解释：在一段很长的婚姻中，有人愿意再进行一次吗？换句话说，从各方面看来，它是值得的吗？这里或那里的一些细微改变难道不会影响你的看法吗？宁可说，正是整个这段婚姻——那样相当长的一段时间里的你的整个生命——是成问题的。如果你将会咬牙切齿并且诅咒这一建议，那么我们将不得不说你的婚姻生活是一种浪费。如果另一方面，你声称从各方面看来都没有遗憾，那么这就是我们所说的幸福婚姻。它也是创造一种幸福生活的东西。

自然化的灵性：一个"敌基督者"的信念

　　由于尼采经常被看作是一个反基督教的以及如此一个反宗教的思想家，所以太容易假定他在其思想中没有为灵性留下空间。但是"上帝之死"必然是灵性的死亡吗？或者说，这样一个观念——灵性必然关联于基督教（或者新教）——正好是那些"上帝的阴影"中的另一个，而尼采正是寻求将我们从这些阴影中解放出来？尼采是最具灵性的哲学家之一，而且这是他有时看待自己的方式。然而，为了理解这一点，我们需要放弃所有这些倾向，即将灵性等同于超尘脱俗性，或者等同于浸没在某个有组织的宗教中。

通过考察那样一种艺术——尼采认为那种艺术最为振奋人心、最为符合事情的内在真理，而那种艺术就是音乐——也许可能很好地把握关于灵性尼采所理解的东西。当我们声称在聆听一首伟大的乐曲时拥有一种灵性的体验，我们并不是仅仅隐喻性地这样讲。实际上，这就是灵性的意义所在。它既不是无私的也不是自私的——实际上，这种对比看起来完全不适用。尼采从叔本华的美学中所保留的东西就这么多。但尼采强烈地拒斥叔本华的结论，即审美鉴赏最终是"无利害性的"（disinterested）。相反，我们没有任何其他地方是如此彻底地关涉利害并介入进去。这就是美所是的东西。允许我们自己被一首伟大的音乐所"陶醉"，这同样也允许我们克服我们日常的"自我"观念，并感受宇宙的一部分——或者至少是它的一小部分——但是这是一种宇宙的自我放大，而不是一种自我放弃。

换句话说，音乐是灵性的，因为它是酒神式的，而且它让我们陷入一种完全非自私的（但没有因此成为**无私的**）激情，一种最终被称为"生命"的激情！尼采自然主义的灵性观念因此囊括了他的主要主题以及他的观念，即权力意志（就权力意志被解释为充满激情的生命之爱而言）和"忠实于大地"（在那里，这并不是被解释为某种单纯的世俗之物）。在他的《快乐的科学》中，尼采因而描述了一种尘世的幸福，它像天堂的任何圣经形象一样强大，而且比其更容易感知：

> 任何懂得将人类历史统统体验为自己的历史的人，也以一种非同寻常的概括方式感觉到考虑健康问题的病人的所有那种悲痛……但是，如果某人承受，如果某人能够承受这样大量的各式各样悲痛……如果某人最终能够在一颗灵魂中包含这一切，并且将其集中为一种感觉——这必然会导致人类至今尚不了解的幸福；一种充满力量和爱、充满泪水和欢笑的神之幸福……[15]

【注释】

[1] 偶尔会有一些段落改编自《尼采真正说了什么》（*What Nietzsche Really Said*），

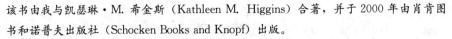

该书由我与凯瑟琳·M. 希金斯（Kathleen M. Higgins）合著，并于 2000 年由肖肯图书和诺普夫出版社（Schocken Books and Knopf）出版。

[2] *BGE* I 6.（中译本见尼采：《善恶的彼岸——一种未来哲学的序曲》，赵千帆译，《尼采著作全集》（第五卷），北京：商务印书馆，2015 年，第 16 页。）

[3] *D* 34.

[4] Nietzsche, *On the Genealogy of Morals*, trans. W. Kaufmann. Random House (1967).（中译本见尼采：《论道德的谱系》，赵千帆译，孙周兴校，《尼采著作全集》（第五卷），北京：商务印书馆，2015 年，第 342 页。）对这部著作的所有引用在文中都会以括号标注，例如 *GM* I 10（表示第一篇第十节）。

[5] 来自尼采藏书的证据显示，他详尽且充分地对密尔进行了阅读，并且显示了对他很多关键性观念的认同。感谢乌普萨拉大学（Uppsala University）的托马斯·布罗杰（Thomas Brobjer）提供了这一信息。

[6] *BGE* 13.（中译本见尼采：《善恶的彼岸——一种未来哲学的序曲》，赵千帆译，《尼采著作全集》（第五卷），北京：商务印书馆，2015 年，第 28 页。）

[7] *D* 204.（中译本见尼采：《朝霞——关于道德偏见的思考》，杨恒达、杨俊杰译，《尼采全集》（第 3 卷），北京：中国人民大学出版社，2016 年，第 121 页。译文有改动。）

[8] *GS* 14, p. 88.（中译本见尼采：《快乐的知识》，杨恒达译，《尼采全集》（第 3 卷），北京：中国人民大学出版社，2016 年，第 283 页。译文有改动。）

[9] *GS* 13, p. 86.（中译本见尼采：《快乐的知识》，杨恒达译，《尼采全集》（第 3 卷），北京：中国人民大学出版社，2016 年，第 281 页。）

[10] *D* 113.（中译本见尼采：《朝霞——关于道德偏见的思考》，杨恒达、杨俊杰译，《尼采全集》（第 3 卷），北京：中国人民大学出版社，2016 年，第 66 页。）

[11] *GS* 276, p. 223.（中译本见尼采：《快乐的知识》，杨恒达译，《尼采全集》（第 3 卷），北京：中国人民大学出版社，2016 年，第 381 页。译文有较大改动。）

[12] *EH* II 10, p. 258.（中译本见尼采：《瞧，这个人》，孙周兴译，《尼采著作全集》（第六卷），北京：商务印书馆，2015 年，第 373 页。）

[13] *GS* 276, pp. 273-4；*KSA* 3, p. 570.（中译本见尼采：《快乐的知识》，杨恒达译，《尼采全集》（第 3 卷），北京：中国人民大学出版社，2016 年，第 416 页。）

[14] *TSZ* III 13, p. 333.（中译本见尼采：《查拉图斯特拉如是说》，孙周兴译，《尼采著作全集》（第四卷），北京：商务印书馆，2010 年，第 356 页。译文有改动。）

[15] *GS* 337, pp. 268-9.（中译本见尼采：《快乐的知识》，杨恒达译，《尼采全集》（第 3 卷），北京：中国人民大学出版社，2016 年，第 412 页。）

参考文献

尼采的原著

以下一些书名之前的大写字母是本章中所使用的它们的缩写。

	The Birth of Tragedy, *Out of the Spirit of Music* ＊	1872
	Four Untimely Meditations	
	"David Strauss, the confessor and the writer"	1873
	"On the uses and disadvantage of history for life"	1874
	"Schopenhauer as educator"	1874
	"Richard Wagner in Bayreuth"	1876
	Human, *All Too Human*, *A Book for Free Spirits*	1878
	Human, *All Too Human II* (*Assorted Opinions and Sayings*)	1879
	The Wanderer and His Shadow	1880
D	*Daybreak*, *Thoughts on the Prejudices of Morality*	1881
GS	*The Gay Science*	1882
TSZ	*Thus Spake Zarathustra*, *A Book for All and None*	1883–5
BGE	*Beyond Good and Evil*, *Prelude to a Philosophy of the Future*	1886
GM	*On the Genealogy of Morals*, *A Polemic*	1887
	The Case of Wagner, *A Musician's Problem*	1888
	Twilight of the Idols Or, *How One Philosophizes with a Hammer*	1889
	The Antichrist	1895†
	Nietzsche contra Wagner, *Out of the Files of a Psychologist*	1895†
EH	*Ecce Homo*, *How One Becomes What One Is*	1908†
	The Will to Power	‡

＊在 1886 年出版的第二版中，标题被改成《悲剧的诞生，或：希腊精神与悲观主义》(*The Birth of Tragedy*, *Or*: *Hellenism and Pessimism*)。

† 出版时间；写于 1888 年。

‡ 由他人编辑，并在其死后出版。

尼采著作的现在版本

[1872] / [1888]：*The Birth of Tragedy/The Case of Wagner*, trans. W. Kaufmann. New York：Random House，1966.

[1873—1876]：*Untimely Meditations*, trans. R. J. Hollingdale. Cambridge：Cambridge University Press，1983.

[1878—1879]：*Human*, *All Too Human*, trans. R. J. Hollingdale. Cambridge：

大陆哲学

Cambridge University Press, 1986.

[1881]: *Daybreak: Thoughts on the Prejudices of Morality*, trans. R. J. Hollingdale. Cambridge: Cambridge University Press, 1982.

[1882]: *The Gay Science*, trans. W. Kaufmann. New York: Vintage, 1974.

[1886]: *Beyond Good and Evil*, tans. W. Kaufmann. New York: Random House, 1966.

[1887]: *On the Genealogy of Morals*, tans. W. Kaufmann and R. J. Hollingdale/[1908]: Ecce Homo, trans. W. Kaufmann. New York: Random House, 1967.

1954: *The Portable Nietzsche*, ed. W. Kaufmann. New York: Wiking/Penguin.

1967: *The Will to Power*, tans. W. Kaufmann and R. J. Hollingdale. New York: Random House.

1969: *Selected Letters of Friedrich Nietzsche*, ed. and trans. C. Middleton. Chicago: University of Chicago Press.

讨论尼采的著作

Allison, D. B. (ed.) 1977: *The New Nietzsche: Contemporary Styles of Interpretation*. New York: Dell.

——2000: *Reading the New Nietzsche*. Lanham Md.: Rowman & Littlefield.

Chamberlain, L. 1996: *Nietzsche in Turin: An Intimate Biography*. New York: Picador.

Clark, M. 1990: *Nietzsche on Truth and Philosophy*. Cambridge: Cambridge University Press.

——1994: Nietzsche's misogyny. *International Studies in Philosophy*, 26 (3), 3–12.

Danto, A. 1965: *Nietzsche as Philosopher*. New York: Macmillan.

Gillespie, M. A. and Strong, T. B. (eds.) 1988: *Nietzsche's New Scas: Explorations in Philosophy, Aesthetics, and Politics*. Chicago: University of Chicago Press.

Gilman, S. L. 1987: *Conversations with Nietzsche: A Life in the Words of His Contempotaties*, trans. D. J. Parent. New York: Oxford University Press.

Hayman, R. 1980: *Nietzsche: A Critical Life*. New York: Oxford University Press.

Higgins, K. M. 1986: *Nietzsche's* Zarathustra. Philadelphia: Temple University Press.

——2000: *Comic Relief: Nietzsche's* Gay Science. New York: Oxford University Press.

Kaufmann, W. 1968: *Nietzsche: Philosopher, Psychologist, Antichrist*, 3rd edn.,

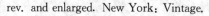

rev. and enlarged. New York: Vintage.

Krell, D. F. And Bates, D. L. 1997: *The Good European: Nietzsche's Work Sites in Word and Image*. Chicago: University of Chicago Press.

Magnus, B. 1978: *Nietzsche's Existential Imperative*. Bloomington, Ind. : Indian University Press.

——and Higgins, K. M. 1996: *The Cambridge Companion to Nietzsche*. New York: Cambridge University Press.

Nehamas, A. 1985: *Nietzsche: Life as Literature*. Cambridge, Mass. : Harvard University Press.

Parkes, G. 1994: *Composing the Soul*. Chicago, Ill. : University of Chicago Press.

Schacht, R. 1983: *Nietzsche*. London: Routledge and Kegan Paul.

——1994: *Nietzsche, Genealogy, Morality: Essays on Nietzsche's On the Genealogy of Morals*. Berkeley, Calif. : University of California Press.

Solomon, R. (ed.) 1980: *Nietzsche: A Collection of Critical Essays*. Notre Dame, Ind. : University of Notre Dame Press.

——and Higgins, K. M. (eds.) 1988: *Reading Nietzsche*. New York: Oxford University Press.

Young, J. 1992: *Nietzsche's Philosophy of Art*. Cambridge: Cambridge University Press.

大
陆
哲
学

第6章 埃德蒙德·胡塞尔与现象学[1]

肖恩·D. 凯利（Sean D. Kelly）

引言

现象学是法国和德国哲学中一场繁荣于 20 世纪前半叶（大约 1900—1950 年）的运动。今天，它以改变了的形式既在美国又在其他地方继续被实践着。现象学提供了一个进入各种类型的哲学问题的立足点——从哲学逻辑学、存在论和形而上学中的问题到关于心灵本性和知觉内容的问题。但是至少大致上，现象学在这样一个基本问题上获得其起点，即准确而完整地描述我们日常生活经验的本质特征。

现象学处在范围广泛的 20 世纪哲学的基础之中，因为它被实践于欧洲大陆。诸如德里达（Derrida）、哈贝马斯（Habermas）、福柯（Foucault）、伽达默尔（Gadamer）、列维纳斯（Levinas）、德·波伏瓦（de Beauvoir）、马塞尔（Marcel）和萨特（Sartre）这些众多不同的欧洲哲学家，在他们事业的某个时刻都或者在现象学传统内或者联系于现象学传统而工作。但是，三个最重要和最具影响力的现象学家，对规定和发展现象学的方法和实质做了最多工作的哲学家，可能是埃德蒙德·胡塞尔（1859—1938）、马丁·海德格尔（1889—1976）和莫里斯·梅洛–庞蒂（1908—1961）。

现象学经常被对比于这样一种哲学形式，该哲学形式在 20 世纪中一般被实践于世界上说英语的地区。这种对比既不是很有益，又不是很准确。的确，英美哲学家如罗素（Russell）、艾耶尔（Ayer）、C. I. 刘易斯（C. I. Lewis）、斯特劳森（Strawson）、埃文斯（Evans）和戴维森（Davidson）并未受影响于——在很多情况下甚至不熟悉——现象学传统内的工作。尽管如此，相比于典型漫画所指出的，现象学的基本关注点要更少地相异于英美传统的那些关注点。为这种主张辩护并不是本章的关注点，但是对那些处于判断位置的人来说，它的真理性应该变得明显起来。

那么，什么是本章的关注点呢？在文章形式的限制之内，我并不期望给出一个哪怕只是关于现象学传统的主要贡献者的完整讨论。然而，我提供统一性来代替完整性。这篇文章的主要目标是开始一种关于现象学传统的解释，这种解释既会界定出胡塞尔对现象学所做出的奠基性的贡献，又会界定出这种贡献被他的继承者们占用、改造并且最终在某些方面被拒绝时所凭借的方式。

我讲到我将开始这个解释，我必须提供的东西至少在三个方面是不完整的。首先，我完全没有以任何实质性的方式讨论海德格尔对现象学的重要贡献。这个解释有一个位置是为海德格尔的贡献而准备的，并且它的确已被我看待海德格尔在现象学传统中的作用的方式强烈地影响着。但是我在这里进行的叙述将几乎完全集中于胡塞尔和梅洛-庞蒂的工作。

其次，在呈现胡塞尔和梅洛-庞蒂的工作时，我将不会尝试着去适当处理它随着时间的推移。这确实违反了二手文献的主要趋势。例如，评论者经常在胡塞尔的现象学工作中界定出三个不同时期，并且常见的是至少在早期和晚期梅洛-庞蒂之间做出区分。与此相反，我将强调一个统一的思想之流，我相信在这些哲学家的事业进程中，这个思想之流是他们各自的整体观点所具有的特点。毫无疑问，存在着来自不同时期的一些特定的文本段落，它们违背这种整体解释的特征，但是在这里我将不会试图反驳这些段落以便为这种整体解释辩护。

最后，对现象学传统的一个更为全面的解释会试图将其置于 20 世纪哲学工作的更大语境之中。尤其是它将会相当详细地讨论现象学家们的关注点和 20 世纪早期英美哲学家们的关注点之间的关系。从这样一种讨论中会获得很多东西，但是它超出了我当前目标的范围。

另外，存在着一个重要的意义，就其而言我的计划被严格地限制着。尽管我的计划表面上是谦虚的，然而，我相信这将是一项真正的成就，即哪怕只是给出对现象学传统的一个统一解释的起点。的确，这是这个传统内的人物众所周知地未能获得的一项成就。例如，海德格尔努力在哲学上将自身疏远于他的导师胡塞尔就有着充分的证据。他们一起工作的唯一一次尝试——1928 年为《大英百科全书》创作关于"现象学"的一个条目——以持续了胡塞尔整个余生的一场决裂而告终。[2]并且，尽管梅洛-庞蒂与此相反，尝试着与胡塞尔的工作严格地结盟，但在他的作品中，这种努力却提供了一个更为显著的失败。[3]尽管如此，这一点却并非是偶然的，即海德格尔和梅洛-庞蒂正是选择同胡塞尔相联系着去工作。因而，胡塞尔取得了什么样的超越于前人的进展，这将是本章的主导性问题之一。当然，他的继承者取得了什么样的超越于他的进展，这将是另一个主导性问题。

现象学的实质

我已经讲到，现象学在这个基本问题上获得其起点，即准确而完整地描述日常生活经验的本质特征。通过"日常生活经验"，我意指的是在我们日常生活的整个过程中我所拥有的关于世界的那种活跃的、参与性的经验：听到一个校园铃声的响起，看到一张友好面孔的笑容，依靠手柄端起一个咖啡杯并将其送到某人的嘴边啜饮。这些经验将世界呈现（present）给我们；它们并不——至少首先不——呈现我们关于世界的经验。通过日常生活经验的"本质特征"，我意指的是那样一些特征，那些特征对它们作为经验来说是必要且充分的，并且尤其对它们作为它们所是的那种经验来说是必要且充分的。现象学最基本的前提就是，完整而准确地获取日常生活经验的本质比人们可能已经想到的要更为困难。

威廉·詹姆斯（William James）——一个与胡塞尔同时代并且很受胡塞尔赞赏的人——很好地描绘了这种困难的特征。[4]詹姆斯考察了听到一个铃声响起的例子。他讲到，它有时这样发生，即我们突然领悟到这个铃声已经持续响了一段时间，并且我们一直在数这些响声。可能当这个领悟渐渐被我们明白之时，我们已经数完前四个响声，并且正在数第五个的过程中。詹姆斯这时提出这样一个难题：在哪种意义上我们意识到前四个响声？换句话说，我们关于它们的经验的本质特征是什么？

这个问题是困难的，因为两种明显的可能性——充分的自觉意识（conscious awareness）和完全的无意识（unawareness）——被排除在范围之外。我们不能说就像我们充分而自觉地意识到第五个响声一样，我们也以相同的方式意识到前四个响声；因为如果我们这样做，那么对突然的领悟来说，将没有任何根据能把这一个响声与其他几个区分开来。但是我们也不能说我们完全没有意识到前四个响声，因为否则我们就不能将它们作为一个系列中的不同实体而记清它们的数目。计数正好是这样一种自觉的活动，即它似乎要求对实体本身的意识。为了解释这种经验的细节，于是我们需要一个新的范畴，这个范畴位于充分而自觉的意识和完全没有意识之间的某处。但是到底怎样来描绘这种模糊意识的特征，这并不是直接明晰的。胡塞尔认为日常生活经验充满着各种类型的这类模糊意识，并且描绘它们的特征就是现象学最基本的任务。

胡塞尔以一种迂回的方式遇到了这个计划。作为一个训练有素的数学家[5]，他在哲学上的第一部作品聚焦于算术哲学。[6]然而，在戈特洛布·弗雷格（Gottlob Frege）于 1894 年对这部作品做出一个批判性的评论之后[7]，胡塞尔将他自己的注意力更一般地转向了哲学逻辑中的基本问题。他的目标是发展出一种通向逻辑学的哲学方法，这种方法不仅恰当地解释在命题之间被容许的形式关系，而且也解释在它们之中被发现的内容。[8]

为了获得与命题的内容有关的"哲学明晰性"[9]，胡塞尔认为，人们必须思考那些通常引发命题内容的体验（mental states）。首先，这些体验是语言表达（linguistic utterances）。因此，胡塞尔通过这样一种方式来开始他的现象学探究，即拷问语言表达如何成为它们所是的那些种类的**意向**结构。换句话说，它们如何成为这样一些体验，这些体验典型地属于、有关于或者被指向于世界上的对象和事态（states of affairs）。

根据胡塞尔，回答这个问题的关键在于对这样一些经验的一种分析，这些经验在最基本的情况下使得我们关于世界的语言表达成为可能。这种分析揭示出两个重要事实。第一个重要事实是，日常经验像它们使其成为可能的语言表达一样，是意向性的：我们听到**校园铃声的响起**，我看到**一张友好面孔的笑容**，我**依靠手柄**端起**咖啡杯**。当然，我们有时能够拥有一些自觉意识的片段——例如像幻觉或者梦——这些意识片段不指向现实存在的对象。也许我们甚至可以想象自觉意识的一种自由游戏——例如对颜色、形状和质地的一种多样感觉，但没有将它们意识为它们所是的事物。但是知觉在最基本的情况下是被指向对象和性质**本身**的，并且这些非意向性的情况只是例外，而非常态。

根据胡塞尔，有关经验的第二个重要事实是，它们总是从一个视角（perspective）来显示它们的对象。这种视角主义（perspectivism，又译为透视主义）对于像我们这样——被限定于世界上的时空视点（spatiotemporal points of view）的人——的身体知觉者（bodily perceivers）来说是自然的，尽管当然它将不会适用于全知者（omniscient knowers），这种全知者能够采取一种所谓的"本然视野"（view from nowhere）。我们不是这样一些全知者，这是一个带来了很多收获的现象学洞见。

当我们将经验的视角主义和它的意向性联结起来时，我们便碰到了一个在现象学上吸引人的问题。因为尽管体验仅仅只能从一个视角来显示它的对象，但当我们拥有关于对象的一个经验时，我们意向性地指向的正是完整的三维对象。为了理解这个事实，胡塞尔讲到，对象在经验中被呈现为超越（transcending）——或者"超过"（going beyond）——于我们所拥有的关于它们的经验。但是，经验如何能够既在本质上是视角性的（perspectival），同时又将对象向我们呈现为超越于我们在对象上所具有的视角。现象学的基础性问题就是解释这种可能性。

胡塞尔依据超越性（transcendence）而对意向性进行的理解，以及尤其他在知觉背景下对超越性的理解，是现象学特有的一个关键突破。海德格尔和梅洛-庞蒂都从它所提供的基本方向上获得了他们的理论起点。如果以海德格尔式的术语来描绘这个突破的特征，我们可以说胡塞尔已经学会提出（尽管并不必然回答）存在者的存在的问题。[10]换句话说，他已经学会努力思考存在者在我们关于它们的经验中呈现给我们的方式。他是超越笛卡尔式的盲目教条——对象甚至在我们关于它们的经验中都仅仅只能是广延之物——的第一步。[11]

然而，如果胡塞尔关于对象的特征描述是一大发现，那么他一般地关于意向体验（intentional states）的理解，而且特别是关于经验的理解，就被一个更加传统的信条所束缚。根据胡塞尔，意向体验是内在的（immanent）而非超越的。换句话说，当我们反思我们的经验时，它们不是超出我们从它们那里经验到的东西，而是在其完整性中一下子呈现给我们。[12]根据胡塞尔，意向体验的内在性与它们被指向的对象的超越性形成鲜明的对比。

海德格尔和梅洛-庞蒂都反对胡塞尔的这个断言，即意向体验在这种意义上是内在的。用海德格尔的话来说，胡塞尔对这个观念的信奉反映了他没有能力提出意向性意识的存在问题。[13]换句话说，它反映了他没有能力去努力思索经验自身被呈现给我们的方式。通过简单地假定经验是在其完整性中一下子被呈现给我们[14]，胡塞尔忽略了这种可能性，即我们可能会发现有关一个经验的一些事实，这些事实是当我们在这个经验之中时，我们没有明确意识到的。例如，他忽略了詹姆斯式的可能性，即在我们关于前四个铃声的经验中，存在着比我们那时所注意到的东西更多的东西。而且也许还有其他类型的经验也被排除在外。

的确，梅洛-庞蒂认为如果我们接受胡塞尔的假设，即意向体验是内在的，那么经验的很多真正的现象学特征就会被排除掉。他从一种跨学科的视角出发从事其关于这个主题的研究，既作为索邦的儿童心理学教授，也在后期作为法兰西学院的哲学教授。这种跨学科的视角给予他大量生理学、精神物理学、现象学和哲学等材料，从而在这些材料的基础上来评估胡塞尔的主张。尽管最后梅洛-庞蒂将他对意向体验的内在性的反对很大程度地建立在他对非反思性的身体经验——例如抓住（grasping）和其他熟练的视觉-能动活动（visuo-motor activities）——的现象学分析的基础之上。[15] 就像我们将看到的，他认为这些类型的身体活动以这样一种方式表象（represent）着世界，这种方式超出我们在反思中所能把握到的关于这些身体活动的东西。根据梅洛-庞蒂所言，这之所以如此，是因为显现在我们身体活动之中的表象世界的方式密切地依赖那种活动发生于其中的境遇（situation）。一旦我们脱离那种境遇去反思那种活动自身，我们就改变了显现在它里面的表象的内容。

因而，梅洛-庞蒂反对胡塞尔式的原则，即意向体验是内在的，因为它导致了关于身体经验本性的描述性地不准确断言。尽管如此，梅洛-庞蒂对胡塞尔式的论断的反对，是在胡塞尔取得的超越其前人的现象学进步的背景之下发生的。在接下来的几节中，我将更详细地捍卫这一主张。

胡塞尔

胡塞尔对意向性的现象学解释是基于但也取代了两个具有影响力的前辈的工作。一方面，从由英国经验主义者们发展出来的对知觉的解释那里，胡塞尔获得了两个观念。第一个是，在某种意义上，知觉是最基本，因而也是典范性的体验。第二个是，在本质上，知觉是视角性的。另一方面，从他的老师弗朗兹·布伦塔诺（Franz Brentano）那里，胡塞尔继承了这一观念，即一般而言，体验是以它们的意向性为特征的。通过联结这两个观点，胡塞尔试图发展出一种关于意向性的现象学解释，这种解释将知觉［而不是信念（belief）或判断（judgment）[16]］作为典范性的意向体验。

就像我们已经看到的，胡塞尔的解释的核心特征是，对象被经验为超越于指向它们的意向体验。胡塞尔理论的主要进步就展现在这里。首先，它促使他（与经验主义者们相对）强调知觉不仅仅是其对象的视角性图像。其次，它促使他（与布伦塔诺相对）强调，意向体验仍然是从一个视角来呈现它们的对象。这一节的目标首先是描绘这些进步的特征，然后是展示胡塞尔对意向体验内在性的信奉如何限制了他对它们的现象学解释。

对胡塞尔来说知觉作为典范性的意向体验

胡塞尔相信经验使这一点——我们的思想成为关于世界的思想——变得可能。他从洛克（Locke）、贝克莱（Berkeley）和休谟（Hume）的经验主义传统那里继承了这一信念。[17]尤其是，胡塞尔既相信经验是思想的"最终源泉"，又相信对物理事物的知觉是典范类型的经验。经验在胡塞尔的现象学发展中发挥了这样一种关键性的作用，这一点并未经常被强调。[18]尽管如此，我仍相信它是理解胡塞尔的核心贡献的关键。

胡塞尔聚焦于知觉，因为就像他在《观念 1》（*Ideas I*）中所说，他相信知觉是"原经验，从这种原经验中，一切其他经验行为取得其大部分创生性力量"[19]，并且他相信，经验一般而言是意向生活的"最终源泉"[20]。而且，他特别地聚焦于时空对象的知觉，因为他相信"把有关物理之物的知觉看作代表着一切其他（有关性质、过程等等的）知觉，这已足够了"[21]。这些对知觉并且尤其是对时空对象的知觉的关注，从胡塞尔现象学工作的一开始就很明显。

人们普遍同意，在其生涯的终点时，胡塞尔强调知觉在意向性中所发挥的奠基性作用。例如，在《经验与判断》（*Experience and Judgment*）这个来自他生命晚期的未完成的文本中，胡塞尔声称现象学的核心目标之一就是描绘这样一种联系的特征，这种联系即判断与使得判断成为可能的基础性的"前-语言的"经验之间的联系。[22]同样，上段中被引用的片段显示了在《观念 1》这个出版于 1913 年的公认的中期文本中，胡塞尔将经验，并且甚至是将有关时空对象的知觉，当作一个核心关注点。但是，有趣的是注意到早在 1901 年的《逻辑研究》（*Logical Investigations*）中，胡塞尔就清晰地陈述了他对经验的重要性——经验对于意向生活的可能性来说的重要性——的信念。他在那里写道：

> 如果我们想象一个先于所有经验的意识，它可能会非常好地拥有与我们所拥有的感觉相同的**感觉**（sensations）。但是，它将不直观事

物以及属于事物的事件，它将不知觉树木和房屋，不知觉鸟儿的飞翔和任何犬吠声。[23]

简而言之，没有经验，我们的体验不会被指向世界中的对象。

此外，很清晰的是有关物理对象的特定知觉对于胡塞尔关于一般意向对象的理解来说是核心的。甚至在胡塞尔早期现象学工作的时候——介于《逻辑研究》和 1907 年《事物与空间》（*Thing and Space*）的讲座之间——这都是正确的。就像我们将看到的，在他的这一观念——意向体验被指向超越于它们的对象——的发展中，有关物理对象的知觉为胡塞尔提供了一个典范模式。这种超越性的观念是胡塞尔的意向性解释的核心，并且它是意向性的这样一个特征，这个特征在知觉状况中是最明晰的。尽管我将不能在这里过多讨论它，但是我相信这使得胡塞尔对意向性问题的处理极大地不同于这样一种处理，即由在弗雷格传统——这个传统引人注目地强调语言相对于经验的那种方法论的优先性——中工作的英美哲学家们典型地给出的处理。

胡塞尔对经验主义的知觉图像论的反驳

像胡塞尔一样，经验主义者们相信知觉是视角性的（暂时非常一般地使用这个词）。像这样的观念已经在文艺复兴的画家的工作里被预示在透视法（the laws of perspective）中。的确，知觉再现的经验主义图像论是建立在文艺复兴的画家工作的基础之上，因为它是基于这样的观念，即我们直接知觉到的东西是内在的、被视角性地呈现的对象**图像**（images）。根据这种观点，知觉凭借相似性（similarity）被意向性地指向世界上的物理对象，这种相似性存在于内在图像和物理事物——它是这个物理事物的一个图像——之间。[24]就像贝克莱主教笔下的人物斐洛诺斯在《海拉斯和斐洛诺斯的三篇对话》（*Three Dialogues between Hylas and Philonous*）中模仿他的对手海拉斯的立场所指出的：

> 那么，看起来你将会拥有我们的观念，只有这些观念才被当下知觉为是外在事物的图画（pictures）：并且就其与我们的观念具有一种一致性（conformity）或相似性（resemblance）而言，这些事物也被感觉所知觉。[25]

这种经验主义的观念，即我们直接知觉到的是图画或图像，而不是完整的三维对象，强调了知觉的视角性本性。

在来自《逻辑研究》第六研究的下述段落中，胡塞尔强调了他自己关于知觉的视角性本性的说法。他认为，在知觉中，

> 对象不是现实地被给予的，它并不是如其自在所是的那样完全而彻底地被给予。它仅仅"从前面"被给予，仅仅"被视角性地缩略和投射"，等等……不可见的后侧、内部等等的要素……并不是自身就是……知觉对象的直观内容的一部分。[26]

然而，当胡塞尔坚称有关一个对象的经验不能被恰当地描述为有关它的一个视角性图像的单纯经验时，他超越了经验主义理论。胡塞尔坚称，在一个对象的一个可见侧面的呈现（这是经验主义者提供的东西）和从一个侧面进行的对象的呈现（这是我们在真正的知觉中所获得的东西）之间，存在着一个差异。就像胡塞尔在第五研究中所说的，知觉的一个本质特征就是它

> 使得我们能够超出独自［根据经验主义者们所说］呈现在意识中的"图像"，并且将它作为图像联系于一个特定的超意识对象……与它的［超越的］对象的联系是意识的现象学本质的重要组成部分。[27]

也许一个例子将会使这个断言变得清晰起来。假设我看到了某物，我把它看作一个咖啡杯。我必然是从视野的某个点来观看它。但是，这并不意味着我对我将其看作一个咖啡杯的某物的知觉与我对我将其看作一个咖啡杯的表面的某物的知觉是一样的。它并不是这样。当然，根据推测，在两种状况下，相同类型的颜色确实被投射到我的视网膜上；对经验主义者来说，相同的图像被知觉到。然而，在第一种状况中，我经验到的东西比一个单纯的表面要更多。我看到从一个视角被呈现的**咖啡杯**，并且我将它看作超越于我对它所拥有的视角的某物。我将它看作一个完备的三维对象——换句话说，一个这样的事物，它拥有各种现在对我来说并不可见的侧面，并且它的各个被隐藏的侧面每一个都有它们自己的颜色、形状、大小、质地等等。这是这一经验——将某物经验为一个咖啡杯——的一部分，并且它使其有别于将它经验为一个咖啡杯的表面。

胡塞尔认为，这种现象学区分是经验主义者们无法解释的。因此，他们的知觉图像论是错误的。对这个主张的论证后来再次出现在梅洛-庞蒂那里，但是胡塞尔抓住了它的要旨。[28] 它是像这样进行的：为了解释我将某物经验为一个咖啡杯，经验主义者将需要论证由我正在经验的对象所投

射的图像同咖啡杯的相似多过它同咖啡杯表面的相似。然而，因为杯子和杯子的表面恰好呈现了相同的图像，因此它不能通过它自身而对其中一个对象的相似多过对另一个的相似；它同等地是两者的图像。因而，对经验主义者来说，在将某物经验为一个咖啡杯和将某物经验为一个咖啡杯的表面之间，将不能有差别。因为通过推断，在这些经验之间是存在差别的，因此知觉图像论就是错误的。[29]

胡塞尔对经验主义者们的改进是，坚称我们在意识中获得的并不是原始的、未被解释的图像，而是这样一种素材（data），这些素材已经被解释为**某个对象或另一个**的图像。[30]为了描述这种差别的特征，胡塞尔讲到，在知觉中，被呈现给我们的不是一个对象的可见侧面的单纯图像，而是这个对象自身的侧显（adumbrations，*Abschattungen*）。被呈现在知觉中的对象侧显是这样一个可见的侧面，该侧面**被解释为**超越的对象的一个侧面，而这个超越的对象则超出它。我们将在后面看到对于胡塞尔来说，这种解释在于什么。对于目前来说，重要的是注意到这种观点的动机在于胡塞尔想要解释这样一个现象学事实，即正常的知觉是被意向性地指向对象，而不是仅仅指向这些对象的被视角性地呈现的图像。

胡塞尔相对于布伦塔诺的进步

胡塞尔对意向性的现象学解释也表现了相对于布伦塔诺的一种进步。像胡塞尔一样，布伦塔诺相信体验是被意向性地指向对象的。[31]的确，对于布伦塔诺来说，意向性——向一个对象的指向性——是精神的决定性特征。然而，为了弄清楚意向性的可能性的意义，布伦塔诺采用中世纪的精神内-存在（in-existence）的学说——该学说认为每一体验都将它的对象完全地包含在其自身之内。[32]换句话说，意向对象是内在于体验的。

关于意向性的这种解释的一个主要动机——就像布伦塔诺后来澄清的——是，对于思想被意向性地指向一个对象来说，这个思想关涉的对象不需要在实在中存在。例如，假设我否定了一个特定的金山的存在，并且假定这种否定是合理的——没有这样的山存在。尽管如此，我的思想拥有一个意向对象——如果它没有，那么它将绝不会是一个思想。因而意向对象必定不是物理世界中的一个对象。就像布伦塔诺所指出的：

> 如果某人思考某物，正在思考的人当然必须存在，但是他思考的对象［即思考者拥有的作为其对象的东西］根本不需要存在。实际

上，如果他正在否定某物，每当他的否定是正确的时候，对象的存在恰恰就是被排除的东西。因此，精神指涉所要求的唯一东西就是思考的人。所谓的联系的终点根本不需要**在实在中**存在。[33]

然而，尽管联系的终点并不需要**在实在中**存在，但根据布伦塔诺，它仍需拥有某种存在，否则体验将不会被指向任何事物；也就是说，它将不会是一个体验。因而，布伦塔诺的意见是，意向对象在指向它的体验之中内在地存在。

讲完这个之后，胡塞尔相对于布伦塔诺的进步应该变得清晰了。尽管像胡塞尔一样，布伦塔诺坚持体验是被意向性地指向它们的对象的，但他没有空间容纳这样一种差异，即被呈现的精神之外的对象和在经验之中的对它的视角性的呈现之间的差异。[34]如果意向对象内在于体验——一下子完全被呈现给它们——那么它们也不能超越被呈现在体验之中的东西。[35]如果布伦塔诺的意向性的设想被应用于知觉状况，它将具有这样的结果，即我们将像一个立体主义的呈现一样经验某物，这种立体主义的呈现同时呈现对象的所有侧面。很明显，这不是一个在现象学上充分的对经验的解释。就像胡塞尔所说：

> 三维的直观……即会在事物的每一构成性部分和要素、外在和内在、前部和后部中将事物的完整内容一下子带入呈现之中的那种直观，是不可能的。[36]

这种不可能性是布伦塔诺不能解释的东西。他在语言学上聚焦的动机可能在这方面误导了他。[37]

因而，经验主义者们和布伦塔诺犯了互补性的错误。经验主义者们未能注意到是对象而非对象的可见侧面被呈现在经验中。因为图像仅仅是对象的可见侧面的视角性显现，并且因为没有办法解释这种可能性，即这些显现应该现实地被指向在心灵之外存在的**物理对象**，经验主义的知觉图像论根本无法（涉及物理对象）对意向性做出解释。布伦塔诺的缺陷是一个互补性的错误。尽管他将体验的指向性看作它们的决定性特征，但他未能注意到知觉不是一下子把握其整个对象，而是总是从一个侧面或者另一个侧面达到它。他的对象的精神内-实在的学说按定义来说是对对象相对于意向体验的超精神的超越性的拒斥。因此，总而言之，经验主义者们不能理解这个观念，即我们被指向的正是**对象**；而布伦塔诺不能理解这一观念，即我们被指向的精神之外的对象**超越于我们关于它们的经验**。胡塞尔

121

现象学的伟大进步在于它被预计能同时理解这两个观念。

关于意向体验的内在性

就像我们已经看到的，胡塞尔在一个对象的呈现和被呈现的对象之间的区分，是知觉现象学的一个核心特征。因为知觉的经验主义解释和布伦塔诺的意向性解释都没有维护这种区分，那么问题自然来了，"对我们的体验的什么样的解释能够理解清楚这个事实，即对象向我们呈现为超越于我们关于它们的经验？"在下一节，我将考察胡塞尔对这个问题的回答。然而，在这一节，我将讨论胡塞尔的这个观念，即意向体验是自身内在的，而不是超越的。胡塞尔对这个观念的信奉最终限制了他能够给予的有关对象超越性的问题的回答。

尽管对胡塞尔来说，这一观念——对象超越于意向体验——是一个重要突破，但这个观念——体验是自身内在的——却更加传统得多。在胡塞尔的成熟作品中，这个观念支撑了意向体验的四个相互联系的特征：它的存在的不可怀疑性、主体关于它的性质的知识的不可动摇性、它在形而上学上的基本本性，以及它作为一个本质的结构。[38]只有前两个将在这里是重要的。

笛卡尔和经验主义者们都同意我们关于我们自己的体验的知识是不可动摇的。他们相信，尽管我可以怀疑我的思想涉及的事物是否存在，但是我不能怀疑有关它的思想是否存在。胡塞尔也相信，这种不可怀疑性是我们的体验的一个决定性特征。他关于这个问题的观点也许被最清晰地表达在《大观念 1》中。在反思它时，假设我发现我现在使我自身正在知觉一张桌子。"相信这是可能的，即**以那种方式被给予的**一个体验事实上不存在，"胡塞尔声称，"这是自相矛盾的。"[39]

然而，不仅如此，在反思它时，我所领会到的经验所拥有的性质必定会像它实项（really）所是的那样，成为经验的特性。换句话说，我关于它们的知识是不可动摇的。[40]这可能是胡塞尔的这一主张——意向体验，并且尤其是知觉，是内在的——的最重要的方面。因为它们并不像物理对象那样，视角性地呈现自身，所以对于任何被给予的知觉来说，超出我在它那里看到的东西之外，就没有什么东西：

> 我们关于物理事物的被给予性所说明的任何东西在这里都失去了其意义，并且人们必须详细地使这一点对他自身变得完全明晰。一个

体验……不是被侧显的。如果我看它，我就拥有某种绝对的东西；它不具有这样一些侧面，这些侧面能有时在一个模式中有时在另一个模式中被呈现……当我看它时，我所看到的东西连同它的性质、它的强度等等绝对地在那里。[41]

对胡塞尔来说，以这种方式所有的意向体验都有点像感受质（qualia），至少像它们被当代心灵哲学的一些新近作家理解的那样：**如果我领会到它们存在，它们就存在；并且它们就像我领会到它们存在那样存在**。然而，有关感受质的有趣的东西在于，它们并不被其自身典型地领会为拥有意向性特征。这是因为，在有关意向性和不可动摇性的联结中，存在着某种让人不安的东西，而且就像我们将要看到的，胡塞尔对后者的盲目信奉指向并且以某些方式否定了他对前者的处理。

很多对胡塞尔的批评都已经聚焦于他对意向体验内在性的信奉，或者聚焦于源自这种内在性的他的现象学的特征。例如，正是这个原则导致了胡塞尔著名的且极具争议的先验还原（transcendental reduction）。先验还原由"对实在加括号"而开始，也就是说，通过着眼于我们的纯粹体验的特征而开始，这些体验独立于它们被意向性地指向的世界上的事物。仅仅在假设意向体验构成了一个纯粹独立的领域——一个由内在性的主张所证明的假设——的基础上，这样一种步骤才具有意义。[42]最后，内在性的断言导致胡塞尔力主先验主体性的存在论的优先性，并且甚至力主一种先验观念论。在我对梅洛-庞蒂的讨论中，我将会更多地谈到那些聚焦于胡塞尔工作的这个方面的批评。

然而，在此我想强调的一个核心点是胡塞尔对知觉体验的内在性的信奉——并且尤其是对主体关于它们的知识的不可动摇性的信奉——强烈地限制了他能够给予的对这样一个问题的任何解释，即知觉体验如何能将它们的对象表象为超越于它们。因为如果主体关于其知觉的知识是不可动摇的，那么将不会存在任何关于那样一些特征——那些特征是他领会到知觉的对象所具有的——的进一步的问题。换句话说，那些特征不得不向他呈现为是完全地被确定的。就像我们将看到的，胡塞尔的巧计是允许这样一种可能性，即主体看到一个对象拥有某一确定**种类**的特征，但此刻这种确定的特征自身却并没有被呈现出来。但是根据胡塞尔所说，一个主体的知觉的每个方面都必须要么是一个确定的呈现，要么是那种能够在后来成为一个确定的呈现的事物。就像我们将在梅洛-庞蒂那一部分看到的，这是一个形而上学的限制，这个限制不会被现象学的事实所证实。

胡塞尔对意向体验如何能指向它们自身之外这个问题的回答

那么，胡塞尔对我们的体验给予了什么样的解释，以便来说明这样一个现象学事实，即对象向我们呈现为超越于我们关于它们的经验？胡塞尔的解释的核心特征就是，感觉的原始素材［胡塞尔称作"原素"（hylé）的东西］并不是在它们的原始的、未被解释的状态中就其本身而被经验。宁可说，它们总是**被解释为**对某个对象或其他对象进行呈现的素材。此外，它们被解释着去呈现的对象，在我关于它**作为那个对象**的知觉中，是被理解为拥有那样一些特征，那些特征未能被原素自身确定地呈现。在这一节中，我将试图仅仅澄清这种被解释的呈现采取了什么样的形式。

在有关它们的一种被给予的解释之下，对于胡塞尔在其中期作品时将其称作意向相关项（noema）［或者更特别地，意向活动的意义（a noematic Sinn）］的东西来说，原素是核心的。[43] 尽管不是在那个名称之下，但意向相关项的各种说法早在《逻辑研究》时就能被发现。意向相关项的一个基本工作就是标示落入一个概念之下的原素，或者就像胡塞尔所说，适应某种概念"框架"（frame）的原素。[44] 这个概念的构架是康德式的。例如，如果我将对象意向为一个咖啡杯，那么这个咖啡杯的正面的原素就被解释为适应于咖啡杯的概念框架。一个咖啡杯的框架说出了一个典型的杯子是什么样子：它拥有一个正面和一个背面，这两个侧面的每一个都具有一个颜色、一个形状、一个大小、一个质地等等。此外，它也许说出这样一些东西，即盛放咖啡、由陶瓷做成并且拥有一个手柄——总之，它列出典型杯子的所有特征。将框架思考为一系列特征-投放口（feature-slots），任何被给予的咖啡杯都被假定以某种确定的方式充实这些投放口。于是，原素充实了这些投放口中的一些。例如，它们充实了杯子正面的颜色、形状、大小和质地这样一些投放口。当对象的这些特征被呈现在良好的光线之下、适当的距离之中（等等）时，它们就在我关于它们的经验中是"确定的"。

但是，并非一个对象的每一个特征都会在每一经验中被清晰而确定地呈现给我。相应地，存在着这样一些特征投放口，它们是被不完全地充实的，或者就像胡塞尔所说，是"不确定的"：

> 当空气是清新的时，如果我观看阳光中的一栋房子，那么被转向

我的那个侧面的颜色就会显现在它的确定性中。如果我在黑暗中或在雾中观看这栋房子，那么它的颜色就或多或少不确定地显现。[45]

在极端的情况下，存在着房子的这样一些特征，我知道房子具有这些特征，但是对这些特征我根本没有任何感觉上的呈现。例如，杯子背面的颜色、形状、大小和质地的投放口就完全未被充实。因为我将事物看作一栋房子，因此我将它看作具有一个确定的颜色、形状、大小和质地的背面。但是这些特征如何被显现在这个特殊的杯子中，这在我关于它的当前经验中却是不确定的。为此，胡塞尔坚称：

> 不确定性从来不是绝对的或完的。完全的不确定性是无意义的；不确定性总是以这种或那种方式被限定。我可能不确切地知道背面具有什么样的形式，但是它必定具有某种形式；那个躯体就是一个躯体。我可能不知道物质如何与颜色、粗糙或者光滑共处，但是事物具有某个特定的颜色、某个特定的表面规定性等等，这属于对一个事物的领会（apprehension）的独特意义。[46]

于是，对胡塞尔而言，在极端状况下存在着非常不同的两种类型的特征，这些特征组成了我关于一个对象的经验：存在着被原素确定地呈现的特征——就像杯子的正面的特征——以及存在着这样一些特征，凭借着已经将它解释为某个特定的对象，我领会到这个对象具有这些特征，但是这些特征根本没有就其自身而**被呈现**给我——就像杯子的背面的特征。胡塞尔将这些特征分别称作被知觉的对象的严格的（proper）和非严格的（improper）特征，或者有时称作关于对象的充实的（full）和空洞的（empty）意向。强调这一点是很重要的，即在我关于对象的经验中，对象的非严格特征绝不被呈现给我。就像胡塞尔在《事物与空间》中所说：

> 因而这些考察的清晰的结果是，对象的非严格地显现的要素绝不被呈现。就像我也对它进行表述的那样，**知觉**是充实的和空洞的意向的一个复合体……充实的意向……是严格地呈现的意向；而空洞的则恰恰是完全没有任何呈现的材料。[47]

尽管对象的非严格特征绝不被呈现给我，然而它们仍然是我对**作为一个对象**的事物的经验的一个本质部分。为了强调这一点，胡塞尔有时会说，与可感知地被呈现相反，非严格的特征是共同-被领会的（co-apprehended）。在这里，通过"共同-被领会的"，胡塞尔意指的这样一些东西，即"凭借

被给予的解释而被看到，但不凭借任何可感知的在场（presence）而被看到":

> 非严格地显现的对象规定性是共同-被领会的，但是它们不是"可被感知化的（sensibilized）"，不是通过可感知的东西，即通过感觉的材料，而被呈现。［然而，］明证的（evident）是它们是共同-被领会的，因为否则在我们眼前我们将绝不会有对象，甚至不会有一个侧面，因为只有通过对象，它才能真正地是一个侧面。[48]

因而，知觉对象的非严格特征是对这样一种可能性进行解释的东西，这种可能性即我能够将对象看作超越于我对它的经验。在用原素来表象一个特定的对象时，我将对象看作拥有一些特征，这些特征现在还没有被确定地呈现给我。就像胡塞尔所说，被经验的对象的这些非严格特征在我对它的经验中是不确定的。

但是说到这里，一个问题立刻出现了。根据体验的内在性，就像我们在上一节讨论到它那样，我们也许会问如何可能存在经验的"不确定的"特征。回想一下，讲知觉是内在的至少在一定程度上就是讲我关于我的知觉体验的知识是不可动摇的——在这个体验中，不可能存在任何我对其没有确定而完全的知识的东西。但是看起来，至少表面看来，一个对象向经验不确定地呈现其自身与完全而确定无疑地可为我所利用的经验本身之间，存在着一种张力。例如，假设我对我的咖啡杯的颜色的经验是不确定的，因为浓雾笼罩着这个杯子。自然，在这种情况下，我也许不能说这个杯子的颜色是什么。但是此外也可能是，这个经验自身是如此的陌生和不可认识，以至于我也不能说出它是什么。也许当我试图思考怎样来描绘（我所拥有的甚至关于更不确定的杯子的背面的）经验的特征时，这个问题会变得更严重。无论如何，一旦我们像胡塞尔那样坚称我拥有关于背面的一个经验，看起来不够明晰的是，我的经验的特征全部都是完全而确定无疑地可被我利用的。

在这种意义上，是否可能存在经验的"不确定的"特征将毫无奇怪地取决于"不确定的"这个词的含义是什么。胡塞尔对我关于我的体验的知识的不可动摇性的信奉迫使他以一种非常特殊的方式来理解经验的不确定的特征。对胡塞尔而言，说知觉对象的非严格特征是不确定的，套用一个说法，就是说它们在我关于对象的当前经验中是**被假设但却在感知上不在场的**。它们在下列意义上是**被假设的**。正是凭借我已经将原素**解释**为是有关于某一特定种类的对象——例如，已经假设这个对象是一个杯子——我的经验才将它的对象表象为是那种在其上面拥有一个手柄的杯子。假设我在杯子的正面没有看到这个手柄，我的经验将会将其对象表象为在背面拥有一个手柄的杯子。但是杯子的这个非严格特征是**在感知上不在场的**。那意味着在我关于对象的概念中，手柄的特征投放口是未被充实的。简而言之，我确定地将这个杯子经验为拥有某个手柄，但是在它并不偏向某个手柄甚于任何其他手柄的意义上，有关那个特征的经验是不确定的。就像胡塞尔指出的：

> 在一个显现的物理事物-对象（thing-object）的状况中，将再次落入所谈的描述范围：一个"正面"在颜色、形状等等方面是如此这般**被确定的**，它的"背面"具有"一种颜色"，但却是一种"没有更进一步地被确定的"颜色；就它是如此这般而言，显现的物理事物-对象在这些或那些方面从总体上是**未被确定的**。[49]

因而，通过"不确定的"，胡塞尔意指的是"被经验所假设，但却还没有在经验中从感觉上被确定的"某种东西。然而，这是一种巧计。为了将对象意向为超越于现在被呈现给我的原素，意向相关项将这些感觉素材解释为被指向某个对象，我知道这个对象拥有一些特定种类的深层属性，这些属性在我关于对象的经验中还没有被明确地确定。根据胡塞尔，在我关于对象的经验中的这些不确定的特征，并不是在任何实质性的形而上学意义上是不确定的；它们并不是那种在其本性中抗拒一种完全而确定的特性描述的事物。[50]宁可说，在我关于对象的经验中的那些不确定的特征，仅仅是那些我领会到对象拥有，但是对其我还不具有任何确定的感觉呈现的东西。这些种类的特征根本不会对不可动摇性的观点造成问题，因为它们仅仅是那种我能够将其完全而确定无疑地归于我的经验的特征。

因而，胡塞尔对体验内在性的信奉迫使他以一种特定的方式来理解我对一个对象的经验之中的那些不确定特征，即将它们理解为被假设但却在感觉上不在场的。现象学的问题是，这种特性描述是不是正确的；换句话说，对于这个主张——我关于一个对象的经验的那些不确定特征根本不以任何方式被呈现给我——来说，是否存在着现象学的明证性。梅洛-庞蒂声称，现象学的明证性宁可说指向这样一个方向，即不确定的东西的一种积极呈现。并且就像他在《知觉现象学》（*Phenomenology of Perception*）的一开始所说的，将这种不确定的东西认作一个积极的现象，这是他的

126

《知觉现象学》的核心计划。就像我们将会看到的，身体在将对象呈现给我们时的作用，而且特别是被梅洛-庞蒂称作"能动的或身体的意向性"（motor or bodily intentionality）的那种奇特范畴的作用，对于这个计划的完成来说是本质性的。

梅洛-庞蒂

梅洛-庞蒂从胡塞尔那里既获取了这样一个观念，即我们将对象知觉为超越于我们确定地看到的有关它们的东西，同时也获取了这样一个观念，即现象学的计划是描述这种经验的细节。然而，在他对被我们经验为不确定的那些特征所进行的特性描述中，他超越了胡塞尔。对梅洛-庞蒂来说，与一个对象的本质上身体的能动-意向联系，给予我们的经验一些它本质上不确定的特征。对身体在知觉中的作用的这种聚焦，使得梅洛-庞蒂对对象超越性的解释极大地不同于由胡塞尔提出的解释。它也开启了一种梅洛-庞蒂所认可的反-胡塞尔主义（anti-Husserlian）的可能性，即知觉体验以一种超越于我们对它们进行反思的能力的方式将世界呈现给我们。

使得不确定的东西成为一种积极现象

我们已经看到，在胡塞尔的解释中，知觉对象的不确定的特征是由知觉者所假设，但在其有关它们的经验中却是在感知上不在场的。然而，根据梅洛-庞蒂，"我们必须将不确定的东西认识为一种积极的现象"[51]。对象的不确定的特征并不仅仅是我对其根本没有当前的感觉经验的那些特征。就像他所说："……被知觉到的东西包含着裂缝（gaps），这些裂缝不是单纯的'知觉的失败'。"[52]宁可说，不确定的特征是那些我现在正在经验的特征，尽管**不是作为确定的**对象特征：

> 在这里，发生了一种**不确定的视觉**（vision），一种**我不知道什么的视觉**（vision of I don't know what, vision de je ne sais quoi[53]）……［然而，这个视觉］并不是没有视觉在场的一些要素。[54]

对梅洛-庞蒂来说，这个计划就是去谈论这种积极的但却不确定的经验是什么。

在很多情况下，我们的经验的不确定特征向我们呈现在我们与我们被指向的事物的身体接触之中。知觉中大小恒常性（size constancy）的现象提供了有关这一点的一个有益的例子。大小恒常性是这样一种现象，通过它我把被给予的对象经验为，在遍及各种各样的知觉背景时拥有一个恒常的大小。例如，当我更靠近以及更远离一个对象时，对我来说它看起来自始至终都拥有一个恒常的大小。梅洛-庞蒂对大小恒常性的现象学分析唤起了与被观看的对象的一种本质上的身体联系。

很多经验主义的哲学家和心理学家都已经发现解释大小恒常性的现象是很困难的。他们都倾向于一定程度上如下思考这个问题。当我相对于一个对象移动时，它投射在我视网膜上的图像的大小也会相应变动。当我更靠近时，对象会在我的视网膜上投射一个更大的图像；当我更远离时，它的图像的大小就会减小。这种在视网膜的刺激中变化，就是使大小恒常性的现象如此让人迷惑的东西。因为根据这些经验主义者，很自然地就认为在视网膜刺激的属性和主体拥有的有关对象的知觉经验的特征之间，必须有一种恒常的关联。这个假设有时也被称作"恒常性假设"（constancy hypothesis）。如果恒常性假设是正确的，那么在我相对于一个对象移动时所发生的视网膜刺激中的变化，必须由我关于对象的知觉经验中的一个相关变化所伴随。当我远离对象，并且它的视网膜图像的大小减小时，我应该经验到对象正变得更小——而当我靠近它时，情况则相反。然而，大小恒常性的现象意味着没有这样一种相关的变化发生。由于这个原因，这个现象就很难解释。

尽管如此，经验主义者们拥有对大小恒常性现象的机制的一个典型解释。他们的解释的细节，以及梅洛-庞蒂对其尖锐的评判的细节[55]，提供了现象学批判的一个有趣案例，但是在这里我将不会探究它们。相反，我仅仅注意梅洛-庞蒂从这个案例中获取的教益。根据他所说，我们必须与恒常性假设相反地得出如下结论，即"可感知的［经验］不能被定义为一个外在刺激的直接结果"[56]。根据梅洛-庞蒂，由于最基本的现象学理由，我们必须放弃"恒常性假设"：它"与意识的素材相冲突"。[57]

但是，这个问题仍旧存在，即如何解释大小恒常性的现象。一件会讲到的很自然的事情是，主体在其有关对象大小的经验中，以某种方式"考虑到"对象正在被知觉的距离。如果那是正确的，那么对一个对象大小的每一经验也以某种方式包含着对它的距离的一个经验。但是主体具有什么样的对对象的距离的经验呢？一个选择是主体将距离经验为一个确定的数量——例如，20英尺（6.096米）。如果这是正确的，那么理论家就能将一种简单的几何算法归于主体（或者也许归于主体的大脑），凭借这种算法，一旦对象投射的视网膜图像的大小以及同对象的确定距离被给予出来，主体就能计算出对象的恒常大小。这种认知主义者（cognitivist）的观点将知觉经验还原成理性的计算行为，它已经成为知觉心理学的正统观念，并且尤其被后期的欧文·罗克（Irvin Rock）所拥护。[58] 它也是胡塞尔所偏向的方式。[59]

但是梅洛-庞蒂也反对这种认知主义（cognitivism）。他相信，这是正确的，即对一个对象的每一经验都以某种方式包含着对它的距离的一个经验（以及对很多其他背景特征的经验）。但是，我们并不把与一个对象的距离经验为一个确定的数值。曾经租过一间公寓的任何一个人都已经理解了这一点。知道起居室是18英尺（5.486米）长是一回事，站在它里面并且看到它的大小则是另一回事。因而，梅洛-庞蒂讲到，这一点是错误的，即认为距离和其他背景特征"能够被当作变量或者可测量的大小，并且因而认为它们已经是确定的"[60]。宁可说，我们以一种本质上不确定的方式来经验与一个对象的距离。

根据梅洛-庞蒂，对一个对象的距离的不确定的经验在我们与事物的身体接触中呈献给我们：

> 如果为了"更好地看到它"，我让对象靠拢我，或者用我的手指转动它，这是因为我的身体的每一姿态对于我来说立即就是达到一个确定景观的能力，并且还因为每一景观对我来说都是在一个确定的动觉境遇（kinaesthetic situation）中的东西。[61]

此外，这种与事物的身体接触显现出与对象的一种本质上标准性的联系：

> 就像对于一个艺术画廊中的每一幅图画来说一样，对于每一对象来说，存在着一个最佳距离，它要求从这个距离被观看；存在着一个方向，从这个方向观看，它给予了其自身的大部分：如果在一个更短或更大的距离，我们仅仅拥有一个通过过剩或缺乏而被弄得模糊不清的知觉。我们因而倾向于朝向最大程度的可见性，并且正如用一个显微镜一样，寻求一个更好的焦点……从我到对象的距离并不是增大或减小的一个大小，而是围绕一个标准波动的一种张力。[62]

显现在我们与事物的身体接触之中的关于距离的经验的这种标准性特征，

恰恰是无法被认知主义的解释所把握的东西。对于认知主义者来说，18英尺（5.486米）是一个固定的、确定的数值；不管背景是什么，它都是同样的。但是根据梅洛-庞蒂，对于真正的知觉来说，18英尺（5.486米）也许对观看一个事物是完美的，但是对另一个却是糟糕的。这种完美和糟糕，这种同被观看的事物的距离的适宜性的意识，是我经验与一个对象的距离的方式的一个本质部分。并且，它以仅仅能被称作一种直接的身体方式，被呈现给我。为了将这个讲得更清晰，我们必须看一下我们的身体和我拥有的关于空间的经验之间的联系。梅洛-庞蒂在这个主题上的工作是开创性的。就像我们将看到的，它也从认知神经科学（cognitive neuroscience）的最近的研究中获得了支撑。

身体和空间[63]

在《知觉现象学》中，梅洛-庞蒂经常通过考察视觉病理学的案例而前行。在这些病理学的案例中，他相信，主体拥有一些明显地可被他利用的经验特征，这些特征对日常生活中的正常知觉者们是隐藏的。因而，通过研究这些病理学案例，我们能更容易地向我们自己阐明那些一般对我们隐藏的经验特征。为了这个目的，梅洛-庞蒂描述了一个名叫施耐德（Schneider）的病人，他的视觉病变源自第一次世界大战堑壕战期间遭受的一次脑外伤。根据梅洛-庞蒂，施耐德的病态能动性（morbid motility）的案例，"清晰地展示了身体与空间之间的基本联系"[64]。下面稍显冗长的段落出现在梅洛-庞蒂对施耐德讨论的开始的附近：

> 在这个……病人中……人们注意到拿取或者抓取的反应与指向行为的一种分裂：同一个主体，不能指向着去命令他的身体的一个部分，却能够快速地将他的手移到一只蚊子正在叮咬他的地方……当被要求指向他的身体的某个部分，例如他的鼻子，他仅仅在被允许抓住它时，才能设法做到这些。如果病人被设定了在运动完成之前中断该运动的任务……这种行为就变得不可能。因而，必须认定"抓取"……是不同于"指向"的。从一开始，抓取运动就如魔法般地在其完成中；仅仅通过预期到它的终点，它才能开始，因为不允许抓住就足以抑制这个行为。并且必须承认的是，[甚至在一个正常的主体的状况下，]我的身体的一个点能够向我呈现为一个被抓住的点，但是却没有作为一个被预示的点而被给予在这种预期的抓取中。但是这

如何是可能的呢？如果当它是一个抓住我的鼻子的问题时，我知道我的鼻子在哪里，那么当它是一个指向鼻子的问题时，我如何不能知道它在哪里呢？

"这有可能是因为，"梅洛-庞蒂总结道，"有关某物在哪里的知识能够以许多方式被理解。"[65]

梅洛-庞蒂的讨论的一般观点是，那种通报了我的熟练的、非反思性的身体活动——像这样的活动，如为了从咖啡杯中喝到咖啡，非反思性地端起咖啡杯，熟练地敲打着键盘，或者为了更好地看到对象，自动地向对象走得更近——的空间理解，既不相同于也不能被解释为那种通报了我的反思性的、认知的或者理智的行为——像这样的一些行为，如为了识别咖啡杯而指向它——的空间理解。就像梅洛-庞蒂所说，在熟练的、非反思性的身体活动中

> 我的身体向我显现为一个姿态，这个姿态被指向一个特定的实在的或者可能的任务。并且实际上它的空间性（spatiality）不是……一种**位置**（position）**的空间性**，而是一种**境遇**（situation）**的空间性**。[66]

为了给这些意向活动——它们本质上包含我们对空间和空间特征的身体的、境遇化的理解——一个名字，梅洛-庞蒂创造了一个词语"能动的意向性"（motor intentionality）。抓取就是典型的能动意向性活动。

1992年，知觉心理学家们厌恶在这两者［即可被知觉系统用来进行视觉-能动（visuo-motor）活动——如抓取——的那类空间信息，和可用来进行暗含在指向行为中的关于位置的知觉判断的那类空间信息］之间做出区分。在当时的一篇前瞻性的论文中，一个心理学家写道：

> 当我们概括产生肢体运动时视觉是如何被运用的，我们通常不会在抓取和指向之间做出区分。可能的是，根据他们正在产生指向或抓取运动，个体如何运用视觉也许会变化；并且可能的是，在伸手和指向期间，关于视觉如何被运用的一些原则是①不可一般化到抓取的。[67]

---

① 原文如此（sic）。在这里，主语是复数，但系动词是用的单数，属于语法错误，故作者标出原文如此。

　　这是 1992 年的一种特立独行的观点。然而，从那之后精神系统科学家（neuroscientists）A. 大卫·米尔纳（A. David Milner）和梅尔文·古德尔（Melvyn Goodale）的重要工作就已经为接受这个基本的梅洛-庞蒂式的区分——在一方面对空间与空间特征的本质上身体的理解和另一方面对这些东西的本质上认知的或反思性的理解之间的区分——开辟了道路。米尔纳和古德尔的很多作品来自对 D. F.——一个遭受了一氧化碳中毒，进而导致了与施耐德的视觉病变惊人相似的一种视觉病变的病人——的分析。米尔纳和古德尔描述了她的处境：

> 　　D. F. 甚至在简单的几何形式之间进行识别或者做出区分的能力被严重地损害了……[然而，][她的]视觉缺陷的模式……被主要限制在形式知觉的缺陷上。D. F.……在数周之内恢复了这样一种能力，即以相当大的准确性伸手并抓取日常对象。我们最近发现，她非常擅长于接住扔向她的圆球或者甚至是短木棍。……她毫不费力地越过她路途中的障碍……这些各种各样的技能意味着，尽管 D. F. 不擅长于对诸如大小和方向那样的对象性质进行知觉报告，但是她却更善于运用那些同样的性质来引导她的行动。[68]

尤其是米尔纳和古德尔宣称，D. F. 能够对一个对象的空间特征，如它的大小、形状和方向，做出不同的反应，甚至在她不能在视觉上确定那些特征的情况下都是这样。对这一点的测试包含对一个切口的方向的确定。再次从米尔纳和古德尔那里进行引用：

> 　　[我们]运用一个垂直安装盘，在那里一个[矩形的]切口……被切割出来：在不同的测试试验中，切口被随机地设定为 0 度、45 度、90 度或者 135 度。我们发现，D. F. 对切口的方向进行知觉报告的尝试与它的现实方向关系极小，并且不管她的报告是口头地做出，还是通过手动地设定一个对照切口而做出，这都是真的。[更进一步的检验展示了大量的其他报告方法，对于这些方法来说，她的表现同样地糟糕。]然而，值得注意的是，当她被要求从一手臂远的一个起始位置将她的手或者一张便携式卡片插入切口中时，她没有显示出任何特殊困难，而是在正确方向上将她的手（或者卡片）移向切口，并且非常准确地将它插进去。录像显示她的手一离开起始位置，就在恰当的方向上转动。[顺便说一句，在这里要使人们回想起的是梅洛-庞蒂的主张，即"从一开始，抓取运动就如魔法般地在其完成中"。]简

而言之，尽管她不能报告切口的方向，但是她能毫无困难地将她的手或者一个卡片"投"进它。[69]

米尔纳和古德尔继续为指向和抓取之间的分裂提出一个神经生理学的（neurophysiological）基础。他们声称在大脑中存在着两条视觉信息流，一条适应于知觉判断，而另一条直接适应于行动。D. F. 的案例是一项主要的证据，它证明不存在对方向的一个共同理解，使得判断和行动都发生在这个理解的基础上，而宁可说存在理解诸如方向这样的空间性质的两种不同方式。的确，与更为熟悉的认知理解不同，D. F. 对切口方向的理解本质上是根据她自己相对它而行动的身体能力和倾向。用梅洛－庞蒂的术语来说，她拥有一个对方向的能动意向性理解。

能动意向性和积极的不确定的东西

我说过能动意向性向我们提供了与对象的一种本质上的身体联系。让我试着将这点讲得更清晰一些。在我这样做了之后，我将展示，这种与对象的本质上的身体联系，就是我们需要用来理解梅洛－庞蒂的这一观念——对我们的咖啡杯背面的一种"积极的不确定的"理解的观念——的东西。

清晰的是，能动意向性活动——例如为了从咖啡杯中喝到咖啡而非反思性地端起咖啡杯——至少部分地凭借它们被指向的对象的那些事实而成功。例如，如果某人移动了杯子，我将改变我端起杯子的方式；我将伸向那里而不是这里。但是，我也会使我的抓取一个对象的方式符合于对象所是的那种对象。例如，即使是在同一个地点，相较于当杯子是空的时，当它是满的时，或者相较于当手柄没有被毁坏时，当它被毁坏时，我将以不同方式端起杯子。我与对象的身体联系中的差异无处不在。如果对象例如被知觉到是非常重而不是非常轻，我的紧握以不同方式形成自身，我的手的展开以不同方式测定自身，并且我整个身体都甚至可能以不同的方式准备自身。结果是，在能动意向性地确定一个对象时，我的身体典型地将自身准备着去处理整个对象，而不仅仅是处理对象的一些可独立指明的空间特征。

当我说我的身体将自身准备着去处理整个对象的时候，我也意指我的身体将自身准备着去处理现实的实在对象，而不是处理对象的一些表象。的确，对象被知觉到的实在对于抓取行为来说是如此重要，以至于没有它，行为会明显不同。从另一个有趣的经验结果来看，这也是清晰的，这个经验结果是由古德尔、雅克布森（Jakobson）和凯勒（Keillor）所报告的。[70]这些作者已经表明，在指向一个现实对象的自然抓取运动和指向一个记忆对象的"哑剧化的"运动之间，存在着明显的性质差异。一方面，当一个现实对象作为被抓取的对象而在场时，主体典型地适应于对象大小而测定他们的手的展开，并且符合于对象的形状而形成他们的紧握。另一方面，在哑剧化的行为中，当没有对象在场时，尽管主体继续测定他们的手的展开，他们的紧握信息显著地不同于在正常的目标-指向行为中被看到的紧握信息。看起来，一件事物的现实的被知觉的在场，而不仅仅是它的一些独立的表象（如一个记忆），对于指向它的能动意向性活动来说是必需的。这就是为什么梅洛-庞蒂坚称能动意向性活动指向在其所有特性中的对象自身。就像他所说：

> 在举向一个对象的手的行为中，包含了向一个对象的指涉，这个对象不是作为被表象的对象，而是作为**极其具体的事物**，我们将我们自身投射向这个事物，我们就在它旁边，它就在预期之中，并且我们萦绕于它。[71]

这不仅仅是那种直接的实在论（realism），那种实在论现今有时会在哲学文献中被找到，它不仅仅是对表象中介（representational intermediaries）的拒斥，此外它也是对对象的完整身体理解的积极观念的一种拥抱。

当我抓取一个对象时我所拥有的对整个对象的理解，不是一种我能够拥有的独立于我相对于对象的身体活动的理解。我相对于对象的身体活动就是我理解它的方式。我们已经在 D. F. 的案例中看到这一点——她在将一张卡片投入切口时所拥有的对切口方向的理解，不是一种她能够拥有的独立于投入活动的理解。尤其是，在这里的不是那样一种对方向的理解，即除了现实地将卡片投入定向的切口之外，她还能够以任何其他方式报告的那种理解。但是这种对世界的身体理解对于正常的主体来说也是熟悉的。梅洛-庞蒂给出了一个打字员对键盘的身体理解的例子：

> 于是，知道怎么打字并不是知道每一字母在众多字母键中的位置，甚至也不是为每一个字母获取一种条件反射，当字母来到我们眼前时，这种反射会被字母调动起来。如果［身体技能］既不是一种形式的知识，也不是一种无意识的（involuntary）行为，那么它是什么呢？它是一种在手中的知识，这种知识仅仅在做出身体的努力之时，

才能来临，并且不能被表达在与那种努力的分离之中。[72]

存在一种对对象的独特身体类型的理解，这是梅洛-庞蒂的能动意向性范畴的核心点：能动意向性活动是一种被指向对象的方式，这种方式本质上包含着一个能动的或者行为的（behavioral）要素。就像梅洛-庞蒂在引进这个短语时所说的：

> ……我们被引向对某物的认识，这个某物介于作为一种第三人过程的［反射］运动和作为运动的一种表象的思想之间——这个某物是对目标的一种预期或到达，并且由身体自身所确保，这个身体是作为一种能动的力量、一种"能动的投射"（motor project，*Bewegung-sentwurf*）、一种"能动意向性"……[73]

换句话说，在能动意向性活动中，不存在一种我们拥有的理解对象的独立方式，使得在此方式的基础上，我们相对于对象而进行不同的行为。宁可说，我们的身体活动就其自身而言就是一种对对象的理解。我相信，这种与世界的本质上的身体接触，在实质上不同于每一种其他类型的意向体验。

能动意向性和认知意向性的主要差异在于它们的逻辑结构。[74]每一认知的意向体验——如相信、希望、欲望等等这些状态——拥有两个可分离的部分：体验的意向内容和它的命题态度（propositional attitude）。[75]例如，当我拥有太阳正在升起这一信念时，这个信念的内容是太阳正在升起，而我对那个内容所拥有的态度是相信。我本来可以希望太阳正在升起而不是相信它正在升起；同样地，我本来可以相信太阳没有正在升起而不是相信它正在升起。（认知的）意向体验的内容和态度是在逻辑上可相互分离的。

能动意向性活动的逻辑结构是不同的。对能动意向性活动来说，没有独立可指明的内容，即主体能对其拥有一个态度的内容。这是因为能动意向性活动以这样一种极其具体的和背景-敏感性的（context-sensitive）方式确定它的对象，以至于任何对对象本身进行指明的尝试都会将它改变成某物，该物不同于当它曾经被拥有时它所是的东西。[76]一个例子应该会使这一点更清晰。

当她将卡片投入一个被定向在 45 度角的切口中时，D.F. 是能动意向性地与切口的方向接触。但是，显现在这种能动意向性活动中的内容——切口存在的方式的表象——是什么呢？为了指明这个内容，我们需要运用

D. F. 已经拥有并且能够应用到各种背景中的概念——概略词（roughly words）。[77]问题是看起来好像没有这样的概念，即 D. F. 拥有的且凭借它她能够进行投入活动的概念。[78]如果有这样一个概念，它将必须应用到世界中被定向在 45 度角的对象上，并且仅仅被应用到那些对象上。但是 D. F. 好像不能将任何这样的概念应用到被定向的切口上。请记住，她不能说出它是被定向在 45 度角，然而她也不能在一张纸上画出切口的斜率，或者如果没有同时将手移向切口，她甚至不能将她的手转向正确的方向。换句话说，除非通过将卡片投入切口中，她看起来根本不能表象切口的方向。这是另一种阐明这一主张的方式，这个主张即能动意向性活动构成了对其对象的本质上的身体理解。

但是，我们为什么不能将这种活动自身看作是理解切口方向——她能对该方向拥有相信的态度——的一种方式呢？换句话说，为什么她不能说"我相信切口是以**这种**方式被定向的［当将卡片投入切口时说出］"？是的，她当然能够**说出**这样的话——她能够说出这些词语——但是问题是在这样做时，她是否正在唤起切口方向的那种表象，当她正将卡片投入切口时，那种表象构成了她所拥有的关于切口方向的理解。我们能够很容易地看出她没有。

原因是当她设法运用投入行为去指涉该行为所确定的方向时，她所拥有的思想看起来不是关于切口方向的，而宁可说是关于她的手恰好所在的任何方向的。如果例如你在她停止移动她的手之后改变切口的方向，并且你不让她重新开始投入活动，她将继续说切口的方向是她的手最终所在的任何方向。[79]然而，在投入活动中被显示的是切口的现实方向——活动对其感到敏感的正是那个方向自身。因此，尽管她能够对显现了一种方向理解的活动拥有一个态度，但是这不同于对活动显现的方向理解拥有一个态度。

因而，D. F. 在她的能动意向性活动中显现的对切口方向的理解是一个独特的种类。它不包含她能对其拥有一个态度的可独立指明的内容。因此，我们可以说她的能动意向性活动不是"表象"切口的方向，而是直接地向她"揭示"了方向，并且在这样做的过程中这种能动意向性活动不能被捕获。这与施耐德关于他自己的经验的报告相符合，因为他说：

> 我将运动经验为境遇的一种结果，事件自身的次序的一种结果；可以说，我自身和我的运动仅仅是整个过程中的一个环节，并且我几

134

乎没有意识到任何自觉的主动性……它完全独立于我而发生。[80]

因为能动意向性活动是以这种方式被境遇所唤起，并且因而在某种程度上独立于主体的自主意志，因此在其核心处，它不拥有那种主体能对其具有一个态度的自主的表象内容。

这种对能动意向性的解释给予了我们工具，我们需要这些工具去理解梅洛-庞蒂关于经验中的"积极的不确定的东西"的观念。回想一下梅洛-庞蒂的目标是去解释我们关于杯子背面的经验如何不仅仅是假设了一个手柄的实在，且是以某种方式积极地——尽管不确定地——意识到现实的事物。现在，我们可以看到，与杯子的身体联系给予了我们一种对作为整体的杯子的积极意识，包括对例如它的背面这样的"隐藏"特征的一种意识。这种对杯子的积极意识显现在我们的身体定势（bodily set）中，通过它我们准备将杯子处理为一个极其具体的事物。处理背面的手柄的准备将自身显现在我的能动意向性活动的各种特征之中，例如：我的紧握以这样一种方式形成自身，以至于能考虑到手柄的形状，并且我的手的展开测定自身，以便于说明手柄的大小。当然，我的身体可能会错误地得到手柄的这些特征，并且如果它真的这样做了，我的能动意向性活动就将显示，它自身已经将对象理解为不同于对象所是的某物。这具有真正的后果，即我将可能打翻杯子或者失手掉下它。但是当事情进展得很顺利时，整个杯子——背面和所有——将在我朝向它的能动意向性活动中被积极地显现给我。

与对象的能动意向性接触也在一种清晰的意义上是不确定的。因为理解一个显现在我们能动意向性活动中的对象的方式不可指明为一种确切的表象内容。就像我们已经看到的，对此存在两个理由。第一，能动意向性活动依赖于现实对象的被知觉的实在，而非仅仅依赖于它的一些表象；换句话说，能动意向性活动揭示了世界。第二，对对象的能动意向性理解不可指明为独立于能动意向性活动自身；它是同世界的一种本质上的身体接触。能动意向性活动的这两个特征将它的本质的不确定性给予了它。因而，将关于对象的能动意向性理解指明为一种确定的表象内容的任何尝试，都是适得其反的：确定地描述内容的尝试会将它转化成某物，该物不同于它所是的那种本质上不确定的事物。

最后，当我们以梅洛-庞蒂的方式来理解经验的积极的不确定的方面时，我们被迫去否定胡塞尔的主张，即意向体验是内在的。回想一下对于胡塞尔来说，不可动摇性是内在性的四个特征之一。说主体对他的意向体验的知识是不可动摇的，也就是说在反思意向体验时，他领会到这个体验所拥有的性质必定是如体验真正所是的那样描绘了体验的特征。但是如果梅洛-庞蒂是对的，那么我们对能动意向性活动的本质特征的理解远不是不可动摇的。的确，说能动意向性活动是不确定的，在梅洛-庞蒂的意义上，也就是说它所显现的对世界的揭示性理解就其本身而言不是可指明的。如果主体甚至不能具体说明她的能动意向性活动的内容，也确实根本不能对它具有任何态度，那么她关于那种意向体验的特征的知识就必定不是不可动摇的。宁可说，能动意向性活动给予了我们与世界的一种联系，或者对世界的一种身体理解，这种联系或理解超越了主体描述其特征的能力。能动意向性恰恰在这个意义上是超越的。

结论

　　胡塞尔的现象学发展取得了一种超越于他的那些前辈的真正进步。通过将知觉看作典范性的意向体验，胡塞尔能够既（与布伦塔诺相对）强调意向性的视角性的一面，又（与经验主义者们相对）强调知觉的意向性一面。在这样做时，他也许偶然发现了现象学的最基本问题：以一种描述上准确的方式，描绘知觉如何将它的对象表象为超越于关于在它的知觉之中被呈现的东西。然而，他试图通过声称经验的本质特征是不可动摇地可被我们利用的，通过声称经验像所有意向体验一样是内在的，来保证描述的准确性的可能性。[81]他希望现象学将成为关于由先验还原所产生的内在内容的纯粹领域的研究。但是，这个信条迫使他给予现象学问题一个独特的回答。因为对胡塞尔来说，一个对象的被隐藏的侧面——那些超越于我们对它们的经验的侧面——是被假设的但却在感觉上不在场的。

　　梅洛-庞蒂继承了胡塞尔的现象学问题，但是认为我们必须将经验中的不确定的东西认作一种积极的现象。梅洛-庞蒂对我们与世界的身体接触的强调给予了他工具，以便使这个主张变得精确。我们与一个对象的被隐藏的方面——例如一个咖啡杯的背面的手柄——的能动意向性联系是积极但不确定的。它将一种为了一个独特的手柄而做的身体准备给予我，在这个意义上，它是积极的；如果手柄被发现是别的什么东西，我将会对杯子感到非常地惊奇，并且将可能不恰当地处理杯子。为一个非常独特的手柄而做的这个准备非常不同于我们在胡塞尔的解释中发现的东西，根据这种东西，我们的经验并不相对于任何其他东西而更偏向于手柄。

根据梅洛-庞蒂，能动意向性活动也是不确定的。那是因为我们与杯子的身体接触不可被指明为一种确定的表象，主体能对这种表象具有一个态度。以这种方式来指明能动意向性活动的内容的任何尝试都是适得其反的，因为这样做的过程会把与对象的能动意向性联系变成别的什么东西。这也不同胡塞尔，因为它界定了一种意向性，该意向性超越我对它进行反思的能力。因而，梅洛-庞蒂反对胡塞尔的知觉是内在的主张，并且他在这样的基础——描述的准确性要求我们这样做——之上反对它。这紧密地联系于他对胡塞尔的现象学方法的重估，并且尤其是对向一种内在内容的纯粹领域的先验还原的重估。就像梅洛-庞蒂在《知觉现象学》的前言中所说："先验还原教给我们的最重要的教益就是一种完全的还原的不可能性。"[82]

【注释】

[1] 我要感谢鲍勃·所罗门（Bob Solomon）和伯特·德莱弗斯（Bert Dreyfus）的有益评论和讨论。

[2] 为《大英百科全书》条目所写的稿件以及胡塞尔和海德格尔之间关于它的通信，见 *Psychological and Transcendental Phenomenology and the Confrontation with Heidegger：The Encyclopaedia Britannica Article，the Amsterdam Lectures "Phenomenology and Anthropology，" and Husserl's Marginal Notes in Being and Time，and Kant and the Problem of Metaphysics*，trans. T. Sheehan and R. E. Palmer（Boston：Kluwer，1997）。

[3] 例如，参见梅洛-庞蒂《知觉现象学》的前言中有关现象学还原的段落。1945年法国的一部左翼学术著作应该选择与胡塞尔（一个被迫害的犹太人）而不是与海德格尔（一个纳粹分子）结盟并不值得惊奇。但是这种尝试依赖于对现象学还原的一种解释，这种解释与胡塞尔对那种技术的理解极少有相似之处。

[4] 我认为这个例子出现在《心理学的原则》（*Principles of Psychology*）中，但是我还未能查找到它。

[5] 他从事有关变分法（calculus of variations）的博士研究，在著名的德国数学家卡尔·魏尔斯特拉斯（Karl Weierstrauss）的指导下研究过一段时间。

[6] 他的《算数哲学》（*Philosophie der Arithmetik*）出版于 1891 年。

[7] 更多有关他们的关系的信息，参见胡塞尔和弗雷格之间的书信，见 Gottfried Gabriel et al.，*Gottlob Frege：Philosophical and Mathematical Correspondence*，trans. H. Kaal（Chicago：University of Chicago Press，1980）。

[8] Edmund Husserl, *Logical Investigations*, trans. J. N. Findlay (London: Routledge and Kegan Paul, 1970), p. 269. 这是第一研究的第1节。在此之后，我将会把对该文本的引用缩写为 *LI*，其后跟着出处所在的研究的序号和在此处列出的版本中的页码。

[9] *LI* I, p. 248.

[10] 海德格尔写道，在对存在者加括号以便聚焦于我们关于它的经验时，"现在真正成问题的东西是存在者之存在的规定"。见 *History of the Concept of Time*, trans. Th. Kisiel (Bloomington, Ind.: Indiana University Press, 1992), p. 99。之后我将会把对该文本的引用缩写为 *HCT*。

[11] 也许这不是很公正，因为康德的系统所明显关注思考的不只是对象，且是通过知性的纯粹概念而被理解的对象。但是胡塞尔的计划不同于康德的。尤其是康德的先验方法是现象学的描述程序所完全厌恶的。

[12] 更准确地说，我们的经验在其完整性中一下子将其自身呈现为正在在场的(being present)。但是在本章中我将只会粗略地提到这点。

[13] 见 *HCT*，§11。

[14] 作为在场的。

[15] 然而，所有类型的知觉经验的被具体化的本性对于梅洛-庞蒂的现象学工作来说是关键性的。

[16] 布伦塔诺追随经院哲学家，主要为信念和判断的状况发展了其意向性解释。

[17] 参见洛克的《人类理解论》第二卷第一章第二条："我们可以假定人心如白纸似的，没有一切标记，没有一切观念，那么它如何会又有了那些观念呢？人的匆促而无限的想象既然能在人心上刻画出几乎无限的花样来，则人心究竟如何能得到那么多的材料呢？在他理性和知识方面所有的一切材料，都是从哪里来的呢？我可以一句话答复说，它们都是从'经验'来的。"（中译本见洛克：《人类理解论》（上册），关文运译，北京：商务印书馆，2012年，第73—74页。——译者注）同样地，我们在休谟的《人类理解研究》的第二章看到："我如果用哲学的语言来表示自己，那我可以说，我们的一切观念或较微弱的知觉都是印象或是较活跃的知觉的摹本。"（中译本见休谟：《人类理解研究》，关文运译，北京：商务印书馆，1981年，第21页。——译者注）

[18] 大卫·贝尔（David Bell）的著作《胡塞尔》[*Husserl* (London: Routledge, 1990)]在这方面是典型的。通过强调这样一个观念，即"胡塞尔的意向性理论是完全一般性的，并且在很大程度上是纯粹形式的"（p. 115），贝尔未能恰当处理这样一种方式，即知觉促进胡塞尔对意向性的更广泛理解的方式。阿伦·古尔维奇（Aron Gurwitsch）在《意识的领域》[*The Field of Consciousness* (Pittsburgh, Penn.: Duquesne University Press, 1964)]中将知觉置于他对胡塞尔的现象学的讨论的中心。但是休伯特·L. 德莱弗斯（Hubert L. Dreyfus）和哈里森·霍尔（Harrison Hall）在《胡塞尔、意向性和认知科学》[*Husserl, Intentionality, and Cognitive Science* (Cambridge,

Mass.：The MIT Press，1982)］中令人信服地指出，古尔维奇将知觉意向相关项（noema）解释为一个知觉对象，而不是一个概念，这在胡塞尔的文本中仅具有很少的支撑。德莱弗斯和霍尔因而追随着达格芬·弗洛斯达尔（Dagfinn Føllesdal）（《胡塞尔的意向相关项观念》，收入德莱弗斯、霍尔：《胡塞尔、意向性和认知科学》，1982），弗洛斯达尔明确地展示出胡塞尔的意向相关项是将弗雷格式的意义（Sinn）一般化到所有体验。然而，弗洛斯达尔极为重要且具有影响力的作品已经导致了这样一个解释流派，这一流派重视胡塞尔作品的逻辑学方面，而不是真正的现象学方面；换句话说，它将注意力聚焦于意向性的语言状况，而不是前语言状况。尽管这种强调在弗洛斯达尔自己的作品中并不明显，但是对其胡塞尔的弗雷格式特征的有选择性的关注不仅导致了这种语言学的解释流派，而且导致了对胡塞尔的那样一些误导性的批评，例如在迈克尔·达米特（Michael Dummett）的《弗雷格：语言哲学》［*Frege：Philosophy of Language* (2nd edn, London, 1981)］中所发现的那些批评。

在大卫·伍德拉夫·史密斯（David Woodruff Smith）和罗纳德·麦金太尔（Ronald McIntyre）的著作《胡塞尔和意向性》［*Husserl and Intentionality* (Dordrecht：D. Reidel，1982)］和凯文·迈乐根（Kevin Mulligan）的论文《知觉》［收入 B. Smith and D. W. Smith (eds.)，*The Cambridge Companion to Husserl* (Cambridge：Cambridge University Press, 1995)］中，存在着一些对胡塞尔的知觉解释的具有启发性的讨论。然而，在这些状况中，知觉都未被呈现为一种典范性的意向体验。与此相反，我认为知觉状况对于胡塞尔来说是核心的，因为它是与一个超越对象的意向关系的典范。胡塞尔太过笛卡尔主义地和认知主义地描述这种意向关系，这导致了海德格尔和梅洛-庞蒂对胡塞尔的现象学回应。然而，他拥有这样一个激进的观念，即依据与一个超越对象的知觉关系——而不是语言关系——的模式来描绘意向性的特征，这一点才是首先使得他的现象学研究同这些思想家相关联的东西。它也是区分意向性研究的现象学方法和传统分析法的东西，这种分析法以弗雷格的开创性工作为基础。

［19］Edmund Husserl，*Ideas Pertaining to a Pure Phenomenology and to a Phenomenological Philosophy*，*First Book*，trans. F. Kersten (Dordrecht：Kluwer，1982)，pp. 82-3/70. 在此之后我将会把这一文本简写为 *Ideas I*。

［20］*Ideas I*，p. 82/70.

［21］Ibid.，p. 83/71. 我们也许在任何一个这些主张上都不认同胡塞尔。例如，通过论证关于一个事件——如林肯发表的第二任就职演说——的知觉，并不相应地类似于关于一个对象——如一栋房子——的知觉，我们也许可以试图一般地展示出关于一个物理之物的知觉并不是知觉的代表。同样，通过论证僵尸——根据定义，这些僵尸完全没有经验生活——仍然完全具有意向性，我们也许可以试图展示出经验不是意向生活的最终源泉。这些论证是否具有任何价值，这并不是我在此要处理的问题。胡塞尔自身似乎并未质疑关于经验的这些经验主义主张是否合理。这里，我指的是他毫无疑义地接受了经验主义将知觉强调为思想的基础，尽管他当然没有接受经验主义对

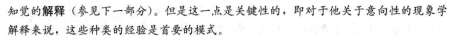

知觉的**解释**（参见下一部分）。但是这一点是关键性的，即对于他关于意向性的现象学解释来说，这些种类的经验是首要的模式。

［22］例如，参见 Edmund Husserl, *Experience and Judgment*：*Investigations in a Genealogy of Logic*，trans. J. Churchill and K. Ameriks（Evanston, Ill.：Northwestern University Press, 1973），pp. 50-1。

［23］*LI* I, § 23, p. 309. 通过一个"先于所有经验的意识"，胡塞尔似乎意指着这样一种存在者，该存在者有意识地感觉到颜色、声音、形状、质地等等，但是却没有将它们经验为一个苹果的红色、一个婴儿的哭声、一个台球的圆形、一张地毯的粗糙。大致地说，这个存在者拥有感觉-素材，但却没有对感觉-素材的解释。参见贝克莱《海拉斯和斐洛诺斯的三篇对话》（*Three Dialogues between Hylas and Philonous*）中斐洛诺斯段落的注释 30 中的讨论。

［24］洛克是这种观点最经常被归属的经验主义者；在关于他的二手文献中，它有时被标示为"知觉的图像原型论"。参见例如 J. L. 马希（J. L. Machie）的《洛克和再现性的知觉》，收入 V. Chappell（ed.），*Locke*（Oxford：Oxford University Press, 1998），pp.60-8.洛克自身，或者说任何英国经验主义者，实际上是否持有这样一种观点，这对于我的要点来说并不是特别重要。人们普遍地将这种观点归属于他们，这就足以解释其对胡塞尔的影响。也许，更为公正的是将图像论归属于早期感觉-素材理论家们，但是我没有任何证据来证明胡塞尔熟悉他们的工作。

［25］George Berkeley, *Three Dialogues between Hylas and Philonous*（Indianapolis, Ind.：Hackett, 1979），p. 39. 依据可感知的某物（例如一个观念）不能在任何相关意义上类似于不可感知的某物（例如一个物质对象），贝克莱当然是站在斐洛诺斯那一边反对图像论。例如参见《海拉斯和斐洛诺斯的三篇对话》第 41 页中斐洛诺斯的评论："总而言之，某物能够相似于一种感觉或观念，但却是另一种感觉或观念吗？"这种反对图像论的论证当然不同于胡塞尔给出的论证。然而有趣的是，海德格尔和弗雷格都使用这种贝克莱式的论证来抨击真理符合论（参见我的《现象学与语言和心灵哲学的相关性》第一章 [*Relevance of Phenomenology to the Philosophy of Language and Mind*（New York：Garland, 2001），ch. 1]），尽管两者都试图避免激进的唯心主义，而贝克莱自身则被趋向那里。

［26］*LI*, pp. 712-13.

［27］Ibid., pp. 593-4. 这个完整段落的原文如下："Woran liegt es also, daß wir über das im Bewußtsein allein gegebene 'Bild' hinauskommen und es als Bild auf ein gewisses bewußtseinsfremdes Objekt zu beziehen vermögen? … [I]m phänomenologischen Wesen des Bewusstseins in sich selbst alle Beziehung auf seine Gegenständlichkeit beschlossen ist"（《胡塞尔全集》第 19 卷第一部分，第 436-437 页）。

［28］胡塞尔对知觉图像论的批判被呈现在第五研究的第 11、20 节的附录中（pp. 593-6）。第六研究中关于知觉侧显的章节对于这一批判来说也很重要。这是第 14

节，尤其是第 14 节 b 部分，见 pp. 712-15。通过仅仅阅读芬德利（Findlay）的《逻辑研究》译本，我们很难看出胡塞尔的意图，因为在这一章节中 *Abschattung*（侧显）这个关键的德文术语以各种方式被翻译出来。在这些翻译中，有"shadowing forth"（预示）、"aspect"（侧面）和"projection"（投射）。显著缺乏的是英文词语"adumbration"（侧显），这个词语在克斯登（Kersten）的《大观念 1》的译本中是对这个术语的首选翻译。

［29］经验主义者可以试图补充叙述联想和记忆在区分这些经验时的重要性。［感谢凯西·奥卡拉汉（Casey O'Callaghan）推动了这一点。］经验主义者可以认为，依据我所拥有的关于谷仓的记忆以及我所拥有的关于它们的联想，我也许将某物看作谷仓；将它看作一座谷仓的表面将会包含一系列不同的联想和记忆。在这样一种解释中，正是依据联想和记忆中的差异，我关于某物作为一个谷仓的经验和我关于某物作为一个谷仓表面的经验才会存在差异。胡塞尔将会说，这种解释的问题在于一组联想没有理由比另一组先被引发起来。因为谷仓的图像完全相同于谷仓表面的图像，由这两个图像引发的联想和记忆必定也是完全相同的。这是从经验主义的假设——我实际看到的唯一的东西是图像——推断出来的。伴随不同的图像我当然会有不同的联想和记忆。但是如果两个图像就其自身而言是完全相同的，那么就没有理由设想它们能通过其自身引发不同的联想和记忆。通过假设在我关于事物的经验中，"图像"总是已经处在一种解释之下，胡塞尔避免了这一问题。

［30］这种经验主义的观点再一次被表述在贝克莱的《海拉斯和斐洛诺斯的三篇对话》之中，这一次是由斐洛诺斯来说的："例如，当我听到一驾马车沿着街道行驶，我直接知觉到的仅仅是声音；但是从我曾经拥有的经验出发，这样一个声音是与一驾马车相关联的，我可以说听到了马车。尽管如此，显而易见的是，事实上并且严格来说，除了声音没有任何东西能被听到；并且这驾马车当时并未被感觉严格地知觉到……"（p. 39）这种观点非常像伯特兰·罗素（Bertrand Russell）的早期感觉-素材理论。

［31］对胡塞尔来说，布伦塔诺最重要的作品是《从经验的观点看心理学》的第一版 [*Psychology from an Empirical Standpoint*, trans. A. Rancurello et al.（London: Routledge, 1973）]。德语原版出版于 1874 年。从 1884 年至 1886 年，胡塞尔在维也纳追随布伦塔诺进行学习。

［32］参见 *Psychology from an Empirical Standpoint*, pp. 88-94。纵观其整个生涯，布伦塔诺对这个学说的信奉可能有所改变，就像很多评论者所认为的那样。如果是这样，那么也存在很好理由，因为这个学说有一些奇怪的后果。参见 Dagfinn Føllesdal, "Brentano and Husserl," in H. L. Dreyfus and H. Hall（eds.）, *Husserl, Intentionality, and Cognitive Science*（Cambridge, Mass.: The MIT Press, 1982）, pp. 31-41。但是这个学说和布伦塔诺对它的信奉在《从经验的观点看心理学》的 1874 年版本中都是很清晰的。参见 Barry Smith, *Austrian Philosophy: The Legacy of Franz Brentano*（Chicago, Ill.: Open Court）, pp. 41-5。

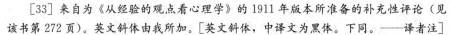

[33] 来自为《从经验的观点看心理学》的 1911 年版本所准备的补充性评论（见该书第 272 页）。英文斜体由我所加。[英文斜体，中译文为黑体。下同。——译者注]

[34] 尤其参见胡塞尔在《逻辑研究》和《大观念 1》中对布伦塔诺的讨论。相关的段落处在《逻辑研究》第五研究的第 11 节（pp.557-60）和第 23 节（尤其是 p.598），以及《大观念 1》的第 85 节，尤其是 p.206/pp.174-5。有关胡塞尔相对于布伦塔诺的进步的相关讨论，参见西奥多·德布尔的《胡塞尔思想的发展》[Theodore de Boer, *The Development of Husserl's Thought*, trans. Th. Plantinga（The Hague：Martinus Nijhoff, 1978），pp. 133-41]。德布尔强调了胡塞尔对布伦塔诺式的论点——被知觉的内容是内在的——的拒斥，但却未能领会被知觉对象的超越性和它向知觉的必然视角化的呈现之间的重要联系。

[35] 参见弗洛斯达尔在《布伦塔诺和胡塞尔》一文中对这个问题的讨论，尤其是第 35 页。弗洛斯达尔将胡塞尔和布伦塔诺之间差异定位在胡塞尔对意向相关项的引入——凭借它，精神现象被指向它们的对象。这看起来完全正确，除了有些不足之外。下面我将补充的东西是关于这一点的阐释，即说意向相关项是精神现象被指向它们的对象时**所凭借的东西**，这意味着什么呢。

[36] *Thing and Space：Lectures of 1907*, trans. R. Rojcewicz（Dordrecht：Kluwer, 1997），p. 44/52.

[37] 在此我不能完全讲清楚这一思想，但是基本观念就是这样。虽然我们坚信布伦塔诺对指向非实在对象（例如金山）的体验的关注，但是一点都不清楚的是在语言状况中对其进行了激发的直观是否在知觉状况中仍有效。他的直观是有关金山的思想完全不关心于这座山自身是否存在的问题。不管这座山是否存在，有关它的思想都是完全相同的。尽管这对于语言状况来说是正确的，但是在知觉状况中，它却极为不清楚。因为知觉看起来如此紧密地同它们的对象联系在一起，因此这也许是一个概念性真理，即真实的知觉——它现实地停驻在一个对象上——同幻觉相比——它完全没有对象——是一个完全不同的种类。麦克道威尔（McDowell）和其他人最近已经对这种"分隔主义的"观点——幻觉同真实的知觉完全没有相同之处——进行了辩护。参见 John McDowell, *Mind and World*（Cambridge, Mass.：Harvard University Press, 1994）。胡塞尔——以及梅洛-庞蒂——正试图对这一相关的现象学事实，即知觉一般地使自身被指向对象，给出一个解释。

[38] 参见《大观念 1》第 44-50 节。也可参见海德格尔的《时间概念史》的第 11 节。请注意，不可置疑的东西是意向体验的存在，而不可动摇的东西是主体关于意向体验的特征的知识。意向体验将对象呈现为具有特定的特征，这就自然是意向体验的一个本质特征。但是，毫无疑问，不管对象的存在，还是对象被表现着拥有的那些特征的存在，都是未被保证的。

[39] *Ideas I*, p. 100/85.

[40] 在此，看起来胡塞尔是认同笛卡尔，而不是认同经验主义者们。例如，关于

洛克，迈克尔·艾尔斯（Michael Ayers）写道："与笛卡尔的另一个重要差异在于洛克关于我们对'我们心灵的运作'的意识——他将其称作'反思'——的观念。传统地说，在亚里士多德式的以及笛卡尔式的哲学中，心灵对其自身活动的反思意识……是理智的一种功能，而不是感觉……相反，对洛克来说'反思'仅仅是'经验'的一部分……一个重要的后果在于思想并不是像笛卡尔所认为的那样对其自身透明的。就像感觉仅仅给予我们有关外在对象的表面的、粗糙的知识，'反思'也只是让我们意识到我们的思维，但却不是意识到思想的最终本质。"参见 Michael Ayers, *Locke*（New York：Routledge, 1999），p. 7.

［41］*Ideas I*, p. 96/81.

［42］有关先验还原的重要历史讨论，参见 Jean-Paul Sartre, *The Transcendence of the Ego：an Existentialist Theory of Consciousness*, trans. F. Williams and R. Kirkpatrick（New York：Hill and Wang, 1989）和 Roman Ingarden, *On the Motives which Led Husserl to Transcendental Idealism*, trans. A. Hannibalsson（The Hague：Martinus Hijhoff, 1975），等等其他很多著作。

［43］胡塞尔的意向相关项已经引人注目地被解释为弗雷格的意义的一种一般化形态。关于这一观点的最好描述，参见达格芬·弗洛斯达尔（Dagfinn Føllesdal）的重要且具有影响力的论文《胡塞尔的意向相关项观念》，收入 H. L. Dreyfus and H. Hall（eds.），*Husserl, Intentionality, and Cognitive Science*（Cambridge, Mass.：The MIT Press, 1982）。弗洛斯达尔在这一点上是肯定正确的，即意向相关项是体验成为有关世界的体验时所凭借的东西。但是由于意向相关项在知觉的语境中找到其典范化的运用，因此它必须解决的问题——以及它着手解决它们的方式——是有些不同的。未能领会这种差异导致弗洛斯达尔作品的一些擅用者在该作品中看到了对胡塞尔式的计划的一种暗含的指责。尤其可参见迈克尔·达米特（Micheal Dummett）在其《分析哲学的起源》［*Origins of Analytical Philosophy*（London：Duckworth, 1993）］中对胡塞尔的不恰当批评。

［44］关于框架（frame）的讨论，参见《经验与判断》第 21 节 c 部分［在丘吉尔（Churchill）和阿梅里克斯（Ameriks）的译本中，框架被翻译为"framework"］。以下部分在很大程度上归功于由大卫·伍德拉夫·史密斯（David Woodruff Smith）和罗纳德·麦金太尔（Ronald McIntyre）对这一材料所进行的发展，这一发展见他们的著作《胡塞尔和意向性》［*Husserl and Intentionality*（Dordrecht：Reidel, 1982）］。

［45］*Thing and Space*, §18, p. 49/58.

［46］Ibid., §18, pp. 49-50/59.

［47］Ibid., §18, p. 48/57.

［48］Ibid., §17, p. 46/55.

［49］*Ideas I*, §130, p. 312/270. 参见 *Thing and Space*, §18, p. 50/59。

［50］例如，它们并不是在形而上学上模糊的并且在那种意义上不可描述的。

［51］Maurice Merleau-Ponty, *Phenomenology of Perception*, trans. C. Smith (London: Routledge and Kegan Paul, 1962), p. 6.

［52］*Phenomenology of Perception*, p. 11.

［53］请注意，史密斯对这个短语的翻译——"一种关于某物或其他事物的视觉"——恰好掩盖了梅洛-庞蒂和胡塞尔的差异。根据梅洛-庞蒂，它并不是一种关于就其自身而言确定的某个事物的视觉，而是关于我还未确定的某个事物的视觉。宁可说它是对某种不确定的事物的积极呈现，对一种"我不知道什么"的积极呈现。它是一个范围的差异。胡塞尔认为存在着一些确定的东西，这些东西还未被呈现给我。梅洛-庞蒂认为存在着对某物的一种呈现，该物就其自身而言（对我来说）不是一个确定的实体。

［54］*Phenomenology of Perception*, p. 6.

［55］例如，参见 *Phenomenology of Perception*, pp. 299-300。

［56］*Phenomenology of Perception*, p. 8.

［57］Ibid., p. 7.

［58］例如，参见 Irvin Rock, *Indirect Perception* (Cambridge, Mass.: The MIT Press, 1997)。

［59］关于胡塞尔对知觉恒常性的各种现象进行的一些讨论，参见凯文·迈乐根(Kevin Mulligan)的文章《知觉》，收入 B. Smith and D. W. Smith (eds.), *The Cambridge Companion to Husserl* (Cambridge University Press, 1995)，尤其是§6.1。

［60］*Phenomenology of Perception*, p. 301.

［61］Ibid., p. 303.

［62］Ibid., p. 302.

［63］接下来的两节大量选取自我自己的文章《能动意向性活动的逻辑》("The logic of motor intentional activity"，即将发表于 *Ratio*)。

［64］*Phenomenology of Perception*, p. 103.

［65］Ibid., pp. 103-4.

［66］Ibid., p. 100.

［67］参见 Heather Carnahan, "Eye, head and hand coordination during manual aiming," in L. Proteau and D. Elliott (eds.), *Advances in Psychology 85: Vision and Motor Control* (Amsterdam: Elsevier, 1992), p. 188。

［68］*The Visual Brain in Action*, pp. 126-8.

［69］Ibid., p. 128.

［70］M. A. Goodale, L. S. Jakobson, and J. M. Keillor, "Differences in the visual control of pantomimed and natural grasping movements," *Neuropsychologia*, 32 (10), 1159-78 (1994).

［71］*Phenomenology of Perception*, p. 138；斜体为原文所有。[斜体，中译文为黑

体。——译者注]

［72］Ibid.，p. 144.

［73］Ibid.，p. 110.

［74］关于此处的论证的更为详细的解释，参见我自己的论文"The logic of motor intentional activity"（即将发表于 *Ratio*）。

［75］例如，参见 John Searle, *Intentionality*（Cambridge：Cambridge University Press，1983）。

［76］一个有用的类比存在于弗雷格对概念的解释之中。弗雷格讲到就概念需要拥有一个被添加给它们的对象以便完全成为可指明的实体而言，概念是非饱和的。由于这一点，对它们本身的指涉的任何尝试都会将它们转化为不同于它们最初所是的某物。

［77］如果我们运用她没有掌握的概念来指明内容，那么在讲到我们描述了她对方向的理解的特征时，就几乎没有意义。她必须能够在各种语境中运用这些概念，这是加雷斯·埃文斯（Gareth Evans）称作对概念掌握的"一般性限制"的东西。参见 Gareth Evans, *The Varieties of Reference*（Oxford：Oxford University Press，1982），ch. 4.

［78］这并不是说她没有掌握完美的概念［被定向在45度角］。她可能极好地掌握了那个概念。但是就像我们将会看到的，那并不是显现在她的能动意向性活动中的概念。

［79］同梅尔文·古德尔的个人通信。

［80］*Phenomenology of Perception*，p. 105.

［81］毫无疑问，胡塞尔想把现象学发展成一门"严格科学"的愿望在这方面鼓励了他。

［82］*Phenomenology of Perception*，p. xiv.

第 7 章　马丁·海德格尔

杰夫·马尔帕斯（Jeff Malpas）

马丁·海德格尔（1889—1976）是 20 世纪最重要和最具影响力的哲学家之一。海德格尔连同埃德蒙德·胡塞尔——他在 1920 年代早期与胡塞尔共事过一段时间——一起，在现象学的发展中发挥了至关重要的作用。通过他对克尔凯郭尔式的观念的运用，海德格尔在 20 世纪存在主义的发展中起到了关键性的作用——的确，在这方面，只有让-保罗·萨特（Jean-Paul Sartre）能够声称具有类似的重要性。尽管解释学理论，尤其是由威廉·狄尔泰（Wilhelm Dilthey）所发展的解释学理论，对海德格尔的早期思想具有重要的影响，但是海德格尔也引起了解释学中的一种再定位和转变，这种再定位和转变在他的学生汉斯-格奥尔格·伽达默尔（Hans-Georg Gadamer）的工作中被继续。在更为新近的哲学发展中，雅克·德里达（Jacques Derrida）的"解构"（deconstruction）在海德格尔自己对哲学传统的"解-构的"（de-structive）阅读中具有其根源，而米歇尔·福柯宣称，对他来说在确定他自己的工作进程时，海德格尔（同尼采一起）是关键性的思想家。在当代英语国家的哲学中，海德格尔的影响日渐被感觉到，这不仅表现在环境哲学中，以及理查德·罗蒂的著作对海德格尔的思想的实用主义运用中，而且也表现在海德格尔式的观念的发展中，这些发展见于来自所谓的"分析"传统内的一些哲学家的工作，例如休伯特·德莱弗斯（Hubert Dreyfus）、查尔斯·泰勒（Charles Taylor）和斯坦利·卡维尔（Stanley Cavell）。与此同时，对一种彻底的审查来说，海德格尔1930 年代期间同纳粹主义的政治牵连已经成为一个重要的焦点，这种审查不仅仅针对海德格尔自身的政治和道德过失，而且也一般地针对哲学以及欧洲思想、文化的政治和道德过失。

海德格尔的生平

马丁·海德格尔于 1889 年 9 月 26 日出生在位于德国南部巴登邦（Baden）的梅斯基尔希（Messkirch）村庄，并且终其一生，他都维持着对黑森林地区的强烈依恋，他来自这个地区——除了在马堡（Marburg）的五年时间，他一直都生活并工作于梅斯基尔希、弗莱堡（Freiburg）和他在托特瑙山（Todtnauberg）为自己建造的小木屋中。海德格尔的家庭是下层中产阶级和天主教家庭。他的父亲是位于梅斯基尔希的圣马丁（St. Martin）乡村教堂的教堂司事，而他的母亲约翰娜（Johanna）则来自邻近的哥金根（Göggingen）村庄的一个农民家庭。

作为三个孩子中最大的那个，马丁·海德格尔被当地神父认作具有天赋的孩子，并且在 14 岁时被送到位于康斯坦茨（Konstanz）一所文科中学学习，后来又被送到弗莱堡。海德格尔在 1909 年的神职培训中开始神学和哲学研究，但是两年后便中断了他的神职培训，取而代之聚焦于哲学，同时也从事科学和数学方面的研究。1913 年，他凭借学位论文《心理主义的判断学说》完成了在弗莱堡大学的哲学博士学位，并且在 1915 年，他完成了他的任教资格论文《邓·司各脱的范畴与意义学说》。1915 年，海德格尔也遇见了艾弗里德·佩持蒂（Elfride Petri），一个来自德国北部新教背景的经济学学生，并且两人在 1917 年结婚，他们的第一个儿子约尔格（Jorg）出生于 1919 年，他们的第二个儿子海尔曼（Hermann）出生于1920 年。

在自 1915 年开始工作于位于弗莱堡的一个军事邮政办公室之后——对他的健康的担忧意味着他被归类为仅仅只拥有有限的健康——海德格尔于1918 年被送去进行军事训练，并且被派往位于凡尔登（Verdun）的一个气象站。第一次世界大战结束时，他返回弗莱堡担任胡塞尔的助手，并且于1919 年最终在个人和哲学上与天主教机构决裂。1923 年，海德格尔在马堡大学得到了一个初级教席，并且于 1927 年擢升为高级教席。第二年，他在弗莱堡接替了胡塞尔，在那里，在纳粹控制之下担任大学校长的一个短暂而声名狼藉的时期（1933—1934）之后，他在偶有中断的情况下继续教学到第二次世界大战结束时。在战争结束时开始的去-纳粹化的过程中，海德格尔1930 年代对纳粹的赞同导致他被撤销了他的教授职位，并且直到

1949 年都被禁止教学。然而，1951 年弗莱堡大学授予他荣休地位，并且他能够再次讲课，直到 1960 年代末期，他一直继续讲演和主持研讨班。他于 1976 年 5 月 26 日去世，被葬于梅斯基尔希的乡村教堂墓地里，他的父亲曾在那里做过教堂司事。

哲学的发展

"被隐藏的王"

海德格尔早期的声名不是依靠于他的著作——实际上，在他的任教资格论文发表后的十年左右的时间里，他几乎没有出版什么值得注意的东西——而是依靠于他作为一个教师的能力。作为一个矮小并且在其青年时代相对瘦弱的男人，海德格尔操着一口乡土音，有时倾向于一种有些"土气的"着装方式（有一次，他穿着滑雪服就出现在课堂上），并且拥有一种具有穿透力的目光，他对那些参加他的课程的学生具有着非常强大的影响力。汉娜·阿伦特（Hannah Arendt）非常有名地谈到，从 1919 年开始海德格尔的声名传遍德国，就像"一个被隐藏的王的传说"（Arendt，1978，p. 294），而另一个海德格尔早期教学的见证者将他在讲堂里的影响同传言中费希特（Fichte）以及甚至是路德（Luther）在讲堂里的影响相比（Petzet，1993，p. 10）。

然而，海德格尔作为一个教师的成功不仅仅是一个个人风格或者魅力的问题，而且也应归功于其教学本身的特性。通过将狄尔泰式的解释学、胡塞尔式的现象学的观念和方法，以及从古希腊的存在论、中世纪的神秘主义与形而上学中借取的一系列问题和概念，都融合在一起，海德格尔形成了一种从事哲学的方式，这种方式典型地是他自己的；这种从事哲学的方式包含了哲学探究的一种转变，而且以一种全新的和革命性的方式开启了整个哲学传统，从而将他的学生引向同熟悉的文本的亲密接触，就好像他们第一次读到这些文本一样。就像阿伦特写道："有关海德格尔的传说简而言之就是：思想再次苏醒过来；那些被认为已经死亡的过去的文化财产被迫说话，结果就是在其过程中它们提出了某些东西，这些东西完全不同于它们曾经被假定着去说的熟悉而陈旧的平凡之物。那里存在着一个老师，人们也许能够学着去思。"（Arendt，1978，p. 295）

145

第 7 章 马丁·海德格尔

181

"转向"

如同现在一样，在当时，做一个杰出的教师不足以使一个人在学术生涯中走得很远，而且在其早年，海德格尔缺乏出版的东西，而这成为困难的一个经常性的来源。然而，1927年他出版了《存在与时间》——一部为了保证海德格尔在马堡的高级教席并以一种未完成的形式而被呈现的作品。即使是未完成的，这部著作仍确立了海德格尔作为一个主要人物的声名，并且正是在这部作品的基础上，海德格尔的国际名声被确立起来。

然而，《存在与时间》从未被完成，因为在1927年之后的时期中（更具体地说在1930年与1936年），海德格尔的思想经历了一种变化、转向或"逆转"（*die Kehre*）。然而，这种转向不是转**离**（away）更早期工作的问题，而是从一个新的方向转**回**（back）这些问题——并且在某些方面也是对一些观念的一种再使用，这些观念已经在他先于《存在与时间》的思考中呈现出来，尽管也许是未充分发展的。此外，虽然"转向"经常被用来指定海德格尔思想中的那个特定变化，即与他无法将《存在与时间》完成相联系的那个变化，但是看起来海德格尔的思想实际上经历了许多关键性的转向——它的确总是"在途中"，或者就像阿伦特所指出的，不断地返回它的原点，不断地重新开始（Arendt，1978，p. 298）。

实际上，看起来的确存在许多重要的点，在这些点那里，海德格尔的思想经历了某些关键性变化：他在1921年到1923年对亚里士多德的深入研究标志了一个这样的点（参见 Kisiel，1993，pp. 227ff.）；另一个点看起来已经发生在他于1930年代末和1940年代初对德国浪漫诗人弗里德里希·荷尔德林（Friedrich Hölderlin）的阅读的过程中。在这方面，"转向"的观念能够被理解为将注意力既指向发生在1930年代的海德格尔思想中的那个特定变化——并且那紧密地联系于海德格尔在《存在与时间》中碰到的一个问题（关于它下面将会讲到更多）——也指向海德格尔思想的动态特征，即转向和返回看起来总是位于其思想的中心的那个单一问题：海德格尔将其称为"存在问题"。

存在问题

存在问题不是仅仅与海德格尔的工作一起出现的一个新问题，而是与哲学自身一样古老。在古希腊和中世纪的思想家中，存在问题依据于这个问题而显现，这个问题有关什么是真正实在的东西，什么是"实体"。对柏拉图来说，这个问题的答案在永恒的形式（Forms）或理念（Ideas）那里被找到；对于亚里士多德来说，在每一事物的个体本质那里；对于诸如托马斯·阿奎那这样的中世纪思想家们来说，在上帝那里。更近一些，一些哲学家已经怀疑这个问题是否具有任何意义；但是从笛卡尔开始，现代思想中日渐增长的趋势是，将存在问题或者事物的实在性（reality）问题看作是由物理科学所解决的，并且依据物质性（materiality）或物理性（physicality）来解释存在。海德格尔对存在问题的思考承认与这种形而上学传统的一种连续性，但是它也表现了对问题本身以及对它产生于其中的传统的一种再思考。

存在与"生活"

海德格尔的早期职业生涯，尤其是早期作为一名教师的职业生涯，为获得对整体框架的一种初步理解的任何尝试提供了一个有益的起点，他对存在问题的再思考就发生在这个框架之内。的确，就像阿伦特指出的，海德格尔使思想"复活"的方式，既是这样一种方式——凭借这种方式他能给古老的问题和众所周知的文本带来新的气息——的指示，也是那样一种方式——凭借那种方式，他并不将哲学看作与生活（life）或者与哲学家的生存（existence）相分离的某种东西，而是看作与它紧密地联系在一起——的指示。海德格尔将哲学探究看作总是被奠基于对具体的人的生存的一种关注。此外，这种在人的生存中的奠基并不是同这样一种生存——在远离哲学家的意义上被构想的生存——的关系，而是包含了哲学家自己的生存本身。因而看起来标示着海德格尔的教学的那种东西，正是针对他的主题的一种彻底的、发问式的方法，连同一种强烈的、个人的介入。在海德格尔的课程中，哲学不是枯燥的、"学术的"追求，而是"充满激情的思考"的一种形式——一种至关重要且苛刻的探究模式，在其中哲学探究（甚至学术生活本身，以及大学生活）的特征，连同探究者的存在方式，都是自身成问题的。

然而，在思的任务中思想家的个人介入并不意味着人们能够通过看思想家的传记而学会思——思总是并且仅仅只被传送给思自身的问题〔在关于亚里士多德的一个讲座上，海德格尔曾经以有关哲学家生平的一个总结开场，这一总结简单地存在于这个评论中："亚里士多德出生了，工作过，

147

183

并且死了"（Arendt，1978，p. 297）]。宁可说要点在于，在这样的思中，人们不能离开人们自己的紧要的生活和生存而去思。在这方面，真正彻底的（也就是说，哲学的）追问总是包含着追问者自身。抓住这个要点——存在问题是这样一个问题，我们自己的存在总是且已经被暗含在其中——在开始理解海德格尔式的"存在问题"中成问题的东西可能是什么时，也许是关键性的步骤。然而如果我们的存在以这种方式的确被暗含在存在问题中，那么它到底是**怎样**被暗含的呢？这仍然要求澄清——而且，提供这样的澄清应该也要提供帮助，以便使存在问题自身变得不那么晦暗。

存在与"在场"

存在问题关系到我们自己的存在以及存在本身，这个观念已经呈现在海德格尔早期关于中世纪哲学和神学的作品中。在那里，个体与上帝的关系的神秘经验被看作理解中世纪思想家们的形式本体论的（存在论的，ontological）和认识论的探究的必要背景——仅仅通过将其联系于这一背景，中世纪哲学才能与它产生于其中的生活、人类语境相联系而被把握。此外，中世纪形而上学与中世纪神秘主义之间的关联也标示了存在问题与我们自己的存在的问题之间的关联。相对于中世纪的神秘主义的背景，存在问题不可避免地被理解为这一问题，该问题关涉到我们同超越于我们自己的个体生存的东西的关系——在这方面，如果我们自己的存在被理解为是独立于其他事物的存在，那么存在问题就不关涉到我们自己的存在，而只是在我们的存在被理解为恰好是这样一种存在时，即总是位于同其他存在者的一种关系中（尽管那种关系的确切本性仍有待澄清），存在问题才追问我们的存在。而且，因为存在问题仅仅关涉到这种"关联性"，因此它关涉到事物的这样一种存在，即这种存在并不是依据事物作为单纯"质料"（stuff）的事实实在（existence）而被理解的事物的存在，而是依据事物作为它们所是的事物的显现——依据它们的在场（presence）或者到场（presencing）——而被理解的事物的存在，而这一显现总是发生在与像我们这样的存在者的关系中。

海德格尔使用了许多经常借自古希腊思想的术语而在其不同的侧面来指涉这个"在场"的观念，包括例如："*physis*"这个指涉事物的自然"涌现"（emergence）或形成（coming into being）的希腊单词，并且也许最重要的是"*aletheia*"，该词经常被译为"真理"（尽管海德格尔后来放弃了这个翻译），或者更字面地译为"解蔽"（disclosedness）或"去蔽"（unconcealedness）。依据海德格尔看来，存在仅仅是事物的在场或者解蔽，并且因而存在问题总是包含着我们的存在，因为我们总是被包含在这种在场和解蔽之中。从这个角度，存在问题能够被看作这样一个问题，用海德格尔式的短语回转来说，该问题在本质上被指向"解蔽之解蔽"（the disclosing of disclosedness），或者像它可能被指出的那样，指向"在场之到场"（the presencing of presence）——也就是说，指向在场和解蔽的本质结构的去蔽（uncovering）。因为追问（questioning）本身的可能性依靠在场或解蔽的可能性（因为仅仅在事物是在场的或者被解蔽的范围内，它们才能被开放可追问），所以人们也可以说存在问题关涉到可追问性（questionability）本身的存在。

"在场"与世界

然而，对"在场"和"解蔽"的这种谈论可能被认为是仅仅以一种晦暗性代替了另一种——并且晦暗性是针对海德格尔作品的一种太过频繁的指控。因而，在此被援引的"在场"和"解蔽"之中，到底包含了什么？一个具有诱惑力的可能性是认为事物的解蔽仅仅是它们被认知。然而，这肯定不是海德格尔所意指的东西。知识，至少在**那个**的知识（knowledge that）[而不是与**怎样**的知识（knowledge how）——"知道怎样"或者技能——相联系的实践知识]意义上的知识，总是被指向某些事实，指向情况属实的某物：我认知到"账单已经被支付了"，"布加勒斯特是罗马尼亚的首都"，"水的分子结构是一份氧对两份氢"，"我们将会吃茄子作为晚餐"。然而，在这个意义上的事物的知识不同于事物的"解蔽"，因为这样的知识已经预设了事物已经首先被解蔽为可知的。认知到账单已经被支付了，这预设了我们有些熟悉账单是什么，熟悉某物被支付是什么，熟悉正在考察中的特定账单，并且最终熟悉实践和事物的整个框架——整个"世界"——这个框架或世界从来不能被完全指明，并且不能纯粹地依据知识离散项的任何有限的集合被解释。

在海德格尔的在场或解蔽的讨论中构成问题的东西，正是依据事物包含的"方面"和关系的多样性而进行的事物把握，或者就像我们也许能更好地指出的，依据它们在世界中复杂的位置性（locatedness）而进行的事物把握。对事物的这样一种"把握"不能够简单地依据我们"认知"事物而被解释，而是必须包含我们同它们的世界接触的整个范围——包括我们的实践接触——并且因而包含我们与作为事物的事物的接触，而不是与仅仅作为认识对象的事物的接触。此外，如果我们不能仅仅基于事物是知识的对象而理解它们的存在，那么我们也不能仅仅基于我们作为认知者的存在而理解我们自己的存在。我们自己的存在必须依据我们在世界中的位置性而就其自身被理解，依据我们同事物以及同像我们自身一样的他者的全部范围的接触而就其自身被阐明。实际上，我们可以说，当被解释为是一个关涉到在场和解蔽的问题时，存在问题——它**既**是一个有关我们的存在的问题，也是一个有关事物的存在的问题——也是一个有关世界的存在的问题，因为存在着一个世界，这也就是事物到场或者被解蔽。

"存在论差异"

如果以这种方式被理解，存在问题——被理解为一个关涉到事物的在场和解蔽的问题——会将我们的注意力引向可以被称为"结构整体"(structural whole) 的东西，在这个"结构整体"中，任何特定的事物都能够在场或者被解蔽，并且这个"结构整体"既包含了被解蔽的东西，又由此包含了它是向着何物而被解蔽的。追问某个特定事物的存在因而也就是追问那个事物的在场或解蔽，但是追问这一点并不是追问事物的任何特定特征（不是它的颜色，不是它的形状，不是它的化学结构，不是它的因果属性），并且它也不能够通过指涉任何这样的特征而成为可回答的。相反，这是去追问是什么"使得"任何这样的特征的在场"成为可能"，是什么"使得"事物本身的在场"成为可能"。

在场或者解蔽因而并不被等同于事物的某个特定特征或属性——不等同于它们具有的某个确定特性或类型，不等同于它们被认知，不等同于它们的可见，不等同于它们能够被经验，不等同于它们能够进行确定的因果交互作用——因为这不仅会将事物还原成这样一种东西（这种东西仅仅是它们所是的东西的一个方面或部分），而且它也会将事物的到场或解蔽（也就是说，它们的存在）错误地等同于**存在的东西**（what it is），这种存在的东西是凭借到场或解蔽而成为在场的或被解蔽的。尽管如此，存在着一种仅仅以这种方式来理解在场和解蔽的倾向，并且因而将事物的在场和解蔽看作等同于，例如，它是一个具有某一特定颜色和形状的事物，等同于它具有某一特定的生化本性，等同于它具有某一特定的物理构成。这种仅仅依据实在场的东西来理解事物的在场的倾向，实际上是将存在仅仅等同于某一特定的存在者或存在者们（它将存在等同于事物的存在的某一特定的方面或特征），并且在这方面，它实际上是对存在和存在者之间

（*das Sein* 和 *die Seiendes* 之间）的差异——存在论差异，就像海德格尔所称呼的——的一种遗忘。这样一种对存在和存在者之间的差异的遗忘也是对存在本身（*Seinsvergessenheit*）的一种遗忘。

形而上学的批判

尽管海德格尔的早期工作很大程度上是在中世纪哲学和神学的框架内进行的，但是在 1920 年代早期，他已经开始更一般地将传统的神学、存在论和形而上学看作以一种存在的遗忘为特征，并且因而看作遮蔽了存在和存在者之间、在场和在场的东西之间的差异。这种倾向在各种对存在的形而上学的理解中是明显的，这些理解将存在理解为等同于永恒理念或者等同于个体本质（两者都是聚焦于事物的特定的可理解的方面），理解为上帝，理解为物质性或物理性。的确，根据海德格尔，哲学史就是一部这种遗忘的历史。

此外，由于哲学思考遮蔽了在场和在场的东西之间的差异，因而它也遮蔽了这样的方式，依据这种方式，存在的问题总是这样一个问题，在其中我们自己的存在是成问题的。因而，在 1923 年的一个讲座课程中，海德格尔告诉他的学生，传统存在论"阻塞了通往那种存在的通道，那种存在在哲学问题之内的决定性：此在（Dasein），哲学'是（存在）'从它之中来并且为了它"（Heidegger，1999，p. 2）。在此，海德格尔使用"此在"这个术语（从字面上说，该词的意思是"在那里-存在"，并且在日常德语中被用来指涉某物实在的事实——"这本书'在那里'的架子上"）来指涉那种实在，该实在是像我们自身这样的存在者所特有的。当哲学遮蔽在场而支持在场的东西，并且因而将目光从存在移向存在者，它因此也遮蔽了这样一种方式，凭借该方式，在场的东西仅仅在与像我们自身这样的存在者的联系中才能在场。存在的遗忘因而也是对我们自己的存在的一种遗忘。

以这种方法，存在论遮掩了这样一种方式，凭借该方式存在问题产生于我们自己的——也就是说此在的——在世界之中的情境性（situated-ness），并且因而产生于我们同世界之内的事物的关联性；它由此也遮掩了这种方式，凭借该方式，存在问题包含我们自身和我们周围的事物。结果就产生了这样一种思考的方式，该方式远离原初地产生它的具体境遇，并且以这样一种方式对待事物的存在，即将事物与世界分隔开，并且使它们离开任何与像我们自身这样的存在者的牵连；产生了这样一种思考的方

150

式，这种思考方式真正地将存在还原成存在者，并且将在场还原成在场的东西。这样一种思考方式倾向于对我们自身的这样一种理解，即以一种类似地"去-世界的"（de-worlded）、分离的方式考察我们自己的存在——我们将我们自身理解为仅仅是在场的事物的实例，是生化系统或复杂的物质对象。根据海德格尔，对我们自身的这样一种分离的，甚至是疏远的看法，是现代性的特征。

那么如果被恰当地理解，现代对认识论的关注并不构成存在问题的一种苏醒（依据它同人类存在的关系而被考察），而且它自身就是那个问题的遗忘的一种症状。认识论不仅只是依据我们作为认知者的存在来对待我们的存在，而且也预设我们同世界和世界之内的事物的先在的间隔与分离——这个预设成为怀疑论的担忧的基础，这些担忧刺激了很多认识论的思考。认识论因而已经依靠于从在场转向在场的东西——依靠于从存在转向存在者——并且因为它由此包含了对存在问题的一种遗忘，因此认识论包含了对我们自己的存在的问题的一种遗忘。

由于唤醒存在的问题意味着唤醒这样一个意义，就该意义而言，那个问题是一个我们总是被暗含在其中的问题，因此唤醒那个问题的确是这样一个问题，即恰好唤醒那种"激情的"思考，阿伦特将那种思考指明为海德格尔自身的特征——该思考理解这样一种方式，凭借该方式，存在的问题产生于我们在世界之中的情境性，并且因而产生于事物的先在的解蔽，并且该思考既包含我们的存在，也包含我们周围的事物的存在。

从意义到处所

海德格尔的"转向"不仅标示了他的思想自传的一个特定片段，而且也将我们指涉向这样一种方式，凭借该方式，任何基础的思都必须包含一种向思本身的情境性的持续"回转"（turning back），一种从被解蔽的东西向解蔽本身以及向我们自己对这种解蔽的介入的"回转"，一种从存在者向存在的"回转"。正是部分地因为这个原因，海德格尔将他自己的思想描绘为总是"在途中"，而不是依据已经"到达"来描绘，并且将他自身描绘为一个"探求者"，而不是一个已经找到了什么的人。

此外，如果存在问题是一个必须总是被重新唤醒和被重新表述的问题，那么因而它也是一个将会总是向不止一种表述模式开放的问题。在1969年的一个著名的研讨班中，海德格尔阐述了可以对存在问题进行处理的三种不同方式，同时也将它们呈现为代表了他自己思想的三个不同阶段

（Heidegger，1986，p. 344）。虽然海德格尔并未将所有这些阶段等同于具体的作品或时期，并且它们明显地以各种方式相重叠，但它们的确提供了一个描绘他的思想从早期到晚期的发展的有益方式。在此，被海德格尔确定为标志物的三个术语能够因此被看作三个相继的极点，他自己的思想正是围绕这些极点转动。

第一个阶段，海德格尔自己将其呈现为具体地同《存在与时间》相联系，该阶段聚焦的存在问题被理解为一个关涉到存在的**意义**的问题。看起来正是理解存在问题的这种方式描绘了一直到 1930 年代转向为止的海德格尔的思想特征。第二个和第三个阶段则更好地表现了转向期间和转向之后的海德格尔的思想特征。第二个阶段聚焦的存在问题被理解为一个关涉到存在的**真理**的问题，并且这种对真理的聚焦在海德格尔 1930 年代期间和直到 1940 年代的著作中尤其重要。第三个阶段处理的存在问题被理解为一个关涉到存在的**处所**（place，*topos*）的问题。有人可能会认为处所的观念在海德格尔 1930 年代之前的作品中就已经是明显的，但的确是在他于 1940 年代和 1950 年代关于栖居（dwelling）的本性和技术的危险的作品中，它才凸现出来。意义、真理和处所因而标示出海德格尔思想道路中的三个阶段，并且同样地，在所有这三个术语都已经被包含在其中的那个单一问题——存在问题——的逐步展开中，它们也能够被看作标示性的阶段。

存在的意义：《存在与时间》

从海德格尔 1927 年的巨著开始，依据存在的意义的问题来理解存在问题就是很明显的。《存在与时间》以来自柏拉图的一段引文而开始——"当你们用到'是'或'存在'这样的词，显然你们早就很熟悉这些词的意思，不过，虽然我们也曾以为自己是懂得的，现在却感到困惑不安。"（Heidegger，1962，p. 1［H1］）——并且海德格尔继续告诉我们，在《存在与时间》中他的目标是"具体而微地把存在的意义的问题梳理清楚"（Heidegger，1962，p. 1［H1］）。

存在以及意义统一

在此被讨论的问题是一个要回溯到一本书的问题，海德格尔告诉我们这本书是他钻研的第一个哲学文本：弗朗兹·布伦塔诺 1862 年的论文《论 *152*

亚里士多德关于存在的多种意义》（*The Several Senses of Being in Aristotle*）。就像它出现在亚里士多德那里一样，存在的**意义**的问题也是一个关涉到存在的**统一**的问题。亚里士多德坚称有许多的意义，事物能够就这些意义而言而存在，并且虽然这些存在的方式是在相互之间的某些关系中，但它们仍然不能被还原成任何单一的更具包容性的存在意义。在着手处理关涉到存在的意义的问题时，海德格尔也着手处理这个关涉到存在的统一的问题，但是仍然认同亚里士多德，认为任何这样的统一都不会在于将存在还原成一个单一的理念或范畴。

实际上，海德格尔从这样一个框架之内来理解在此被讨论的意义问题和意义统一，该框架由他自己在解释学和现象学中的研究来提供。在这个框架之内，意义、"含义"（sense, *Sinn*）或"可理解性"并不被等同于那种仅仅被呈现为有意义的东西，而宁可说是等同于这样一个结构，该结构允许某物作为有意义的或可理解的而在场。在这方面，对意义的探究能够被看作与对被理解为在场和解蔽的存在的探究具有相同的形式——的确，意义的问题能够被看作相同于在场或解蔽的问题。

存在的**意义**的问题因而是一个对结构进行探问的问题，通过这个结构，事物能够被解蔽为存在者；由于在此构成问题的确实是一个单一结构，尽管该结构是一个由多种要素构成的结构，因此它探问存在的意义的**统一**。现象学被海德格尔呈现为一种揭示在此构成问题的意义或可理解性的统一结构的方法。然而，由于那个结构是一个通常被我们与事物接触的日常模式所隐藏的结构，因此现象学必须也是解释学的，因为它必须旨在不仅要展示可理解性的基本结构，而且还要从那种结构的通常的被隐藏性中恢复该结构。

此在作为"在-世界-之中-存在"

海德格尔指出，因为正是在像我们自身这样的存在者身上——对于这些存在者而言它们自己的存在"是成问题的"——存在问题才第一次出现，因此对存在的意义的探究也必须通过对我们的存在的探究而进行，也就是说通过对此在的存在的探究而进行，至少最初要这样。由于此在的存在在这方面不同于其他事物的存在，因此海德格尔用"生存"（existence）来指涉专属于此在的那种特殊存在——此在的生存的那些基本结构因此被指涉为生存论环节（existentials）。然而，除了通过此在自己的日常理解——尽管这种理解可能就其自身而言被证明是错误的——没有其他地方能开始这样一种生存论上的探究。所以，在承认那种理解的准备性特征的同时，海德格尔以此在开始他的分析，这个此在发现它自身已经"在"世界"之中"，在与事物的实践接触之中［这种"已经在……之中"的存在，他称作"被抛境况"（throw-ness）或"实际性"（facticity）］。然而，如果这必须真的是我们的起点，那么此在就不能被假定为等同于意识，等同于认知主体，或者等同于某种物质性身体。这些全部都代表了从此在的（我们自身的）原始经验中的抽离，这个此在已经被交给在世界之中的介入——交给言说、行走、写作、抓住、制作等等。至少在最初，此在只能被理解为"在-世界-之中-存在"，并且任何对此在的结构的分析都因而必须包含对世界的结构的分析，此在总是而且已经被卷入到这个世界之中——此在发现其自身已经"被抛入"这个世界的结构中。

　　然而重要的是，注意到此在在其世界"之中"的方式不同于例如水可能在空间上被包含于一个玻璃杯"之中"的方式。此在的"在-之中"（being-in）是介入的"在-之中"，而不是空间的包含。这样的介入就其自身而言被束缚于此在与事物的原始的关联性上，而这些事物则是在它们作为**"用具"**的存在中，也就是说，是作为可供使用或"上手的"（ready-to-hand，*Zuhanden*）事物，而不是作为以一种方式从原始活动中抽离出来而仅仅"现成在手的"（present-to-hand，*Vorhanden*）事物。因而当我为了在黑板上书写而捡起粉笔时，我将粉笔把握为可供使用的某物，但是当我仅仅检查在我手中的粉笔，注意它的质地、颜色等等时，我将它把握为仅在我前面是现成的或**演历的**（occurrent）。在事物的用具性或可使用性特征中把握它们，是典型地依据它们在某个特定的社会或文化背景中展示的东西来把握它们。的确，对我来说为了将粉笔看作用来书写的某物，我必须已经拥有对粉笔的一种先在的理解，即将其理解为可用来书写的某物，并且因而我必须已经拥有对那组实践的一种把握，而粉笔在那组实践中能够以那种方式被使用。这既标示了这样一种方式，凭借该方式，理解总是在某些先在的理解的基础上运作；也标示了那样一种方式，凭借该方式，那些先在的理解就它们自身而言是社会地和历史地被决定的。

　　由于此在的存在是通过它对事物的实践的、社会化的处理而首先被变成它所是的东西——并且因此正是通过那些实践的处理，事物才第一次"被解蔽"为可理解的——因此它的存在或生存就不是被建立在某种纯粹"内在的"精神生活的基础之上的某物，而仅仅是建立在它的世界化的介入的基础之上的某物。在这方面，海德格尔对此在结构的解释能够被看作为所谓心灵"存在主义的"理论提供了一个重要的先导。这些理论已经同唐纳德·戴维森（Donald Davidson）、泰勒·伯奇（Tyler Burge）以及其他一些人的工作联系在一起。

然而，如果此在的确是以这样一种"外在化的"方式——也就是说，仅仅依据它的各种实践的介入——而被构成的，那么它也受到这样的威胁，即迷失在那些介入的多元性和多样性之中，并且迷失在社会之物［海德格尔称作"常人们"（the They）或"常人"（the One，Das Man）］的去个性化的一般性之中。的确，此在拥有一种固有倾向——海德格尔将其称作"沉沦"——仅仅以这样一种外在化和去个性化的方式理解它自身。但是，这种倾向，以及对此在来说迷失在其分散的介入之中的更一般的倾向，威胁到了此在或"在-世界-之中-存在"作为一个统一的存在模式的观念（并且由此，人们可能会说，它威胁到了存在本身的意义的统一的观念）。然而，如果此在的确是那种存在，即对它来说，它自己的存在总是成问题的，并且能因此拥有它自己的存在的一个意义——它的存在的这样一种意义，该意义在每一状况下都是"向来我属的"（属我的，mine）——那么此在必须拥有一种统一，该统一专属于它，并且不仅仅只是不同的无关联的活动或介入的一种并置。

154

操心、死亡和时间性

"操心"（care，Sorge）是海德格尔用来描述此在生存的那样一个方面的术语，该方面关涉到这样一种方式，凭借该方式它自己的存在对于它来说是一个问题。操心因此被直接地联结于此在的自身意义，并且因而联结于此在的"向来我属性"（mine-ness）或"属己性"（own-ness）。操心在使我们能够理解此在怎样能在世界"之中"时是重要的：此在的世界化介入出现在操心的基础之上——也就是说，在这种方式的基础之上，凭借该方式此在的存在对它来说总是要紧的——并且因此它为我们提供了专属于此在的统一的本性的一种特征描述，但是它还未能对那种统一就其自身而言是怎样被奠基的提供任何解释。它确实没有对此在怎样能拥有一个其自身的意义而提供解释。

海德格尔认为操心的结构——那样一种方式，凭借该方式此在的存在对它来说是一个问题——是由这样一种方式决定的，凭借该方式此在在同它已经是和曾经是的东西的关系中把握它自己未来的可能性。此在持续地将这样的可能性"筹划"向它的未来，并且依据这些向它开放的可能性而理解它自身和它的生命。这意味着此在以一种本质上时间的方式被构成——时间提供了此在在其内理解它自身以及它的世界的视野，并且因此时间是事物在其内被解蔽或被带向在场的视野。然而，如果向此在开放的可能性的范围是无限的，如果此在为其生命而将可能性筹划向未来是没有限制的，那么也将不会有对可能性的限制，依据这些可能性此在能够理解自身。然而，如果情况是那样的话，将不会有任何意义，就其而言任何某一组可能性对此在来说是要紧的，因为每一组可能性都将会向它开放，并且这将意味着对此在来说没有什么东西将会凸显为重要的（此在也将会缺乏它自己的时间特征的任何意义）。

正是因为此在的可能性的未来筹划不能永远继续下去，所以只有这一点——什么样的可能性对它来说成为现实——对此在来说才能够是要紧的，但是因为此在依据其可能性而就其自身而言是被确定的，因此这也意味着此在仅仅能拥有一个它自身的意义，因为它的可能性的确是有限的。正是死亡标示了我们的可能性的界限；也是死亡表象了一种没有其他人能为我们承担的可能性——没有其他人能替我们自己死亡——并且因此死亡表象了我们"最属己的"（ownmost）可能性。正是面对死亡，我们才被迫向我们自身"坦诚"，并且认识到只有我们才能对我们的生命负责。因而仅仅是面对死亡的确定的可能性时，我们生命的统一和"属己性"才能被建立起来，并且世界和在它之内的事物才向我们开放。存在的意义因而是在我们自己的有限的时间性的结构中被找到的，根据这个结构，我们的在-世界-之中-存在最终会被看作奠基于我们的向-死-存在（being-toward-death）。

从此在到存在

就像它实际被出版的那样，实际上整个《存在与时间》通过此在的分析而开始，以对有限的时间性的分析而告终。然而，海德格尔的原初意向是这部著作应该不仅仅只包含这些。《存在与时间》被计划成一部拥有两个部分的著作，而每一部分都由三个部分构成。第一部的第一个部分打算阐述此在生存的基本结构；第二部分打算展示生存论结构如何奠基于此在的时间特征；而第三部分打算接着展示此在的时间性如何奠基于存在的时间性。第二部打算通过哲学史而重新考察，从它的哲学的遗忘中提供存在的意义的一种"重获"——它是第一部所完成的从日常遗忘中的那种重获的一个对应物——通过对康德、笛卡尔和亚里士多德的作品中有关时间的

155

哲学思想的一种"剖析"而重新考察。然而，实际出版的作品仅仅包含第一部的第一和第二部分，对此在的分析。第一部的第三部分和整个第二部都是阙如的。

《存在与时间》在最关键的点上未达到它的预期标志：从此在的存在的分析转向存在本身的分析。由此，这部作品看起来不能超出某个水平而取得进展——甚至在它认识到存在问题超越于任何特定的存在或存在模式的存在时，它依然继续聚焦于此在的存在上。的确，由于它依然继续聚焦于此在的存在，因此它也许被看成是成为某种特定形式的主体主义（sub-jectivism）或者甚至是观念论的牺牲品（尽管海德格尔自身坚定地拒斥任何这样的批评）。《存在与时间》在这一点上的"失败"——并且尤其是海德格尔不能在由那部著作建立起来的框架之内实现从此在回到存在的转变、转向——可以被看作位于这样一个"转向"的核心之处，这个转向是海德格尔的思想本身在1930年代早期到中期期间所经历的。在这方面，这个"转向"不仅仅是海德格尔自己思想中的一个运动——不管这个运动是被联结于1930年代的事件，还是被联结于他的作为一个整体的思想——而且还必须是由思考存在问题的任何真正努力所完成的一个运动。

真理和处所：后期著作

到1930年，看起来明显的是在《存在与时间》中被构想的原初计划不能依据那部著作中被阐述的术语而被完成。因此，海德格尔开始更直接地聚焦于看起来位于存在问题的核心之处的现象——聚焦于在场和解蔽本身——而不是聚焦于通过此在的结构而被表述的那种现象。在更直接地聚焦于解蔽时，海德格尔也开始更直接地聚焦于真理的问题，以及通过真理而聚焦于处所的观念。

真理的两种意义

在《存在与时间》中，海德格尔就已经在真理的两种意义之间做出区分（Heidegger，1962，§44，212-30）：首先，作为这样一种相即性（ade-quacy）问题的真理，即一个判断相即于它的对象，根据这种真理观念，"这幅画在墙上"这个陈述的真理就是这样一个问题，即正确表象关于这幅画的事态和它相对于墙壁的位置；其次，就其自身而言是作为事物的原初去蔽的问题的真理，根据这种真理，这幅画、墙壁和它们的关联性是被解蔽的，以至于关于它们的判断是可能的。真理的前一个意义依赖于后一个——仅仅在作为去蔽或解蔽的真理的更为原初的意义的基础上，作为正确性（correctness）的真理才是可能的。真理正是海德格尔开创性的论文《艺术作品的本源》（Heidegger，1993b，pp. 139-212，最初是在1935—1936年中以讲座的形式被呈现）的主要关注点，在那部作品中，海德格尔考察了这样一种方式，凭借该方式，真理——也就是说事物的原初去蔽——在同艺术作品的联系中被建立和实现出来。

真理、艺术和世界

对海德格尔来说，解蔽，并且因而还有真理，总是形成一个世界（coming to be of a world）的问题，在这个世界之中，特殊的事物以及甚至是我们自身能够变得在场。这种"形成一个世界"——用海德格尔式的说法是"世界的世界化"（worlding of the world）——在本质上是一个文化-历史的问题。它不仅仅为了或涉及一个个体而发生，而且联系于一种文化、一个历史、一个"民族"而发生。同样的东西必须也适用于解蔽并且因而适用于真理：真理不仅仅对我而发生，而且由于我属于一个更大的文化-历史世界而发生。

另外，真理总是历史的，这并不意味着真理在某种程度上是相对化的（因为在此真理并不仅仅指涉陈述的真理，而且指涉作为那种原初解蔽的真理，正是在这种真理的基础上，特殊的陈述才能是真的或假的），而宁可说是它仅仅随同特殊的历史世界——存在的特殊的历史表述〔或"授予"（grantings）〕——的涌现而涌现。这样的世界不是在伟大的艺术作品中仅仅发现了它们的**表达**，而是根据海德格尔所说，这些伟大的艺术作品自身就**界定**和**建立**了在它们中被表达的世界。就其自身而言，伟大的艺术作品自身构成了对存在的特殊理解——人们可以说它们允许事物以特殊的方式以及作为秩序化（ordering）的一种特殊模式而"显示"（show up）。

海德格尔用来阐明在此被讨论的观念的核心例子是古希腊神庙。这座神庙是一件艺术作品，并且就其自身而言是坐落于一个特殊地点的一个特殊事物。然而，这将是一个错误，即认为作为一件艺术作品的神庙的特征仅仅在于它是一个事物，该事物由特定的物质构成，被赋予某种特定的形式。作为一件艺术作品，神庙是事物的一种秩序化和关联的设立，这种设立允许某些方面凸显为重要的，并且让其他方面消退。

神庙建立了一个焦点，这个焦点将围绕着它的东西清晰地带入视野之中：它站立于其上的岩石平面现在是显而易见的作为岩石，作为支撑物，但同时也遮蔽了大地（earth）；在它上面开放的天空现在是显而易见的作为天空（sky），作为世界的包罗万象的广阔区域。相互远离而又对立的这些东西的设立建立了一个畅通的空间，在这个空间之内，事物能够被解蔽：人类承担了他们自己作为凡人（mortals）的特征，这些凡人站立在神（god）的面前，而这正是这个神的庙宇，这些凡人耕种着土地，打磨着石头，仰望着天空；同样地，动物和植物、河流和海洋、山川和峡谷都承担着一个特定的特征，这个特征与在神庙中并通过神庙被建立起来的事物的秩序相符合。就像海德格尔所写的："神庙作品阒然无声地开启着世界，同时把这世界重又置回到大地之中。如此这般，大地本身才作为家园般的基地而露面……神庙在其阒然无声的矗立中才赋予物以外貌，才赋予人类以关于他们自身的展望。"（Heidegger，1993a，p. 168；中译本见海德格尔：《林中路》（修订本），孙周兴译，上海：上海译文出版社，2008 年，第24-25 页）

我们也许可以补充道，神庙给予了人类他们作为人的存在，因为它使得他们的人性（humanity）和必死性（mortality）在一组特定的世界化的可能性之内被理解——它提供了作为人所是的东西的一种"具体化"（concretization），没有这种具体化，就没有人能够存在。作为一件艺术作品的神庙的特征因此并不被发现于它是某个不同于它自身的事物的肖像或表象，而是被发现于它设立了一个世界，并且这不仅仅是神庙的特征，也是所有艺术的特征。所有的艺术——至少是所有伟大的艺术——在本质上都是解蔽的，并且就其本身而言所有的艺术都处在同真理的一种本质联系中。

《艺术作品的本源》经常被看作海德格尔思想中的一部关键性作品，就像它所是的那样，它产生于大约"转向"期间，并且它也对后来的思想家们产生了极大的影响。例如，伽达默尔在他自己的作品中给予了这篇论文一种核心作用（Gadamer，1997，p. 47）。由《艺术作品的本源》所采取的特殊的思的道路仍然被海德格尔看作某种旁道（side-track）——不像那些经由森林的道路［林中路（Holzwege）］，那些道路不将人们带向特定的地点，并且不通向任何终点。然而，那种旁道的一般方向是海德格尔继续追随的方向。实际上，在他的晚期著作中，他依然保持聚焦于解蔽或在场的观念，这种解蔽和在场是作为这样一个问题，即建立某个特定的被清扫

157

的但却统一的维度——而不是像为事物提供了显现空间和光线的林中空地（die Lichtung）——它总是被集中于某种特定的事物（尽管它不需要是一件艺术作品），并且仍然也开放一个世界。在例如《筑·居·思》（Heidegger，1993b，pp. 343-64，最初是作为一个讲座在 1951 年被呈现）这样的文章中，海德格尔描述的仅仅是世界和解蔽的这样一种涌现，这种涌现同时也是作为人类栖居的一个处所的建立。

筑造和栖居

"栖居"（dwelling）是这样一个词语，海德格尔越来越频繁地将其用来——部分是作为他对德国浪漫诗人弗里德里希·荷尔德林的阅读的结果（尽管这个术语已经出现在《存在与时间》的第 12 节）——作为指明这一点（即指明像我们自身这样的凡人的存在方式）的一种方式。世界的开放因而是仅仅与人的存在（human being）相联系而发生的东西，尽管人的存在就其自身而言仅仅通过世界的开放而变得可能，并且被解蔽为人。然而，栖居和世界的开放的焦点不是就其本身而言被理解的人的存在或人的活动，而宁可说是周围的事物，并且正是联系着事物，这样的活动才就其自身而言被组织起来——例如，桥梁或一壶酒，或者用来自海德格尔早期作品并且看起来预示了后期观念的一个例子，在家里的桌子（参见 Herdegger，1999，pp. 68-70）。这样的事物就它们自身而言是通过人的活动、通过海德格尔称作"筑造"（building）[该词既可以意指培养和"关照"（caring for），也可以意指建造] 的东西而被带向存在的，但是人的活动自身仅仅在与事物的联系中才获得形式，它正是被聚焦于这些事物。此外因为筑造是栖居的一种表达，而栖居预设了一个世界，因此仅仅由于存在一个我们已经栖居于其中的世界，筑造才就其自身而言是可能的。

处所、事物和四重整体

在《艺术作品的本源》中，世界被对照于大地，但在诸如《筑·居·思》这样的文章中，世界被理解为海德格尔称作"四重整体"（the Fourfold，das Geviert）的东西的统一。四重整体由四个对比性的要素构成——大地和天空、众神和凡人——每一个要素对整体结构来说都是必需的，但是没有一个要素拥有任何相对于其他要素的优先性。大地是我们站立于其上并且支撑和养育我们的东西；天空是在我们之上拱起并且我们在其中发现光亮和开启（open-ness）的东西；众神是那些对我们进行界定的理想、

158

价值和形象，尽管它们超越于我们；凡人是我们自身所是的存在者——会死的存在者。因为任何特殊的事物都处在一组无限丰富的相互联系（这些联系被反映在方式的无限性中，凭借这些方式，任何这样的事物都能被描述）的交叉点，因此，老旧的桥梁、酒壶、家庭餐桌，每一个都以它自己的方式聚集了这四个要素，连同被包含在它们之内的所有东西，由此使一个世界以及位于那个世界之内的事物变得清楚起来。以这种方式被建立和维持的世界的结构因此就是通过它的要素的相互关联而被建立和维持的一个结构，而那些要素就它们自身而言仅仅通过它们的世界化的关联性而被构成。

联系于一个特殊事物而进行的四重整体的要素的聚集不仅是一个世界的建立和开启，而且也是一个特殊的场所（locale）或处所（place）、一个特殊的**所在**（*topos*）的建立。仅仅在这样的处所之内并且关联于这样的处所，人的栖居才是可能的——栖居恰好是在-处所-之中-存在（being-in-place）的一种方式。这个观念不仅体现在海德格尔自己将林中空地的形象作为一种描述解蔽和世界涌现的特征的方式〔这个观念也预示在"此在"的"此"（Da，there）之中〕，而且也反映在他对下面这种方式的各种解释上，凭借该方式，一个事物相对于它周围众多事物的座席（sitting）或位置性使得那些事物的开启和释放（freeing）成为可能，以至于它们能真正地在相互之间形成一种联系，并且与位于那片被释放和敞开的区域的中心的事物形成一种联系。海德格尔的很多后期思想关注于阐述这样一种"处所"或场所，并且因而取得了被海德格尔称作是存在的一种"拓扑学"的形式——对存在的处所的一种言说（Heidegger，1986，p. 344）。

当然，人们也许会将对众神和凡人、处所和栖居的这种讨论看作仅仅提供了对人的世界体验的某个特定方面的一种诗意化描述。但是驱动着海德格尔的思考的原初存在问题在这些后期作品中发挥的作用并不比在《存在与时间》中更少。像以前一样，海德格尔的关注点是理解存在，不是依据单纯的"质料"的实在，而宁可说是依据事物的解蔽、到场，而这些事物则是在其世界之内的所有复杂位置性之中。海德格尔的目标在于让事物自身显现，不仅仅是显现为科学的对象，也不是显现为因果作用的进程中的要素，甚至也不仅仅是显现为适于人类使用的事物，而是显现为能够以所有这些方式以及更多方式被解蔽的事物。在这方面，海德格尔后期著作的"诗意的"语言不是一种对某种更晦涩或奥秘的言说方式的诉诸，而是回到、恢复、记起在事物的解蔽、到场和**存在**中成问题的东西的广泛性和丰富性。

对技术的批判

与海德格尔对真理的分析紧密联系，后期作品中的处所和栖居是对技术现代性的一个详尽的批判，这个批判大概在《关于技术的问题》（Heidegger，1993b，pp. 307-42；最初在 1949 年作为一个讲座被呈现，并且在 1953 年以被修改的形式呈现）这篇文章中获得了最完全的发展。海德格尔认为形而上学的"存在的遗忘"（它在古希腊思想中拥有其根源），在世界的现代技术秩序化中达到其高潮。实际上，他认为与其说技术仅仅是因哲学和科学探究而兴起的某物，是作为更为基础的观念的实践运用的某物，不如说进行主宰和掌控的技术驱动从一开始就是驱动着西方哲学和科学的东西。

对海德格尔的技术分析来说关键性的是他的这个断言，即技术不能就其自身而言被技术地理解——技术在本质上是一种解蔽模式，但是这种解蔽模式遮蔽它自己作为解蔽的特征，并且也封锁任何其他的这类解蔽模式。海德格尔讲述，技术的本质是被其称作"座架"（Enframing，*Gestell*）的某种东西。海德格尔在此使用的原始德语词具有很多内涵，这些内涵在英文翻译中被遗失了，这些内涵与制造（manufacture）、生产（production）、表象（representation）和设定-在-处所-之中（setting-in-place）的观念相联系。座架是一种秩序化或装配（assembling）的模式，这种模式将每一事物都统一在一个单一方面——作为资源或"存货"（stock，*Bestand*）——之下，这个方面被处理为生产、操作、转换和利用的连续过程的一部分。

如果以这种方式被处理，一条河流就变成了被筑坝阻拦、掌控、转换和传送的水电能的一个根源；一片森林就变成了被经营和加工的木材的一个根源；乡村就变成了作为旅游业的一部分而被包装和出售的一种产品；并且人就显现为一种"人力资源"。在以这种方式将事物还原成单纯的"资源"或"存货"——还原成它们在某种更广阔的秩序化系统内的作用——时，技术座架解蔽了事物，但仅仅在事物显现在一个单一的"框架"和单一一组可能性之内时。事物作为资源的无限秩序的一部分而相互关联，但那种关联的本性也到如此的程度以至于去消除差异和差别——每一事物都变成了可转换的、可交换的、同质的。

此外，技术座架的范围是全部的：甚至人都被处理为资源，并且人的栖居的可能性被危及了。然而，尽管由技术座架造成的危险是巨大的，海德格尔仍坚称，同我们不应该简单地将我们自身交给技术一样，我们也不能拒斥它。现代世界是一个技术世界，并且我们不能仅仅通过意志的一个行为而改变那个世界的特征。的确，假定我们能怎样，这就表达出了进行主宰和掌控的那种驱动，该驱动就其自身而言位于技术本身的核心（在这方面，海德格尔将技术座架看作紧密地联系于现代主体主义）。海德格尔拒绝允许技术能够以这样一种方式被回应，这已经导致一些人将他在这个问题上的立场看作是消极的和无为的（quietistic）——除了等待，我们不能做任何事情。然而，海德格尔也拥有一个更加积极的思想：我们不能自身决定世界的特征，但是我们能维持对技术本身的一种追问的态度；我能够期待去唤醒和维持一种沉思的能力；并且也许以某些微小的和边缘化的方式，我们能够允许事物显示在一种纯粹的技术框架之外。以这种方式"让事物存在"，这看起来是位于晚期海德格尔对"超脱"（releasement）或"宁静"（tranquility, *Gelassenbeit*）的强调的核心之处的东西。

纳粹主义和大学：海德格尔的政治

对德国并且也许更一般地对 20 世纪欧洲思想来说，一个最为典型的问题就是它同纳粹主义的关系。那个问题在同海德格尔相联系时具有一种特殊的重要性。1933 年，海德格尔在弗莱堡大学接受了校长的角色，成为德国第一个"国家社会主义"大学校长。他作为校长只持续到 1934 年，然而看起来他对"国家社会主义"领导人阿道夫·希特勒（Adolf Hitler）的领导力的信心一直保持到至少 1936 年；尽管在 1930 年代后期以及 1940 年代，通过对尼采的作品以及"强力意志"这个尼采式的观念的考察，海德格尔的很多作品看起来已经采取了对纳粹主义的一种含蓄批判的形式，但他却从未正式放弃他的党籍。战争之后，海德格尔尽管承认他 1933 年的"错误"，但他仍对这种"错误"保持沉默，而就其最低限度而言，他确实说过的很多东西看起来只是为了自保。对很多人来说，他明显未能对纳粹的"最终解决"的恐怖提供任何有意义的评论，这一点甚至更令人失望、更值得谴责。

我们应当从这些事实中得出什么样的东西，这个问题是一个困难的问题，并且已经导致了大量的著述和论争。甚至海德格尔的政治牵连的确切程度都已经是争论的一个根源。看起来清楚的一件事是，海德格尔 1930 年代对政治的进入，是一个长期存在的兴趣的高潮，这个兴趣是针对大学政治以及更一般地针对大学在德国社会和文化中的作用的问题。海德格尔从其事业的早期开始就已经一直就这样的问题进行写作和思考。并且他必定是将 1933 年在弗莱堡就任校长的机会看作这样一个机会，即最终将很多年来已经以这样或那样的方式盘踞在他心头的观念付诸实践的机会。同样，看起来清楚的是，他很快就被迫认识到他自己的观念并不得宠于在柏林的权势者——如果他是一个机会主义者，那么他也看起来在政治上是有些幼稚和不切实际的。

然而，也许关于海德格尔同纳粹主义的关联的核心问题是这样的问题，即在什么样的程度上海德格尔的哲学必须就其自身而言被看作是被那种关联所污染的。海德格尔的哲学将会被看作是一种纳粹哲学吗？他对纳粹主义的介入指示了被隐藏在其哲学本身之中的某种成问题的政治倾向吗——对那种哲学来说它可以指示一种导向某种形式的道德或政治盲目性的倾向吗？

我们应当注意这样一些问题，并且我们之所以应当注意，不仅是因为存在于它们之中的模糊性，而且因为它们是其答案太容易被假定的一些问题。对海德格尔与纳粹主义的牵连的特定阅读已经经常作为对其思想的简单而表面的批评或拒斥的基础。然而，除了通过努力研究那个思想并且以它自己的术语取得对它的一种理解，没有其他方式能处理海德格尔与纳粹主义的牵连的问题，或处理其思想本身的特征。并且这样做也就意味着使这样一个可能性开放出来，即尽管海德格尔与纳粹主义的牵连代表了在巨大考验时期的一种深刻的个人失败，但它却无须降低他的思想的哲学价值或意义。

参考文献

Arendt H. 1978：Martin Heidegger at eighty (trans. A. Hofstadter). In M. Murray (ed.), *Heidegger and Modern Philosophy*. New Haven, Conn.：Yale University Press（原作品以德语和英语分别发表于 1969 年和 1971 年）。

Gadamer, H.-G. 1985：Martin Heidegger. In H.-G. Gadamer, *Philosophical Apprenticeships*, trans. R. R. Sullivan. Cambridge, Mass.：The MIT Press，45–54（原作品发表于 1977 年）。

——1997：Reflections on my philosophical journey. In L. E. Hahn (ed.), *The Phi-*

losophy of Hans-Georg Gadamer. Library of Living Philosophers 24. Chicago，Ill.：Open Court.

Heidegger, M. 1962：*Being and Time*，trans. J. Macquarrie and E. Robinson. New York：Haper & Row（原作品出版于 1927 年）。另一译本见 J. Stambaugh（New York：State University of New York Press，1996）。

——1986：*Seminare*. Frankfurt：Vittorio Klostermann.

——1993a：*Basic Concepts*，trans. G. E. Aylesworth. Bloomington，Ind.：Indiana University Press（原作品出版于 1981 年）。

——1993b：*Basic Writings*，ed. D. F. Krell, 2nd edn. New York：Harper Collins（发表于 1927 年至 1966 年的一些原作品的合集）。

——1999：*The Hermeneutics of Facticity*，trans. J. van Buren. Bloomington，Ind.：Indiana University Press（原作品出版于 1988 年）。

Kisiel，Th. 1993：*The Genesis of Heidegger's* Being and Time. Berkeley，Calif.：University of California Press.

Petzet，H. W. 1993：*Encounters and Dialogues with Martin Heidegger 1929—1976*，trans. p. Emand and K. Maly. Chicago，Ill.：Chicago University Press（原作品出版于 1983 年）。

延伸阅读

Biemel，W. 1976：*Martin Heidegger. An Illustrated Study*，trans. J. L. Mehta. New York：Harcourt Brace Jovanovich（原作品出版于 1973 年）。

Dreyfus，H. L. 1991：*Being-in-the World：A Commentary on Heidegger's* Being and Time，*Division I*. Cambridge，Mass.：The MIT Press（这部著作的一个新版本计划很快出版）。

Guignon，C.（ed.）1993：*The Cambridge Companion Heidegger*. Cambridge：Cambridge University Press.

Parkes，G.（ed.）1987：*Heidegger and Asian Thought*. Honolulu：University of Hawaii Press.

Wolin，R.（ed.）1993：*The Heidegger Controversy*. Cambridge，Mass.：The MIT Press.

Wrathall，M.（ed.）2000：*Appropriating Heidegger*. Cambridge：Cambridge University Press.

Young，J. 1997：*Heidegger，Philosophy，Nazism*. Cambridge：Cambridge University Press.

第 8 章　让-保罗·萨特

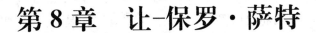

大卫·谢尔曼（David Sherman）

　　所有出色的哲学家们都仅仅只致力于少数真正重要的哲学难题，并且进而在一个现存的理论框架之内逐渐探究它们的深度，但是伟大的哲学家却向我们提供思考所有这些难题的一种新方式。特别是有一个这样的"难题"，它由这样一些问题组成，这些问题关系到在其形而上学、现象学、社会历史学和政治学意义上的人的自由的本性和范围。正是这样一个问题群统一了让-保罗·萨特（Jean-Paul Sartre，1905—1980）巨大且还多样的成就。上一代大陆哲学家们受萨特对这些问题的原创性回应的深入影响，而且它们就是萦绕着当前这一代人的未被注意到的幽灵。

　　"一种其唯一信条就是肯定人的自由的哲学"，这是萨特在 1947 年描述其思想的方式[1]，而且尽管他随后在 1950 年代转向马克思主义，但是几乎没有理由去回顾性地改变这一评价。诚然，随着萨特的社会关系观念的发展，这种"肯定"的焦点随着时间而改变，但是这并不意味着他与他早期的信念相决裂。相反，萨特只不过是将构成其现象学信念基础的抽象原则拓展到社会领域，在那里，这些原则被具体化。他逐渐意识到，如果个体必须在其中进行选择的社会历史境遇提供的仅仅是糟糕的选项，那么个体的"绝对的"选择自由——这是萨特的存在主义现象学的标志——就是空洞的。然而，至关重要的是，萨特不仅在其重心从个体自由转向压迫性的社会领域时依然致力于"人的自由的肯定"，而且在这种重心的转向之后也依然坚定地信奉个体自由的基础作用。更具体地讲，尽管历经萨特哲学焦点的相继变化——大致来说，在其早期现象学著作中的无拘束的意识自由，在其存在主义现象学中更为微妙的"境遇之中的自由"，在其黑格尔-马克思主义辩证法的变体中自由地采取的个体实践和集体实践，以及为了把握一个生命［古斯塔夫·福楼拜（Gustave Flaubert）］的具体展开而对之前这些立场进行的精神分析的综合——但这种信念依然保持不变。就像萨特在其生命的最后概括地指出的："我们是自由的，但是我们需要使我们自身自由，并且因此自由必须要反抗所有形式的异化。"[2]

对自由的这样一种关切在当前并不被看作是一个特别热门的关切点。大部分哲学家宁可将自由概念看作是老套的，看作是暗淡的形而上学传统的残余。当然，这些哲学家会承认，作为世界中的行动者，我们必须认为我们自身是自由的，因为构成现实慎思（deliberation）和行动（而不是我们关于慎思和行动的思考）之基础的深层结构在本质上并不兼容于将我们自身看作是被决定的。但是，最终这一论证会断定，尽管**犹如**我们是自由的一样行进具有实践的必要性，但是我们恰恰是被决定的。或者就像被广泛接受的"相容主义"（compatibilist）的立场所指出的，"自由"只不过是与我们被决定了的特征相一致地行动。自从牛顿式的物理学开始，自然科学确实已导向这一结论（尽管有量子力学的不确定性，但就像普遍认为的那样，这跟恢复"自由意志"的视角没多大关系）。因此，在社会科学中，马克思主义者和弗洛伊德主义者（如果实际上并不是马克思和弗洛伊德他们自己）也已经既从外部又从内部动摇了自由的观念。此外，对萨特自己的哲学具有影响的人拥有并不坚实的自由观念。他们或者重构自由，以使其等同于使某人自身顺从于他的世界的社会制度（黑格尔），或者在一个狭隘的认识论框架内表述它（胡塞尔），或者将它等同于一个抽象的本真性观念（海德格尔）。并且，最后，对于在法国取代了萨特的那些结构主义者和后结构主义者来说，"主体"——更不用说一个自由的主体——的观念被摒弃了，而且在其位置上，语言的首要性（德里达、拉康）或权力体系（福柯）被确立起来。面对这种几近绝对的摒弃，萨特对个体自由的强有力解释不可避免地落伍了。然而，在我看来，他对存在主义现象学和黑格尔-马克思主义的独特混合构成了一种强有力的哲学理论，这一理论拥有诸多理论资源，从而能对大陆思想中有关能动性问题的当前论争做出重大贡献。

萨特的生平

作为一个小说家、剧作家、文学批评家、政治活动家，以及当然也作为一个哲学家，萨特是 20 世纪最具威严的思想人物之一。萨特被米歇尔·福柯（贬损性地）描述为最后的"普遍知识分子"，他被看作是法国文化的化身，因而促进了夏尔·戴高乐（Charles de Gaulle）在回应那些因萨特在战后时期的政治活动而寻求将其逮捕的人时宣称，萨特就是法国，而人们不会监禁法国。

萨特 1905 年 7 月 21 日出生于巴黎，他由其母亲和祖父母抚养长大，就学于高等师范学院（École Normale Supérieure）——在那里，他遇到了他的终身伴侣和同事西蒙娜·德·波伏瓦（Simone de Beavoir）——并且在整个 1930 年代间歇性地在一些法国公立中学（高中）教授哲学。在这十年期间，萨特也在位于柏林的法兰西学院学习过一年，在那里，他让自己沉浸于现象学（尤其是胡塞尔哲学），并且出版了多种著作——最值得注意的有，他的第一部小说 [《恶心》（*Nausea*）]，关于想象的一个现象学解释 [《想象》（*Imagination*）]，以及一篇关键性的哲学论著《自我的超越性》（*The Transcendence of the Ego*），它们为其存在主义的杰作《存在与虚无》（*Being and Nothingness*）奠定了基础。在 1939—1940 年，他出版了《情感理论初探》（*The Emotions：Outline of a Theory*）和《想象心理学》（*The Psychology of Imagination*），进而被应征入伍，不久之后即被纳粹所俘虏。被关押在战俘营期间，萨特坚持写下大量日记，继续发展他的进化中的哲学，并且也为他的狱友们创作和表演戏剧。在通过冒充平民而获得自由之后，他加入了法国抵抗运动（the French Resistance）。在 1943 年到 1948 年，萨特发表了《存在与虚无》和《反闪米特与犹太人》（*Anti-Semite and Jew*），诸如《存在主义是一种人道主义》（"Existential-ism is a Humanism"）和《什么是文学？》（"What is literature?"）这样的论文、各种戏剧 [包括《苍蝇》（"The Files"）、《禁闭》（"No Exit"）和《脏手》（"Dirty Hands"）]、小说《理性时代》（*The Age of Reason*），并且帮助创办了报纸《现代》（*Les temps modernes*）。

尽管一直是一个左翼分子，但萨特向更为鲜明的马克思主义立场的转向——这导致了他同阿尔贝·加缪（Albert Camus）和莫里斯·梅洛-庞蒂相决裂——在 1950 年代早期才由《圣热内，演员和殉道者》（*Saint Genet，Actor and Martyr*）[一部法国诗人让·热内（Jean Genet）的传记] 和《共产党人与和平》（*The Communists and the Peace*）（这部书反映了他对苏联的复杂立场）预示出来。然而，只有在萨特 1957 年的关键性论文《寻求一种方法》（"Search for a method"）中，其存在主义现象学和马克思主义的更为成熟的混合才在理论上被表述出来。《寻求一种方法》旨在成为关于辩证理性的一种更为宏大的研究的先导，而在 1960 年，萨特的

《辩证理性批判》(*Critique of Dialectical Reason*) 的第一卷出版。（未完成的第二卷在其死后于 1985 年出版。）1964 年，萨特获得了诺贝尔文学奖，他基于"作家不应当成为一种机构"而拒绝了该奖项。到 1960 年代末期，他拓展了他的政治活动，这包含支持 1968 年学生起义，但也由于苏联介入匈牙利和捷克斯洛伐克而同其决裂。尽管萨特的健康状况在 1970 年代早期开始下降，但他仍继续从事各种政治活动，并且出版了其关于古斯塔夫·福楼拜的计划五卷本的分析中的前三卷，这一分析标题为《家庭白痴》(*The Family Idiot*)。1980 年，萨特去世，彼时超过 50 000 巴黎人涌上左岸街头以献上他们的敬意。

早期现象学著作

萨特首要地关注于创制一种能够在其所有多样性中把握存在特性 (particularities of existence) 的哲学。根据西蒙娜·德·波伏瓦所言，他是在同一群朋友喝酒时第一次听说埃德蒙德·胡塞尔的现象学——这一现象学就其自身而言关注于"回到事物本身"。在这群朋友中有雷蒙·阿隆 (Raymond Aron)，他先于萨特一年在柏林学院学习，并且新近回到巴黎。根据德·波伏瓦所说，当阿隆告诉萨特，胡塞尔现象学能够将像阿隆那时握在其手中的鸡尾酒那样平凡的东西当作其探究对象，萨特脸色发白并且开始兴奋地颤抖。而且事实上，在 1930 年代剩余的整个时间里，萨特的著作深深地反映了胡塞尔的影响。就像萨特自己在其战争日记（1940 年 2 月记录）中所强调的："胡塞尔已经强烈地影响着我。我通过他的哲学——由于它与笛卡尔主义的类似，对我来说它在任何情况下都［比海德格尔的思想］要更易于接近——的诸视角观看一切事物。"[3]

通过借鉴他自己的老师弗朗兹·布伦塔诺 (Franz Bretano)，胡塞尔的现象学以"意向性"的观念为基础，这一观念是这样一个信念，即所有的意识 (consciousness)，或者更简单地说，意识 (awareness)，都是"关于"某个对象的"意识"。这一看似平凡的观念——它将会构成萨特哲学的基石——实际上充满着哲学含义。在经验主义的认识模式中（以及最终还有康德式的模式中），心灵是与外在世界隔断的，而我们的经验仅仅回涉向内在体验或"表象"，而不是回涉向客观世界本身。因此，这种"内在-外在"模式就在怀疑论中受挫。意向性的概念通过将我们置于一种同我们知觉对象的直接联系中而避免了这一问题，但是就胡塞尔而言，它并未终结认识问题。根据胡塞尔，为了达到"事物本身"，有必要探明我们经验对象的"本质的"或"观念的"本性，并且为了完成这一任务，他依赖于各种所谓的"还原"。例如，"本质还原"（eidetic reduction）包含着通过培养"本质洞见"而试图从被考察的对象的偶然事实转向其本质，为了超越对象单纯偶然的方面，这种洞见可以采取创造性的想象、思想实验或者任何其他方法的形式。但是为了在其观念性中经验对象——也就是以这样一种方式，这种方式对任何经验意识来说都是必然的，而不仅仅是对实施着本质还原的那个特定意识来说是必然的——胡塞尔现象学要求另一种还原。这种还原——"现象学还原"或悬搁（*epoché*）——是对待世界的"自然态度"在其中被悬搁或"被加括号"的还原。通过使用"现象学还原"或悬搁，我们从对"实在"对象的一种心理学的或自然的知觉转向一种以中立方式"意向"对象的哲学行为。对胡塞尔来说，这不仅允许我们认知对象的观念本质，而且还允许我们认知自我（the self）的观念本质，对象就是向这个自我显现的。

尽管在1930年代期间萨特将其自身描绘成胡塞尔现象学的信徒，但事实是从一开始萨特就仅仅只利用了它的某些方面，并且进而为了他自己独特的目的而重构了这些方面。在《自我的超越性》——该书出版于他在柏林首次接触胡塞尔思想之后不足两年——中，萨特拒斥一种先验自我的存在，而这种自我的存在却可以说是胡塞尔现象学的关键。对胡塞尔来说，先验自我是在其观念性中的意识，而且看上去是悬搁自然态度的一个必要条件，因为它允许意识把握对象的观念性。然而，根据萨特，胡塞尔对先验自我的设定——这种先验自我要么在意识"之中"，要么在意识"背后"——阻碍了其现象学计划的基本目标，即"回到事物本身"。这是因为，先验自我需要让它与它的直观对象的关系被中介化。于是为了对对象进行直观，我们将首先需要把握先验自我，这并未让我们"回到事物本身"，而是宁可说促成了重新陷入经典认识论的老套的"内在-外在"问题。实际上，这将会否定胡塞尔以其意向性概念所取得的巨大进步。因此萨特声称，一种先验自我的存在将会完全是"意识的死亡"，因为世界之中的对象对它来说将不再会是透明的。[4]换句话说，通过将所有可能会使其模糊不清的自我论结构都清除出意识的"先验领域"，意识被直接放置在其所知觉的诸对象之前，并且能够像它们实际上所是的那样直观它们（*TE*, p. 93）。但是，自我又是怎样的呢？

　　萨特在《自我的超越性》中的激进论断在一开篇就被提了出来："自我既不在形式上也不在实质上内在于意识：它是外在的，**在世界之中**。它是世界的一个存在者，就像另一个人的自我一样。"（*TE*，p. 31）然而，在对自我是"在世界之中"的意义进行阐述之前，萨特在作为"主我（I）"的自我观念——当他声称自我并不在形式上内在于意识时，所意指的就是这种自我——和作为"宾我（me）"的自我观念——当他声称自我并不在实质上内在于意识时，所意指的就是这种自我——之间进行了区分。萨特或多或少地专注的形式的"自我（I，主我）"就是康德的"自我（I，主我）"，即"统觉的先验统一性"，它处在我们经验的背后，并且统一了我们无数的知觉和行动，从而使得它们成为我们自己的。然而，据萨特所言，康德的先验"自我（I，主我）"并不是必然的，因为"自我（I，主我）"起源于它意向性地意识到的对象：意识的统一性在对象自身中被找到。换句话说，"自我（I，主我）"并不处在经验背后，而是宁可说起源于它。因此，在其最基本的模式——萨特在此将这种模式称作"未经反思的意识"——中，意识是非人称的（impersonal）。而且，事实上，当我们专注于我们在世界之中的任务时，"自我（I，主我）"一般都未进入我们的意识。这时只存在一种对我们的任务的基本意识。例如，当我打篮球时，我的意识并不具有这样一种形式，即"**我**现在将要运球，**我**现在将要跳投，**我**现在将要回防"，而是更为流畅得多的"运球，跳投，回防"。只有在我反思我正在做什么的时候——这通常起源于我未能将其做好（并且至少在这种情况下，通常只是让问题恶化了）——"自我（I，主我）"才进入运作中。就像我在后面将会讨论的，萨特相信，有一种关于意识的意识——也就是说，在其对对象的意识中，由意识进行的一种对其自身的意识——能够让它移动到这一反思性层次。然而同时，关键点在于反思性的意识只是一种衍生性的现象，而不是一种原初现象。以这种方式，萨特同笛卡尔相决裂，他认为笛卡尔将说出"我思"的那种反思性意识与现实地进行思维的前反思性的意识混为一谈（*TE*，p. 45）。

　　由于"自我（I，主我）"源自我们的经验，因此它从来就不能像康德和胡塞尔的先验"自我（I）"的情况那样是纯粹形式的。因而，在上面所举的例子中，我的"自我（I，主我）"是纯粹自我反思的统一性，这种统一性由我在打篮球时的知觉和行动组成。但是当我正在打球时，应该认识到，我并未考虑到我的"自我（I，主我）"沿着时间延伸，这种延伸将会意味着我的自我身份（self-identity）或者经验性的自我（ego）；相反，我的自我反思是（或者至少应当是）被严格限定在那个特定地点和时间之上。就像萨特所言，"主我（I，自我）"是"实质性宾我（me，自我）的一种无限收缩"（*TE*，p. 54）。相反，当萨特谈论实质性"宾我（me，自我）"——它由状态、性质和行动组成——时，他所意指的正是这个"主我（I，自我）"的伸展，或者某人混沌的自我身份或经验性自我（self）。"状态"（例如，一个情感状态）是意识随着时间的一种超越的统一，例如我对某个特定的人的爱或者恨，而"性质"则仅仅是朝向某种状态的倾向（predisposition），这种状态以被显示在我的行动中的某种趋向（tendency）为基础。然而，萨特的关键点是一个性质或完全展开的状态并不**在意识之中**存在，宁可说，"爱"或者"恨"的倾向（propensity）连同其现实化，都仅仅只是过去如此多的宠爱或愤怒意识的一种观念统———一种一般由意识引发的观念统一。因此萨特声称，由这些状态、性质和行动所组成的实质性的"宾我（me，自我）"是一个由反思性意识所领会和构造的对象（*TE*，pp. 80-1）。

这种改变对萨特整个哲学来说的重要性几乎不可能被夸大。通过让意识负责实质性"自我（me，宾我）"或经验性自我的产生——或者如他所言，"它是一种与诗歌创作相类似的关系，或者如果你愿意，是一种创造的关系"（*TE*，p. 77）——萨特为他在《存在与虚无》中的主张，即我们是"绝对自由的"，奠定了基础。诚然，反思性的"自我（I，主我）"——它是意识进展到自我反思的层次的产物——一般倾向于依据已经随着时间而凝结起来的实质性"自我（me，宾我）"或经验性自我来看待其自身。因此，我们宣称，"我不能同意这个"，或者"我恨那个"，仿佛这些立场构成了我们的"本质"（essence）一样。但是萨特认为，事实是没有任何关于经验性自我的东西授权这种回应，因为意识的自发性只有在其选择被压倒的限度内，才被自我的历史性构造所压倒。实际上，尽管我与它处在一种稍显更亲密的关系中，但是我的经验性自我以它作为其他人的对象的大致同样的方式在"自我（I，主我）"的反思性模式中作为我的对象，仅有一个关键性的例外：由于我与我的自我处在一种更亲密的关系之中，因此对它进行认知的诸多"客观"方法，例如观察、近似法、预测和经验，都更容易犯错误，因为自我倾向于伴随着我向反思性层次的运动（*TE*，p. 86）。此外，当在非反思性模式中的时候，我们可能单纯地倾向于依据这些观念性的自我论结构行动，尽管严格来说，我们在这种模式中既未意识到"主我（I，自我）"，也未意识到"宾我（me，自我）"。我们将会看到，正是由于这一原因，萨特的"绝对"自由的观念远比其哲学的很多夸张描述所指出的要更为含糊。

在 1930 年代剩下的整个时间里，萨特将其对胡塞尔现象学的修改后的解释用于讨论两个长期存在的哲学问题，即想象和情感的存在论地位。就想象而言，他出版了两部著作，即《想象》和《想象心理学》，两部著作都充分地以胡塞尔的意向性为根据，但此外也偏离了胡塞尔自己的关注点。具体来讲，胡塞尔自己从来没有严格地寻求将其现象学方法用于讨论想象，而只是寻求用于讨论知觉，并且他也可能会不同意萨特将他的方法拓展到图像。无论如何，萨特都认为，将图像作为意识的惰性内容，这种典型的观念是不正确的。[5] 例如，与休谟式的立场——图像仅仅是知觉印象的一种模糊的、残余的形式——相对，他声称，图像实际上绝不**在意识之中**，相反，它是意识**的**一种特定类型或模式。当然，萨特并没有否定图像一般是可知觉的对象的类似物，它们在某种意义上再现这些对象，但是它们也不仅仅是以某种模糊的形式被动显示可知觉的对象。图像是意识对某物的一种主动意指，或者换句话说，意识对一个有别于意识的对象的设定。通过这种主动的行为，图像是对可知觉的对象的一种"改变"，而不仅仅是对它的一种"填写"，就像胡塞尔对可知觉的对象的意向那样。萨特在临近《想象现象学》的结尾时说，这种意向的、改变的行为是一种"消极的"行为，它由于这一事实而成为可能的，即意识"就其本性而言能够逃离世界……总而言之，它［是］自由的"[6]。

应该回想起的是，对胡塞尔来说，悬搁在知觉上的应用是由认识论的考虑所推动的（这也许就是为什么他从未将其现象学方法用于讨论更为混乱的图像领域），而对于萨特来说，意识的这一能力——引发从实在性的这种"虚无化的撤离"——具有重要的实践意义。这些意义在《情感理论初探》中被更为清晰地揭示出来，在那里，萨特所做的无非就是抨击我们关于情感的标准解释——一种回溯到古希腊人的解释。如果意识在其对可知觉的对象的随后想象中拥有"改变"该对象的能力，那么在该对象被知觉时，它看起来也会拥有改变它的能力。[7] 而且事实上，萨特在《想象心理学》中指出了这一点，在那里他声称："当认识与情感相结合时，它会遭遇一种贬损，这种贬损正是允许它实现其自身的东西。"然而，在这里萨特的语言有些模棱两可。一方面，他讲到，当其在本性中成为情感的时，认识是"被贬损的"，这暗中坚持了这样一种前景，即存在一种更高的、未被情感化的认知；而另一方面，他似乎在表明，这种贬损就其自身而言拥有任何认识的代价。这后一个主张，这个更强的主张，是以另一种方式指出，所有认知都发生在一个特定的情感背景之内，这个情感背景是以我们的实践考虑为基础的。它鲜明地对立于胡塞尔的悬搁（并且有些让人回想起费希特给予康德认识论的实践转向）。然而，至少就《情感理论初探》而言，萨特拒绝做出这种更为激进的改变。

凭借再一次依靠胡塞尔所有重要的意向性观念，萨特通过抨击一些经典的情感理论而开始《情感理论初探》。从詹姆斯（James）的心理学理论——这种理论认为情感仅仅是对生理上诱发的感觉的意识——到让内（Janet）的行为主义，萨特指出，已经被丢失的东西是意识——或者更准确地来说，对意识来说情感所具有的重要性或合目的性。行为主义没有接触到情感的本质，而是仅仅描述了它的外在显现，而生理学理论则是基于被称作"水力模型"的东西，这种模型认为，人的心理仅仅是一个需要某种释放的压力锅。[8]（这种观点在这样一些日常用语中得到充分体现，例如"大发脾气"或"在愤怒中爆发"。）此外，萨特指出，即使是认识到情感的意义性的弗洛伊德，都仍继续依据被动的术语来看待它们——换句话说，将它们看作我们被动"承受"的东西。与之相反，萨特声称，情感是意向性的，因为它们**有关于**世界；它们既是对世界的一种回应，又是领会它的一种特定方式。[9]面对世界的困难，我们实现他称之为一种"对世界的魔法般的改变"的东西，以使得我们能够更好地应对。因此，情感是"对一个冲突的骤然解决，是一种快刀斩乱麻的方式"[10]，就像伊索寓言中的那只狐狸一样，他认为那些他极度想要但却无法得到的葡萄无论如何都实在是太青了。换句话说，我们在情感上改变了实在的本性，以便使其能够更容易地被越过，相应地，我们改变我们的信念系统，并且进而继续生活在我们已经建立起来的实在中。

在这里，需要指出两个关键性的要点。第一，就像上面指出的，萨特认为，情感认识是一种被贬低的认识形式，而且因此隐秘地主张，"自由需要来自一种净化的反思或一种情感性境遇的完全消失"[11]。换句话说，他似乎在坚持这样一个观念，即存在某种未被情感化的认知形式，这种形式可以说是以胡塞尔的现象学还原为条件的。然而，考虑到他在《自我的超越性》中的立场，一点都不明确的是，他真正展开了这种还原。实际上，尽管他在《情感理论初探》中曾经隐秘地提到过现象学还原，但是他的重点很明显是放在本质还原上——抵达一种情感的本质性的本性。但是，就像我们已经看到的，本质还原是在自然态度中进行的。简而言之，于是问题就在于定位这样一种立足点，从其出发意识能够通过一种"净化的反思"而引发它自己的自由——也就是说，一个超然的立足点，从其出发就不存在情感性的认知。这是一个在《存在与虚无》中将会变得更为突出的问题。第二，萨特在《情感理论初探》以及每一部其他早期著作中的分析，是完全非社会性的。这一点在《情感理论初探》的结尾中被无意间揭示出来，在那里，他突然提到"一张贴着窗户玻璃咧嘴而笑的脸"的出现，这张脸解除了我们自己对世界的情感性构成，并且显示出世界本身总已经是魔法般的。[12]可以说，这张脸象征着社会性对他的现象学的第一次侵入，并且随后在他称之为"注视"（the look）的现象中被充实，这种"注视"构成了他在《存在与虚无》中分析人际关系的中心。

现象学的存在论：《存在与虚无》

尽管萨特的早期著作是非社会性的，并且因而（至少沉默地）表明了从日常经验世界的一种撤离，但他对胡塞尔先验自我的抨击源自他的这一信念，即意识对日常经验世界的沉浸是无法摆脱的。由于这一原因，他指出，胡塞尔的哲学是唯心主义的。在其"早期哲学"的巅峰《存在与虚无》中，萨特保持了他对胡塞尔现象学有保留的占用，但至少以一种关键性的方式超越了它：他将它带入到一种同海德格尔的现象学存在论的富有成效的张力中。更具体地说，他吸收了海德格尔的这一观念，即人首先是一种"在世界之中的存在"（这对立于一种超然的、认知的主体），以便通过将其带入到一种同"世界的存在"的关系——这种关系在本质上包含了一种同其他人的关系（或者像海德格尔所称呼的，一种"共在"）——中来丰富他早期对意识的解释。正是在第二次世界大战期间，萨特对海德格尔进行了研究，并且像萨特后来所讲的："我思想中的巨大变化就是战争：1939 年至 1940 年，占领，抵抗，巴黎的解放。……我的巨大发现就是，战争期间对社会性的发现。"[13]不过，与海德格尔——他激烈地拒斥主体-客体、意识-世界的二元性，这种二元性至少可以回溯到笛卡尔对现代计划的开创——不同，萨特保持着意识的首要性。于是，从根本上说，他在《存在与虚无》中的计划是基于一种极不稳定的平衡行为，即综合胡塞尔的受到笛卡尔启发的现象学和海德格尔的反笛卡尔式的现象学存在论。[14]

以"对存在的探索"为题的《存在与虚无》的导言是这本书目前为止

最难的部分。萨特在这里的基本意图是，将他看待意识与存在之间的关系的方式，与哲学传统中的其他思想家进行对比。可预见的是，萨特首先认为胡塞尔的现象学取消了之前那些一直纠缠着哲学的二元论，例如内在-外在、潜能-活动以及显像-实在，但是却认为在它们之后产生了另一种二元论，即有限-无限的二元论。这是因为，有一种"现象的存在"（being of the phenomenon）——也就是说，可知觉的对象的对象性——它在给定的时间点和空间点中都超越了对象向意识的显现［"存在的现象"（the phenomenon of being)］。换句话说，对象总能够从另一个视角被知觉。这意味着"现象的存在"只会在一种无限的序列上显现。因此，萨特指出，就其旨在通过像快照一样的现象学还原来解释现象的某种"意义"或"本质"而言，胡塞尔的现象学是错误的。（因此，尽管在很多方面都是不同的，但就其努力去恢复"存在的意义"而言，海德格尔的反笛卡尔式的现象学存在论也是错误的。）实际上，没有现象的"意义"或"本质"，因为存在仅仅是这样一个基础，在其之上对象能够向意识显露其自身。换句话说，存在仅仅是赤裸的、自我同一的实在。因此，当萨特讲"存在存在，存在是自在的，存在是其所是"[15]的时候，他并未躲避到神秘主义中，而是更为世俗得多地在讲，在缺乏存在向其显现的意识的情况下，关于存在没有什么要说的。

因此，对于萨特来说，探究的主要对象并不是存在，而宁可说是意识，并且在导言中，他引入了前反思的我思（the prereflective cogito），这种我思处于他对意识的解释的核心。就像我们在考察《自我的超越性》时观察到的，萨特相信一种无所不在的关于意识的意识——通过在其对对象的意识中意识到其自身而获得的一种意识。意识对其自身的意识使得前反思的我思成为可能，它是"非设定性的"（non-positional），而它对对象的意识则是"设定性的"（positional）。至关重要的是，在萨特看来，非设定性的意识——它与它所意识到的设定性的意识是一体的——是认识的基础。通俗地说，为了真正认识它，你必须认识你所认识的东西。萨特并没有太过深入地论证这一立场。然而，我相信，他认为单独的设定性的意识——我们对对象的直接的、意向性的意识——将会无可挽回地在可知觉的对象中迷失其自身。正是非设定性意识对这种意识的直接意识才粗略地挽回了这种认识，并使其成为我们自己的。

因此，在萨特看来，"一个认知意识成为**对其对象的**认识的条件是它意识到其自身是那种认识"（*B&N*, p. 11）。应该注意到，这句话中的"对……

172

的"（of）被加粗了，而这是出于一个重要的教学原因。萨特相信，**前反思**的认识就其本质而言在根本上是非认知的或直观的，它先于主体-对象的分裂——这种分裂是反思的认识的本质——而存在。换句话说，因为非设定性的意识与设定性的意识是一体的，而设定性的意识仅仅是对一个对象的直接意识，因此由"对……的"（of）这个词所暗示的二元性在前反思的认识的框架内是不适用的。[因此，在这个框架之内，"对……的"（of）仅仅在语法上发挥作用，这就是为什么当萨特以这种方式使用它的时候，他会为它加上括号。]而且，萨特（可疑地）主张，作为我们首要的认知模式，前反思的意识允许"存在被某种直接的路径——烦、恶心等等——揭示给我们"（B&N, p.7）。最后，就像我们之前看到的，前反思的我思的非设定性意识也是允许意识上升到反思层次的东西，并且正是在这一层次——它是一个次生的层级——上，反思的认识才得以产生。当然，就像《自我的超越性》所教导的，经验性自我——它像其他对象一样都是"外在的，在世界之中的"——就是反思的认识的一个这样的对象。

在导言的结尾，萨特初步考察了其现象学存在论的两种基本构成要素，即存在的完满的、未分化的同一和意识的"虚无"（它只有在同存在的关系中才存在）。然而，事情要复杂得多，并且在这本书的前三部分，萨特将会详细阐释这一图景，但在第四部分和结语中，他将会具体化他的现象学存在论的实践后果。然而，在继续讨论之前，需要指出的是，萨特在导言（这个导言在很大程度上明确了他的早期现象学著作中所暗含的东西）中对存在与意识之间的关系的解释同时避开了笛卡尔式的实在论和唯心论。由于它作为一种不能独立于物质世界而存在的"虚无"的地位，意识并不是一个实体，这同笛卡尔主义切割开了。并且相反地，由于物质世界的存在——它在其存在中支撑着意识——贝克莱式的唯心论（即主张没有物质世界，并且某物的存在依赖于一个精神对它的知觉）被清除了。此外，就像对立于笛卡尔式的实在论、贝克莱式的唯心论以及就此而言所有其他形态的唯心论（例如康德的"先验唯心论"），萨特声称，由于其非实体性的、意向性的本性，意识并不局限于对其自己的观念或表现的认识。相反，就像我们之前观察到的，它与事物本身打交道，尽管只是部分地（考虑到"现象的存在"从来不能完全显现，因为它总是从某个时间和空间中的特定视角被观看）。于是，最终来讲，萨特是一个素朴的实在论者——也就是说，一个这样的人，这个人相信有一种精神可以直接（尽管是部分地）通达的物质实在。

现在，在萨特看来，人被分散在那些被他看作是存在的三种本质结构的东西之上，即"自在的存在"（being-in-itself）、"自为的存在"（being-for-itself）和"为他的存在"（being-for-others），以及三种时间维度（过去、现在和未来）。就像我们已经看到的，自在的存在是存在的那样一种侧面，那种侧面是自我同一的，并且被萨特替代性地描述为"坚固的"，描述为"一种自身同自身的综合"或者"完全的肯定性"（*B&N*，pp. 28–9）。然而，除了意指物质世界——它构成了其自在的存在的第一个典范——自在的存在也意指"实际性"（facticity）。这意指赤裸的事实（例如，某人的年纪、地球的直径），并且包含着过去。萨特因而声称，过去"就像实际性，是自在的无懈可击的偶然性，我必须要的是这种偶然性，没有任何可能性不是它。它是事实的必然性的不可避免性，不是由于必然性，而是由于事实"（*B&N*，p. 173）。

在这种令人困惑的陈述中，萨特强调事实对立于必然性，因为作为意识的自为的存在并不是被"事实"所决定的，尽管意识必须生活在事实的环境中。换句话说，我的行为必然产生自并回应一个给定的事实环境，但是这种事实环境从来都不能迫使我以某特定方式行为。根据萨特所言，这是因为意识并不**包含**自我或任何其他实体，这些实体会使得它被自然法则所决定，宁可说，它在本质上是一种"空无"或"虚无"，这种"虚无"在重塑其自身的过程中永恒地超越其自身。这一观念充分体现在这个（同样令人困惑的）主张中，即作为一种"超越性"，意识是一种产生"**否定性**"（*negatités*）的"虚无化的虚无"。**作为**意识的虚无是主动性的——它能够想象、怀疑、探问并经验不在场——而且它与其特定筹划相一致地虚无化（否定）作为自在的存在的坚固性的各个侧面。[16] 用萨特的例子来说：在进入咖啡馆寻找我朋友时，我虚无化了作为咖啡馆的存在的完满性，这种完满性继而将会构成那种未分化的基础，在此基础上，我的朋友对我的意识涌现出来。然而，如果我的朋友没有出现，我会将咖啡馆经验为被一种否定或否定性——一种不在场——所缠绕，这种否定是"一个客观事实"（*B&N*，p. 40）。当然，任何时候我都能选择改变我的筹划，在这种情况下，尽管事实境遇是相对恒定的，但我的经验的未分化的基础将会改变。并且，我的自由正是在于这种改变我的筹划——即使是我的最深入、最自我导向的筹划——的能力："意识的存在必须在与其过去的关系中通过虚无将其自身构造成与其过去相分离的……自由就是某人通过实施他自己的虚无而使他的过去失去作用"（*B&N*，p. 64）。这再次指向这一事实，即尽管意识不是"自我"（经验性自我），但是它必须仍然生活在这种它所不是的自我之中，因为这种自我是材料，从这种材料出发，它将会自由地重构其自身。因此与指向过去的自在的存在不同，自为的存在指向未来："我的意识中没有一个时刻不是被一种与未来的关系所定义"（*B&N*, p. 181）。

总而言之，一个人本质上是在张力之中，是在这两者之间撕扯：一方面是它的给定的"自我"（经验性自我）的实际性，这种实际性处于过去；而另一方面是将会超越它的那种自我（即**某种**它由于意识总是超越这种实际的"自我"而必须筹划的自我），该自我处于未来。于是，人明显所不是的就是"自我-现在"。因此，萨特声称，"现在"分散在这样一个过程之中，通过这个过程意识"时间化其自身"："现在不存在；它以逃逸的形式使其自身成为现在的"（*B&N*, p. 179）。事实上，由于这种分裂的本性，人自身就是永恒地在"逃逸"。

根据萨特所言，这种逃逸被显现在看似无所不在的"自欺"——欺骗其自身或自我欺骗——现象中。悖论性的是，在自欺之中的意识必须在其作为欺骗者的能力中认识到它在其作为被欺骗者的能力中对其自身隐瞒的真理。这样的一种意识既不想调和它的实际性和超越性，也不想在一种综合中克服它们，而是转而寻求以一个为代价来过分强调另一个。在《存在与虚无》中，萨特提供了很多在自欺中行动的人的例子，但其中一个例子尤其体现了它的二元本性，这个例子包含一个同性恋者以及他的对话者——"真诚性的拥护者"。"真诚性的拥护者"寻求让同性恋者承认其是"一个同性恋者"，他是在自欺之中，因为他以其超越性为代价而过分强调了他的同伴的（以及很可能是他自己的）实际性——也就是，他将会把那个同性恋者固定在其实际的自我之上，这种自我是我们的自由总是要去超越的。反之，同性恋者通过将他以前的性遭遇看作"不安分的探索"的一部分而拒绝承认其同性恋，他是在自欺之中，因为他以其实际性为代价而过分强调了他的超越性——也就是，他完全拒绝了实际的自我，没有注意到无论他的超越的可能性是什么，他都是那种自我。

自欺现象显现其自身的方式密切相关于一个人的自我观念，并且每一个人的可能性都是在筹划和行为的一种层级框架内产生的，这些筹划和行为构成了这些自我观念。这些筹划和行为转而证明了一个更为基本的筹划的存在，这个筹划反映了一个人的基本的生存选择——换句话说，对在世界之中的自身的一个最初选择，这个选择将会确立人们自我身份的诸参数。尽管这个"最初的筹划"本身因人而异，但它转而又证明了一个普遍筹划——根本筹划——的存在，对于这个筹划，萨特描绘如下："上帝、价值和超越性的最高目的代表了永恒的界限，依据这种界限，人们使其自身认识到其所是的。成为人意味着要达到成为上帝"(*B&N*, p.724)。简单地（并且不带宗教色彩地）说，那个根本的筹划就是欲望成为一个"自为–自在"(for-itself-in-itself)，即，在我们的自我身份中同时成为绝对自由的和绝对稳定的。

这个根本筹划以及就此而言自欺本身是不是必然的，这并不清楚。萨特在此似乎认为这个根本筹划是我们的存在的一个必然结构。我们既不能放弃我们的自由（自为的超越性），也不能放弃我们对一个个人身份的追求（自在的实际性），而且，因为考虑到我们分裂的本性，我们绝不能现实地达到自为–自在，因此真诚和本真性的可能性看起来将会被排除。然而，在随后的伦理著作中，萨特轻蔑地谈到根本筹划，并且试图挑战真诚和本真性。但是萨特选择不出版这些著作，而且我认为这是基于很好的理由。看起来，即使是在承认我们无法实现这种理想的时候，我们仍必须向着自为–自在而努力追求。主张我们必须"生活在我们的自由之中"，就像一些萨特学者所做的那样，这带有一种过分强调我们的超越性的自欺的意味，并且陷入了一种述行矛盾：我们的行为总是反映着对我们的自我和世界的某些"自在的"投入。此外，我们不能生活在分裂的本性之中——前一刻是自由的，下一刻是被决定的——这会产生一种精神分裂的自我。最后，超越性和实际性不能被有效地调和，因为这预设这些属性在功能上是分离的，但它们却不是这样。超越性总已经被混合进一种实际的"境遇"中，而实际性除了对我们自由选择的筹划来说具有意义，它并不意指任何东西。作为一个综合整体的诸部分，它们相互渗透。

当萨特在《存在与虚无》的第300页（以及大概在其对自欺的分析的200页之后）中拓展到存在的第三个构成要素，即为他的存在，这种解释就变得更为复杂。这正式开始了他对社会关系的分析。当然，在其对自欺的描绘中——就像同性恋者和真诚性的拥护者的例子所显示的——社会因素就徘徊在表面之下。而且实际上，自我形成的基本方面——它们构成自欺的成问题性的基础——都可归因于我们的为他的存在。萨特以那个老生常谈的其他精神的存在问题来开始其对为他的存在的分析，并且为此他非常有名地使用了一个偷窥者的例子，这个偷窥者在通过一个钥匙孔进行窥视的行为中被逮住了。当这个偷窥者意识到另一个人在注视（以及审判）

175

他的时候，他体验到"羞耻意识"，萨特将这种意识类比于前反思的我思对关于对象的意识的意识。换句话说，羞耻意识在本性上是非设定性的和直接的。萨特声称，有了这种类型的意识，毫无疑问，他人作为一个主体而存在，因为在作为他人"注视"的对象时，偷窥者"就直接地并且和他的存在一起体验到了他人的不可把握的主体性"（*B&N*，p. 361）。换句话说，在这里萨特的立场立足于他之前在直接的自我意识的直观"认识"——它拥有通向存在的直接路径——和间接的（即反思的）自我意识的概念认识——它总是远离存在——之间所做的区分。萨特声称，他人存在的确定性只能基于直观经验，而不能基于概念认识。

偷窥者被"作为主体的他人"对象化，这反映了萨特对人际关系的解释中的一个环节。他声称，随着"注视"的到来，"一些本质性的改变就出现在某人的结构中"：自我不仅"缠绕着非反思性的意识"（*B&N*，p. 349），而且也变得具有争议，因为某人的自我观念不再仅仅依赖其自身。与黑格尔的主奴寓言——在这个寓言中，两个名义上的自我意识互相争夺最高地位，以便实现对方的单方面承认——相呼应，萨特指出，我们是**为了**（for）［对立于**和……一起**（with）］他人的，因为我们中的每一个都想以这样一种方式对象化他人，以便使得他人支持我们自己的自我观念。因此，人际关系在本质上被铭刻上了冲突。"作为主体的他人"——他已经将偷窥者转化成一个"作为对象的存在"——在不同的境遇中能够同样容易地被偷窥者对象化。因此，即使在被逮住之后，窥视者也总能够扭转局势，以便他成为一个"作为主体的存在"，而他的指控者则成为"作为对象的他人"。这些倒转能够无限地继续。实际上，就像萨特在其戏剧《禁闭》中的一个人物所宣告的那样，"他人就是地狱"，因为统治与从属的这些关系既不能被克服（就像在黑格尔的辩证法中那样），同时甚至也不能被稳定化："没有与他人关系的辩证法，而宁可说只有一种循环"（*B&N*，p. 474）。因此，我的经验性自我——它是在自在的存在、自为的存在和为他的存在的动态交互作用之内形成的——是同样稳定的。

在具体化了存在的三种构成要素的之后，萨特用《存在与虚无》的最后一部分来发展他的自由观念。特别是在这里，他极为有名地论证了这一观点，即人是"绝对自由的"——一个经常被误解的观点。在整个《存在与虚无》中，萨特都很清楚这两者之间的差异：一方面是他有时称为"存在论自由"的东西，这种自由是选择的自由；另一方面是"实践的自由"，这种自由关涉到获得人们所欲望的东西的自由。萨特的观点并不是像一些批评者所指出的那样，认为我们的实践自由无论如何都是绝对的，宁可说，这一断言仅仅适用于我们的存在论自由。因此，当萨特坚称，即使一个囚犯都是自由的，他的观点并不是这个囚犯具有逃跑的自由，而宁可说是他拥有无法逃避的自由来选择面对其监禁他将如何行为，这种选择的自由除了其他方面，还包括试图逃跑的自由。这可能看起来像是对自由概念的一种贬损，但是这里有一点很重要：对实践自由的所有讨论，至少暗中预设了我们在存在论上是自由的，因为只有自由的存在者才能够拥有其受到限制的自由。此外，就像萨特在他指涉为"存在的悖论"的东西中所指出的，自由的概念预设了障碍："人的实在在每一个地方都遭遇到并不是由它所创造的抵抗和障碍，但是只有在人的是在所是的自由选择中，并通过这种自由选择，这些抵抗和障碍才具有意义"（*B&N*, p. 629）。

如果萨特对自由的解释存在一个问题，那么它与"绝对自由"的主张并不相关，而是与"自由选择"本身的本性相关——存在论自由是不是这样的，即不管我们的实践自由如何，我们都能够将我们自身看作是自我决定的。具体地说，就像我们之前所观察的，萨特相信，我们是在一种关于我们自身的"最初选择"的基础上朝向世界，这种选择首次引发我们的筹划。但是，关键性的是，他认为，尽管这种最初选择为我们所追求的目标提供了理由，并且"辅助性的反思"帮助我们产生这些目标，但是却没有理由能构成我们关于我们自身的最初选择的基础。因为最初筹划——它是非反思的——使理由得以存在，因此它不能以理由本身为基础，而只能是意识的纯粹的、偶然的自发性。萨特声称，恰恰因为我们的理由并未决定我们关于我们自身的最初选择，而是仅仅源自它，因此我们是自由。然而，对我来说，依据留给我们的那种自由（以及因而）责任，这是不能令人满意的。萨特确实坚持一种"净化的反思"——一种再语境化的胡塞尔式的悬搁，在它之中，一种"直接的反思"直观到了最初筹划的不可证明性——的观念，但是这种观念是成问题的；他既不能解释这种"净化"（*katharsis*）的动力，也不能解释其实践后果，因为作为一个导向性原则，最初筹划似乎在存在论上是不可避免的。最终来说，我认为，如果我们拒绝萨特对两者的"自发性"论证，我们能够更好地理解净化的反思和最初筹划之间的关系。那种在根本上是导向性的"最初筹划"的最初选择应该被理解为这样一种产物，即社会、历史和心理要素的一种高度分化的、多层次的复合体的产物。进而，"净化的反思"应当被理解为源自另一个在这种包罗万象的复合体——这个复合体是某个人的主体构造——之内的立足点，而不应该被理解为一种并不源自任何地方的净化。随着他在1950年代转向现象学的马克思主义，萨特自己似乎也支持这种观点。

现象学的马克思主义

在其生命的晚期，当被问到《辩证理性批判》是否代表了——就像阿尔都塞将会指出的——同《存在与虚无》的一种"认识论的决裂"时，萨特回答说，它并不是。相反，萨特声称（在我看来，这是正确的），这样一个概念甚至都不适用于马克思的早期著作和《资本论》（阿尔都塞首次使用这一术语的那个语境）之间的关系，同时，他强调"在［他自己的］思想中具有更多连续性"，并且这样一种决裂的归属是"错误的"。然而，尽管承认"有一些改变"，但萨特认为："《存在与虚无》是一个一般性的视角，一个基本的视角。而《辩证理性批判》则与之相反，是一个社会的和具体的视角。一个是抽象的，研究一般性的真理，而另一个……则将自己置于具体之物的平面。"[17]

构成萨特从《存在与虚无》的"一般性真理"转向"具体之物的平面"的基础的一个结构就是那个最初筹划，并且最明显地对这种转向进行调解的著作就是《圣热内，演员和殉道者》，他为作家让·热内创作的传记。在可以说是这本书最重要的段落里，萨特详细描述了青年热内如何在偷窃行为中被一个成年人抓住，这个成年人将他作为一个"小偷""按住"——而一个小偷恰恰就是热内所成为的。关键的是热内对其自身的最初选择并不是发生在一个真空之内，宁可说，这种选择的材料是由他的社会历史环境所构成的。因此，在某种模糊的意义上，我们"选择"我们自身，但是引起萨特关注的并不是这种选择本身的自由（我们的"存在论的自由"）——他已经在其现象学存在论中详尽处理了这种自由——而是在其之内必须做出这种"选择"的有限的范围。这唤起了我们的"实践自由"。但是，我相信，正是这样一种欲望——想要恰当处理我们的基础性的存在论自由——说服了萨特转向实践自由的问题，并且最终转向了《辩证理性批判》的马克思主义。然而，萨特的独具一格的马克思主义绝不是"正统的"。无论从风格上说还是从实质上说，它都是以他之前的著作为基础的。这个研究在本质上仍然顽固地是现象学的，而且存在论的基础仍然是个体的自由选择的投入。

于是，令人惊奇的是，在《寻求一种方法》——在《辩证理性批判》之前写作的，但却作为它的一个附录而（以修订的方式）发表的一篇文章——的开头，萨特贬低了存在主义。他声称，相对于马克思主义，存在主义仅仅是一种"意识形态"，一种"生活在认识边缘的寄生体系，它起先对立于这种认识，但是现在它却寻求与其融为一体"[18]。这样一个主张看起来很难像是一种调解马克思主义和存在主义关切的尝试的前奏——但是，它被接下来的大部分内容证明是错误的。因此，在这篇文章题为"马克思主义和存在主义"的第一部分的结尾，萨特指出，"只要**对于每一个人来说**在生命的生产之外将会存在**真正**自由的空场，那么马克思主义就会超出其范围，［而］一种关于自由的哲学将会取代其位置"（*SM*, p. 34）。这一断言表明，马克思主义最终是服务于一种真正的存在主义，这种存在主义的先决条件还没有出现。并且，在题为"中介问题和辅助学科问题"的第二部分，萨特讲评，"只有人以及人与人之间的真实关系……这仅仅意味着，我们必须期待在个体的具体活动中找到集体对象的支撑。我们并不是想否定这些对象的实在性，但我们认为它是**寄生性的**"（*SM*, p. 77），他其实抨击了对于正统马克思主义来说经济阶层所拥有的"形而上学的存在"。于是，对于萨特来说，看起来马克思主义和存在主义是相互"寄生的"——或者更好地讲，它们应当辩证地相互渗透。然而，在当时盛行的语境之下，存在主义是一种"意识形态"，因为它被用于证明这一观念，即人是"在实践上"自由，同时马克思主义是一种"意识形态"，因为它盲目地认为，辩证唯物主义的铁律将会导致工人阶级的崛起。理想地来说，存在主义将会破除马克思主义的物化结构，而一种获得解放的马克思主义将会促成一种社会历史环境，在这种环境之内，它将会消亡，而存在主义则将不再是一个单纯的意识形态。

更具体地说，关于存在与认识的关系，萨特声称马克思超越了黑格尔和克尔凯郭尔的片面立场。与黑格尔一样，马克思"把握了在其客观实在性中的具体的人"，但却正确地并不声称已经获得了"绝对认识"的立足点，同时与克尔凯郭尔一样，他讲到了"人的存在的首要性"，但却并未陷入"那些最终指向一个空洞的主体性的僵化的悖论"（*SM*, pp. 12-14）。然而，与马克思形成鲜明的对比，萨特同时代的"正统"马克思主义者通过他们对历史的机械论解释而唯心主义地为他们自身设定了一种已经"被总体化的认识"，并且失去了个体主体性的环节。萨特的目标就是矫正这种情况，并且在《寻求一种方法》中，他提出了可以说是《辩证理性批判》中的最重要的概念——"总体化"。在萨特看来，如果有"真理"，那么"它必须是一个要去成为的真理，而且它必须使其自身成为一种总体化"（*SM*, p. xxxiv）。换句话说，我们认识的片段必须"被总体化"——被综合——以便变得可理解，这是黑格尔的关键性观点。但是，与黑格尔和正统马克思主义不同，对萨特来说，总体化是一个主动的、持续进行的过程。由于存在超越认识，因此没有最终的总体性（例如黑格尔的"绝对认识"或辩证唯物主义所允诺的共产主义社会），这意味着所有的总体化都仅仅是"去总体化的总体性"。在这种意义上，总体化是反极权主义的。事实上，主体环节正是在这里复活了，因为只有通过萨特现在称为"实践"（praxis）——那些源自我们自由选择的筹划的实践——的东西的否定性，我们才能从总体化前进到总体化："主体的东西在其自身之内包含了对象的东西，它否定了这种对象的东西，并〔通过总体化〕而向着一种新的对象性超越这种对象的东西；而且这种依靠对象化的新对象性将筹划的内在性外化为一种对象化的主体性"（*SM*，p. 98）。

《追寻一种方法》的第三篇文章的标题"渐进-倒溯法"反映了萨特自己在《辩证理性批判》中所使用的方法。通过拓展和改变马克思主义社会学家亨利·列斐伏尔（Henri Lefebvre）的工作，萨特声称，在理解历史运动的过程中有三个阶段。第一个阶段被列斐伏尔称为"描述性的"，而对于萨特来说，则是对考察中的事件的一种严格的"现象学描述"。尽管即使表述这样一个阶段都可能看似是多余的，但是应当记起的是，萨特对正统马克思主义的抨击很大程度上是由于它的这样一个倾向，即为了让实在性与其预制的范畴相一致，它倾向于要么歪曲要么简单地遗忘现象的细节。作为一个坚定的现象学家，萨特完全不会这样。在这一点上，这种方法本身——按照顺序来讲，它实际上是"倒溯-渐进"——开始发挥作用。倒溯的环节（被列斐伏尔称为"分析-倒溯的"）包含对构成诸现象的原因和解释的连续层级进行追溯，而随后的渐进的环节（被列斐伏尔称为"历史-生成的"）则包含从这个结合点向前推进，以理解这种展开的境遇如何显现给那样一些人，那些人生活在这种境遇中，而且他们面对它时的总体化活动实际上使它成为它所是的。

在最宽泛的意义上，《辩证理性批判》本身就旨在反映这种方法。第一卷通过一种旨在揭示辩证理性本身的可理解性的倒溯而反映了"分析-倒溯的"环节，而第二卷（萨特放弃了这一卷，但它仍以其未完成的形式在他死后被出版）则旨在通过历史的展开而"追溯批判性渐进的诸阶段"[19]。这些目标暗示着康德和黑格尔，当然，标题本身也是如此。因此，就像黑格尔那样，萨特关注**辩证**理性，而且像黑格尔那样，他将辩证法看作"既是一种方法，又是一种对象中的运动，［这两者是］同一的"（*CDR*, p. 20）。然而，与黑格尔——他从"绝对认识"的顶峰回顾其辩证法的运动——不同，就像我们知道的，萨特拒斥所有最终的总体性。相反，他寻求在一种**"没有一个总体化者的总体化"**的基础上证明辩证理性的可理解性，这降低了他自己的立场的价值，并且因而使他的辩证法进路的可理解性变得成问题。然而，正是在这一点上，萨特在《辩证理性批判》中的计划能够依据康德在《纯粹理性批判》中的计划而被理解。就像康德依靠纯粹理性来从事一种对纯粹理性的批判，萨特依靠辩证理性来从事一种对辩证理性的批判，"以便为它自身奠基，并将它自身发展成为一种对它自身的自由批判"（*CDR*，p. 21）。因此，同样像康德依据一种不掺杂经验的理性来抨击独断论的形而上学家们宣称把握住了总体性，萨特从一种"历史终结"的视角来抨击正统马克思主义者理性主义地宣称把握住了总体性。（然而，在两种情况中，目的都在于以一种改变的方式维护其前辈们的信念：康德寻求公正对待形而上学家们的实践-道德的信念，而萨特则寻求公正对待正统马克思主义者的社会历史的信念。）最后，就像康德那样，通过重申个体的首要性，萨特在辩证理性中发动了他自己的哥白尼式的革命："如果我们不希望辩证法再次成为一个神圣的律令，那么就必须从个体出发，而不是从某种类型的超个体的整体出发。"（*CDR*，p. 36）

180

在清理了方法论的基础——这不仅包含对"黑格尔式的独断论"和"现代马克思主义"的抨击，而且还包含对"分析理性"、"辩证的超经验主义"和恩格斯的"自然辩证法"的抨击——之后，萨特通过主张"所有事物都能依据需要而被解释"（*CDR*，p. 80）而开始了他自己的辩证分析。换句话说，需要是第一种"否定"，因为它反映了作为自然存在者——作为必须改变他们的环境以便物质地维持他们自身的存在者——的人所固有的那种基本"匮乏"。这种改变依靠一个个体的改变性劳动的"原初"实践而发生。但是"考察一个在劳作的个体是一种完全的抽象"，萨特很快补充道，"因为在实在中，劳动既是人与人之间的一种关系，又是人与物质世界之间的一种关系"（*CDR*，p. 91）。换句话说，个体劳动的"原初"实践总已经在中介化其他个体并被其他个体中介化，这些其他个体在同样地参与。萨特通过充实一个他已经在《存在与虚无》中使用的概念——个体是通过第三方的"注视"而被统一起来的，这种注视将它们从"作为对象的他人"转变成一种"我们-对象"——而来继续解释这种中介。因此，他再一次主张，正是第三方在进行统一。然而，萨特此时宣称，第三方很可能是他统一为"第三者"（the Third）的关系的一部分，并且在某种意义上，作为这种三方综合的一部分的每一个人都可以（至少交替性地）在维持一套社会关系的过程中充当一个第三者："交互的三元关系是人与人之间所有关系的基础"（*CDR*，p. 111）。对萨特来说，关键性的要点是，作为一个统一性的第三者的每一个人都是一个个体，并且正是诸个体在维持社会关系。

萨特宣称，最终将会刺激这些关系的本性的东西就是匮乏，他将这种匮乏完全看作人的存在的基本事实。实际上，它不仅是充满矛盾的历史的驱动力，而且还是"人类历史本身的可能性基础"（*CDR*，p. 125）。因此，匮乏不仅仅是撕裂我们的东西（例如，在总是为争夺稀缺资源的战争的极端情况中），而且还是最初将我们联合起来的东西（如果因为没有其他理由，就不去对抗它）。因此，共同劳作的人们试图去重新使一个被匮乏所铭刻的世界变得对他们的需要更为友好——就像黑格尔的情况那样，"世界"被变成了人的世界。然而，总是有一些意料之外的或者至少是不想要的影响，萨特将其称为"反目的性"（对立于与原初目标相一致的"合目的性"）。继而，反目的性——萨特将其描述为我们的实践的"异化的对象化"——成为这样一种东西的一部分，在《存在与虚无》的框架内他将这种东西称为"自在的存在"，但现在他却将它称为"实践惰性"（practico-inert）。换句话说，构成实践惰性的那些反目的性是展开的辩证过程本身的重要部分。世界因此被渐进地沉积着反目的性，这些反目的性描绘了自由实践需要去承载的那种基本结构（即实践惰性）。当萨特声称"实践惰性能够被视作一个过程"，这个过程"预设了……它要在对象中重新吸收和改变的……整个实践"（*CDR*，p. 713），这就是他的观点。事实上，实践惰性的基本结构以这样一种方式被沉积，以至于它产生了实践和其产物之间的关系的一种倒转：人变成了他们产物的产物。人与其产物之间的这种关联转而引起了一种"利益"，萨特对这种"利益"描述如下："就其作为一个绝对律令而为实践提供条件而言，利益是完全外在于某人自身的在一个事物之中的存在"（*CDR*，p. 197）。但是，尽管被推定是基于个体与他所认同的那些事物之间的关联，但是利益（广义上）就本性而言同样是社会性的——事实上，更重要的是，它们是"意识形态的"。就其本身而言，它们需要依据共享利益的那些人和被利益所排除的那些人而被理解。这导致了个体的诸阶级，并且对于工人阶级——这个阶级受限于它所创造的世界——来说，它意味着生活于一种"在自由的外在性中的命运"（*CDR*, p. 227）。

正是在《辩证理性批判》的这一点上，萨特转向了对人的集体的考察，从表面上看，这些集体提供了将会对这一事态进行补救的那些资源。然而，在继续讨论之前，值得简单地回过头来考察一下《辩证理性批判》和《存在与虚无》之间（到这一点为止）的关系。需要认识到，萨特在使用相同的结构类型，尽管为了解释他的新的哲学信念——他将这种信念称为"实在论的唯物主义"——名称已经被改变。例如，实践和实践惰性是自为的存在和自在的存在的后代，而且两个序列的术语之间的关系都是被某人的筹划所决定。因此，尽管有必要继续总体化，但是却无法达到"总体性"，这也类似于这一点，即尽管有必要继续综合自在，但是意识由于其自由而无法使其自身成为一个事物。最后，尽管他转向马克思主义，但萨特拒绝一种集体主体的任何观念，并且继续依赖"第三者"来形成集体。

可预见的是，萨特所处理的第一种集体，即"系列"（the series），是最松散的。一个系列是孤立个体（每一个都带着他或她自己的筹划）的一个集合，这些个体围绕一个共同的对象而结合在一起。然而，由于他们孤立的地位，他们无力对那个对象做出任何改变。萨特指出，排队等候汽车的那些人和在市场中进行交易的那些人就是系列性的例子，这种系列性是无组织的，并且被他异性区别开来。然而，面对需要或者一个共同的危险，当不同个体团结成一个群体（group）——或者更准确地说，成为一个"并和中的群体"（group-in-fusion）——时，系列性就会被超越。这种转变发生的确切时刻是一个难以捉摸的时刻。然而，就像萨特凭借其攻占巴士底狱的例子所描绘的，它通常由系列中的某个人引起，这个人作为一个具有影响力的"第三者"，表达了系列中的诸个体的情绪，例如，当某人呼喊着应当攻占巴士底狱。从理论的角度来说，并和中的群体克服了系列的他异性，并且每一个参与者都会将群体——这个群体没有一种层级结构——中的其他成员看作其他的"我自己"。然而，关键性的是，并和中的群体的共同实践是由诸个体来维持的。"每一个人都是一个拥有主权的第三方"，并且"通过实践的改变而成为共同实践的组织者"（*CDR*, p. 370）。以这种方式，个体实践变得更为有效。然而，由于其无组织的结构——这个结构能够被任何偶然事件所分裂——并和中的群体的共同目标总是有待去争取，因此导致构成这个群体的诸个体去依靠一个"誓言"（pledge）寻求更大的稳定性。誓言的确成功地进一步统一了群体，但它做到这样是付出了代价的，即限制了其成员的个体自由。这是因为，一个誓言只有在它能够——最终依靠暴力——被强制施行时才具有意义。根据萨特所言，尽管实施了博爱的恐怖，但"誓言的群体"仍然显现了其成员的共同自由，因为它是"透过每一个人并高于每一个人的所有人的权利"（*CDR*，p. 438）。

　　然而，在这一点上，人们转向认为群体的需要优先于其个体成员的权利，同时，这两者之间的差距将会继续增加。通过采用一种层级结构和一套详细的规则，誓言的群体成为一个"法定群体"或"组织"，并且通过引入成员资格要求——它们证明了清除异己的正当性——这个组织成为一个"机构"。最后，当一个机构能够将其统治权拓展到整个社会本身时，它就通过将其自身建立为"国家"来实现这一点，对萨特来说，就像对于其他意识形态类型的马克思主义者来说一样，这个国家仅仅反映了在社会之内存在的竞争性群体之间的权力的相对（不）平衡。并且，为了管理其权力，这个国家凭借一种由"个人崇拜"所巩固的官僚体制来对其自身进行分层。（当然，这里暗指的是斯大林主义，在萨特计划的"渐进的"环节之内，即在《辩证理性批判》的未完成的第二卷中，对它的分析占据了几百页。）讽刺性的是，在群体形成的辩证法的这一节点上，系列性这一最不发达的集体形式变得无处不在。社会的大多数人再一次被孤立，并且无力面对一个共同对象，这个共同对象构成他们生活的条件，当然这是优势群体寻求产生的条件。然而，就像自始至终的那样，萨特坚持认为"共同实践的辩证合理性并未超越个体实践的合理性，［后者仍然］超过前者"（*CDR*，p. 538）。

　　萨特通过将其对群体形成的分析运用于历史上具体的工人阶级斗争而结束《辩证理性批判》的第一卷。这预示了第二卷对历史本身的现实展开的考察（连同其对名义上是历史的最雄心勃勃的工人阶级斗争——在20世纪早期的俄国依据布尔什维主义的方式创建一个工人国家的尝试——的拓展性分析）。沿着这些路线，第一卷的最后一小节"历史的可理解性：没有一个总体化者的总体化"促使第二卷的首要目标引起了更大的关注，就像之前已经讲过的，这个目标就是去判定历史的各个方面是否能够被理解成整一的历史（one History）——或者更准确地说，辩证思想是否能够在缺乏一个总体化者的情况下变得可理解。诚然，尽管它具有很多洞见，但萨特未能完成这一卷，这使这一雄心勃勃的计划变得成问题。的确，可能有人认为，鉴于萨特坚定地致力于一种全面的辩证分析——这种分析既不以自然的运作为基础（恩格斯、"正统"马克思主义），也不以一个普遍的主体为基础（卢卡奇、西方马克思主义的各个变种），而是以个体自由的、非总体化的实践为基础——因此它一开始就被构想错了。然而，我相信，最近一些法国哲学家对萨特的最终拒绝已经造成了严重的哲学和实践后果。也许，这一点的最好例证就是福柯，就像之前提到的，他将萨特作为一个"普遍知识分子"摒弃了。福柯自己的著作通过丰富详细地描述特定的机构历史而发挥了非常宝贵的作用，但是通过在原则上既拒斥个体主体本身，又拒斥整一历史的观念，他让我们失去了这两个极点，这些极点能够帮助调节并且因此进一步丰富我们对这些机构的规范性缺陷的理解。甚至更为重要的是，由于未能考虑将这些机构联系在一起的整一历史——在现代时期，这种历史受到晚期资本主义的限制——他通过几乎不去触碰那种在实质上表明了他要去改造的那些特定机构的本性的东西而削弱了真正变革的前景。

　　总而言之，我认为，尽管它过去被滥用并且具有被滥用的内在潜力，但是仍然需要这个完全有能力阐明这些相互关系的"普遍知识分子"。事实上，在我看来，《辩证理性批判》的缺陷并不在于，萨特试图从一个"普遍"的角度来中介化这些机构关系，而是在于，通过从一个已经不是社会存在者的主体的角度出发来开始其现象学分析，他未能充分地贯彻这些中介。在读完《辩证理性批判》之后，人们感觉需要重新阅读它，这一次要记住个体的总已经是的社会本性，这些个体产生了逐渐扩大的社会集体，以及与其伴随的反目的性。

结论

　　在这一章的开头，我就声称，萨特首先是一个"自由的哲学家"，然而，从《存在与虚无》中的"最初筹划"的决定性本性，到《辩证理性批判》中的群体形成的无情辩证法，萨特式的自由充其量不过是脆弱的。因此，在其最后一部主要著作——一部庞大的福楼拜传记，它包含并具体综合了在其早期著作中得到表述的那些哲学结构——中，看起来福楼拜几乎也是命定地要成为"福楼拜"。而且事实上，萨特在 1969 年的一个访谈——这个访谈从那时起就被题为《一种思想的旅程》——中对自由的描述就反映了自由的这种"几乎是命定的"概念："这就是我今天会给予自由的限制：微小的运动，这种运动使得一个完全条件化的社会存在者成为某个不会完全归还他的条件已经给予他的东西的人。"[20]尽管在萨特的著作内自由的空场被逐渐缩小了，但是他对自由的多方面的信奉仍然存在，他对它的哲学洞见的真理也是如此。

为了充分领会萨特对自由的解释，必须理解的是，他坚决拒绝将第一人称融入第三者，这一点不应当依据形而上学的术语来看待，而宁可说应当依据康德在《道德形而上学的基础》（*Foundations of the Metaphysics of Morals*）中的观点——第一人称视角是自由的视角，它不管形而上学的"事实真相"——来看待。就像我们所观察的，尽管萨特谈论我们的"存在论自由"，但依据现象学的术语，他的自由观念实际上会得到更好的理解。就像《存在与虚无》的副标题《关于存在论的一个现象学研究》所表明的，我们无法提出关于世界之存在的最终主张（存在论），或者就此而言，提出关于世界真正存在的方式的最终主张（形而上学），而是仅仅只能提出关于意识不得不去对它进行经验的方式的最终主张（现象学）。正是由于这一原因，萨特能够在《存在与虚无》中前后一致地既拒斥"自由意志"的立场，又拒斥由科学所激发的"决定论的"立场，因为通过提出关于世界之本性的存在论主张或形而上学主张，两种立场都与现象学相冲突。因此，萨特对自由的论证既不会被科学所提供的因果性图景排除，也不是对它的一种拒绝。相反，它是一种不同的——尽管同样有效的——视角。

就像我前面所指出的，萨特早期自由立场的一个主要缺陷是他致力于依据意识的一种纯粹自发性来看待自由，这带有某种形而上学的主张的意味，这种主张是他原本想要拒斥的。的确，当萨特声称理由确实源自我们对一种根本上是自我导向性的"最初筹划"的选择时，他是正确的，尽管即使一种最初筹划——一种朝向世界的基础性导向——的概念都是太过简化了。更重要的是，就像我对《辩证理性批判》的批评所暗示的，这错误地预设了我们并不是总已经在社会考虑的基础上进行导向。我们对一种最初筹划的选择拥有社会历史的和心理的理由。因此，萨特对自由的现象学解释的力度并不在于与个体对一种最初筹划的选择有关的意识的纯粹自发性，而是在于认识到，从现象学上来说，我们总是能够通过对其进行反思而让我们自身与所有所谓的"决定性"因素保持距离。然而，这个"距离"——正如萨特所说，它提供了这种"净化的反思"的可能性——并不是一个由自由的纯粹自发性所产生的"真空"。就像对一个最初筹划的选择是社会历史地被条件化，我们对它所采取的反思态度也同样如此。萨特的"净化的反思"仅仅显示了我们能够在我们的生活中采用其他的历史生成的视角——这些历史生成的视角本身就是先前的社会历史可能性和我们在其之中所做出的（但愿是反思性的）选择的结果。由此，我们的历史经验本身提供了自由的可能性基础，这使得萨特非常接近黑格尔——当然，并未丢失个体的第一人称立场，就像黑格尔在他使个体从属于集体主体或绝对精神（Spirit）时确实做的那样。时代精神很可能朝一个特定方向前进，但这并不意味着个体必须跟随它前进。就像萨特在《辩证理性批判》中所说的，"在事物被人'中介化'的相同程度上，人被事物'中介化'"（CDR，p. 79）。这种自我理解不仅意味着自由的观念被建立在实践行为的最深入的结构中，而且也意味着自由的观念在历史的展开——这种展开有可能会掩盖它——中具有实践效果。

【注释】

[1] 参见 Dagfinn Føllesdal, "Sartre on freedom," in p. A. Schilpp (ed.), *The Philosophy of Jean-Paul Sartre* (La Salle, Ill.: Open Court, 1981), p. 372, 引自 "Le Processus historique," *La Gazette de Lausanne*, February 8, 1947。

[2] Jean-Paul Sartre, "Self-portrait at seventy" (an interview with Michel Contat), in *Life/Situations*, trans. P. Auster and L. Davis (New York: Pantheon, 1977), p. 88.

[3] Jean-Paul Sartre, *The War Diaries: November 1939—March 1940*, trans. Q. Hoare (New York: Pantheon, 1985), p. 183.

[4] Jean-Paul Sartre, *The Transcendence of the Ego*, tans. F. Williams and R. Kirkpatrick (New York: Hill and Wang, 1990), p. 41. 在此之后对《自我的超越性》的引用将会以"（*TE*, p. ··）"的形式被标注在文内。

[5] Jean-Paul Sartre, *Imagination: A Psychological Critique*, trans. F. Williams (Ann Arbor, Michigan: Ann Arbor Paperbacks, The University of Michigan Press, 1972), p. 134.

[6] Jean-Paul Sartre, *The Psychology of Imagination* (New York: Citadel, 1991), p. 267.

[7] 参见 Joseph p. Fell, *Emotion in the Thought of Sartre* (New York: Columbia University Press, 1965), pp. 35-44。

[8] Robert C. Solomon, *The Passions* (Garden City, NY: Anchor Press/Double-

day，1976），p. 143.

[9] Jean-Paul Sartre, *The Emotions*：*Outline of a Theory*，trans. B. Frechtman
(New York：Citadel，1976)，p. 52.

[10] Ibid.，p. 36.

[11] Ibid.，p. 79.

[12] Ibid.，p. 82.

[13] Michel Rybalka and Oreste Pucciano, "An interview with Jean-Paul Sartre," in
P. A. Schilpp (ed.), *The Philosophy of Jean-Paul Sartre* (La Salle, Ill.：Open Court,
1981), p. 12.

[14] 就像萨特自己在其1948年给法国哲学学会（*Société française de philosophie*）所做的讲座——在那里，他总结了《存在与虚无》的基本论题——中指出的，"有
必要对胡塞尔的沉思的、非辩证的意识……和辩证筹划的活动——但却没有意识，并
且因此没有基础——进行一种综合，我们在海德格尔那里发现了那种辩证筹划活动，
在那里我们看到，与之相反，首要的要素是超越性"。参见 Jean-Paul Sartre, "Con-
sciousness of self and knowledge of self" (trans. N. Lawrence and L. Lawrence), in
N. Lawrence and D. O'Connor (eds.), *Readings in Existential Phenomenology* (Engle-
wood Cliffs, NJ：Prentice-Hall, 1967), p. 132。

[15] Jean-Paul Sartre, *Being and Nothingness*：*An Essay in Phenomenological On-
tology*，trans. H. E. Barnes (New York：Washington Square Press, 1956), p. 29. 在此
之后对《存在与虚无》的引用将会以"（B&N, p. ··）"的形式被标注在文内。

[16] 甚至更为根本的是，意识否定世界的各个方面的能力很可能是知觉的条件，
因为如果没有这种能力，自在的存在将会仅仅是一种未分化的乱团，或者是被称作一
种"模糊的、叽叽喳喳的混沌"的东西。参见 David Detmer, *Freedom as a Value* (La
Salle, Ill.：Open Court, 1986), pp. 29-30。

[17] Leo Fretz, "An interview with Jean-Paul Sartre," in H. Silverman and F. El-
liston (eds.), *Jean-Paul Sartre*：*Contemporary Approaches to His Philosophy* (Pitts-
burgh, Penn.：Duquesne University Press, 1980), pp. 225-6.

[18] Jean-Paul Sartre, *Search for a Method*，trans. H. E. Barnes (New York：Random
House, 1968), p. 8. 在此之后对《寻求一种方法》的引用将会以"（SM, p. ··）"的形
式被标注在文内。

[19] Jean-Paul Sartre, *Critique of Dialectical Reason*，*Volume I*：*Theory of Prac-
tical Ensembles*，trans. A. Sheridan-Smith (London：Verso, 1991), p. 69. 在此之后对
《辩证理性批判》（第一卷）的引用将会以"（CDR, p. ··）"的形式被标注在文内。

[20] Jean-Paul Sartre, "The itinerary of a thought," in *Between Existentialism and
Marxism*，trans. J. Mathews (New York：Morrow, 1979), p. 34.

参考文献

萨特的著作

1955：*Literary and Philosophical Essays*，trans. A. Michelson. New York：Criterion Books.

1956：*Being and Nothingness：An Essay in Phenomenological Ontology*，trans. H. E. Barnes. New York：Washington Square Press.

1964：*Nausea*，trans. L. Alexander. New York：New Directions.

1968：*Search for a Method*，trans. H. E. Barnes. New York：Random House.

1972：*Imagination：A Psychological Critique*，trans. F. Williams. Ann Arbor，Mich.：Ann Arbor Paperbacks，The University of Michigan Press.

1974：*Anti-Semite and Jew*，trans. G. J. Becker. New York：Schocken.

1974：*Between Existentialism and Marxism*（articles and interviews），trans. J. Mathews. New York：Morrow Quill Paperbacks.

1975：*The Emotions：Outline of a Theory*，trans. B. Frechtman. New York：Citadel.

1975：*The Wall and Other Short Stories*，trans. L. Alexander. New York：New Directions.

1981—1989：*The Idiot of the Family*，trans. C. Cosman. Chicago，Ill.：University of Chicago Press（vol. I，1981；vol. II，1987；vol. III，1989）.

1985：*The War Diaries：November 1939—March 1940*，trans. Q. Hoare. New York：Pantheon.

1988：*"What is Litterature?" and Other Essays*，trans. B. Frechtman. Cambridge，Mass.：Harvard University Press.

1990：*The Transcendence of the Ego*，trans. F. Williams and R. Kirkpatrik. New York：Hill and Wang.

1991：*Critique of Dialectical Reason*，Volume I：*Theory of Practical Ensembles*，trans. A. Sheridan-Smith. London：Verso.

1991：*Critique of Dialectical Reason*，Volume II：*The Intelligibility of History*，trans. Q. Hoare. London：Verso.

1991：*The Psychology of Imagination*. New York：Citadel.

1992：*Notebook for an Ethics*，trans. D. Pellauer. Chicago，Ill.：University of Chicago Press.

讨论萨特的著作

Anderson, T. C. 1993: *Sartre's Two Ethics*. Chicago, Ill.: Open Court.

Aronson, R. 1980: *Jean-Paul Sartre: Philosophy in the World*. London: New Left Books.

——1980: *Sartre's Second Critique*. Chicago, Ill.: University of Chicago Press.

——and van den Hoven, A. (eds.) 1991: *Sartre Alive*. Detroit, Mich.: Wayne State University Press.

Barnes, H. 1973: *Sartre*. New York: J. B. Lippincott.

——1981: *Sartre and Flaubert*. Chicago, Ill.: University of Chicago Press.

Bell, L. 1989: *Sartre's Ethics of Authenticity*. Tuscaloosa, Ala.: University of Alabama Press.

Bush, T. W. 1980: *The Power of Consciousness and the Force of Circumstances in Sartre's Philosophy*. Bloomington, Ind.: Indiana University Press.

Caws, P. 1979: *Sartre*. London: Routledge & Kegan Paul.

Catalano, J. S. 1980: *A Commentary on Jean Paul Sartre's Being and Nothingness*. Chicago, Ill.: University of Chicago Press.

Danto, A. C. 1991: *Sartre*. London: Fontana.

Desan, W. 1954: *The Tragic Finale: An Essay on the Philosophy of Jean-Paul Sartre*. Cambridge, Mass.: Harvard University Press.

——1965: *The Marxism of Jean-Paul Sartre*. New York: Anchor.

Detmer, D. 1986: *Freedom as a Value*. La Salle, Ill.: Open Court.

Fell, J. p. 1965: *Emotion in the Thought of Sartre*. New York: Columbia University Press.

Flynn, T. 1984: *Sartre and Marxist Existentialism*. Chicago, Ill.: University of Chicago Press.

Grene, M. 1983: *Sartre*. Lanham, Md.: University Press of America.

Howells, C. 1988: *Sartre: The Necessity of Freedom*. Cambridge: Cambridge University Press.

—— (ed.) 1992: *The Cambridge Companion to Sartre*. New York: Cambridge University Press.

Jameson, F. 1961: *Sartre: The Origins of a Style*. New Haven, Conn.: Yale University Press.

Jeanson, F, 1980: *Sartre and the Problem of Morality*, trans. R. V. Stone. Bloomington, Ind.: Indiana University Press.

LaCapra, D. 1978: *A Preface to Sartre*. Ithaca, NY: Cornell University Press.

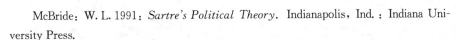

McBride, W. L. 1991: *Sartre's Political Theory*. Indianapolis, Ind.: Indiana University Press.

McCulloch, G. 1994: *Using Sartre*. London: Routledge.

Santoni, R. E. 1995: *Bad Faith, Good Faith, and Authenticity in Sartre's Early Philosophy*. Philadelphia, Penn.: Temple University.

Schilpp, P. A. (ed.) 1981: *The Philosophy of Jean-Paul Sartre*. La Salle, Ill.: Open Court.

Silverman, H. and Elliston, F. (eds.) 1980: *Jean-Paul Sartre: Contemporary Approaches to His Philosophy*. Pittsburgh, Penn.: Duquesne University Press.

Wilder, K. V. 1997: *The Bodily Nature of Consciousness: Sartre and Contemporary Philosophy of Mind*. Ithaca, NY: Cornell University Press.

第 8 章　让－保罗・萨特

第 9 章　批判理论

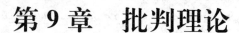

大卫·谢尔曼（David Sherman）

由于其使用的扩大，"批判理论"这个术语已变得越来越模糊不清。除了别的之外，它当前还指涉某些特定类型的文学、种族和性别理论，指涉已被称为"文化批判"的东西，更一般地来说，还指涉由与法兰克福大学（Frankfurt University）社会研究所（Institute for Social Research）相关联或者与被更普遍地称作"法兰克福学派"（Frankfurt School）的东西相关联的那些思想家所进行的研究。本章的主题正是这最后一种意义上的批判理论，而且更确切地说，是所谓的"第一代"法兰克福学派理论家们的批判理论。这一群体大概活跃于 1920 年代晚期至 1970 年代早期，它的最具影响力的成员包括马克斯·霍克海默（Max Horkheimer）、西奥多·W. 阿多诺（Theodor W. Adorno）、赫伯特·马尔库塞（Herbert Marcuse）、瓦尔特·本雅明（Walter Benjamin）、弗里德里希·波洛克（Friedrich Pollock）、齐格弗里德·克拉考尔（Siegfried Kracauer）、埃里希·弗洛姆（Erich Fromm）、利奥·洛文塔尔（Leo Lowenthal）和弗朗茨·诺伊曼（Franz Neumann）。然而，即便在局限于这些思想家的时候，"批判理论"这个术语仍然有些模糊不清。有人误导性地指出他们共享相同的兴趣和视角，而实际上，与事实更接近的是，他们共享的是一套松散的方法论信念，这套方法论信念中最重要的是对一种用于构建当代社会的全面的新-马克思主义理论的多学科方法的信念。

然而，冒着有些简化的危险，可以提出两个基本立场。[1] 一个是 1930 年代期间占主导地位的立场，它在霍克海默的早期著作中找到其最清晰的表达。它认为，批判理论关注的是对诸多哲学理想（它们包含了诸如"自由"、"平等"、"正义"与"和谐"这样的观念）和社会的主流实践及基本趋势进行调和。的确，那种使得批判理论成其为"批判的"东西就是它对单方面地屈服于任何一方的拒绝。就像康德——他自称的"批判"哲

大陆哲学

188

234

学就旨在在传统哲学内的经验主义的卡律布狄斯（Charybdis）和理性主义的斯库拉（Scylla）之间引领一条道路——一样，批判理论也旨在在传统（德国）哲学和社会科学之间引领一条道路。与非批判性的唯心主义哲学传统——这一传统的乌托邦主义倾向于从"本质上"（即从抽象的或非历史的角度）看待人类，并且"目的论地"（即朝着这一人类本质的实现而发展）看待他们的历史——相比，批判理论并置了社会科学的事实。而且，与非批判性的社会科学的实在论——这类科学将任何思辨性地为当代社会提供替代性选择的努力都视为"无意义的"（并且因而具有对它进行确证的实践效果）——相比，批判理论并置了德国哲学传统的规范。总而言之，批判理论将两者的洞见都置入一种动态的张力之中，以创立一种唯物主义的批判理论。

在 1920 年代晚期和 1930 年代早期，这种立场以这一信念为基础，即人类解放的可能性继续内在于发达资本主义社会的制度动力，以至于在哲学规范和社会科学事实之间不存在终极矛盾：前者的理想将由后者内部的基本趋势来证明。但是，随着 1930 年代晚期和 1940 年代早期这段时间的事件的日益灾难性的转向，哲学规范和社会科学事实之间的这种关系，或者正如其以通俗语言被表述的那样，理论和实践之间的这种关系，变得越来越不相干。作为回应，霍克海默几乎放弃了这一立场，而马尔库塞则继续信奉它，尽管是以一种更为试探性的方式。随着法兰克福学派第二代理论家中的佼佼者尤尔根·哈贝马斯（Jürgen Habermas）的崛起，这种将哲学传统的理想奠基于社会科学的努力被一种新的热情所接受，但是对于哈贝马斯——他的政治信念走向社会民主的改革主义——来说，它的根基不再能够在经济学和历史学中被找到，而是在社会语言学（sociolinguistics）中被找到。

另一个基本立场在很大程度上起源于本雅明，它在阿多诺的著作中找到其影响最深远的表达。尽管阿多诺也寻求调和哲学理想和主流社会历史实践之间的关系，以服务于一种被解放的社会，但是他在它们之间看出了一种稍微更成问题的关系。因此，他对它们最终融合的信心比较少，或者更确切地来说，他对这样一个事实的信心比较少，即如果它们的确最终融合在一起，这将证明一个被解放的社会的存在。据阿多诺所说，这是因为诸多唯心主义哲学都具有双重性：它们不仅设定了社会表面上所追求的理想，而且凭借它们的抽象性而倾向于将这些理想视为已经体现在社会的复归实践中，从而使它们合法化。换句话说，唯心主义哲学天生就是意识形态的，因此它们对社会历史真相的遮蔽并不少于它们对其阐明。然而，阿多诺相信，这些被遮蔽的真相可以通过探究这些哲学的内在矛盾而被瞥见，他将这些矛盾看作在产生它们的社会中存在的诸多矛盾的一种显现。因为这些矛盾产生于唯心主义的概念抽象性，而这种抽象性反映并且支撑了资本主义社会中（以货币为中介的）社会关系的抽象性，所以有必要重新引入被丢失的物质性环节。这就是为什么阿多诺将美学特权化为一种解放手段的原因之一，因为它复兴了一种对自然世界的感受性，而这正是唯心主义的抽象概念范畴所遗忘的。因此，尽管阿多诺依赖并且有助于法兰克福学派对社会科学的研究，但他却将注意力集中在哲学和美学之上，这与霍克海默截然相反，后者将注意力集中在社会实践以及它们对哲学的抽象理想的例示倾向之上。

在下文中，我将首先提供一个法兰克福学派的简要历史背景。接着，我将通过考察那些最能代表每一时期的主要哲学立场的著作，来考察通常所认为的第一代批判理论的三个主要时期。[2] 不幸的是，由于篇幅的限制，这意味着在本章中法兰克福学派的很多著作都不能得到考察，包括——最为明显地——关于文化现象的丰富材料。

历史背景

社会研究所受一个富有的工业家之子费里克斯·韦尔（Felix Weil）的资助，它于 1923 年被创立，其目的在于提供一种机构环境，在其中马克思主义理论能够得到自由研究——也就是说，以这样一种方式得到研究，这种方式既不被意识形态教条主义所束缚，也不被德国学术生活的严格学科分工和学究式风格所束缚。研究所的第一任所长就职于 1924 年，他就是卡尔·格律恩堡（Carl Grünberg），一个专门研究工人运动史的法律和政治学教授。尽管格律恩堡不可能在实际上永远与共产党保持一致，但他却保持着对正统马克思主义方法论以及尤其是它的"历史唯物主义"学说的坚定信念。这一信念被研究所的青年成员所质疑，这些青年成员由霍克海默所领导，他们质疑这样一种方法带有一种正统的（尽管是世俗的）宗教的味道。1929 年，格律恩堡由于疾病被迫从研究所所长的职位上退下来，而 1930 年，当时只有 35 岁的霍克海默就任了这一职位。

第一代法兰克福学派理论家们来自各种各样的学科背景：霍克海默和马尔库塞是哲学家，阿多诺也一样，而他也是一位音乐学家；波洛克是一位经济学家，他负责管理研究所的财政事务；洛文塔尔是一位文学理论家；诺伊曼是一位律师；而弗洛姆则是一位训练有素的精神分析学家，他是 1930 年代早期这一群体中最为著名的人物。然而，他们所共享的东西是同样的犹太中上阶层背景，考虑到纳粹的兴起，这促使他们中的大多数人在 1930 年代晚期逃离德国。然而，本雅明却选择直到 1940 年才离开德国，并且在其不被允许从被占领的法国穿过以进入西班牙时，他在边界自杀了。尽管是通过各式各样的迂回路线，但法兰克福学派的其他成员最终都来到了美国，他们流亡期间就是在那里活动。战后，阿多诺和霍克海默返回了法兰克福，在那里，除了他们的理论工作之外，他们还促进了将德国的教育制度置于一种更为健全的教学基础之上。与之相反，马尔库塞则选择了留在美国，在那里他执教于布兰迪斯大学（Brandeis University）和加州大学圣迭戈分校（the University of California at San Diego），并在 1960 年代晚期期间成为新左派（the New Left）的主导性的理智灵感源。阿多诺、霍克海默和马尔库塞这三个本章将会主要讨论的人物，分别于 1969 年、1973 年和 1980 年去世。然而，到 1960 年代晚期，他们的哲学信念就处于被第二代批判理论家们所取代的过程之中，这些理论家由哈贝马斯所领导，他们向批判理论提供了一种交往转向。[3]

1930—1937 年：跨学科的唯物主义和瓦解的辩证法

跨学科的唯物主义

在他于 1930 年就任研究所所长之后，霍克海默立即就阐明了它的新方向。尽管他继续坚持某种马克思主义的立场——事实上，在霍克海默看来，"唯物主义"这个术语本身就是作为一个对于他的独特类型的马克思主义来说的掩护性概念而运作——但他在很大程度上拒斥主流的"正统"马克思主义学说，这种"正统"学说已或多或少地继续作为格律恩堡世界观的核心部分。因此，在他的就职演说——"当代社会哲学的状况和社会研究所的任务"——中，霍克海默拒斥过度简单化的基础-上层建筑模式，这种模式已经在理论上弥漫于正统的马克思主义。依据这一模式，哲学、心理学、法律、艺术和所有其他文化产品全部都是衍生性的现象，而且只有经济或者物质存在才构成真正的基础现实。他声称，这样一种方法是唯心主义的，因为它在很大程度上抽离了现存的社会境况，因此，像唯心主义的其他变体一样，"最终没有任何类型的验证程序"[4]。霍克海默更进一步地断言，这种对马克思进行了误解的模式只不过是对黑格尔的一个普遍误解的另一面，后一种误解赋予心灵或精神生活以特权，而将物质生活视为完全衍生性的。相比之下，他认为，只有"一个问题"是社会哲学必须围绕着来非还原性地"进行具体化"的："社会经济生活、个体心理发展与严格意义上的文化领域变化之间的关系问题。属于文化领域的不仅有所谓的科学、艺术、宗教的精神遗产，而且有法律、习俗、时尚、公共舆论、体育、娱乐方式、生活方式等。"[5]

霍克海默在两篇重要的文章中进一步阐述了他的马克思主义类型，这两篇文章于 1933 年发表在《社会研究杂志》(*Journal of Social Research*)（研究所自己的刊物）上。第一篇文章讨论了霍克海默的唯物主义和形而上学之间的关系，第二篇讨论了他的唯物主义和道德之间的关系。在"唯物主义与形而上学"中，霍克海默指出，正统马克思主义者们对唯物主义的拥护给了其唯心主义的对手们以可乘之机，因为它相当于一个形而上学的论断，而且还是一个贫乏的论断，也就是说，"唯物主义"相当于这样一个断言，即"唯有物质及其运动才是真实的"[6]（这一断言从恩格斯的《自然辩证法》关于机械论的阐述中汲取养料）。然而，根据霍克海默所言，被正确理解的唯物主义排除了声称要把握"全体实在性的本质"的任何类型的断言，因为所有的知识都产生于一种社会环境之中，这种社会环境是由一套特定的人类实践和目标所塑造的。这在实践（praxis）问题——试图依照理论目标来改变现存的社会实践（practices）——方面具有重要的后果。它将既构想又实现这些改变的责任归还给了"在特定历史时期内的特定的人"(*CT*, p. 32；中译本见第 30 页，译文稍有改动)，这些人由社会构成，并且反过来构成社会，这对立于以形而上学为基础的实践的"更久远的观点"，这种观点倾向于无视当前的特定事实，而去赞同以神圣者或者本质为基础的永恒真理。更一般地来说，它反映了第一代理论家们的一个基本的方法论信念，即对主体-客体范式（这正是第二代批判理论家们所拒斥的）的信念："由在概念上完全透明并交互运动的两个固定实在的图像，并不能准确描绘出主客体之间的关系。相反，在我们称作客观的东西中，主观的因素活动着；而在我们称之为主观的东西中，客观的因素活动着"(*CT*, p. 29；中译本见第 27 页)。

192

如果通过提出抽象原则的普遍陈述，形而上学寻求通过稳固前者来克服霍克海默所认为的在我们的概念和对象之间存在的不可避免的张力（尽管人类知识的本质是有限的，是以社会历史为条件的），那么科学将不恰当地寻求通过稳固后者来解决这一张力。虽然科学的"概念无疑依赖它们的对象"，然而同时——尽管一般不被承认——这些概念仍然"受到研究中的主观因素的制约，受到科学家的理论兴趣所运用的方法和所采纳的方向的制约"（*CT*，p. 28；中译本见第 26 页）。根据霍克海默所说，只有在承认科学与历史密切相关的时候，科学才能避免陷入"实证主义"（positivism），这种实证主义将知识还原成与可经验地证实的规律相关的事实的一种单纯集合。尽管实证主义和唯心主义形而上学之间存在差异，然而它们的非中介化的（分别通往对象和概念的）方法以一种关键性的方式将它们汇聚在一起：两者都"假定了一个独立于时间而存在的主体"（*CT*，pp. 37-8；中译本见第 34 页）。因此，相比于它所回应的唯心主义形而上学，实证主义的反形而上学立场最终并不更少地是形而上学的。

克服自我反思的缺失——这种缺失内在于一种通往科学的实证主义方法——的必要性，是霍克海默在另一篇早期作品《科学及其危机札记》中也讨论到的一个主题。在这篇 1932 年的文章中，霍克海默更坦率地宣称，就其最重要的步骤，即它的任务的设置——这种设置是被任意完成的——而言，科学最伟大的美德——它要求在其探究中的每一步骤都要拥有一种批判性的基础——正在消失。然而，与当前被实践的（宽泛意义上的）"批判理论"的某些特定变体相比，霍克海默的要求——科学要成为自我反思的，以便认识到它服从历史的动力，并且因而将其自身置于一个履行其社会责任的位置——绝不等于宣称科学应当首先将其自身仅仅视为一种"社会建构"："决定什么是或者不是真实的，这并不取决于社会兴趣，真理的标准是伴随着理论水平的提高而发展起来的。"[7] 换句话说，把科学仅仅视为一种社会建构，将会像正统马克思主义的"自然辩证法"一样完全中断主体-客体关系的媒介，差异就在于后者是通过清除主观环节而使自然绝对化，而前者则完全使其主观化。

在"唯物主义与道德"中，霍克海默以其抨击传统形而上学的差不多的方式来对传统道德进行抨击，历史地来讲，传统形而上学经常被用来为传统道德奠基。于是，恰好是在"唯物主义与形而上学"的最后，当他主张他的唯物主义社会理论"摒弃了建立在形而上学基础上的道德"，因为人类"对幸福的追求被认定为无须辩解的自然而然的事实"（*CT*，p. 44；中译本见第 42 页）的时候，霍克海默预示了他对传统道德的即将来临的分析。霍克海默通过指出所有的唯心主义道德都是基于"自明的结构"（axiomatic constructions）来开始"唯物主义与道德"的讨论，这些自明结构的特有形式既被用来证明它们所谓的永恒本质，也被用来为现代生活的变迁提供必要的灵活性，这种现代生活太过复杂和短暂，以至于不容许实质性的道德规则。[8] 在这一方面，康德的道德是典范性的，因为它设定了诸如"绝对命令"（"要只按照你同时能够认为愿意它成为一个普遍法则的那个准则去行动"）和"善良意志"——这两者都意味着个体必须从其特殊利益中抽离出来，以造福于难以辨别的公共利益，从而成为道德的——这样的形式的、无时间性的观念。然而，最终这些观念不仅是"唯心主义幻象"，而且还在实际上违背了康德自己的意图，因为从这些自我克制的观念出发，会有"一条直接的道路，通往牺牲和顺从的现代神秘主义"[9]。与之相比，霍克海默声称，由同情所驱动的唯物主义伦理，寻求通过抨击其社会历史起因来缓解人类苦难。在当前的时代，这种苦难起源于人类需求对一种经济体制的屈从，这种经济体制的生产能力不再能够对其所孕育的贫困进行辩护。与这样一种道德要求——人们通过遵循一种形式的、永恒的规则结构来履行其义务——相对立，他提出了这样一种伦理要求，即富于同情心的人们都在政治上参与到建构具体的社会结构——这些结构能够让所有人都蓬勃发展——的事业中来。

然而，关键的是，霍克海默既未一般性地摒弃道德传统，也未特别地摒弃康德。相反，他强调了道德事业在本质上的历史本性，更具体地说，特定价值的历史本性，这些价值与其说是会消逝，不如说是会随着时间的推移而逐渐改变。霍克海默声称，"启蒙运动和法国大革命的战斗口号现在比以往任何时候都有效"，然而尽管它们维持住了它们的"现实性"（即，继续作为我们应当为之而努力的文化理想），但它们却不应当以同样的方式被理解："政治与这一目标（理性的社会）相符合，因此必须不能抛弃这些要求，但是意识到它们——然而，不是以乌托邦的方式坚持历史制约的定义——而是与它们的含义相符。"[10] 简而言之，这意味着这样一些理想必须随着时代变迁所呈现的被增大的可能性而改变。因此，如果自由和平等的要求依然局限于法律，那么 1700 年代的这样一个进步性的认识，即尽管存在财产的不平等，但是法律面前一定要有"自由"和"平等"，就不再是进步性的了。在 1700 年代期间，资本主义仍然处在其早期阶段，它的生产能力几乎未被挖掘，而且财产的神圣化是对君主制的一种防范。然而，当代社会的特征是，一种更具生殖性的生产能力的加速垄断，相比当前社会形式所允许的，这种生产能力能够在大得多的程度上满足人类的物质需求："直到今天，人类资源才变得多到足以让他们充分实现，这种充分实现是一个直接的历史任务。为了他们实现的激烈斗争标志着我们的转型时期。"[11] 因此，在现代，"自由"和"平等"必须从法律领域扩展到经济领域，以便真正具有一种解放的意义。

霍克海默的断言——启蒙价值"现在比以往任何时候都有效"——表明，在资本主义社会内，仍然存在着真正民主的社会主义社会的经济的和文化的前提条件。当然，与正统马克思主义所主张的历史唯物主义学说——工人阶级的支配地位由历史（如果不是自然本身）的内部运作所保证——相反，霍克海默声称"唯物主义理论肯定不能为政治行动者提供这样一个慰藉，即他必定会实现他的目标；它不是一种历史的形而上学，而是一种变化着的世界形象，它与朝向其改善的实践努力相关联地发展"[12]。然而，在这一时期，人们感觉到即便理解真正民主的社会主义社会不能被保证，但是这种类型的批判理论仍将它视为一种真正的历史可能性，并且将其视为无论如何肯定不会和时代的基本历史趋势相矛盾。

尽管霍克海默这一时期的著作最能在哲学上代表这种类型的批判理论，更一般地说，也最能在哲学上代表法兰克福学派的导向，但是其他成员在这一时期也创作了诸多重要的作品。在霍克海默的带领下，那个对他们的各种著作进行了统一的主题就是调和他们各自的学科与一种唯物主义的社会理论之间的关系。沿着这些思路，具有代表性的是以下的文章，它们都被发表在《社会研究杂志》早年的几期当中：洛文塔尔的《论文学的社会地位》，该文章要求既依据弥漫于文学的基本经济结构，又依据文学在意识形态上强化这些结构的倾向，来对文学进行评断；波洛克的《资本主义的现状和计划经济的前景》，该文章认为尽管社会主义社会的经济前提存在着，但资产阶级拥有诸多手段来通过计划而无限期地预先阻止这一可能性；以及最为著名的，弗洛姆的《论一种分析的社会心理学的方法和任务》和《精神分析的性格理论及其社会心理学意义》，两者都反映了他综合马克思和弗洛伊德的宏大计划。[13]

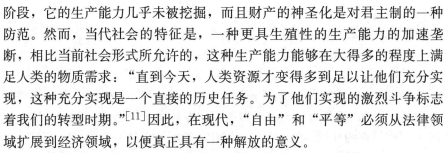

瓦解的辩证法

与霍克海默的理论信念随着时间而改变不同，阿多诺的信念尽管不断地在完善，但仍保持着相对的恒定。将诸如《启蒙辩证法》（*Dialectic of Enlightenment*）和《否定的辩证法》（*Negative Dialectics*）（在下文将会被考察）这样的晚期著作与《哲学的现实性》和《自然历史观念》这两篇1930 年代早期的开创性的文章进行对比，就能证实这一观点。

《哲学的现实性》写于 1931 年，是他在法兰克福大学的就职演讲，在这篇文章的开头，阿多诺预言了他毕生的哲学目标，即，对唯心主义进行清算。哲学必须放弃这样一个"幻想"，即"思想的力量足以把握实在的总体"，他这样开始论述，因为这样一种方法——这种方法以这样一个论断为基础，即"自主的理性"能够"从其本身"产生实在——只能"遮蔽了实在，并使它的现存条件永恒化了"。[14]阿多诺相信，所有的唯心主义哲学都是被错误设想的，因为社会历史概念总是作为理性思维的条件。当唯心主义哲学声称通过它们所认为的理性思维的自主性来支持这些概念把握实在的"总体"或"本质"的时候，它们因此也将作为它们思维条件的现存社会历史因素投射到——尽管是不经意地——被它们错误地看作这样一种实在的东西之上。唯心主义投射的社会历史本质因而仍然"被遮蔽着"，而且由于这些投射恰好声称要把握实在的"总体"或"本质"，因此那些充满着它们的现存社会历史条件被"永恒化了"。根据阿多诺所言，当今的唯心主义哲学，例如新康德主义、胡塞尔的现象学和海德格尔的名义上反理性主义的基础存在论，都落入了这一陷阱之中，但是悖论性的是，"科学主义的哲学"——它们完全摒弃了关于"实在的总体"的唯心主义问题——也落入了这一陷阱。通过赋予自然科学以特权，使其作为哲学探究典范，并且通过寻求"在被给予的事物中找到安全保障的基础"，这样一些哲学也抽离了哲学概念的社会历史本质。因此，它们最终同样倾向于"永恒化"给定的社会历史实在。[15]

对于阿多诺来说，这些失败引起了这样一个问题——这个问题激发他的文章标题——哲学是不是"现实的"，这意味着"在哲学问题和它们被根本解决的可能性之间，是否存在适当性"[16]——或者更简单地说，哲学是仍然具有达到"真理"、达到它的历史任务的能力呢，还是只会陷入现存的理智态度（这是另一种更为亵渎的意义上的哲学的"现实性"）？通过提供他自己的哲学观念，或者更准确地说，通过提供他自己的认识论观念——这种观念以辩证的和唯物主义的原则为基础——阿多诺回应了这一问题。首先，他指出，"哲学是解释"[17]，但不是对悬临在表象背后的一个更为真实的世界的解释。宁可说，它是对不断变化的社会历史实在的解释，如果哲学家以正确的方式进行探究的话，这种实在并不能够提供永恒的真理，但却能够提供转瞬即逝的社会历史真理的掠影。受本雅明的启发，阿多诺宣称正确的推进方法是，通过用现存的社会历史实在的各种要素来建构将会"突然地、暂时地照亮"社会历史真理的"星丛"（constellations）或"实验组合"（trial combinations）。换句话说，以几乎与人们玩拼图或猜谜游戏相同的方式，人们在思想实验中想象性地并列和重新安排现存社会历史实在的各种要素，直到其"看见"答案，即一个社会历史的真理。这样一个过程是"唯物主义的"，因为它并没有像唯心主义那样，以对实在进行图式化的大量概念范畴为起点，而是以通常是实在的最小物质要素的东西为起点，然后构造概念。而且它是"辩证的"，因为它既没有将主体物化，也没有将其真理物化。通过对"星丛"的想象性建构，具体的主体超越了其社会历史条件，而且它"照亮"的真理"同时也被毁灭"，因为社会历史实在以及因此它的真理都是不断变化的。[18]

通过对这种解释模型的可能性进行反复思考，阿多诺指出，对商品结构——正如马克思所教导的，它支撑着资本主义社会——的一种充分的星丛建构能够拥有照亮康德"物自身"问题（即表象世界背后的不可知的实在）的作用，并且因此使其消失。这一假设吸取了匈牙利马克思主义者格奥尔格·卢卡奇（Georg Lukács）的研究，卢卡奇 1923 年的关键性著作《历史与阶级意识》（*History and Class Consciousness*）标志着一场远离正统马克思主义的客观主义倾向的运动，而且对法兰克福学派的理论家们具有强烈的影响。因此，依据卢卡奇的这样一个洞见，即内在于哲学问题的矛盾复制了内在于商品结构的矛盾，阿多诺提出，由物自体问题所隐含的僵化的主-客分裂复制了商品生产内部的僵化的主-客分裂。换句话说，工人与其产品的分离——他的社会中介悬临在他的理解后面——被反映在哲学家与不可知的物自体的分离中。当悬临在商品结构后面的社会历史实在被揭露出来的时候，现象的知识和物自身的知识之间的区分因此也会消失，因为它在历史上变得过时了。然而关键性的是，尽管阿多诺吸取了卢卡奇的辩证分析，但他却拒斥了卢卡奇的这一断言，即工人阶级是"普遍的主体"，商品结构的意识形态的神秘化将会向这种主体显现，并且只有从它的立足点出发，内在于现存社会历史星丛的真理才能得到阐明。以这样一种方式，阿多诺也同其他批判理论家们区别开来，对这些理论家们来说，工人阶级保持着某种稍微具有特权的认识地位。

在《哲学的现实性》中，阿多诺提供一个规范的认识论模型，在这一模型中，一个非物化的主体既没有认知性地构造实在，也没有抽象地与其分离，而在《自然历史观念》中，他则提供了将会成为他的基本方法的东西，这种基本方法是用来处理由哲学传统所产生的二律背反的。《自然历史观念》是由历史相对主义问题以及尤其是由已围绕这一问题而具体化的三种基本立场所激发：本体论的（存在论的）主张，即存在一个绝对的价值领域，这个领域超越于显现为是其历史相对性的东西［舍勒（Schel-er）］；历史主义的主张，即价值仅仅是相对的［曼海姆（Mannheim）］；以及最重要的是，海德格尔在其基础存在论中消解这种对立的努力，在这种基础存在论中，"历史本身……已经变成了本体论（存在论）的基本结构"[19]。阿多诺将本体论（存在论）问题看作是一个关于自然世界的地位的问题，据他所说，前两种立场人为地把世界分裂为自然和历史，而海德格尔的立场则实现了"自然和历史的具体统一"，但就这种统一是被抽象地设定的而言，它失败了——也就是说，它是由自主的理性以自然要素为代价而实现的包罗万象的统一，这种自然要素从它的综合中被清除了。相反，阿多诺的立场是，尽管历史和自然是相互交织的，但它们并不形成一种"无所不包的整体"，在这种整体中，真实的历史被转变为抽象的"历史性"范畴，并且被归入存在之下。

更具体地说，对于阿多诺而言，"历史"和"自然"——以及就此而言，由哲学传统所产生的每一种对立或"二元对立"的两面——处在一种非等级的相互关系之中，在这种关系中，每一个都拥有一种"双重特征"。[20]一方面，每一个都是不可还原的"他者"。他声称，"历史"以"质上新颖之物的出现"为特征，而"自然"指涉的是"从来就存在之物"。于是依据考察中的对象，每一个都被用作一种平衡因素，以平衡对另一个的过分强调。例如，在回应历史相对性时，阿多诺会提出自然要素，或者更准确地说，会寻求恢复对外在和内在自然（即，主体中的自然之物）的记忆，而在例如回应海德格尔的存在论（本体论）主张——这些主张将"历史性"吸纳进存在的自然之中——时，他会并置变化着的社会历史环境的偶然事实性。另一方面，每一端都会逐渐变成另一端。看起来最为历史性的东西是由在其之内的不可还原的自然之物（例如生存竞争）组成的，而正如卢卡奇所断言的，看起来最为自然性的东西实际上只是

"第二自然"，这种自然是被历史地产生的（例如古典经济学家们的诸多主张，这些经济学家将资本主义制度下对商品的贪得无厌的欲望以及竞争看作是"自然的"）。而且事实上，正是星丛为解释"这个异化的、物化的、僵死的世界"提供了钥匙，因为它产生了这样一个洞见，即被认为是"自然的"东西实际上是历史的，从而潜在地使一种僵化的历史解冻了。[21]

最后，对于阿多诺来说，赋予由哲学传统所留传下来的任何对立或二元对立的两端中的一端以特权，将会导致两个端点之间的一种非辩证的摆动。因此，在一年之后出版的《克尔凯郭尔：审美对象的建构》（*Kierkegaard：Construction of the Aesthetic*）中，阿多诺宣称，通过赋予主体以优先于客体的特权（以及同样地，赋予内在历史以优先于外在历史的特权，以及赋予历史以优先于自然的特权），克尔凯郭尔不仅主观化了客体（内在化了外在历史，以及历史化了自然），而且也不经意地将主体硬化为一个客体（内在化了外在历史，以及自然化了历史），从而有效地否定了他所鼓吹的主体性。正如我们将看到的，这个基本论断在《启蒙辩证法》中会再次被采纳。

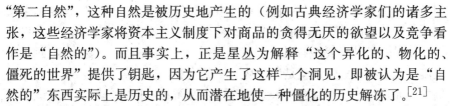

1937—1940 年：批判理论

虽然在 1934 年时马尔库塞仍然声称"劳工运动的命运……充满了不确定性"[22]，但到 1937 年时，这一不确定性（至少对于不久的将来来说）就已经消失了。随着 1930 年代中期德国法西斯主义的崛起——它镇压了德国劳工运动的进步分子（并且迫使社会研究所流亡国外）——以及苏联斯大林主义（Stalinism）的野蛮政策，历史潮流转而反对马克思主义视作历史的解放力量的东西，即工人阶级。在这些日益恶化的条件之下，对于法兰克福学派的理论家们来说，对他们早期的"跨学科的唯物主义"计划——这或多或少地继续依赖于马克思主义的更为乐观的预测——和历史事件的现实过程进行调和变得日益困难起来。正是在这一背景中，霍克海默以《传统理论与批判理论》挺身而出，这篇文章无疑是法兰克福学派所创作的最典型的著作之一，它也是第一部以其名字称呼"批判理论"的著作。

《传统理论与批判理论》主要关注的是，阐明这样一个时刻——当理论和实践之间的裂缝日益扩大的时候——的理论和实践之间的关系。系统阐述新的历史关系并不是一件容易的事情。继续赋予"传统"马克思主义理论以特权，而不管实践的转向，这将会陷入唯心主义（正统的马克思主义——尽管是其自我理解的——就是这种唯心主义的一个变体），而赋予主流实践以特权——也就是说遵从历史的进程，这已经控制住了相当大比例的工人阶级——则将会陷入为法西斯主义辩护。因此，霍克海默试图开辟一种中间立场。霍克海默通过强调"理论的传统观念"是基于科学模式——这种模式转而又以支配着数学的那种演绎过程为基础——而开始《传统理论与批判理论》的讨论。由于这个缘故，知识以一种所谓的"客观"方式被从等级上进行分类和操控；然而实际上，就社会历史背景——这种背景产生了理论探究最初采用的独特形式——被排除了而言，恰恰是"客观性"在这一过程中被丢失了。此外，这种模式符合于那种支撑着资本主义社会的理论模式："劳动过程（它的方向恐怕是由客体的本性决定的）享有的表面上的自给自足，刚好相应于资本主义社会经济主体表面上的自由。"[23]考虑到这种模式的广泛性，霍克海默认为"需要的是从根本上重新考虑认识个体本身，而不是科学家个人"（*CT*，p. 199；中译本见第191页）。因此，与他在"跨学科的唯物主义"时期对科学缺点的分析——这些分析是基于对科学在社会之内的不恰当应用的一种"外在"批判——相反，霍克海默转向了对这样一些方式的"内在"批判，凭借这些方式，所有的知识都倾向于假定和强化一种歪曲的社会形象。[24]

因此，霍克海默的"从根本上重新考虑"导致了一种"批判"理论，即一种"以社会本身为对象"的理论。他认为，"批判的"理论方法以一种张力为特征，在这种张力中，一方面，诸如劳动、价值和生产率这样的经济范畴正好如它们在主流秩序中存在的那样被解释，而另一方面，这种解释又暗中受到批评，因为"批判地接受支配着社会生活的范畴，同时就包含着它们的谴责"（*CT*，pp. 207-8；中译本见第198-199页）。凭借这种理解，霍克海默提出了"内在批判"的观念——这样一种批判，这种批判的立脚点存在于那些受到批判的结构之中。换句话说，资本主义社会是以某些抽象的概念为基础，例如自由、平等和特殊利益的和谐，而且当这些概念被完全清晰地阐述出来的时候，就会发现它们与它们所源出的制度是格格不入的。采取这种方式，批判理论家就能够避免要么落入唯心主义的抽象规范性，要么落入一种完全描述性的盲从因袭的态度。当然，由于这样一种批判的基础是寄生于被批判的社会，因此，批判理论在历史上就是偶然的，或者像霍克海默所陈述的，"这种知识也只保证当代传达者团

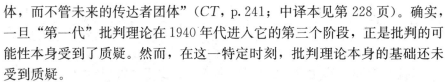

体，而不管未来的传达者团体”（*CT*, p. 241；中译本见第 228 页）。确实，一旦“第一代”批判理论在 1940 年代进入它的第三个阶段，正是批判的可能性本身受到了质疑。然而，在这一特定时刻，批判理论本身的基础还未受到质疑。

此外，在《传统理论与批判理论》中，霍克海默有保留地使解放的发生地从无产阶级转向知识分子，不过，这种知识分子仍继续为无产阶级代言。尽管如霍克海默所说，“无产阶级在这个社会中的状况，也不是正确认识的保证”（*CT*, p. 213；中译本见第 204 页），但是凭借其在资本主义内部的核心的和内在颠覆性的地位，它仍旧是解放希望的储存库。知识分子因此承诺为这个阶级代言，即使当他或者她相悖于它时：“这种冲突的尖锐性表现在理论家和他的思想所要为之服务的阶级之间可能永远存在着的紧张关系上”（*CT*, p. 215；中译本见第 205 页）。沿着这些路线，通过断言正统的马克思主义理论家们独断地认同无产阶级，而批判思想“有时必须孤立它的主体，并使主体反求诸己”（*CT*, p. 214；中译本见第 204 页），他将他关于知识分子的作用的观念区分于知识分子在正统马克思主义中所发挥的作用。在这里，霍克海默对正统马克思主义理论家的描述是误导性的，因为他的这样一个信念，即无产阶级遭受了“虚假意识”，正是正统马克思主义者们所同意的信念——因此需要一个“先锋党”。尽管如此，霍克海默所构想的批判理论确实在一些重要方面不同于正统马克思主义。正统马克思主义赋予经济以特权，并且除此以外将文化问题视作是附带性质的，而霍克海默则坚持认为，由于“占统治地位的经济政治官僚”，“文化对经济的依赖性……发生了变化”（*CT*, p. 237；中译本见第 224 页）。因此，同样地，正统马克思主义将无产阶级特权化为一种其历史优势得到了确保的集体主体，而传统的资产阶级理论化则赋予个体以特权，但是霍克海默没有特权化两者之中的任何一个，因为这两者都是抽象的：“批判思想既不是孤立的个人的功能，也不是个人的总和的功能。相反，它的主体是处在与其他个人和群体的真实关系之中的、与某个阶级相冲突的，因而是处在与社会整体和与自然的关系网络中的特定个人”（*CT*, pp. 210-11；中译本见第 201 页）。在这样一个程度上——它们都“绝对化了”它们各自的理论，“就好像它们是以知识本身的内在本性为基础，或者是以某种其他的非历史的方式而得到证明”——正统马克思主义和传统的资产阶级理论都设定了“物化了的意识形态范畴”（*CT*, p. 194；中译本见第 187页，译文有修改）。

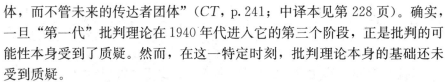

　　霍克海默在《传统理论与批判理论》的结尾讲道，"真正的理论更多地是批判性的，而不是肯定性的"（*CT*，p. 242；中译本见第 229 页），而在《哲学与批判理论》——它是马尔库塞为了响应由霍克海默的文章所产生的讨论而写的一篇文章——中，马尔库塞充实了"批判性的"和"肯定性的"思想之间的关系。在某些方面，同样发表于 1937 年的《哲学与批判理论》反映了马尔库塞同现象学的相对新近的决裂，或者更确切地说，同这样一个计划——融合海德格尔的现象学存在论和黑格尔式的马克思主义——的决裂。一直到 1932 年，马尔库塞的思想仍然停留在海德格尔的轨道内，正如《黑格尔的本体论与历史性理论》（*Hegel's Ontology and the Theory of Historicity*）——这是他准备的任教资格论文——的出版所证明的。然而，正如阿多诺在这本书的书评中所指出的，在其"从历史性转向历史"的尝试时，马尔库塞开始努力反对海德格尔哲学的局限性，这导致阿多诺问道："既然马尔库塞自己想要消除本体论和实际性之间的隔阂，那么为什么'本体论'问题确实应当优先于真实的、历史的事实问题呢？"[25]马尔库塞很快就同意这一点，而且在 1930 年代中期，他开始依据历史趋势和人的潜能而不是本体论结构来进行讨论。[26]因此，在轻微且含蓄地批评海德格尔时，马尔库塞在《哲学与批判理论》中讲道："更好世界的哲学理想和真正存在的哲学理想，都被结合到人类斗争的实践目标之中，在此，它们具备了人的形式。"[27]

　　在《哲学与批判理论》中，马尔库塞发展了《传统理论与批判理论》中的很多观点，在这里，我将会讨论其中的两个观点。第一，他强调了批判理论中的乌托邦成分，而霍克海默仅仅触及这一点。正如马尔库塞所指出的，在社会批判理论中有两个基本要素，即"对人的幸福的关注"和承认它"只有通过变革生存的物质条件才能达到"[28]。这种对人的幸福的关注是批判理论"不可或缺的"：它是批判理论的规范性动力的源泉。因此，当霍克海默声称"真正的理论更多地是批判性的，而不是肯定性的"的时候，他只是在贬低那样一些理论——那些理论要么肯定流行的社会经济条件，要么肯定它们潜在的趋势，而不管事情的现实情况——而非贬低作为一种规范性理性的"肯定性"。并且，马尔库塞宣称，在为这一理想服务时，想象必须被征调进来，因为它能跨越"理性的现实与当下的现实之间的鸿沟"[29]。第二，尽管"肯定性"作为一种规范性理想对于一种"批判"理论来说是不可或缺的，但正如霍克海默已经讲到的，批判理论必须仍然能够在现存的某个地方辨别"肯定性"，以便保持为是"批判性的"，否则它就会失效。马尔库塞遵循了霍克海默的"内在批判"的概念，他声称，"肯定性"仍然能够在古典资产阶级理想内部被辨别出来，这些理想拥有双重本性：批判理论"不过是使一直是［资产阶级哲学的］那些范畴的基础明朗起来"[30]。确实，马尔库塞超出了霍克海默和阿多诺，他一直相信资产阶级哲学的最基本范畴——理性思想——的解放力量："理性代表着人和生存的最高潜能"[31]。然而，恰恰是这一信念，在批判理论的下一个阶段变得在某种程度上更有问题。

1940—1945 年：工具理性批判

在《传统理论与批判理论》中，霍克海默声称，"问题不只是解放的理论，而且还有解放的实践"（*CT*, p. 233；中译本见第 221 页，译文稍有改动），而在《哲学与批判理论》中，马尔库塞则声称，"理性，是哲学思维的根本范畴，是哲学与人类命运联系的唯一方式"。然而，在《启蒙辩证法》——它通常被认为是第一代批判理论家们的最具有代表性的著作——中，不仅仅实践，而且理性本身，以及由此还有理论，都被认为是成问题的。然而，在审视这一著作之前，我将简要地考察一下波洛克的重要文章《国家资本主义：其可能性和限度》，因为它绘制的社会经济图景可以说被《启蒙辩证法》预设为前提，并且促成了其悲观主义的性质。

国家资本主义或者国家资本主义

1940 年代早期，第二次世界大战全面展开，并且尽管交战国家的社会政治信念相对地有所不同，但令人惊讶的是，它们的经济却并不是这样。特别是，法西斯主义和自由民主的经济似乎都与古典资本主义模式没有特别强的相似性，这种古典资本主义模式的特征在于，一种由利润驱动的竞争者所组成的私人市场，以及一个这样的政府，这个政府对这种市场的运作的态度在本质上是自由放任的。从凯恩斯主义的经济政策到计划经济，国家对经济领域的干预似乎成了规则。因此，马克思的政治经济学批判——这种批判是基于这样一个观念，即资本主义将会因利润率的下降趋势而被日益严重的危机所困扰——受到了质疑。相比于大多数人，波洛克的《国家资本主义：其可能性和限度》更加质疑这种批判。

根据波洛克所言，尽管"19 世纪的自由贸易和自由企业行将消亡"，

201

但资本主义本身却不是这样，恰恰相反，它将转变成"国家资本主义"，这种"国家资本主义"可以要么采取一种集权主义形式，要么采取一种民主形式。[32]他声称，"国家资本主义"的最典型的特征是国家对市场的相对替代，这就发展出一种"总体计划"。这种计划包括协调信贷渠道（银行被转变为政府机构）、资本投资、生产和分配、价格和工资、消费以及研究和开发。由此，严格来说，"经济"被"政治"所取代。这意味着，尽管一种"伪市场"仍继续在运转，并且利润动机至少在名义上继续存在，但资本家实际上已不再管理企业。于是最终，"利润动机被权力动机取代"[33]。此外，据波洛克所说，由于经济的合理化——这种合理化取代了市场的自然法则，并且因此排除了"过去意义上的经济问题"——国家资本主义也就不再有限制。因此，他声称："我们无法发现能够阻止国家资本主义运行的任何内在的经济力量、旧式或者新型的'经济法则。'"[34]对于波洛克而言，这意味着马克思的危机理论变得过时了。凭借计划，由渐增的剩余价值榨取率所引发的经济混乱能够被政治决定所避免，这些决定可能采取充分就业政策的形式。[35]用一个阿多诺将会越来越多地使用的表达，经济以及更普遍地说社会，实际上成为"被管理的"。

尽管波洛克的论点通常被认为是启发了《启蒙辩证法》[36]，但它并不是一个所有法兰克福学派理论家都接受的论点，而且可以说，即使阿多诺都没有接受它——至少明确地。例如，在《犹希莫斯》（*Behemoth*）中，诺伊曼指出，虽然国家已经开始干预自由市场的运转，但是在法西斯主义和自由民主的经济中，利润动机仍然在进行控制。诺伊曼将纳粹德国的经济称为"集权垄断资本主义"，他声称，资本主义正在发展成的这些新形式在本质上是马克思主义在资本主义内部已经诊断出的那些趋势的结果。实际上，诺伊曼的分析比波洛克的分析更少带有还原论色彩，因为波洛克以经济为代价来特权化政治，而诺伊曼则没有用同样方式以政治为代价来特权化经济。甚至阿多诺也倾向于谴责波洛克的论点是还原性的：它基于"非辩证的假设，即一种非对抗性的经济在一个对抗性的社会中也许是可能的"[37]。然而，在《启蒙辩证法》的结果中，问题将会变成，阿多诺自己认为社会实际上是如何对抗的。

202

启蒙辩证法

虽然阿多诺的早期著作显示出对启蒙理性的一定程度的谨慎——或者更确切地说，对它的非反思性运用（即，一种这样的运用，这种运用并没有反思启蒙理性本身的根据和假设）的谨慎——但值得怀疑的是，这一点同样适用于霍克海默的"批判理论"时期，更不用说他的"跨学科的唯物主义"时期。然而，在 1941 年，随着《理性的终结》——一篇预示了在《启蒙辩证法》中将会着手讨论的各种主题的短文——的发表，霍克海默变得更为接近于阿多诺的立场。《理性的终结》在范围上非常广泛。它考察了自中世纪以来的理性的命运，即，它面对怀疑论时的日益增强的工具化；它考察了法西斯主义的"强盗主义"，这是理性衰落的象征；它考察了理性的衰落和个体自我的衰落之间的关系，这种个体自我的衰落是由于经济和文化进程避开了家庭和学校而直接使青年习惯于无条件服从；并且，在重新抨击了法西斯主义之后，它以哲学已经历史地进展到的或此或彼（the either/or）而结束讨论：野蛮或自由。然而，在这部著作中最引人注目的东西是，霍克海默认识到理性是一把双刃剑。他声称，"即使在其唯名论的和纯粹的形式中，理性的观念都总已经证明了牺牲的正当性"[38]，而且"依据自我保存的理性的古老定义，总是意味着理性本身的限制"[39]。

　　这些主题在《启蒙辩证法》中得到更充分的发展，这本书通常被认为是对启蒙理性的最早"解构"中的一个。在某些方面（但仅仅是在某些方面），对理性的这种分析令人回忆起尼采的分析，尼采的这些分析是后结构主义思想的一个主要的灵感来源。然而，不像海德格尔——他对理性和主体性的坚定抨击是大多数（但不是所有）类型的后结构主义思想的一个更大的灵感来源——阿多诺和霍克海默坚持这些启蒙观念。他们对启蒙理性的信念——尽管它辩证地倒转过来——是明显的，就像由这本书的前言所证明的那样，在这个前言中，这一信念在如下这样的陈述中被多次明确化："我们完全相信——并且在这里有我们的**预期理由**——社会自由与启蒙思想是密不可分的……如果启蒙没有对这一倒退的环节进行反思，它也就无法改变自己的命运了。"[40]最终，《启蒙辩证法》是依据（辩证的）理性来批判理性[41]［即，依据理性（Vernunft）来批判知性（Verstehen）］，并且就此而言，它令人想起一种不亚于康德的《纯粹理性批判》的启蒙计划。此外，与康德的情况一样，这样一项任务的基础是成问题的，这在前言中也得到阿多诺和霍克海默的暗中承认："思想不仅需要放弃对科学概念语言和日常概念语言的肯定性使用，而且需要放弃对对立的概念语言的肯定性使用。再也没有任何可用的语言表达形式不倾向于适应主导性的思想潮流"（*DOE*, p. xii；中译本见"前言"第 2 页）。通过其实验风格（跨学科的和断片性的），还有纯粹的密度，《启蒙辩证法》寻求克服这一问题。它要求读者不仅要持续努力，而且还要做出贡献，这符合于一本最初被题为《哲学断片》的书。就像克尔凯郭尔（Kierkegaard）的《哲学断片》的情况一样，面对大众社会试图将所有思想平均化为"主导性的思想潮流"——这些思想潮流为主导性的经济和政治利益提供了意识形态的幌子——《启蒙辩证法》寻求复兴个体的主体性。一般性地讲，通过分别进行如下考察，即考察神话与启蒙的关系，依据对荷马的《奥德赛》的一种解释而考察启蒙主体的起源，考察启蒙道德的最终逻辑，考察大众文化，以及（依据一种星丛的、多视角的方法）考察反犹太主义现象，这本书按照启蒙理性和主体性已经历史地展开的那样内在地批判了启蒙理性和主体性。

第一篇文章《启蒙的概念》的核心主题是，"神话已经是启蒙，而启蒙却倒退成了神话"（DOE, p. xvi；中译本见"前言"第 5 页）。就古人寻求通过抽象的等价原则——这些原则是启蒙思想的材料——控制自然世界而言，"神话已经是启蒙"。例如，通过神话的祭祀，他们将与诸神进行物物交换，以获得对它们的控制，并由此而获得对一个充满敌意和威胁的自然的控制。因此同样地，对于古人来说，神话不仅意味着"对本原进行报道、命名和叙述，而且还意味着阐述、确定和解释本原，在记载和收集神话的过程中，这些倾向不断得到加强"（DOE，p. 8；中译本见第 5 页，译文有改动）。相反，就启蒙盲目崇拜它自己的产物而言，"启蒙却倒退成了神话"。这个主题的第二个更为关键的分支吸收了 20 世纪早期德国社会学家马克斯·韦伯（Max Weber）和深受韦伯影响的卢卡奇的洞见。韦伯的论点就是，在对世界祛魅时，理性在本质上成为"形式性的"或"目的性的"——也就是说，理性被降低到为寻求的目的计算最佳手段，但却不能决定目的本身。换句话说，理性起到了一个首席-官僚（arch-bureaucrat）的作用。在某种意义上，它本身成为一个目的，一个在毫无生气的世界中的理性的"铁笼"，然而，在另一种意义上，它不加区分地服务于任何前理性的目的，因为它无法决定实质性的目的。卢卡奇将韦伯的论点拓展到资本主义制度下的商品形式的物化效应，像劳动和交换价值这样的抽象的等价原则盛行于其中，而阿多诺和霍克海默则转而又将卢卡奇的论点拓展到"国家资本主义"的自上而下的管理过程，他们将其看作这个过程的死胡同。他们指出，通过日益增加的抽象——这是资本主义在其从竞争形式向国家形式的运动中的根本趋势——自然世界的独特性日益被抹去。因此，启蒙的思想对其自身日益变得蒙昧，并且转向了那样一种主体，它在表面上就是运作于那种主体的利益中："在阶级历史中，自我与牺牲的敌对状态潜含着一种自我的牺牲，因为这种敌对状态正是自我在为了支配非人的自然以及其他人，而否定人类自然的过程中所付出的代价……人类对其自身的支配为其自我性奠定了基础，它几乎总是会使其得以发挥作用的主体遭到毁灭"（*DOE*，p. 54；中译本见第 44–45 页，译文有改动）。

在他们对荷马的《奥德赛》中的主体形成的讨论的语境中，阿多诺和霍克海默探究了这种动态。他们声称，像神话和启蒙一样，自我否定和自我肯定是相互交织的——通过在"主体"从其与自然的未分化的合一性中产生出来之后不久，观察相对简单的主体性动态，这一事实能够更容易地被瞥见。相应地，在每一次冒险中，奥德修斯（Odysseus）——阿多诺和霍克海默将他描述为"一种资产阶级个体的原型"（*DOE*，p. 43；中译本见第 36 页）——都以他自己的内在自然、外在自然或者其他人为代价，来保存他新近获得的主体性。例如，在遇到塞壬（Sirens）——它"自然的呼唤"既是对自然幸福的召唤，又是主体性的死亡——的那段情节中，奥德修斯堵住其划桨者们的耳朵，以便他们无法听到幸福的呼唤，并且将他自己紧紧地捆绑在其船只的桅杆上，在那里，他能够听到它的召唤，但却不能遵照它行事。这些就是现代社会中的工人阶级和资产阶级的相对的命运，在这个社会中，神话、统治和劳动纠缠在一起。以自我肯定名义的自我否定的观念变得更为清晰，因为当奥德修斯面对独眼巨人波吕斐摩斯（Cyclops Polyphemus）的时候，它变得更加直白。奥德修斯狡诈地通过将他自己称作"无人"（*Udeis*）——这个词与奥德修斯（Odysseus）相谐音，并且在希腊语中，它极为直白地意味着"没有人"——而逃脱了波吕斐摩斯，因为当波吕斐摩斯叫喊着 Udeis（无人）刺瞎了他的时候，其他的独眼巨人没有理由过来帮助波吕斐摩斯。换句话说，通过放弃作为一个自我的他自己，奥德修斯肯定了他自己，当逃跑的时候，他自私地停下来向波吕斐摩斯表明这一点，而这付出了其划桨者的生命。

这同一种动态——自我否定已经是自我肯定，而自我肯定却倒退成了自我否定——在阿多诺和霍克海默对启蒙道德的批判中得到证实，他们认为这种启蒙道德本质上是施虐受虐狂性的。沿着这些路线，康德的道德哲学特别具有代表性。根据康德所说，主体必须从所有自然的和历史的残留物中抽象出来，以便按照道德律行事，这种道德律等同于成为自由的，但是由于正是自然的东西和历史的东西构成了"主体"（作为"经验自我"，康德将这种自我贬低成人类学的内容），因此康德的道德主体在本质上是抽象的。然而，尽管具体的主体看起来被一种纯粹实践理性——这种实践理性按照普遍法则运作——的律令吞噬掉了，但是恰恰因为其道德决策程序的彻底形式性，被否定的具体主体不知不觉间又再生了其经验背景的内容："只要人们对理性使用者的身份置之不顾，理性对权力的亲和性就与对中介的亲和性一样……由于理性显露的实质性目标是用自然力压倒精神，是削弱理性自我立法，因此无论在形式上还是实质上，理性都会服务于**一切**自然利益"（*DOE*，p. 87；中译本见第 76 页，译文有改动）。阿多诺和霍克海默认为，以这种方式，康德的道德（康德曾希望，这种道德能够通过形式手段达到善好的基督教目的）就陷入了萨德侯爵（Marquis de Sade）的非道德，并且就此而言陷入了纳粹分子的非道德，后两者的"体系"都是依照形式合理性的等级性的、系统化的原则而被组织起来的。

最后，在他们对当代文化的批判中，即在《文化工业：作为大众欺骗的启蒙》中，阿多诺和霍克海默认为，文化曾经被看作在一个原本世俗的商业世界中的后撤，但现在它已经完全被那个世界所同化——由此有了"文化工业"这一术语，这个术语曾经被看作一种矛盾修饰法。文化的目的不再是履行这样一个功能，即，使得现在必须被称为它的"消费者"的人去反思主导性的思想潮流，而宁可说，它的目的是代替它的消费者思考，由此排除了潜在颠覆性观念的可能性："需求不再受中央控制了，相反，它为个人意识的控制作用所约束"（*DOE*，p. 121；中译本见第 108 页）。他们总结说，这种类型的控制意味着竞争资本主义的个体主体的终结，与此同时，它颂扬了一种伪个体性，这种个体性是以人们作为一个消费者的偶然特性或偏好为基础的。它采取乏味的同一性形式，这种形式在娱乐领域内复制了经济领域中的对资本的从属，以便更为彻底地确证它，从而揭穿了这样一个观念的虚假性，即文化是从工作生活中的一种逃离。

后来有人认为，《文化工业》一文，以及一般地说，阿多诺的各种文化著作，预设了一种静态的二元论：一方面是"高雅的"现代主义文化，这种文化得到了颂扬；而另一方面是"大众的"、"低俗的"或者"通俗的"文化，这种文化被贬低为倒退。然而，尽管阿多诺抨击了大众文化的各个方面（其中最著名的是他讨论爵士乐的文章），但这种描述是不准确的。尽管人们可能会反对阿多诺对特定文化现象的分析，但是他并不拒斥作为"**大众的**"文化的大众文化；相反，他相信大众文化本身并不是

205

"大众的"，因为它并不源自消费它的阶级。因此，《文化工业》这篇文章以及阿多诺讨论文化的著作的关键点并不在于"高雅的"文化被"低俗的"文化所排挤（或者更好一点，被吸收），而是从一开始高雅文化和低俗文化就被商业利益商品化，这些商业利益从上面叠加在文化上。事实上，阿多诺承认，在一个被阶级利益撕裂的社会中，将会有不同的文化表达，并且理想性的是，大众文化将会表达工人阶级的利益和关切。正如他在给本雅明的一封信中所陈述的那样，高雅文化和大众文化是"一个完整的自由的被撕开的两半，然而它们并未加起来成为这个完整的自由"[42]。

无论如何，在最后的分析中，《启蒙辩证法》看起来为摆脱晚期资本主义的管理化的世界留下了很少的希望。然而实际上，我们被留下了一些可能性。例如，阿多诺和霍克海默断言，通过"主体对自然的怀恋——所有文化的未被承认的真理都隐藏在这种怀恋的实现中——启蒙便与统治普遍地对立起来"（*DOE*, p. 40；中译本见第 32 页，译文有改动）。依据不同的方式，阿多诺和马尔库塞将会在后来的美学和精神分析的著作中谈及这种"主体对自然的怀恋"，这种怀恋是人类幸福的源泉。因此，阿多诺和霍克海默也断言，作为黑格尔辩证法中的驱动力的"确定的否定性"观念，是启蒙思想的一种形式，这种形式并不盲目崇拜它的产物——尽管通过将"绝对认识"设定为一个在他自己的时代已经得到实现的历史目的，黑格尔最终也屈服于这种倾向（*DOE*，p. 24）。阿多诺的《否定的辩证法》——它吸收了他早前的著作——反映了兑现黑格尔的承诺的尝试。

1945—1970 年：单向度社会中的理论和实践

哲学与心理学

在第二次世界大战之后的十年间，法兰克福学派将其很多注意力转向了精神分析问题，以便更好地把握那种刚刚被注意到的对法西斯主义的嗜好。这十年以《爱欲与文明》（*Eros and Civilization*）在 1955 年的出版而结束，这本书反映了马尔库塞不仅试图依据新弗洛伊德主义的术语来解释法西斯主义的心理基础，而且试图在弗洛伊德的理论之内揭示一种连弗洛伊德自己都没有注意到的解放的立足点。

事实上，甚至在战争结束之前，法兰克福学派解释法西斯主义的社会心理基础的尝试就已经开始了，尽管它是被一个实际上已经不再是其成员

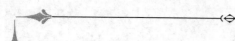

的人所从事。由于理论分歧，弗洛姆于1939年同社会研究所决裂，而在1941年，他的最具影响力的著作《逃避自由》（Escape from Freedom）出版。《逃避自由》深入探究了德国中下阶层的社会心理学。弗洛姆吸取了韦伯的《新教伦理与资本主义精神》（The Protestant Ethic and the Spirit of Capitalism）中的一些观念，他认为，由于这些阶层的主导性宗教形式（路德主义和加尔文主义）和经济形式（竞争的资本主义）所要求的自我牺牲，法西斯主义的心理前提已经存在于这些阶层之中。然而，他同韦伯相一致地认为宗教在中世纪仍然能够有效提供的生存意义已经被丢失了，从而使得人性没有了目标。于是，现代性所流传下来的自由远不是被看作可欲的，而是异化的。对于弗洛姆来说，处理这一问题的方式是依据爱和自发性的潜能而重新讨论人性的生存境遇，而不是聚焦于那种他在弗洛伊德的著作中越来越拒斥的东西，即具有生物学根源的驱力理论。正是这一立场——法兰克福学派的其他成员把它视为唯心主义的（并且最终是墨守成规的）——推动了那种决裂。

1950年，阿多诺连同一群美国心理学家一起出版了《权威主义人格》，这本书建立在访谈和调查问卷的基础上，这些访谈和问卷被设计着用来鉴别那些带有潜在的法西斯主义偏好的个体，也就是说，那些容易受到反民主宣传影响的个体。根据2099名被调查者在九个一般性话题——墨守成规、权威式服从、权威式攻击、反自省性（对主观之物和想象之物的敌意）、迷信和刻板、权力和韧性、破坏性和犬儒主义、投射性（基本冲动的外在投射）以及性——中的得分，研究者们在反犹主义倾向和反民主倾向之间发现了一种牢固的关系，也在这两种倾向和一种留下了父母痕迹的童年之间发现了一种牢固的关系，这些父母的管教是严格的，但却是专横的。而且这一研究显示出，这个家庭的心理就其自身而言是该家庭的这样一种尝试的结果，即尝试强化其自身以反对不可理解的社会压力，并且进而将其焦虑和自卑的感觉投射到更为边缘化的群体之上，这些群体于是充当了替罪羊。这就解释了权威主义人格对不可理解的"他者"的敌视，就像阿多诺和霍克海默在《启蒙辩证法》（"反犹主义要素"）中所讲的，这种"他者"被犹太人人格化了。

阿多诺在1950年代早期创作了很多关于心理学的重要理论文章，例如《弗洛伊德理论和法西斯主义宣传的程式》[43]和《社会学与心理学》[44]，但是只是凭借着马尔库塞的《爱欲与文明》，法兰克福学派在某种意义上才返回到它1930年代早期的计划，即在社会科学中找到哲学传统的解放理想的根基。然而，在这个历史关头，这样一个计划是更加成问题的。考虑到法西斯主义在欧洲和麦卡锡主义在美国最近的崛起，连同1950年代的保守主义，历史似乎并不站在工人阶级这边。而且考虑马尔库塞在很大程度上归并的《启蒙辩证法》的基本主题，资本主义社会似乎拥有它阻止意识的激进化所需要的所有意识形态工具，由此排除了激进的政治实践。为了寻求一种替代性的解放立足点，因此，马尔库塞通过探究弗洛伊德的具有生物学根源的驱力理论，来探究阿多诺和霍克海默的"主体对自然的怀恋"。

尽管马尔库塞反对新弗洛伊德主义的理论家们，而为弗洛伊德的具有生物学根源的驱力理论进行辩护——因为这种驱力理论既抵制使自我"正常化"的尝试（即，使自我顺从主流社会现实），又掌握着人类幸福的关键——但至少在一个关键性的方面，他不认同弗洛伊德，而且这种不认同是其《爱欲与文明》的根本立场的基础。更确切地说，马尔库塞不认同弗洛伊德在《文明及其缺憾》（*Civilization and its Discontents*）中的这样一个观点，即我们的未被征服的驱力无法与社会要求相一致。根据马尔库塞的说法，虽然从历史上讲这是真实的，因为人类在很大程度上都是专注于满足基本需求，但它却并不必然是真实的，就像弗洛伊德已经非辩证地指出的那样。考虑到当前的技术进步水平，马尔库塞指出，对时间和资源的一种合理性组织能够被转变为一个解放的社会，在这个社会中，我们的力比多冲动将不会被压抑，而是会在社会本身中找到表达。于是用弗洛伊德式的术语来说，马尔库塞坚信，弗洛伊德错误地假定了"快乐原则"（渴望获得直接的本能满足）和"现实原则"（在面对环境要求时，需要压抑本能）必定是相悖的。因此，他也指出，社会中持续不减弱的高水平压抑，必须依据对"必要压抑"和"剩余压抑"进行区分的边界来进行理解，这种边界被一种人为引发的匮乏（即，一种不是由一个给定的社会的可能性所证明的匮乏）的条件所证明。马尔库塞声称，人们在这些条件下劳碌，因为现实原则在现代资本主义社会所假定的历史上独特的形式就是"操作原则"，这种原则从心理学上强化了资本主义的命令。

除了吸取弗洛伊德早期的驱力理论，马尔库塞还吸取了弗洛伊德在生命本能和死亡本能之间——在爱欲（Eros）和死欲（Thanatos）之间——的有争议的区分。根据马尔库塞的说法，尽管生命本能是为了在更大的规模上繁殖生命，而死亡本能则寻求消融到无机物中，但是它们是相互关联的，并且就两者最终寻求从张力中解脱而言，它们实际上是相似的。于是至少在理论上，生命本能和死亡本能都应该在工作中得到升华。然而，在当代社会的背景中，"似乎对社会有用的破坏性得到升华的程度不如对社会有用的力比多得到升华的程度"[45]，而且这种不对称的辩证法表现如下：社会变得越是合理化，工作生活所要求的生命本能的压抑就越多。这不仅意味着我们的感官享受变得越来越受限于生育，而且意味着死亡本能变得越来越受限于应当对其进行调节的生命本能。死亡本能由此在生活的所有方面发现了越来越多的且未经调节的表达——也就是说，它变得更为广泛且更具破坏性："与日俱增的文化财富和知识又提供了进一步破坏的手段，并加强了本能压抑的需要。"[46]此外，这种"文明辩证法"被弗洛伊德对压抑性心理机制的发展的双层次理论分析所支持——一种"个体发生的"分析，这种分析考察个体自出生以来的发展，以及一种"种系发生的"分析，这种分析思辨性地提出文明自诞生以来的原型发展。在这两个相互联系的层次——个体的层次和集体的层次——上，发展的可能性来源于一种原初的引起罪责感的行为，这种行为在反抗、罪责感和压抑越来越恶性的循环中完结。

然而，马尔库塞没有屈服于悲观主义，并且认为，有一些解放的可能性内在于这种糟糕的辩证法。想象"仍能在很大程度上摆脱现实原则束缚"[47]，并且由此提供了幸福的一种非殖民化形象；艺术显现了"美感与理性的被压抑的和谐"[48]；而且在西方文化中仍存在一些原型，例如俄耳浦斯（Orpheus）和那喀索斯（Narcissus），这些原型体现了快乐和实现。最终，马尔库塞断言，一种建立在本能和理性之间的新关系——一种"力比多的合理性"（除了其他方面，这种合理性还假定了操作原则和剩余压抑的终结，以及由此工作日的减少）——的基础上的社会确实是可能的。那里不仅会有身体的一种再次爱欲化，而且还会有整个人格以及社会本身的再次爱欲化。那些还原性地抨击马尔库塞只是宣扬了多形态的反常性的人——例如弗洛姆——因此错失了马尔库塞更为重要的观点，即在这种新情况下，"性欲将趋向于自我升华"："力比多不仅恢复前文明的幼儿阶段，而且还将改变这些阶段的反常内容。"[49]

哲学诸模式

在 1960 年代期间，马尔库塞和阿多诺是最盛产的批判理论家，并且从一种严格的哲学角度来说，《单向度的人》和《否定的辩证法》可以说分别是他们最重要的著作〔尽管不可否认的是，就阿多诺来说，实质上不可能在《否定的辩证法》和他死后出版的《美学理论》(*Aesthetic Theory*)之间做出这种区分,这两部著作不仅相似,而且还互相强化]。

《单向度的人》出版于 1964 年,它响应了《启蒙辩证法》的担忧,尽管一般地说,马尔库塞的目标不是现代性的集权主义冲动,而是它二十年之后在发达资本主义社会现象中的特殊表现。然而,就像《启蒙辩证法》一样,《单向度的人》的基本关注点——像其题目所表明的那样——是现代社会引起非理性和解或伪和解的能力,在这些和解中,那些本来会超越主流社会理论和实践的对立形式被预先制止了。在这本书的导言中,马尔库塞承认,这一事态提出了这样一个问题,即批判理论是否已经失去了它自己批判的根基,但是他认为,即便没有社会变革的代理人或代理机构,"真意识与假意识的区别、真实利益与眼前利益的区别仍然是有意义的"[50]。换句话说,对于马尔库塞来讲,至少在原则上有一些立足点,从这些立足点出发,人们"真实的"需要和利益能够同那些"虚假的"需要和利益区分开来,那些"虚假的"需要和利益由社会总体性的意识形态机器灌输给个体,而且它们内在地强化了个体的压抑。然而,(由于这一事态)批判理论本身是否有能力做出这种区分,对于这一问题,马尔库塞到最后都没有回答。

通过声称民主和自由不再携手并进,马尔库塞开始《单向度的人》的讨论。虽然发达资本主义社会由于其不负所望的能力而获得了大多数人的支持,但是,权利和自由——它们对于企业家资本主义(entrepreneurial capitalism)的前期阶段来说是基本性的——"正在丧失其传统的理论基础和内容"(*ODM*, p. 1;中译本见第 3 页)。事实上,正是因为它不负所望,因此发达资本主义削弱基本权利和自由的趋势正在加剧,因为不顺从对于大多数人来说都显现为在社会上是毫无助益的。此外,通过暗中吸取他在《爱欲与文明》中对人为的匮乏、剩余压抑和操作原则的分析,马尔库塞宣称,新物质需要——这些需要人为地使生存的斗争延续下去——的不断移植有效地削弱了解放的前景,并且真实需要和虚假需要之间的区分能够在这个基础上被做出来。然而,做出这种区分是成问题的,因为"制度的效率使个人的认识迟钝,使他对未能体现整体之压抑力量的事实视而不见"(*ODM*, p. 11;中译本见第 11 页,译文稍有修改)。这意味着制度不再显现为是意识形态的,因为它被意识形态所渗透——换句话说,意识形态据以被识别为本身的背景消失了,这反映出这样一个事实,即意识形态甚至渗透进了生产过程。因此,甚至工人阶级的主体性都被摧毁了,这就

209

使工人阶级的解放作用变得成问题。马尔库塞补充说，这种现象只被技术的进步所恶化，因为通过降低体力劳动的数量和强度，它更进一步地趋向于掩盖资本主义统治。工人阶级的意识因此改变了，并且它更容易全面地融入工作场所和社会。最后，这一过程被制度的这样一种能力所强化，即它能够将其自身呈现为是宽容的和合理的：一种"被制服的多元性"掩盖了制度的不自由，而且手段的合理化掩盖了制度的全面不合理性。

此外，有一些因素在起作用，这些因素暗中质疑了《爱欲与文明》中的本能所发挥的解放作用。在指出意识形态的教化渗透进了个体的本能之后，马尔库塞声称，工作量和工作强度的降低并未有益于解放的实践，而是具有相反的影响："在社会这方面，反升华（desublimation）从一种'强势地位'出发被实践着，它可以比先前许可得更多，因为，一方面它的各种利益已经变成其公民内心深处的动力，另一方面它所赋予的各种欢乐也能促进社会的凝聚和满足"（*ODM*, p. 72；中译本见第 62 页，译文稍有改动）。马尔库塞把这一现象称为"压抑性的反升华"。乍看之下，"压抑性的反升华"似乎是一种矛盾修饰法。弗洛伊德的立场是，"升华"是驱力被迫远离其主要对象而重新定向，这意味着反升华将会是解放性的。然而，马尔库塞采用了一种更细致入微的方式。正如我们在《爱欲与文明》中所看到的一样，在一个解放的社会中，"性欲将趋向于自我升华"，这意味着，个体的人格以及由此更为广泛的社会都将会被爱欲化。换句话说，升华并不总是与解放的实践相排斥。马尔库塞在《单向度的人》中所采取的立场是相反的，即，在一个压抑性的社会中，反升华不会必然地为解放的利益服务。在晚期资本主义社会，反升华的过程以各种方式被文化工业操控着去强化现存的社会关系。挑逗性的电影、电视节目和小说沉默地强化着盲目的消费主义，而且性（sex）被惯常性地用来为产品做广告。这产生了马尔库塞称之为一种"幸福意识"的东西——一种肤浅的意识，这种意识在表面上被满足，但是它赤贫的内在生活是不幸福的一个来源。

最后，马尔库塞认为，意识形态渗透进了语言（既在语义上，又在句法上），直至其核心，以至于**真正地**"跳出固有思维模式"的可能性真实地排除掉了。诸概念——这些概念将会理解既定事实，并由此为超越这些事实而提供基础——正在失去它们的语言表征。通过"一种迭进和省略的句法，此种句法创造出把有慑服力的、僵硬的具体性强加给自身的凝固形象，从而切断了意义的发展"（*ODM*, p. 91；中译本见第 78 页），这一点将会得到完成。根据马尔库塞的说法，更进一步地加剧这种境况是英美哲学本身的特征，这种哲学的语言分析抛弃了思辨的因素，并且由此默默地再次肯定了坏的既定事实。换句话说，与古典哲学——在这种哲学中，"理性的颠覆性力量"寻求辩证地调节形而上学的理想与既定现实之间的批判性张力——相反，英美哲学通过消除理想而消除了张力："语言分析的经验主义却是在不允许这种矛盾存在的框架之内活动的——对普通行为领域自我强加的限制有助于产生一种内在的肯定［例如，墨守成规的］态度"（*ODM*，p. 171；中译本见第 145 页）。马尔库塞指出，语言哲学未能把握的是，如果没有用语言的所有矛盾来将语言具体化，语言就不能从其具体的社会历史环境中抽象出来。恰恰相反，语言的目标是，通过使"既定语言本身讲出它所掩盖或排斥的东西"（*ODM*，p. 195；中译本见第 165页），从而超越当前的含义储备。

尽管马尔库塞将社会描述为"单向度的"，但是他仍旧对调和理性力量抱有希望。他宣称，任何"超越性筹划"都"必须"通过优化"人的需要和才能的自由发展"而服务于"实存的和解"，进而"证明自己具有更高的合理性"——当然，要考虑到现存的社会历史环境的物质局限（*ODM*，p. 220；中译本见第 185–186 页）。尽管马尔库塞警告提防"技术拜物教"，但他由此仍然坚定地致力于启蒙计划："如果技术性筹划的成就包括同现行技术合理性的决裂，这一决裂反过来又取决于技术基础的持续存在，因为正是这一基础使需要的满足和辛劳的减轻成为可能——那么它就仍是人类自由的所有形式的基础。"（*ODM*，p. 231；中译本见第 194 页）最终，马尔库塞的信念就是，技术能够被审美化，这将包含思想和想象的自由游戏，而且将在表面上回避启蒙辩证法的压抑性方面。

乍看之下，马尔库塞的替代性选择很可能会在某种意义上与阿多诺产生共鸣。但是考虑到马尔库塞的妥协——在单向度的社会中，没有力量能够导致他所提出的历史选择——阿多诺将会主张，非历史地确定这样一些选择会造成弊大于利：通过"主观地构造"这些目标，马尔库塞可能最终会使他自己卷入到那种他寻求逃脱的启蒙辩证法。（这就是为什么阿多诺从不推测社会历史的和解状态。）因此，尽管在诊断和关注点上有重叠，但马尔库塞和阿多诺之间仍然存在着一些差异，这些差异可以被理解为源自一种根本性的视角差异：马尔库塞使用具体的社会历史分析来将那种表面上仍然内在的实质性理想投射到未来之中，这些理想进而会充当实践的基础；而阿多诺则使用和解的社会的非实质性的规范性理想来服务于具体的社会历史分析，这些分析寻求揭示过去的虚假承诺和矛盾，它们进而会

（虽然更成问题地）充当实践的基础。随着公民权利运动的加剧、反战抗议的出现以及 1960 年代中期新左派的诞生——它们重新提出了理论与实践的关系问题——这种"视角的差异"变得更加明显，因为它既在理论上也在实践上将马尔库塞和阿多诺引向了不同的方向。

在《单向度的人》出版之后的十年间，为了回应迅速变化的社会状况，马尔库塞创作了很多具有政治爆炸性的理论著作。在《压抑性宽容》（"Repressive tolerance"）——这篇文章发表在一本 1965 年的题为《纯粹宽容批判》（A Critique of Pure Tolerance）的书中——中，他认为，为了回应资本主义社会的掠夺，不宽容以及甚至暴力从道德上被证明是正当的（如果不是必需的话）。这一立场——它可以说是他在《单向度的人》中对多元主义的局限的诊断的产物——在理论上证明了正在开始成型的对抗性政治是正当的。1968 年的激进岁月接着又使得马尔库塞采用了一种更加广泛的理论方法。在出版于 1969 年的《论解放》（An Essay on Liberation）中，他指出，第三世界革命运动的日益增加的发生率有效地破坏了国外资本主义市场，并且伴随着发达资本主义社会中的学生运动（这些运动本身不是"革命的"），它具有引发资本主义危机的潜力。最后，在他 1972 年的《反革命和造反》（Counterrevolution and Revolt）一书中，马尔库塞认为，发达资本主义社会本身的大部分正在变得日益异化。他指出，平静的消费社会的表面外观被一种扩大的差距证明是虚假的，这种差距存在于由制度的承诺所创造的期望和人们作为消费者和工人（广义上的"工人"，即不仅仅局限于正统马克思主义的工场工人）实际上过的（沮丧的）生活之间。对于马尔库塞——他现在强调一种长远的历史观——来说，重点在于政治教育，它有助于在发达资本主义社会中建立一条统一战线（a United Front）。[51]

马尔库塞在《反革命和造反》中默默地回到了黑格尔的"确定的否定"这一辩证观念上[52]，同马尔库塞一样，阿多诺也相信确定的否定是适当的哲学起点。但是，对于阿多诺——他怀疑新左派的功效——来说，这意味着回到理论本身的复杂性，它对立于理论性地塑造（或者更糟糕的是，回顾性地证明）实践的尝试，他相信，这种尝试总是会贬低理论，并且最终还会贬低实践。这个哲学信念导致阿多诺在《否定的辩证法》——这本书出版于 1966 年，也就是他去世之前的三年——中采取了不同的思路。因此，与黑格尔不同，并且就此而言，与马尔库塞不同，阿多诺并不认为辩证法能够"通过否定来达到某种肯定的东西"[53]——因此，是一种否定的辩证法。实际上，否定的辩证法使黑格尔式的辩证法从"同一性"转向"非同一性"，阿多诺对这种转向描述如下：否定的辩证法"不是倾向于每一客体和其概念之间的差异中的同一性，而是怀疑一切同一性；它的逻辑是一种瓦解的逻辑"（*ND*, p.145；中译本见第 142 页）。尽管"同一性"的语言是新的，但是《否定的辩证法》不仅回到了阿多诺和霍克海默在《启蒙辩证法》中对"确定的否定"的强调，而且甚至更为直接地回到了写于 35 年之前的《哲学的现实性》。正如我们在《哲学的现实性》中所观察到的，阿多诺认为，星丛结构产生短暂的社会历史真理。换言之，认知对象不能在概念上一劳永逸地得到固定或确定，从而确立它们的"同一性"，相反，这些对象在不断地改变，如果我们想要恰当处理它们的话，那么这就要求我们的概念也要改变。于是简单来说，"否定的辩证法的关键"是"改变概念性的这个方向"（*ND*, p.12；中译本见第 11 页）。

这种"方向的改变"回荡在阿多诺的整个哲学中，而且从根本上改变了黑格尔的辩证法。因此，尽管黑格尔和阿多诺都认同，主体和客体、普遍和特殊不能够脱离它们辩证的相互关系而得到正确的理解，但是，黑格尔赋予主体以特权，而阿多诺则赋予客体以特权，同时黑格尔赋予普遍以特权，然而阿多诺却赋予特殊以特权。对于阿多诺来说，这种"轴向的转向"——它将黑格尔的唯心主义辩证法转换为一种唯物主义辩证法——在辩证法中恢复了真正的启蒙冲动。特权化"客体"（作为自然的一部分，主体总已经是这种客体了）和"特殊"（它是在社会整体的环境中的个体主体）最终重现了启蒙主体的益处，而抽象地特权化"主体"和"普遍"——正如《启蒙辩证法》所教导的——既剥夺了它们自然的内容，而且在同等程度上损害了它们。因此，尽管黑格尔宣称，"整体是真实的"，但是阿多诺在《最低限度的道德》（*Minima Moralia*）——一本写于战后的格言书——中却宣称，"整体是虚假的"[54]。此外，这并不意味着"整体"——普遍——在理解中不是一个本质性的因素，因为它必须将特殊之物的所有（非拜物的）知识都作为因素纳入进来，这也并不意味着它以某种方式缺乏实在性，因为阿多诺不是一个唯名论者。恰恰相反，"整体是虚假的"意味着，就像关联于其客体的概念一样，它必须被理解为被那些感觉上的特殊之物所驱动，这些特殊之物组成了它。于是对于阿多诺来说，像黑格尔那样特权化整体就是使它实体化（同一地思考它），并由此歪曲了它。以这样一种方式，黑格尔的"体系"——这个"体系"在绝对知识（《精神现象学》）和国家（《法哲学原理》）中达到顶点——误入了歧途。阿多诺因此宣称："世界史根本没有从野蛮走向人道主义，而只是从弹弓走向了百万吨级的核弹"（*ND*，p. 320；中译本见第 318 页）。换句话说，黑格尔的目的论与启蒙的（自我反思的）思想类型相矛盾，这种思想类型将真正地服务于人道主义，这种人道主义是那些组成整体的特殊之物的一种非强制性的和解，但是，黑格尔的目的论却与那种非反思性的工具理性相一致，那种工具理性是启蒙辩证法不可或缺的一部分。

更广泛地讲，《否定的辩证法》是一种历史上独特的哲学星丛。它的导言以这样一句重要的话开始："一度似乎过时的哲学由于那种借以实现它的要素未被人们所把握而生存下来"（*ND*，p. 3；中译本见第 1 页），这个导言想要尽力把握哲学经验的概念，以及这个概念——正如它已经历史地展开的那样——如何与阻止哲学自身实现的历史事件的有害举动合谋。该书第一部分转而考察了海德格尔的基础本体论［这也是阿多诺 1964 年的一本书《本真性的行话》（*Jargon of Authenticity*）的主题］。阿多诺在这里对海德格尔的考察，并非由于这一事实，即阿多诺将海德格尔放置在与康德和黑格尔——这本书广泛讨论的另两位哲学家——同等的地位上，而是由于这样一个事实，即根据阿多诺的说法，"德国的本体论，特别是海德格尔的本体论时至今日仍然起作用"（*ND*，p. 61；中译本见第 57 页）。阿多诺内在地批判了这种本体论，而同时又力图理解那种激发它的社会历史需要。在第二部分，阿多诺阐述了他自己的否定的辩证法的概念，这个概念的一些基本信念已经在上面总结过了。最后，在第三部分，阿多诺"阐述否定的辩证法的几种模式……说明否定的辩证法是什么"（*ND*，p. xx；中译本见"序言"第 2 页）——也就是，我们看到了在运作中的阿多诺的**否定的**辩证法。阿多诺在这一部分所处理的前两种模式——康德的自由模式和黑格尔的历史模式——反映了他的这样一个尝试，即试图展现每一种模式都弥漫着它所压抑的东西。大致来说，康德的自由模式充满了它试图从中抽象出来的社会总体性，而黑格尔的历史模式则假定了它原本漠不关心的个体主体。

此外，根据阿多诺的说法，在最后的分析中，两种模式都失去了"客体"或者自然要素，就像所有唯心主义哲学的习惯一样。但是，阿多诺在第三部分提出的最后一种模式，包含了他自己对奥斯威辛（Auschwitz）之后的形而上学的地位和可能性的追问。他指出，"［现代］意识对形而上学问题的冷漠……［隐藏了］一种恐惧，如果人们不压抑这种恐惧，那么它就会让人们窒息"（*ND*，p. 395），因为继续追问形而上学的问题，既是解放的可能性的一个条件，又是对形而上学所压抑的自然要素的一种复活。总而言之，对于阿多诺来说，只有通过继续追问形而上学的问题，我们才能敢于希望打破形而上学思维的魔法，并且由此拯救一种"处在概念反思的媒介中的完全的不可还原的经验"（*ND*，p. 13）。总而言之，否定的辩证法的目标恰恰是丰富的个体经验，这也是启蒙运动未履行的承诺。

结论

阿多诺的否定辩证法通常被认为是第一代批判理论的最后遗产，而且对于很多第二代批判理论家们来说，它反映了其走进了死胡同。根据哈贝马斯的说法，通过拒斥 1930 年代的计划——这个计划围绕着这样一个尝试，即尝试将启蒙传统的哲学理想奠基于社会科学——阿多诺给我们留下了一个纯粹否定性的理性概念，这个理性概念被降低到无力地去批判主流事态。哈贝马斯指出，脱离这一困境的方法就是进行一种语言学转向，在这种转向中，第一代批判理论家们的主体-客体范式会被一种交往范式所取代，这种交往范式以他称为一种"自我-他我关系"（ego-alter-ego rela-tion）的东西为基础。由于他所要求的是普遍的实用主义考虑，这些考虑隐含地构成我们使用语言（或者，正如它在专业术语中被称呼的，我们的"言语行为"）的基础——真实性、正当性、真诚性和可理解性——因此哈贝马斯宣称他已经找到了一种商谈伦理学（a discourse ethics）的基础。于是从表面上看，凭借言语行为，我们通过更合理的论证的力量，或者他称为一种理想的言语共同体的东西，而暗中使自己致力于一种非强制性的共识的实现。

这种转向的细节以及它的优点，远远超过本章的范围。然而，就第一代批判理论家的计划而言，应当指出的是，哈贝马斯对主体-客体范式的抛弃不仅包含了对作为一种被关注的事物的自然的抛弃，而且包含了对乌托邦主题的抛弃，这些主题依赖于主体-客体范式，并且对第一代批判理论来说是如此重要。在这些境况下，人们必定想知道，哈贝马斯的交往范式是否牵连着他认为已经克服了的启蒙辩证法。

大陆哲学

【注释】

[1] 参见 Susan Buck-Morss, *The Origin of Negative Dialectics*: *Theodor W. Adorno*, *Walter Benjamin*, *and The Frankfurt Institute*（New York: The Free Press, 1977）, pp. 65-9。

[2] 例如，参见 Seyla Benhabib, *Critique*, *Norm*, *and Utopia*: *A Study of the Foundations of Critical Theory*（New York: Columbia University Press, 1986）和 Helmut Dubiel, *Theory and Politics*: *Studies in the Development of Critical Theory*, trans. B. Gregg（Cambridge, Mass.: The MIT Press, 1985）。

[3] 关于法兰克福学派的思想史，参见 Rolf Wiggershaus, *The Frankfurt School*: *Its History*, *Theories*, *and Political Significance*, trans. M. Robertson（Cambridge, Mass.: The MIT Press, 1995）和 Martin Jay, *The Dialectical Imagination*: *A History of the Frankfurt School and the Institute of Social Research*, *1923－1950*（Boston: Little Brown, 1973）。

[4] Max Horkheimer, "The state of contemporary social philosophy and the tasks of an Institute for Social Research"（trans. P. Wagner）, in S. E. Bronner and D. M. Kellner（eds.）, *Critical Theory and Society*: *A Reader*（New York: Routledge, 1989）, p. 34.

[5] Ibid., p. 33.

[6] Max Horkheimer, "Materialism and metaphysics"（trans. M. J. O'Connell）, in *Critical Theory*: *Selected Essays*（New York: Continuum, 1992）, p. 14.（中译本见霍克海默：《批判理论》，李小兵等译，重庆：重庆出版社，1989 年，第 12 页。）在此之后的引用将会以"（*CT*, p.··）"的形式标注在文内。

[7] 参见 Max Horkheimer, "Notes on science and the crisis," in *Critical Theory*: *Selected Essays*, p. 3.（中译本见霍克海默：《批判理论》，李小兵等译，重庆：重庆出版社，1989 年，第 1 页，译文稍有改动。）

[8] Max Horkheimer, "Materialism and morality," *Telos* 69（Fall 1986）, pp. 87-8.

[9] Ibid., p. 95.

[10] Ibid., p. 108.

[11] Ibid., p. 109.

[12] Ibid., p. 114.

[13] 参见 Rolf Wiggershaus, *The Frankfurt School*, pp. 118-23。

[14] Theodor W, Adorno, "The actuality of philosophy"（trans. B. Snow）, *Telos* 31（Spring 1977）, pp. 120-1.（中译本见阿多诺：《哲学的现实性》，张亮译，吴勇立校，见张一兵主编：《社会批判理论纪事》（第 2 辑），北京：中央编译出版社，2007 年，第 247-248 页，译文稍有不同。）

[15] Ibid., p. 121.（中译本见第 248-249 页。）

[16] Ibid., p. 124.（中译本见第 252 页。）

[17] Ibid., p. 126.（中译本见第 254 页。）

[18] Ibid., p. 127.（中译本见第 255 页。）

[19] Theodor W. Adorno, "The idea of natural history" (trans. R. Hullot-Kentor), *Telos* 60 (1984), p. 114.（中译本见阿多诺：《自然历史观念》，张亮译，吴勇立校，见张一兵主编：《社会批判理论纪事》（第 2 辑），北京：中央编译出版社，2007 年，第 236 页。）

[20] 我在这里的分析吸收了 Susan Buck-Morss, *The Origin of Negative Dialectics*，pp. 57-9。

[21] Theodor W. Adorno, "The idea of natural history," pp. 118-19.（中译本见阿多诺：《自然历史观念》，第 240 页。）

[22] Herbert Marcuse, "The struggle against liberalism in the totalitarian view of the state" (trans. J. J. Shapiro), in *Negations：Essay in Critical Theory* (London：Free Association Books, 1988), p. 42.（中译本见马尔库塞：《总体主义国家观中反对自由主义的斗争》，见《现代文明与人的困境——马尔库塞文集》，李小兵等译，上海：生活·读书·新知三联书店，1989 年，第 313 页。）

[23] Max Horkheimer, "Traditional and critical theory" (trans. M. J. O'Connell), in *Critical Theory：Selected Essays*, p. 197.（中译本见霍克海默：《批判理论》，李小兵等译，重庆：重庆出版社，1989 年，第 190 页。）在此之后的引用将会以"(CT, p. · ·)"的形式标注在文内。

[24] Seyla Benhabib, *Critique，Norm，and Utopia*，p. 153.

[25] 这个评论发表在《社会研究杂志》（*Journal for Social Research*）的第一卷，并被部分地重刊于塞拉·本哈比（Seyla Benhabib）为马尔库塞的《黑格尔的本体论与历史性理论》所写的导言中，见 Marcuse, *Hegel's Ontology and the Theory of Historicity*，trans. S. Benhabib (Cambridge：Mass.：The MIT Press, 1987), p. xxxi。

[26] Douglas Kellner, *Herbert Marcuse and the Crisis of Marxism* (Los Angeles：University of California Press, 1984), p. 61.

[27] Hebert Marcuse, "Philosophy and critical theory," in *Negations*, p. 142.（中译本见马尔库塞：《哲学与批判理论》，见《现代文明与人的困境——马尔库塞文集》，李小兵等译，上海：生活·读书·新知三联书店，1989 年，第 184 页。）

[28] Ibid., p. 135.（中译本见第 174 页。）

[29] Ibid., p. 154.（中译本见第 199 页。）

[30] Ibid., p. 145.（中译本见第 187 页，译文稍有改动。）

[31] Ibid., p. 136.（中译本见第 175 页。）马丁·杰依（Martin Jay）说："尽管在他的著作中持续地强调否定性，并且经常把悲观主义归于它，但马尔库塞的著作总是包含着一种对理性在社会世界中可能实现的隐含信念。"参见 Martin Jay, *The Dia-*

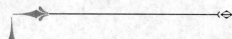

lectical Imagination，p. 71。并且，正如道格拉斯·凯尔纳（Douglas Kellner）所说：
"从1930年代直到他去世，马尔库塞都相信理性能够在真实的需求和虚假的需求、在
伪幸福和真幸福之间做出判断。"但是正如凯尔纳同样指出的，马尔库塞"从未真正地
处理或者解决批判理论基础的问题"。参见 Douglas Kellner, *Herbert Marcuse and the Crisis of Marxism*，p. 125。

[32] Friedrich Pollock, "State capitalism：its possibilities and limitations，" in A. Arato and E. Gebhardt（eds.），*The Essential Frankfurt School Reader*（New York：Continuum, 1993），p. 72.

[33] Ibid.，p. 78.

[34] Ibid.，pp. 86-7.

[35] Ibid.，p. 175，n. 28.

[36] 例如，参见 Helmut Dubiel, *Theory and Politics*，p. 81。

[37] Rolf Wiggershaus, *The Frankfurt School*，p. 282.

[38] Max Horkheimer, "The end of reason," in *The Essential Frankfurt School Reader*，p. 33.

[39] Ibid.，p. 47.

[40] Max Horkheimer and Theodor W. Adorno, *Dialectic of Enlightenment*，trans. J. Cumming（New York：Continuum, 1991），p. xiii.（中译本见霍克海默、阿道尔诺：《启蒙辩证法》，渠敬东、曹卫东译，上海：上海人民出版社，2006年，"前言"第2-3页，译文有改动。）在此之后的引用将会以"（*DOE*，p.··）"的形式标注在文内。

[41] 关于对这一立场的有力辩护，参见 Robert Hullot-Kentor, "Back to Adorno," *Telos* 81（Fall 1989）.

[42] 参见 *Aesthetics and Politics*，ed. F. Jameson（London：New Left Books, 1977），p. 123。

[43] Theodor W. Adorno, "Freudian theory and the pattern of fascist propaganda," in *The Essential Frankfurt School Reader*，p. 118.

[44] Theodor W. Adorno, "Sociology and psychology," *New Left Review* 46/47（December 1967—January 1968）.

[45] Herbert Marcuse, *Eros and Civilization：A Philosophical Inquiry into Freud*（Boston：Beacon Press, 1966），p. 86.（中译本见马尔库塞：《爱欲与文明》，黄勇、薛民译，上海：上海译文出版社，2012年，第74页，译文稍有改动。）

[46] Ibid.，p. 87.（中译本见第76页。）

[47] Ibid.，p. 140.（中译本见125页。）

[48] Ibid.，p. 144.（中译本见129页。）

[49] Ibid.，p. 202.（中译本见第184页。）

［50］Herbert Marcuse, *One-Dimensional Man*（Boston：Beacon Press, 1991）, pp. xliv-xlv.（中译本参见马尔库塞：《单向度的人》，刘继译，上海：上海译文出版社，2014年，"导言"第5页。）在此之后的引用将会以"（*ODM*, p.··)"的形式标注在文内。

［51］参见 Douglas Kellner, *Herbert Marcuse and the Crisis of Marxism*, ch. 9。

［52］Ibid. , p. 292.

［53］Theodor W. Adorno, *Negative Dialectics*, trans. E. B. Ashton（New York：Continuum, 1992）, p. xix.（中译本见阿多尔诺：《否定的辩证法》，张峰译，重庆：重庆出版社，1993年，"序言"第1页。）在此之后的引用将会以"（*ODM*, p.··)"的形式标注在文内。

［54］Theodor W. Adorno, *Minima Moralia*：*Reflections from Damaged Life*, trans. E. F. N. Jephcott（London：New Left Books, 1974）, p. 50.

参考文献

法兰克福学派的著作

西奥多·阿多诺

1973：*Jargon of Authenticity*, trans. K. Tarnowski and F. Will. Evanston, Ill. ：Northwestern University Press.

1974：*Minima Moralia*, trans. E. F. N. Jephcott. London：Verso.

1982：*Against Epistemology*：*A Metacritique*：*Studies in Husserl and the Phenomenological Antinomies*, trans. W. Domingo. Oxford：Blackwell.

1989：*Kierkegaard*：*Construction of the Aesthetic*, trans. R. Hullot-Kentor. Minneapolis, Minn. ：University of Minnesota Press.

1992：*Negative Dialectics*, trans. E. B. Ashton. New York：Continuum.

1993：*Hegel*：*Three Studies*, trans. S. Weber Nicholsen. Cambridge, Mass. ：The MIT Press.

1994：*Prisms*, trans. S. and S. Weber. Cambridge, Mass. ：The MIT Press.

1998：*Aesthetic Theory*, trans. R. Hullot-Kentor. Minneapolis, Minn. ：University of Minnesota Press.

瓦尔特·本雅明

1969：*Illuminations*, trans. H. Zohn. New York：Schocken.

1986：*Reflections*：*Essays*, *Aphorisms*, *Autobiographical Writings*, trans. E. F. N. Jephcott. New York：Schocken.

马克斯·霍克海默

1991 (with T. W. Adorno)：*Dialectic of Enlightenment*，trans，J. Cumming. New York：Continuum.

1992：*Critical Theory：Selected Essays*，trans，M. J. O'Connell et al. New York：Continuum.

1992：*Eclipse of Reason*. New York：Contimuum.

1995：*Between Philosophy and Social Science*，trans. G. F. Hunter, M. S. Kramer, and J. Torpey. Cambridge, Mass. ：The MIT Press.

赫伯特·马尔库塞

1966：*Eros and Civilization：A Philosophical Inquiry into Freud*. Boston：Beacon Press.

1972：*Counterrevolution and Revolt*. Boston：Beacon Press.

1973：*Studies in Critical Philosophy*. Boston：Beacon Press.

1978：*The Aesthetic Dimension：Toward a Critique of Marxist Aesthetics*. Boston：Beacon Press.

1988：*Negations：Essays in Critical Theory*. London：Free Association Books.

1991：*One-Dimensional Man*. Boston：Beacon Press.

1991：*Reason and Revolution*. Atlantic Heights，NJ：Humanities Press.

（一般性地）讨论法兰克福学派的著作

Benhabib, S. 1986：*Critique, Norm, and Utopia：A Study of the Foundations of Critical Theory*. New York：Columbia University Press.

Bernstein, R. J. 1995：*The New Constellation*. Cambridge, Mass. ：The MIT Press.

Dubiel, H. 1985：*Theory and Politics：Studies in the Development of Critical Theory*，trans. B. Gregg. Cambridge, Mass. ：The MIT Press.

Jay, M. 1973：*The Dialectical Imagination*. Boston：Little, Brown.

Kellner, D. M. 1989：*Critical Theory，Marxism, and Modernity*. Baltimore, Md. ：The Johns Hopkins University Press.

Whitebook, J. 1995：*Perversion and Utopia：A Study in Psychoanalysis and Critical Theory*. Cambridge, Mass. ：The MIT Press.

Wiggershaus, R. 1995：*The Frankfurt School：Its History，Theories and Political Significance*，trans. M. Robertson. Cambridge, Mass. ：The MIT Press.

讨论法兰克福学派个别成员的著作

西奥多·阿多诺

Buck-Morss, S. 1977：*The Origin of Negative Dialectics：Theodor W. Adorno,*

Walter Benjamin, and the Frankfurt Institute. New York: The Free Press.

Hohehdahl, P. 1995: *Prismatic Thought: Theodor W. Adorno.* Lincoln, Neb.: University of Nebraska Press.

Jameson, F. 1990: *Late Marxism: Adorno, or, The Persistence of the Dialectic.* London: Verson.

Jarvis, S. 1998: *Adorno: A Critical Introduction.* New York: Routledge.

Zuidervaart, L. 1994: *Adorno's Aesthetic Theory: The Redemption of Illusion.* Cambridge, Mass.: The MIT Press.

瓦尔特·本雅明

Buck-Morss, S. 1977: *The Origin of Negative Dialectics: Theodor W. Adorno, Walter Benjamin, and the Frankfurt Institute.* New York: The Free Press.

Nagele, R. 1991: *Theater, Theory, Speculation: Walter Benjamin and the Scenes of Modernity.* Baltimore, Md.: The Johns Hopkins University Press.

Pensky, M. 1993: *Melancholy Dialectics.* Amherst, Mass.: University of Massachusetts Press.

马克斯·霍克海默

Benhabib, S., Bonss, W., and McCole, J. (eds.) 1993: *On Max Horkheimer: New Perspectives.* Cambridge, Mass.: The MIT Press.

赫伯特·马尔库塞

Bokina, J. and Lukes, T. J. (eds.) 1994: *Marcuse: New Perspectives.* Lawrence, Kansas: University of Kansas Press.

Kellner, D. M. 1984: *Herbert Marcuse and the Crisis of Marxism.* Berkeley and Los Angeles, Calif.: University of California Press.

Pippin, R., Feenberg, A., and Webel, C. P. (eds.) 1988: *Marcuse, Critical Theory and the Promise of Utopia.* South Hadley, Mass.: Bergin & Garvey.

第10章 尤尔根·哈贝马斯 与汉斯-格奥尔格·伽达默尔

大卫·英格拉姆（David Ingram）

> 凡祈求的，就得着……叩门的，就给他开门。
>
> （《马太福音》7：8）

219　　我的兄弟和我有关福音书的意义的意见强烈地不一致：我认为它们讲述了一个谦卑的人道主义者的故事，这个人道主义者敦促他的使徒交出他们的物质财产，以便将他们的生命奉献给救赎穷人和弱者的苦难；他认为它们讲述了上帝之子的故事，这个上帝之子同样地劝诫富人和穷人为了获得永恒生命而信仰上帝。不管谁正确地理解了它，有一件事情看起来是明显清楚的：我们的冲突性的解释缺乏意义的透明性，我们通常将这种透明性归属于被印刷出来的文字，这些文字毕竟以其所有的不可辩驳的客观性显现在页面上。在这方面，我们的解释显得非常像我们的主观趣味判断：我们能够就面对着我们的这个巨大水体是海洋达成共识，但是我们不能就它看起来是绿色的还是蓝色的达成共识。

　　毫无疑问，我对福音书的解释也带有由一种偏见性的视角所赋予的色彩（不像我的兄弟，我是一个无神论者，我致力于在**这个**世界中促进社会正义）。然而，有关个人偏见的这个事实忽视了这样一种东西，这种东西被汉斯-格奥尔格·伽达默尔（1900—2001）和尤尔根·哈贝马斯（1929—）——生活在20世纪与21世纪之交的两个最具影响力的德国哲学家——看作甚至我们最客观的知识都无法避免的解释本性。如果他们是对的，知识就是天生地相对于认知者的视角的。但是他们提醒我们，一个视角并不必须是单纯个人的。的确，一个被共享的视角和一个由望远镜所提供的视角可以同样地普遍可通达——当然，假如人们采取了望远镜的观看所必需的姿势。

的确，被伽达默尔称为**哲学解释学**（philosophical hermeneutics）——以古希腊信使之神**赫尔墨斯**（Hermes）命名的解释文本的科学——的东西明显地显示，如果不采用某种视角、理解视域或者解释立场，知识是不可设想的。伽达默尔和哈贝马斯坚称经验必然是通过一种熟悉的理解事物的方式而被过滤的。我们已经拥有一种可由我们支配的组织经验的方式——它可以是一种概念的网格、语言或者观看的方式——这种方式会决定（例如）在我的视野之内的这个 T 形色块是否将会被我看作一架飞机、一只鸟、上帝的一个天使、一个风筝或者神秘的飞信。这也适用于科学知识。没有理论的、方法论的和技术的前提——这些前提首先产生了对研究进行指导的那些问题——客观实在将从不会显示它的任何真理。除了从可能性的一个范围（或者视域）那里被引出的回应之外，这样一些真理还是什么？并且除了由探究的先在方法和技术，也就是说由先在的问题，原初开放出来的——以这种方式而不是那种方式被建构的——有意义的事件的一个领域之外，这种后来的视域还是什么？

　　只有在回应我们的问题时，世界才显示一个意义，以至于我们对它的知识由对特定问题的特定回答所组成，这些问题是在我们同它相遇时由我们暗中地或明显地提出来的。一旦我们承认这些问题反过来是由源自世界（包括我们在世界之内的存在，这种存在就其自身而言被体验为不可消除地是个人的、社会的、文化的和具体现在的）的那些问题所交互引起的，那么哲学解释学的真理看起来几乎是不可避免的。但是就像我们已经看到的，承认这个真理——所有的知识都是解释——看起来产生的问题要比它解决的问题更多。尤其是，它看起来具有这样一个悖论性的效果，即将客观的知识还原成主观的解释。如果解释不可避免地被解释者的存在的各个方面——这种存在天生地就是个人的和历史的——所偏见化，那么它怎么能不是主观的呢？并且，如果它是主观的，它怎么能不同奠基了最严格的科学知识学科的那些指导性的前提——知识中的客观性仅仅能通过在方法论上悬搁个人的和历史偶然的**偏见**而被拥有，这些偏见限制和歪曲了我们的理解——相矛盾呢？如果客观真理就是我们所意向的东西，难道我们不应当宁愿试图限制——如果不是消除——解释吗？

　　就像我们将要看到的，伽达默尔和哈贝马斯对这些问题进行了不同的回应。尽管两者都坚持知识-作为-解释的充满着前提的本性，但他们在他们对这样一个价值的评估上意见是不一致的，这个价值即科学方法在抑制歪曲性的偏见时的价值。尽管两者都不否认在抑制自然科学家的解释性自由时运用科学方法的恰当性，但他们对在社会科学家的状况中这样做的恰当性的看法严重地不一致。

在伽达默尔看来，在自然科学中的"客观化"方法的使用是合理的，因为导向经验知识的主导性问题是围绕着怎样为了预测和控制因果过程而产生抽象的统一规律，这些规律能够在标准化的、受控制的环境中被测试。然而，在人的科学中，即在法律、文化人类学以及英语国家中被我们称作人文学科的东西（例如，文学、艺术、历史、神学和哲学等学科）中，这样一种方法的使用妨碍了客观理解和真理的达成。这些学科的从事者明显被包含进文本的解释中，而这些文本的意义必须以对先在问题的回答的形式被明确提取出来。这些问题——它们具有未被澄清的、被认作理所当然的偏见的身份——必须被允许自由地同文本进行一种对话，而不是作为曲解性的偏见在方法上被悬搁或加括号。

伽达默尔在其对社会科学的讨论中重复了反对运用客观化方法的这种论证。社会的知识必须以对社会群体的一种先在理解为中介，这必然包含了以问答对话的方式同特定的社会能动体（social agents）进行的交往。反过来，对话需要信奉这两个原则：交互性原则——该原则要求以同等的尊重来对待人们的对话者——以及一种相关的宽容性原则——该原则要求将人们的对话者当作合理的，或者当作传达了一些主张，这些主张值得假设为具有一致性和真理。这些原则的联合效果就是对社会能动体采取一种有些恭敬的——以及在哈贝马斯看来非批判的——态度，人们正试图去理解这些社会能动体的行为。如果这些能动体不是合理地行为，那么将会怎样呢？如果他们声称的主张同他们的行动不一致，那么会怎样呢？如果他们据以理解什么东西是正确与错误、什么东西是好与坏的那些规范性惯例（normative conventions）就其自身而言是不一致的或非理性的，那么将会怎样呢？

在哈贝马斯看来，社会惯例有时会导致人们误解他们自身，并且以这样一些方式来行动，如果他们能对他们的需求以及强制性社会条件——这种条件塑造了他们——的更深的（但却被隐藏的）效果获得更清晰的洞见，那么这些方式就会对立于他们将会采取的方式。这是因为社会惯例、语言以及几乎所有的象征媒介——它们限制了理解自我和世界的可能性——就其自身而言是以经济和社会统治为条件的。这种偏见在很大程度上被忽略了，因为统治的曲解性效果从来不会显示在它们所影响的象征媒介之中。为了展示这样的惯例怎样担保了对社会实在的一种错误的（或者

意识形态的）理解——这种理解阻止人们以完全的意识和自由来行动——看起来人们将需要对它们采取一种不同的——非对话的和非恭敬的——态度。相应地，哈贝马斯敦促社会科学家对惯例采取一种怀疑的态度，这反过来要求将她的同胞们当作在一定程度上是受蒙蔽的。简而言之，作为批评者和治疗师，社会科学家必须摆脱同情的参与者的角色。

社会行为因而将自身呈现为一个不连贯的文本，这个文本被束缚于隐藏的、病态的冲动，它必须被客观的观察并且从因果性上被解释。在此解释遵循由精神分析所典范化的那种方法论准则，这种准则在括除能动体的表面的、传统的自我理解时，将真正的意义和他们行为的动机追溯到更早期创伤的被压抑的记忆。如果在人的道德发展的类似规则的阶段（以某些方式类似于由弗洛伊德阐释的精神性欲的发展阶段）的背景之下进行解释，那么自由和实现的基本需要的创伤性压抑——它与为资本主义所要求的异化和剥削劳动相一致——就显现为一种矛盾：自由和个体性——资本主义以之为前提的两大道德支柱——在资本主义自身这样一种坚持中消失了，这种坚持即坚持强制性地依从于机械路线并施虐受虐狂式地顺从于权威。

可以预见得到，伽达默尔质疑了哈贝马斯的建议，即将哲学解释学的一般洞见拓展到精神分析的**深度-解释**的方向上。在他看来，这样的解释依赖于客观化的解释方法和发展规律，这些方法和规律就其自身而言被认作是理所当然的。在将其自身置于一种同社会能动体相互对话的关系之外时，精神分析的社会学家已经将其自身置于任何真正的认知关系之外，而在这些关系中她自己的方法论的和理论的前提有可能被批判性地质疑。她也已经对那些能动体采取了一种道德上可疑的态度：开明的人的高高在上的立场，想要成为社会工程师，这个工程师提议通过激进地削弱那些传统惯例的智慧和权威性来改变能动体的意识、行为，而那些惯例的智慧和权威性正是能动体恰当地（并且不可避免地）依赖的。

由伽达默尔和哈贝马斯之间的辩论所提出的这些问题切中了成为一个自由和开明的人所意指的东西的核心。向惯例和传统的社会化是使得自由和启蒙成为可能的东西吗？或者它是一种"洗脑"，这种"洗脑""安排"人们以这样一些方式去思考和行为，这些方式为他们所不知，并且推进了强者的利益？我们能在某个时刻超越由我们的语言和文化强加给我们的思想和意志的界限，并且在理性——这些理性能够变得对我们每一个人而言都是自我明见的，并独立于必须依赖传统和惯例的权威性——的基础上获得直接的、透明的洞见吗？或者成为理性的和自由的是不可能的吗——并且也许甚至试图成为这样都是非理性的吗？如果在最后的分析中，我们必须将某些惯例当作不言而喻的——实际上，为了推理而将它们接受为权威的——这样做就必然地妨碍了我们以自由和洞见而行动的能力吗？

在这篇文章的剩余部分中，我将试图通过更为详细地考察伽达默尔和哈贝马斯的解释学哲学来澄清这些问题。然而，在结束这个引言之前，我想要指出这些哲学家之间的辩论将会被解释为德国哲学的两条主线之间的一种冲突：一条致力于这一启蒙运动的信念，即批判理性能促进进步和解放；另一条致力于这一反启蒙运动的信念，即传统和权威性能促进文化保存、社会归属。

伽达默尔/哈贝马斯辩论的生平背景

伽达默尔 1919 年在马堡开始他的高级研究，在那里，他 22 岁时在保罗·纳托普（Paul Natorp）的指导下完成了其有关柏拉图的第一篇论文。他在古典哲学方面的训练将会在后来鼓舞他的这一保守信念，即对古典传统的无时间性的真理和权威性的信念。他对现象学——由埃德蒙德·胡塞尔所开拓的哲学方法——的接触［在尼古拉·哈特曼（Nicolai Hartmann）的指导之下］对他来说也是促进性的，因为它展示了这样一种意义，在该意义中所有意识对象都被意识"意向"或解释为有意义的。然而，只是在马丁·海德格尔 1923 年到达马堡之后，伽达默尔——他作为海德格尔的助手，并且在海德格尔的指导下完成了他有关柏拉图的第二篇论文——才发现这样一些观念，这些观念将会在后来启发他自己的哲学解释学。根据海德格尔，人的生存（此在）是被一种对它自己的存在和世界的存在的追问性关注所界定的。世界的存在是依据于人的自由选择的筹划被界定的，但是这些筹划反过来是从一种先在-给予的可能性储备中被选择出来的，这些可能性已经在传统中被流传下来。的确，海德格尔暗中表示人们属于或者被宿命地交付给一种"命运"，这种命运植根于人们的"民族"生命和语言——这个观念同由纳粹党所推动的法西斯主义的民族主义危险地聚合在一起，海德格尔自身后来也属于这个政党。

尽管伽达默尔自身从来不是一个活跃的纳粹党成员，但就像 20 世纪前半期的大多数德国学者一样，他在政治上是反动的——反动到如此程度，

223

以至于他甚至属于国家社会主义教师与学者协会（*Nationalsozialistischer Lehrerbund*，The Nation Socialist Syndicate of Teachers and Professors），该协会在很多问题上积极地支持希特勒。从他年轻时反现代主义——这可以在他对那种精英主义的、反自由的以及反民主的国家的辩护中被最好地例示出来，柏拉图在其《理想国》（伽达默尔第二篇论文的主题）中称赞了那种国家——的视角来看，伽达默尔后来对传统的权威性和偏见进行辩解，以反对启蒙运动对一种普遍的、以理性为基础的道德的辩护，这些看起来都太过紧密地与他以前的导师的反动政治观点产生共鸣了。

相反，哈贝马斯的整个事业都可以被理解为对一种普遍的、以理性为基础的道德进行辩护，以反对法西斯主义的种族中心主义的（真正种族主义的）传统-拜物教。在发表于1953年的一篇评论中，哈贝马斯批判了海德格尔将他的哲学同国家社会主义相联系的明确企图。紧跟在对海德格尔思想的这种否定之后的是哈贝马斯要对西奥多·阿多诺——他同马克斯·霍克海默和赫伯特·马尔库塞一起，是法兰克福社会研究所的领导性成员之一——进行研究的决定。社会研究所关于法西斯主义、独裁主义和反犹太主义的具有创造力的著作对哈贝马斯产生了深刻影响。自从它1923年建立起来，这个研究所已经成为马克思主义的社会理论的一个著名堡垒。到1930年代，在其对诸如父权家庭这样的传统权威性的神圣堡垒的批判中，它引入了弗洛伊德式的精神分析。尽管这个研究所后来依据被其看作非批判性的那些倾向——这些倾向内在于启蒙理性主义——的东西而弱化了其对传统的批判，但是它从未放弃它对批判理性的解放力量的信念。如果有什么区别的话，哈贝马斯对批判理性的信念超过了他的前辈们，他的这些前辈们看起来日益迷恋于暗含在宗教和艺术中的救赎的与和解的渴望。同样重要的是，阿多诺和霍克海默在动荡的1960年代期间试图引导研究所远离政治（毫无疑问是记起了1930年代的教训），而哈贝马斯则寻求将它政治化，并且为了那个目的而积极地支持学生要求对大学管理进行民主参与。

我们因而发现在伽达默尔和哈贝马斯那里例示了两种不同的知识观：一种将真理定位于传统的无时间性的权威性；另一种将其定位于民主政治的高度政治化的舞台。尽管在风格上有这种对立，但这将是太过夸张的事情，即提出哈贝马斯在传统中没有找到任何普遍持久的东西和有价值的东西。同样，这也将是高度误导性的，即将伽达默尔描绘为层级性和现状的一个非批判性的辩护者。实际上，两个哲学家最后都否定了——暗中地，如果不是明确地——他们早期的很多社会和政治思想（哈贝马斯尽管始终坚守着他的理性主义偏好，但现在将其自身界定为一个自由式的社会民主主义者，而不是一个煽动性的马克思主义革命者；而通过将开放性和对话提升为理解的首要原则，伽达默尔已经清楚表明他对自由民主的支持）。因而，使得他们的辩论如此有趣的东西是每一个人都能肯定另一个人必须说的大多数（如果不是全部）东西。尽管如此，将他们区分开来的东西是重要的，并且就像我刚刚已经指出的，是深深地植根于他们不同的哲学和意识形态背景的。

现在我已经联系他们各自的思想背景而定位了伽达默尔和哈贝马斯，让我们再一次回到手头的问题，这个问题关涉到他们对我们知识的解释本性的迥然相异的理解。任务的第一步是去理解人们可能怎样辩护这样一个观点，即对客观真实的东西的认识依赖于一个解释过程，而这个过程就其自身而言是被前见所指引的。这个立场在伽达默尔的巨著《真理与方法》（1960）中找到了其最经典的阐述。

伽达默尔

伽达默尔对真理和解释之间的必然联系的辩护由两个论证组成。第一个论证意图去展示，通过在方法上悬搁或者排除认知者的解释框架（即她个人的或文化的前见）而达到真理的任何尝试都是既适得其反的——既导致独断论又导致怀疑论——又不可能的。第二个论证展示出，允许认知者的解释性前见自由运作，这不必对我们的理解进行偏见化或扭曲，并且由哲学解释学所推动的这种立场仍然允许真实和错误的理解之间的一种有意义的区分。

伽达默尔的第一个论证否认了这样一个假设，即一个文本、表达或其他人类事件的意义等同于它的作者的意向。由于以下的原因，这个假设看起来似乎是合理的。在作者和解释者共享同样的文化背景的状况中，在他或她已经说过（或做过）的东西的基础之上理解作者的意向通常是容易的，并且不要求特殊的解释行为。然而，在作者和解释者分享非常不同的背景的状况下，就要求一种特殊的解释行为。因为作者精神的意向体验被推定为如此地不同于解释者的意向体验，因此看起来解释者不能依靠她自己理解事物的熟悉方式。的确，依靠她自己理解事物的熟悉方式将必然包含着对作者的误解。例如，想一想第一次遇到印加、玛雅和阿兹特克文明的西班牙传教士，他们未能根据这些文明自己的情况来理解这些文明的居民——作为这样一些文化系统的从事者，这些文化系统完全像他们所熟悉的文化系统一样复杂。通过非批判性地将他们自己的文化期待投射到这些居民身上，这些探索者只能将他们理解为像以某种方式深受巫术和撒旦崇拜之害的愚昧的欧洲人一样。

以这种方式理解跨文化解释问题的那些人，即将跨文化解释的问题理解为一种错误地将人们的文化偏见投射到他者——这些他者享有极其不同的偏见——身上的问题，可能会非常赞同那种对人们的偏见进行括除的方法实践——这种实践非常出名地被埃德蒙德·胡塞尔和狄尔泰所赞同，这两个哲学家分别是现代现象学和解释学哲学的创立者。因为只有通过括除人们熟悉的理解，人们才能够正确地与他人的精神体验**相一致**。在此，客观认知的问题以这样一种方式被建构，这种方式同硬科学中的认知问题有很多的共同点：确保人们的理解如实地**符合**人们理解的对象（在这个案例中，他者的意向体验）的唯一方式是，**有条理地**括除所有源自人们的狭隘文化和个人立场的曲解性偏见。一旦人们清空了其头脑中的每一文化偏见，人们就能将其自身传送进这样一种文化视域中，这种文化视域通告了人们研究的对象。以我们之前的例子来说，如果他已经完全抛除了他的西班牙身份（语言、习俗等等），并且将其自身完全地沉浸到新世界居民的文化中，采用他们的身份，那么我们的西班牙传教士将会获得对他们的一个更清晰的理解。

构成上述有关解释的方法论理论的基础的假设因而可以被总结如下。第一，它假定认知某物包含着同情式地与它一致（真正的知识＝与被认知的对象相符合）（*TM*，pp. 220，250）。[1]第二，它假定认知者（知识的主体）和被认知者（知识的对象）相互之间是完全不同的（*TM*，p. 220）。第三，紧接着这两个假设的是，认知某物（同它相一致）要求有条理地清除人们的所有偏见或前见，以至于人们的知识对象能够在没有被歪曲的情况下进入人们的理解中（*TM*，p. 237）。

现在，根据伽达默尔的观念，符合这种解释模式的知识理论具有一个明显不幸的后果：怀疑主义，或这样一种观点，即没有能够跨越历史上和地理上的不同文化而被共享的客观真理和知识。尤其是，正是上面被援引的第二条假设暗含了怀疑主义（*TM*，p. 237）。因为如果这是真实的，即认知者和被认知者相互之间完全不同——以至于，例如，认知者仅仅直接地知觉或经验到她自己对对象的知觉和经验，而从来不是对象自身——那么我们就不能知道我们的"主观"经验和知觉是否真正地反映或符合对象。因为为了知道这一点，我们将必须以某种方式完全地走出我们的经验，而这当然是不可能的。

这条思想的主线意味着那种达到与对象的真正符合的方法——清除人们的偏见，或者如果你愿意这样说的话，清除人们的经验视域——注定会失败。然而，重要的是去注意到，纵使（作为来自一种相异文化的文本的解释者）人们能够成功地抛除其文化和个人身份，并且采取作者的身份，人们的知识也将会局限于去复制作者的精神体验。然而，完全沉浸于（等同于）作者的精神体验将会排除这些体验和解释者的相应体验之间的任何交往，因为在采取对方的身份时，解释者将必须消除或悬搁她自己的精神体验。换句话说，考虑到将作者的那些文化偏见和解释者的那些文化偏见分离开来的根本差异，对于解释者来说，不可能批判性地将她有关世界的信念同作者的那些信念相比较。因为他们说着完全不同的语言，并且经验着完全不同的世界，对他们来说，就任何事情达成一致都将是不可能的。并且因此他们将不会共享有关世界的信念，这些信念将会被视作客观知识（对两者来说都是真的），而这种客观知识可能会被用来作为批判性比较的共同标准。[的确，能够存在于他们之间的唯一的比较标准将会是一种形式的和审美的本性的那些表面的共性，这些共性从来不能为对实质性的真理主张进行批判而提供一种方法（*TM*, p. 233）。]

除了怀疑主义的后果之外，至少有四个成问题的假设暗含在关于解释的方法论的（或无前见性的）说明中。第一，无前见性的认知的观念是荒谬的（*TM*, p. 270）。我们无法走出我们经验的视域，因为经验是我们通向世界的**唯一**通道。此外，我们现在的经验总是被我们过去的经验——包括源自文化和语言社会化的经验——的透镜所渗透（*TM*, p. 301）。这些前见，或者像伽达默尔称呼它们一样，这些前判断（*Vorurteile*），形成了一个必要的背景（或视域），相对于这个背景我们才凸显我们对事物的理解。没有一个背景地经验某物将会和没有一个（语境）文本而理解诸如"这里"或"现在"这样的词语一样，是无意义的。

第二，尽管客观知识的获得要求我们能够将我们单纯主观的经验和意见（那些会歪曲我们对事物的理解的前见）从客观有效的经验和意见中区分出来，但我们不能经常依据我们自己这样做。在很多情况下，我们的曲解性的偏见看起来对我们是客观有效的。因此，对我们来说，为了质疑它们的有效性，我们必须接触不同的（或者相反的）经验和信念。换句话说，我们批判性地对我们的主观偏见进行括除的能力不能依据我们自己，即在同他者进行有意义的交往之前，被有条理地实施。否则去思想将会被等同于独断论：这样一个假设，即人们自己的推理能力——未被任何外在的资源所检查——是所向披靡的。但是，如果对偏见的批判性反思必然地发生于相互追问的对话语境之内，那么它就不能被有条理地实施或者甚至被有意识地控制（*TM*, p. 299）。对话是双向的：问与答的"游戏"（或"运作"）拥有其自身的一种不可预测的生命，它独立于"游戏者"的有意识的决定；由一个参与者所提出的问题在某种意义上就是这样一些回答，这些回答已经被另一个人的问题所唤起。

第三，这样一个事实，即同他者的交往是获得对人们的偏见的批判性洞见的核心，引起了对暗含在无前见性的解释模式中的另外两个假设的怀疑。那种模式假定认知者和被认知者被这样一种根本差异所区分开，以至于在他们之间没有任何交往是可能的。对来自相异文化的文本进行解释的解释者不能够真正地将这个文本理解为向她传达了一种有意义的、潜在真实的讯息。所有她能够做的（假设这是可能的）将会是去推测作者的隐蔽的、神秘的心理。换句话说，她至多能够将这个无意义的文本处理为某种征兆，这种征兆能够用来推断关于作者的主观精神体验的一些东西。然而，这第四个假设——文本（或文本的类似物，如行为）标示出了"症状"，在这些症状的基础上，我们推断另一个人的心理状态——是不连贯的。除非文本（行为）自身直接传达了（或者传递了）作者（行为者）的心理意向，否则没有任何这样的推断是可能的。因此，理解一个作者或能动体的意向不能意味着从某种完全无意义的征兆中推断出它们；更不用说意味着能通过以某种方式将人们自身转换进作者/能动体的隐蔽思想之中而推测它们（*TM*, pp. 187-91）。

看起来，将真实的理解等同于理解作者/能动体的意向——这些意向被直接表达在他的或她的产品（文本或行动）中——这对于解释那种发生在解释者和被解释者之间的交往来说也许是足够的。毕竟，我们不再谈论神秘地进入别人的私人精神中，而是谈论将那个人的意向理解为被直接显示在他的公开表现之中。例如，我们并不在他摔椅子的基础上推断某人正在体验愤怒的兴趣，宁可说，摔椅子就其自身而言就是愤怒（*TM*, p. 225）。

无论这可能是多么明显，根据伽达默尔所言，它都不足以解释那种发生于解释者和被解释者之间的交往。首先，一个行动或文本的意义并不必然地相同于能动体/作者的意向。以上面那个例子来说，假定一个听到某个坏消息后摔椅子的人真诚地说他这样做是为了释放能量而不是为了发泄痛苦。对旁观者来说，在这些情况下摔椅子意指着"我在痛苦之中"，这不亚于摔椅子的人已经明显大声地这么说了。尽管摔椅子的人做出了相反的断言，但正是社会惯例而不是个人意向决定了意义，并且这既适用于行为，也适用了言语（*TM*，pp. 246ff.）。

很容易从这种状况中推断出其他的例子来证实文本意义的非意向本性。例如，文本的作者有时故意对读者隐藏他们实际上想要、期待或希望读者理解或相信的东西（*TM*，p. 193）。迫于审查制度的压力，作者有时说出了他们不相信的东西，或者以一种间接的或隐藏的方式——这种方式被他们明显的语言所掩饰——说出他们相信的东西。不仅作者在说出他们所做的事情时拥有很多冲突的意向，而且当很多人共同创作一个文本时，冲突的意向也会大大增加。美国《独立宣言》有很多的签署者。我们将把谁的意向当作宣言的明确意义呢？如果这些意向包含这种意向，即后代的法学家依据他们自己发展了的科学和道德标准解释宣言，那么情况会是怎样呢？今天的法官将宣言解释为谴责奴隶制，那也许同托马斯·杰弗逊——这个文件的起草者——的意向相一致。但同我们和杰弗逊可能想要宣言意指的东西相反，它被罗杰·坦尼大法官（Justice Roger Taney）（1857 年德莱德·斯科特判决案中那次声名狼藉的裁决的作者）和其他**内战前的**法官们解释为意指着大多数其他签署者所意向的东西。

仅仅在我们对意义"去心理化"之后——通过将它看作一个公共事件，这个事件传达了一个有关事物是怎样在世界之中的讯息——我们才可以理解解释怎样必须被构想为一种对话，这种对话能够促进对主观偏见的批判性揭示。简单地说，为了获得对一个文本（或文本类似物，例如一个行动或艺术作品）的真正理解，解释者必须将它理解为传达了关于世界的一个讯息，这个讯息暗中追问解释者有关相同的东西的前判断。对伽达默尔来说（有些反讽性地），只有在解释者同时追问文本，并且要求允许她的前判断在对问题的阐述中自由运作时，文本对解释者的追问才是可能的（*TM*，pp. 269–77）。

为了理解为什么这样，我们要回想起文本的解释是不可避免地循环的：整体的意义仅仅通过它的各部分而被显示出来，反之亦然（即，仅仅在作为一个整体的文本已经被读解之后，各部分才显示它们全部的意义和一致性)（*TM*，pp. 190-92）。最重要的是，甚至在完整的文本被读解完之前，读者就依据她预期她将要读到的东西而理解她已经读完的部分。对文本的一种完整且完全一致的理解的**投射**——这种投射自始至终指引着她的阅读——代表了对这样一些问题的预期回答，这些问题是她向文本提出的，并且反过来，源自她自己熟悉的文化背景（或解释学境遇）（*TM*，pp. 265ff.）。

对伽达默尔来说，解释学循环——依据一种投射的整体而读解部分，反之亦然——中令人好奇的事情是，它预设了一个联系着解释者和文本的先在循环（他将其称作**存在论**循环）。一方面，解释者对完整文本意义的投射构成了文本的有意义的存在。因为除了解释者对意义性的预期性投射，没有通向文本意义的其他通道；除了先在的追问，没有通向可能的回答的其他通道。另一方面，由解释者提出的那些种类的问题——那些问题源自她的"存在"，或生存论的、文化的和历史的身份——并不是简单地从天而降，宁可说，它们是被文本所引起和所启发的问题。换句话说，解释者现在阅读的文本是教育的持续过程的一部分，并且是对文化知识的累计清单的另一个补充，这种文化知识已经塑造了她的自我理解以及她对世界的理解（*TM*，pp. 265ff.）。

乍看之下，关于理解的这种存在论观念作为一种知识模式似乎是违反常理的。伽达默尔的这种倾向，即（追随他的导师马丁·海德格尔）谈论作为前见的一种投射（或者用伽达默尔自己的话说，作为文本意义性在这样一些关注点上的一种**应用**，这些关注点源自解释者自己的历史境遇）的理解，招致了这样一种错误的印象，即理解仅仅是主观偏见的一种任意的强加（*TM*，pp. 311ff.，329ff.）。对伽达默尔来说，没有什么比这更远离真理了。首先，文本是被处理为好像他是一个对话者一样，这个对话者拥有某种关于世界的真实的东西要去言说，这种东西是解释者可能会从中获得教益的。因而，它提供了对我们主观偏见的一种外在抗拒。当然，这样一种尊重的态度可能看起来相异于我们从启蒙运动中继承的理性主义的假设，即真实的知识必须依赖于这样一些基础，独自运用她自己的理性的每一个体都能离开任何外在的权威而使这些基础对她自身来说变得明见（*TM*，pp. 271ff.）。实际上，对权威的这种偏见忽略了这样一个事实，即我们所有的推理都是相对于文化假设的背景（这些假设被植入我们已经阅读的文本之中）而发生的，这些文化假设已经经受住了时间的考验，并且仅仅因为这个原因，它们才被我们接受为"权威的"（*TM*，pp. 277ff.）。

对文本作为对话的一个伙伴的客观抗拒的这最后一点预示了另外两种方式，凭借这两种方式，投射性理解能够追求客观性（*TM*，pp. 367ff.）。第一，我们的解释者也必须对照文本的其他解释而检查她的理解。过去解释的历史可以被构想为一种持续的对话，在其中，过去的解释者已经相互对照着检查了他们的解释。换句话说，一个解释传统的分量（权威性）必须已经在寻求真正理解的解释者的理解中起作用了（*TM*，pp. 300ff.）。她也许在文本中很好地发现了之前从未被她的前辈们揭示的意义——的确，考虑到她的解释境遇的独特性，这几乎是不可避免的——但是不管她发现了什么意义，她都将必须回应（并且在某种意义上适应）那个传统。当然，对传统先例的依赖并不必须排除革命性的洞见；但甚至革命者都将他们自身看作是向老的以及新的问题提供了新的回答。因而，18 世纪美国和法国的革命者们——他们将他们自身看作是为了公民的自治权而推翻了神授君权——在论证这种新的权利时仍然诉诸上帝。尽管他们理性主义地拒斥旧制度以及其对宗教传统的诉诸，但是他们在向大众——毕竟，大众的大多数是信奉宗教的——证明他们的革命时，也必须诉诸同样的权威。

第二，客观理解的达成从来都不是最终的。客观性随着经验而增长；正是通过在与传统（并且也许是与很多传统）的对话中拓展我们的理解视域，我们才学会将生产性的、揭示意义的前见从非生产性的、歪曲（-掩盖）意义的前见中区分出来。的确，时间和地理距离越将解释者和文本分离开来，批判性对话的潜力就越大。不熟悉的（古代的或国外的）文本抑制解释者非批判性地投射前判断的自然倾向，由此使得从本来偏狭的内容中抽取无时间性的和普遍的意义成为可能（*TM*，pp. 297ff.）。

以有些悖论方式来说，被伽达默尔称作"效果历史意识"（*Wirkungsgeschtliches Bewusstein*，consciousness of effective history）的东西或称作对人们的理解中的偏见的批判性意识的东西，仅仅通过获取更多的经验、适应更多的传统以及丰富人们的前判断的储备而被增加（*TM*，p. 351）。客观性，或者向新的意义的开放性，因而是这样一些确立的背面，这些确立就是将人们自身更深入地确立在传统和文化之中以及将传统的前见更深入地确立在我们的权威真理的准则之内。因为，对一个文本的每一成功的解释都成功地将文本对世界存在方式的理解同解释者自己的理解**相融合**（*TM*，pp. 306-74）。通过将它运用到她自己的境遇中，她证明了它的持续真理；实际上，只有通过展示凭借她自己的（以及她的同时代者的）眼光，文本能够被理解为是合理的和真实的，她才理解这个文本的意义，特别是如果它拓展了她（以及他们）对合理和真实之物的理解。

敏锐的读者将会注意到，我刚刚指出的真理理论与充分地再现或正确地符合于一个独立于理解而存在的客观实在没有丝毫关系。当我们列举伽达默尔描绘真理的种种方式时，这种印象会被进一步加强。有时候，伽达默尔似乎将"真理"等同为拥有任何有意义的经验。"真理"的这种用法取自马丁·海德格尔，海德格尔转而又将这个观念等同于关于理解的一个古希腊概念［去蔽（*aletheia*）］，这个概念据称指明了对有意义的存在本身的一种原初揭示（*TM*, p. 457）。 *230*

对有意义的存在的揭示毫无疑问是真理的一个必要前提。但是以这种方式被理解的"真理"同我们对"真理"的惯常理解没有任何相似之处，在惯常理解中，真理被构想为一种属性，我们将这种属性仅仅归属于最正确或真实的信念和经验。由药物诱发的经验毫无疑问是有意义的，但是在传达一种正确的或有洞见的事物知识时，它们并不必然是真实的。

因为伽达默尔想要主张理解提供了通向真理经验的通道，这些真理经验不仅是有意义的，而且是有洞见的，因此他不能被理解为将理解等同于海德格尔意义上的单纯揭示。的确，他在其他地方将理解等同于一个特定种类的经验，这种经验在其意义性上是一致的。现在，很多哲学家已经寻求依据一致性来界定真实的信念和经验。因而，一个信念或经验的真理由于这个缘故仅仅意味着它同其他的信念和经验的一致性，并且最重要的是，它仅仅同那样一些信念和经验的一致性，大多数人在那些信念和经验上是一致的（或者他们认同于那些信念和经验）（*TM*, p. 291）。

真理的一致性的解释毫无疑问适用于一些信念和经验（最显著地是数学中的那些信念和经验）。但是，作为文本意义的解释，它们由于两个原因而未能令人满意。第一，理解某物的一致性和合理性并不必须使人们倾向于接受它的真理。回到之前的一个例子，我领会到我兄弟对福音书的解释的内在一致性，并且考虑到他对超越的意义和目的的勇敢需求，我甚至领会到那种解释的合理性。但是我并不由此就相信它的真理。

与将一致性和合理性等同于真理相伴随的第二个困难是，由于这个缘故，我将永远不能确证某物的确是错误的。我未能理解某物的一致性和合理性，这可能恰好是由就我个人而言的某种无知所导致的，因而未能理解将永不会确证理解的对象的错误性。换句话说，由于这个缘故，我可以有关于真理的有意义的（即一致的）经验，但是没有关于错误性的有意义的经验。

在伽达默尔的文本中，我们被留下真理的两种可供选择的观念：人们的理解的深化——就像当我们说人们已经达到问题的真理或者获得真实的洞见时一样——以及错误的消除，或者符合于事物存在的方式。这些真理的观念是不同的：一个解释可以是正确的（不是错误的），但仍然是表面的和局部的；而它可以是不正确的——包含一种误读，该误读歪曲了文本的明显的文字——但却是具有高度的洞察力和穿透力，并且在那种意义上比任何表面正确的揭示更接近于文本的精神。

对伽达默尔的一种细读实际上展示出，他运用真理来同时指涉正确性和洞见性。尽管对有意义的存在的所有揭示都是局部的和有选择性的（即，没有办法既照亮某物而又不遮蔽某物），伽达默尔和海德格尔似乎相信**艺术地**揭示世界现象的那些特定方式能够比更世俗的、表面上正确的方式——例如单纯的事实描述或者图像再现——要更真实（更具洞察力和更具启示性）。非再现的艺术、诗以及某些形式的象征雕塑和建筑经常以这样一些方式来揭示我们的世界，与我们对世界的科学理解——这种科学理解很可能在其正确性上无法被超越——相比，这些方式要更原初、更本真、更具启发性或仅仅显然更深入。（而且，就像我们将在下面看到的，科学也以创造一些富有成效的和生产性的假设而著名，这些假设经常被证明事实上是错误的。）

对伽达默尔来说，好的（更真实的）解释同样比坏的解释更具洞见性和生产性。但是伽达默尔也认为好的解释在更正确和更准确的世俗意义上是真实的。当他谈论文本怎样对立于单纯主观的、"非生产性的"解释者偏见的时候，这是最明显的。在此，他似乎考虑到了被理解为"正确性"的"真理"，因为他主张有条理的解释不仅是表面的——就像它们所做的那样，忽视文本的明确意义——而且也是独断的和非批判的，并且因而可能会导致错误。就像他着重提醒我们的，"找到恰当的投射——这些投射在本性上是预期性的，且'被事物本身'所确证——是理解的持续任务"（*TM*，p. 267）。

从这种公认复杂的真理解释中，我们会得出什么样的结论呢？第一，不管我们想到的是哪种意义的真理，获得真实的理解不是一种一劳永逸地"正确获取它"。因为解释的循环本性，筛去错误的和非生产性的前见是永无止境的。就像黑格尔教导的，取得正确的和有洞见性的理解是一个持续不断的过程。第二，因为存在论循环——解释的事件无法逃脱地被植入其中——没有任何单个的真实解释完全且最终地捕获了任何事物的意义

（*TM*，p. 298）。我对《圣经》的解释并不比我兄弟的解释更不准确和更少洞见性。它仅仅是不同的。同样的东西也适用于我们关于事物和事件的理解。我们有关自然的生活经验也许对立于科学知识——就像当我们经验到太阳升起和落下或物质对象的不可穿透的坚固性时那样。但是那绝不会证明我的经验——这种经验的指导性的参照点非常不同于理论科学——是错误的。并且，如果文本和自然事件的很多真实解释是在一定程度上相对于解释者——这些解释者提出这些解释——的不同历史和生存论视域，但尽管如此，它们仍不仅仅相对于任何可能被采取的主观参照点而是真实的。因为"真实的"意指的是相对于对相同事物的表面的和狭隘的解释——这些解释缺乏效果历史意识的批判性深度——而更少偏见性和更少不完整性。

哈贝马斯

尽管他们的哲学方向完全不同，但哈贝马斯反复承认他得益于伽达默尔，伽达默尔既是帮助他取得他的第一个主要学术职位的朋友，又是一个导师，该导师的哲学解释学让他通向重思法兰克福学派社会哲学的批判理论传统的一种新方式。然而，在他的第一部主要著作《知识和人类兴趣》（*Knowledge and Human Interests*，1968）中，哈贝马斯反驳了构成伽达默尔哲学解释学的基础的一个核心观念。特别是，他主张单独通过理性而无须传统智慧的帮助，某些解释学前见——具体地说，指导自然、人文和社会科学探究的那些前见——就能够被认知为自我明证地真实的（必然的和普遍的）。

更重要的是，哈贝马斯主张所有知识要么直接要么间接地预设了**未被曲解**的理解和交往的达成。通过这个表达，他意指的是**理性的**理解和交往，这种理解和交往摆脱了传统的无意识权威性。这种观点对立于哲学解释学的论点。因为如果伽达默尔是正确的，即所有理解依赖于这样的权威性（以一种语言-文化背景或视域的形式），那么以理性的自我明证性为基础的理解是如何可能的呢？

为了回答这个问题，让我们转向《知识和人类兴趣》。这本书的目标是展示：

（a）所有知识都由前见所指导，这些前见采取兴趣的形式；

（b）不同类型的知识由不同的兴趣所指导，这些兴趣意味着获得客观真理的不同标准和方法；

（c）道德知识——有关是与非、善与恶——由一种实现相互理解和交往的实践兴趣所指导，这种兴趣完全不同于实现控制的技术兴趣，这种技术兴趣指导着科学知识；以及

（d）所有的知识直接或间接地预设了（暗含了一种兴趣）这样一种东西，即达成一种仅仅基于理性共识的平等共同体，这种共同体摆脱了外在的或内在的（心理的）统治的歪曲性效果。

将哈贝马斯的计划与伽达默尔的哲学解释学紧密地联合起来的第一个目标，是针对被哈贝马斯当作一种错误的科学知识观的东西：实证主义。根据哈贝马斯所言，实证主义犯了两个错误：它错误地将知识本身等同于由自然科学所获得的那种知识，并且它错误地将那种知识等同于认知者和被认知者的一种符合，这种符合独立于任何前见而产生（KHI, pp. 80-1）。通过这样被理解，实证主义认为真实的信念必须源自自我明证的理性（例如，像不矛盾律这样的数学公理）和自我明证的感觉刺激（例如，声音、景象和气味等等）的一种结合。这种观点转而意味着有关是与非、善与恶的道德判断既不是真的也不是假的，因为有关什么**应当**是被欲望、被要求或被禁止的那些道德判断并不声称与逻辑真理或世界的现实**存在**方式相符合。

通过援引托马斯·库恩和其他人的开拓性的工作（KHI, p. 336），哈贝马斯认为，将知识与无前见性认知相等同的实证主义所犯的第二个错误是，这违背我们有关世界的现实经验。我们关于世界的直接经验不是由拥有无意义的感觉印象所组成，而是在于直接地知觉实体，这些实体已经以某种有意义的方式被预先解释了（例如望远镜不同于树枝状的棍棒）。不仅我们直接知觉的事物是依据我们所说的语言概念而被识别的，而且我们的科学知识的库存也是由事实命题和断言的语言实体所组成的。

在自然科学中，事实至少要经受三种类型的解释。它们不仅依据于我们的自然对象语言而被建构，而且它们也依据更高层级的元语言和理论语言而被建构（例如，被一些18世纪的"电学家"知觉为一种流体——这种流体在导体中流动，并且能被储存在莱顿瓶中——的东西，后来被知觉为是——归功于本杰明·富兰克林——包含着正极和负极的磁斥力）。最

233

后并且最重要的是，自然科学中的事实是依据标准的、可量化的测度以及数学方程式而被建构的。这是因为在自然科学中所展开的实验方法要求相同的结果能够被在不同背景中工作的不同研究者反复地复制（*KHI*，pp.126-9）。

测度和标准化测试的方法通过向观察强加实验控制——这些控制要求研究者括除源自他们特定的（个人的、文化的和语境的）限制的那些差异——而保证了这种可能性。与人文学科中不同，对个人和文化偏见的系统括除在此开放了以一种特定的方式——将自然作为不变的、普遍的因果规律的一种联结体——揭示自然的可能性。并且**这种**解释自然的方式产生自我们的这样一种兴趣，即获得对它的技术控制的兴趣。只有我们将自然构想为因果有序的，预测以及由此控制我们对它的干预效果才是有意义的（*KHI*，pp.175-6）。

因而存在很多解释自然的方式。在伽利略之前，这仍然是一种传统，即将自然看作那些寻求实现其内在本性的神圣目的的一种表达。信仰时代的那些著作仍然以亚里士多德几乎在一千年之前所用的相同方式来解释一个石头的坠落——将其解释为石头实现其静止的自然状态的欲望，而不是解释为非人格的因果力量的一种产物。然而，一旦生存的需要迫使人们想要预测和控制自然，将自然解释为好像它是在可预测的因果规律之下的一种无精神性的机械主义运作，也就变得必然了。然而，从另一个视角来看，通过对自然的有思想的介入来实现其生存，人类物种（与大多数动物物种相对）总是已经将自身区分出来。用哈贝马斯的话来说，获得对自然的技术控制的兴趣从一开始就在那里，暗含在最简单的试误学习中。因此，这种兴趣不是随着伽利略式的科学而产生，而是在一种人类学的深层意义上普遍存在于人类物种之中。更准确地说，这样一种兴趣可被理性地证明为一种必然的适应性驱力，这种驱力作为对我们的生理和本能缺陷的补充而产生于自然选择中。

就像自然科学知识的"客观化"方法能够被追溯到一种必然的"知识-构成"的兴趣，被展开在人文学科中的认知的非对象化方法也可以被这么说。实证主义坚持所有知识模仿在自然科学中被赞同的认知方法，忽视了这样一个事实，即人文学科中的知识是由一种根本不同的兴趣所指导的：一种达到相互理解的实践兴趣。在人类物种的进化的某一时刻，个体的生物生存仅仅在被拓展的家庭和共同体之内才能被可靠地保证。反过来，仅仅在（a）相互认同言说和行为规则以及（b）被共享

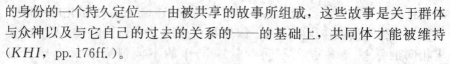

的身份的一个持久定位——由被共享的故事所组成，这些故事是关于群体与众神以及与它自己的过去的关系的——的基础上，共同体才能被维持（*KHI*，pp. 176ff.）。

现在，（a）和（b）都包含着本质上产生在交往过程之中的相互理解，不管这种理解是流传下来的故事，还是在共同目标和规则上达成的共识。就像我们已经看到的，文学、哲学、历史和人文学科通过有些更为复杂的手段而实现达到相互理解的这同一个目标。对拥有着传统典范权威的那些文本（例如，《圣经》或者《独立宣言》）的历史解释弥合了过去与现在之间的差距，如果现在这几代人要认同过去世代的人，那么这种差距就不应当被允许增长得太多。如果不是由于这种代际间的连续性，我们的身份和目的意识将会是无根的，因而使社会失去了它的一个本质纽带。同样地，通过提供平等者之间自愿性合作的共同被接受的规则，有关道德理想——例如社会正义——的哲学阐释弥合了那些拥有冲突性目标和利益的个人之间的差距。在此，需要注意的重要事情是，就像在历史解释的情况中一样，相互理解是通过提问与回答之间的自由对话交往而被完成的。

哈贝马斯总结说，在人文学科中实现道德-实践知识的恰当方法，以伽达默尔所描述的循环方式来说是明显解释性的，并且如此必然地摒弃了那种科学方法几乎不能没有的东西，即，对前见的受到控制的括除（*KHI*，pp. 193ff.）。更为重要的是，因为解释性方法使一种批判性对话——这种对话能揭示非生产性的、歪曲性的偏见——运作起来，它们能使我们看到，在**不依赖于科学方法**的情况下，在道德学科中，真理和客观性怎样能够像在自然科学中一样成为可能的。在此，我们看到哈贝马斯理性地证明了那种伽达默尔只能构想为历史上偶然的和惯例性的东西：兴趣和方法中的本质差异将自然科学和人文科学区分开来。尽管哈贝马斯更新了伽达默尔反对实证主义的怀疑内涵而为道德真理进行的辩护，但他放弃了他对对话力量——对话对它进行确保的力量——的信念。伽达默尔认为对话的理解"方法"能够被拓展到社会科学——他同哈贝马斯一起将这些社会科学看作一种道德科学——而哈贝马斯则认为它只有在具备先决条件时才可以。

让我来解释一下。哈贝马斯与伽达默尔相一致地认为，在没有首先将社会行为理解为内在地具有意义的情况下，社会科学家们不可能确定——更不用说解释——社会行为。如果没有首先理解到，在这种语境中挥手这样一个行为同恰当的问候行为的规范相称，那么我就不能将挥手的身体行为确定为是一种有意义的社会行为（例如，作为与标示不同的问候）的范例。并且如果不知道这样一些问候礼节是被看作对一种理所当然地值得认可的团结精神进行表达的良好的和合适的方式，那么我就不能理解依附于这些问候礼节的恰当性的意义。当然，如果社会科学家不能使她的主体参加开放性的对话，也许甚至质疑她的主体的这样一个信念，即存在一种理所当然地值得认可的社会团结，那么这种理解都将不会是可能的（*LSS*，pp. 67ff.）。

尽管它具有实现相互的批判性理解的潜能，但哈贝马斯怀疑这样一种被对话性地推动的理解是否足以完全而批判性地领会社会行为的更深层的、隐藏的意义。惯例性行为的意义的一个重要部分在于没有被直接地表达在它之中的一些事实，这些事实有关于强制性的社会化和系统性的（或结构性的）社会限制。换句话说，在我们对正确与错误、好与坏的惯例性理解中所错过的东西是这样一个事实，即这种理解自身是通过对处罚的运用和对父母及教育权威的诉诸而被强制性地灌输给我们的，并且反映了由经济和政治结构所强加的限制，这些经济和政治结构并不是对所有人都同等有益的（*LSS*，pp. 172ff.）。例如，可以想象的是，我们的问候行为已经变成了一种自动的反射，这种反射以某种方式迫使我们感觉到与我们公司的团结，而如果例如通过将公司看作是一个包含了资本主义工资剥削和阶级统治的不正义的组织，我们能获得与我们对公司生活的共享参与之间的一个批判性距离，那么这种方式将不值得认可。

于是，对于哈贝马斯来说，为了完全理解众多的惯例性信念和行为，我们必须学会部分地括除我们对它们完整的意义性和真理的日常信念，并且取而代之地将它们看作社会统治的病理学效应，这些效应同时是显示性的和遮蔽性的。在此，自我和社会的知识将看起来要求把我们自身从传统惯例的效应中解放出来，而不是像伽达默尔所说的，将我们自身更深入地植根于其中（*LSS*，pp. 168ff.）。的确，它意味着在批判性的社会科学中对知识追求进行指导的那种兴趣既不是控制自然过程的兴趣，又不是保存传统意义和身份的兴趣，而是将人们自身从统治中**解放出来**的兴趣。因为正是社会（或阶级）统治的出现，传统的生产才不再是平等者之间的一种对话的产物，并且取而代之地采取了一种洗脑的形式，这种形式旨在计划着让人们接受这样一个错误的观念，即现状对每一个人都是同等有益的。

因为社会统治歪曲了文化和语言媒介，而**所有的**知识（包括自然科学知识）都被表述在这种媒介之中，所以哈贝马斯相当让人惊异地断定，我们对知识的兴趣趋同于我们对解放的兴趣。按照它最激进的意义来理解，这种等同意味着完全的知识必须期待着对一种无阶级的、民主的社会——它由自由且平等的言说者所组成——的革命性创造（*KHI*，p. 314）。尽管一种由完全理性的言说者所组成的社会将不会改变对科学探究进行指导的最基本且深层的兴趣，但是它将很可能改变它的术语和目的，以便例如"有效的生产"可能将意味着旨在满足所有人的基本需要（包括审美的和环境的需要）而不是增加少数人利益的生产。另举一例，尽管科学的和技术的认知逻辑必然暗含着某种专业化和层级制度——因为技术知识将权力赋予那些拥有它的人——但在这样的一个社会中（在其中每个人都平等地共享所有权和对社会生产性资产的管理），它也许能允许更为民主的控制和责任。

236　　因为不自由在于由未经审问的前见强迫着去以那些对立于人们真正利益的方式而行为，所以实现解放的兴趣不能离开一种特殊的知识——哈贝马斯将其称作**反思**——而被满足（*KHI*，p. 198）。反思——通过它，哈贝马斯意指着实现对这样一种东西的理性自明的洞见，即这种东西未经审问的前见怎样歪曲了我们的理解——有效地消解了这样一些前见施加在我们身上的任何权力。一旦我们已经将我们自身从它们的权力中解放出来，我们就能够开始以更大的透明性和更少的歪曲而理性地相互谈论我们的利益（兴趣）实际上是什么。

　　总之，尽管哈贝马斯同伽达默尔一致地认为所有的知识都是被前见所引导，但是他认为仅有的合法前见是那些能够被看作在理性上自明的前见。在自然、人文和社会科学中对理解进行引导的那三种知识-构成的兴趣，就是这样一些前见的例子，因为它们可以被展示为对于解释构成每一科学基础的合法（如果有限的）目标和方法来说是必要的。如果不是由于这一事实，即传统的生产被统治所歪曲，哈贝马斯也将会认同那些源自文化传统的前见是合法的。但是传统被统治所歪曲。因此，虽然有时可以接受的是律师、教士和文学学者将一些正典文本（或者对于一个传统来说是权威性的那些文本）处理为表达了具有约束力的真理，但是社会科学家们关联于社会惯例做同样的事情则是不可接受的。社会科学家们不是要使社会能动体的惯例性信念参加对话，而是必须怀疑性地观察它们，并且追问它们所谓的合理性和权威性，这些合理性和权威性是诱导着对社会统治进行接受的面具。因此，在社会科学中批判性理解的恰当方法将看起来同精神分析具有更多的共同之处：社会科学家不是将她的主体们当作完全负责的和理性的平等者——她能同这些平等者进行对话——而是当作遭受着强迫性幻觉的病人。

像哈贝马斯对社会-精神分析的解释的辩护一样引人注目的是，它看起来奇怪地自我挫败。一种要求着道德能动体的系统对象化的解释方法能够具有怎样的批判性和解放性呢？难道以批判的理论家的权威来替代社会惯例的权威不是单纯地以技术知识的统治来取代传统的统治吗？这个问题——我在下面会处理这个问题——触及了这样一种东西，这种东西也许是那个将哈贝马斯和伽达默尔区分开的最基本的问题：在试图理解其对话者行为的真正意义和动机时，人们必须是怀疑性地还是信任性地处理其对话者。

结论

在决定一种"怀疑的解释学"是否可能在社会科学中发挥一种合法的作用之前，迫切的是我们首先要简要地评断由伽达默尔和哈贝马斯所提出的那种普遍的解释理论的优缺点，以及他们关于这种理论的各自观点的优缺点。

以我之见，一种普遍的解释理论胜过任何理论——这些理论将知识等同于从无前见性的洞见中得出信念的潜在能力——的优点在于，前者看起来构成了对我们实际上怎样经验世界的一种更为充分的描述。我们以一种已经为我们所熟悉的方式而将我们的世界经验为有意义的。这为什么必须是这样并不难于弄清楚；在我们经验任何特定事物之前，我们已经相对于一种可能的意义背景而凸显了它。如果我不是已经预期了遇到一个科学对象的世界的可能性，那么我就不能将现在站立于我面前的这个树状的现象知觉为一个望远镜。因而，我的所有的进入现代科学文化的教育将我准备着去看到一个望远镜而不是一棵树；如果我出生于澳大利亚土著中，被教育着进入一种前科学的、泛灵论的世界，我也许反之已经认出了一个图腾崇拜的树灵。

这个例子不仅表明了我们的经验被前见所指导的方式，而且它也展示了没有任何经验是绝对无前见的。当然，人们可能会展示任何随机的前见怎样能够被证明为在理性上是自明的；但是被看作在理性上是自明的东西也将依赖于其他前见。的确，考虑到在推理、构想和理解一种自然语言之

237

间的密切关系，想象任何绝对无前见性的认知（包括数学认知）事实上是不可能的。因为任何概念或表达的意义都是被植入在语言意义的拓展性的语境或循环中——被植入在我们语言存在的总体中，这种总体的无限复杂性永远不能被提升至透明的自明性。

伽达默尔和哈贝马斯恰当地诉诸提问和回答的对话模式，以便获取这样一种方式，凭借该方式所有经验都是一种对期待的探究或探索。然而，在我看来，他们过度拓展了对话模式。他们两者都将理解等同于对话性的认同。在一种意义上，这是正确的。如果某物让我感觉到是完全疯狂的、难以置信的并且超出了我的理解，我就不能充分地理解该物。然而，就像我上面指出的，我能够理解一种观点——我发现这种观点在其他方面是一致的和合理的——但仍然不认同它。此外，伽达默尔和哈贝马斯有时都会讲到或暗示到合理的认同等同于真实的理解。但这是绝对错误的。考虑到我们的认知的不可靠性，完全无法保证的是，有关世界存在方式的一种甚至在理性上被达到的、全体一致的认同将会必然地符合于事物真正存在的方式。普遍的、理性的共识对于**声称**某物是真实的来说也许是足够好的理由（证据），但是对于**证明**该物是这样的来说，它是不够的；对于确切地把握我们通过"真理"所意指的东西来说，它甚至更加不够。

让我现在转向伽达默尔/哈贝马斯辩论。在此实际上有两个问题有待解决：在力求获得例如对惯例性前见的起源和功能的透明的、自明的洞见时，人们是否能够系统地括除其惯例性理解；以及人们是否应当对其同时代人的惯例性的自我理解采取一种怀疑的态度。

哈贝马斯和伽达默尔之间的很多辩论围绕于人们的这样一种能力，即获得对他们的惯例性前见的起源的透明洞见的能力。乍看起来，伽达默尔似乎在这个争论中获胜了。毕竟，不管我们希望获得怎样的理解，这种理解都将会被渗入到某种不言而喻的语言透镜之中，因为我们的惯例性的、日常的语言功能是我们所有其他的、更加人工的（技术的和理论的）元语言的背景。

然而，我并不将哈贝马斯读解为挑战哲学解释学的这个——决定性的——论点。他的观点宁可说是不同的，即我们能够获得对自然语言的深层结构以及产生那种结构的机制的相对透明的洞见。哈贝马斯认同伽达默尔的这一观点，即只有通过作为由平等者组成的一种言语共同体的一个可信赖的成员而参与语言，我们才能获得对那种语言和共同体的一种真实的理解。通常，在理解他者和与他者相互作用时，我们依赖于被视作理所当

238

然的社会惯例。然而，就像伽达默尔所承认的，以一种被视作理所当然的方式来依赖这些惯例，这在有些时候是不够的。例如，当试图学习一门外语时，人们有时必须学习基本的语法规则。当然，人们无须学习这些规则来掌握人们自己的语言；但是通过习惯和模仿来习得第一语言是不同于习得一门第二语言的，第二语言的习得是一种更加深思熟虑的——并且更加典型地被规则所指导的——过程。一个更令人信服的例子来自言语病理学。大脑语言中心已经受到损害的人，或遭受其他形式的心理或心理物理创伤的人，经常只能通过系统地重新学习语言而重新获得其言说和理解的能力。之前他们将其直观地理解为实践技能的问题的东西，现在他们必须将其客观地理解为理论的问题。言语病理学家必须更为深入地研究语言的客观结构，并且对其内在的转换语法［就像诺姆·乔姆斯基（Noam Chomsky）所说］获得一种形式的理解。最终，他们必须相对于我们的存在的一个方面——它过分地为我们所熟悉，过多地作为我们无意识的一个部分，它是被具体化的实在，如果理论化地被理解的话，它缺少某种形式规则（或规律）的系统重构——而获得一种客观的距离。

就像哈贝马斯正确地指出的，重构直观语言能力——这种能力无意识地奠基了我们对一种言语共同体的参与性介入——解释了我们是怎样以一种有意义的方式来理解我们的世界。支配着语法转换、替代和说者-听者角色的规则同把握实体、因果性和客观性的能力是协调的。因此，阻止人们以一种因果一致的方式经验世界的那些大脑功能紊乱和学习障碍也将其自身显现为言语病变——反之亦然。同样的东西在较小的程度上适用于神经质冲动和精神分裂发作，在其中，言语单位的碎裂（或混乱）伴随着客观和社会实在的单位的碎裂与混乱。

哈贝马斯看不出任何理由为什么理论语言学——这种语言学有助于解释那些为某些形式的**个体**精神病态奠基的深层结构——不能也用来解释那些为某些形式的**社会**精神病态奠基的深层结构。如果我们假定，对于现代开明国家的公民来说，这是病态的，即通过将正确或错误的根源归因于本性、命运或某种其他的客观力量而否认道德能动性——例如作为证据，我们一般厌恶第三帝国期间大众对压倒德国民众的当局的那种遵奉和顺从——那么意识形态确实是一种社会精神病态。更准确地说，意识形态是能够根据一种基本的语言功能紊乱而被理解和解释的病态。就像由精神分裂症患者们说出的胡话反映了客观的、社会的和主观的范畴的一种混乱，由被意识形态的幻觉所束缚的那些人所说出来的胡话同样也反映了相似的东西。就像卡尔·马克思曾经观察到的，除了观念——主观创造和社会创造的产物——向自然的客观力量（这种客观力量拥有它们自己的一种独立生命）的转变，意识形态还是什么呢？并且除了存在的权力的一种方便的诡计之外，这种"范畴错误"、这种祈使行为与静止事物的混淆还能是什么呢？有什么事情能比通过诉诸人类的本性、神圣的宿命、超验的道德——那些不可能伪装为无条件的命令的形而上学"事实"——来证明统治的合法性更具欺骗性吗？有什么事情比将自由等同于买与卖的畅通无阻的许可要更加虚伪吗？

因此，回到我们的原点，伽达默尔和哈贝马斯之间的真正的不一致并不在于我们是否能够为了理论性地阐述、因果性地解释和批判性地评断语言病态而获得一种方法距离；它也不在于这种不可避免性，即不可避免地依赖作为理解世界的最终背景的我们的自然语言。宁可说，它在于将精神分析的治疗师-病人的关系拓展到我们的日常社会关系中在道德上是不是恰当的。

当然，哈贝马斯在这一点上是正确的，即（追随弗洛伊德本身）指出我们对自然语言的使用经常会被微小的（并且多半是无害的）"病态的"不一致性、省略和失误所穿透。我们的言语和书写并非如我们在解释学的宽容之外可能期望它所是的那样是理想的一致的文本。此外，哈贝马斯在这一点上有可能是正确的，即坚称当意义中这些不一致威胁到开放性对话的可能性时，对我们来说离开它也许是恰当的。例如，参加这样一个对话——在其中你和你的伙伴不能就支配着会话礼仪的规则达成一致意见——就可能是有风险的。逻辑教师对公正的理性和明确的单义性的墨守成规的坚持就有可能对立于街道清洁工对个人轶事和文学形象的随心所欲的诉诸。的确，它也许同由大多数非逻辑学家所从事的论证的非正式方式没有太多共同之处。但是，就理性会话的规则达成一致几乎不是文明参与的唯一条件。就话语的措辞达成一致又怎么样呢？如果你是一个美国土著律师，想要为你的部落对其神圣土地的权利进行辩护，你可能会充分地感觉到法律定义你的财产的方式就排除了一种有效的辩护。你会继续谈判吗？或者你会对这样一种财产意识形态——这种意识形态限制和歪曲了公正解决的那些措辞——进行质疑吗？

毫无疑问，很多好的理由能够被提供出来，以便支持不参加同他人的文明对话，尤其如果那些人是我们的对手。但是这无数无害的方式——以这些方式，我们质疑他人的动机和自我理解——中没有一个意味着将其他人当作病人。伽达默尔在这一点上是正确的，即除了极少数的例外（例如，集体歇斯底里和集体幻觉），精神分析的医生-病人的对话模式不能够被拓展到我们同他人的日常关系中，因为在大多数日常状况中调用这种模式的社会科学家将会处于令人难以置信的傲慢的高度。在诋毁了她的同胞们的惯例性理解之后，这个社会科学家将会从其自身剥夺掉能够批判性地检查她自己的偏见的唯一立足点。

由于他们在 1960 年代晚期和 1970 年代早期的热烈交流，哈贝马斯似乎已经更加靠近伽达默尔的立场。除了承认将精神分析的解释模式转换到社会领域的困难——它缺乏治疗关系特有的转换动力（*TP*，pp. 29 - 31）——他现在更加自信于普通人获得对冒充传统智慧的东西的意识形态本性的批判性洞见的能力。的确，就像巴西教育家保罗·弗莱雷（Paulo Freire）在《被压迫者的教育学》（*Pedagogy of the Oppressed*）中提醒我们的，单单对话就能够是一种削弱权威和统治的强有力工具。

今天，使伽达默尔和哈贝马斯变得更紧密的东西是这样一种担心，即在其所有变体中的惯例性理解都正在被这样一些形式的经验所侵蚀，这些形式的经验同科学-技术的各种理解模式拥有更多的共同点。我想到的不仅是这样一种方式，即我们在电子游戏中操作鼠标或操纵杆的能力已经取代了我们面对面相互交谈的能力，而且还有这样一种方式，凭借该方式对权威和自上而下的社会工程的顺从已经控制了我们的生活。

就像哈贝马斯在《交往行为理论》中所指出的，伴随着一种扩散的政府官僚体制，消费者-驱动和广告-驱动的市场经济已经日益"殖民化了"属于家庭、教育、文化和政治团体的日常生活的各种维度，而这些日常生活维度尤其准备好了培养批判性对话的能力和机会。当作为阅读、讨论和静思的一个处所的家庭已经被电视的过度商业主义和盲目景观——它以被动的观看来取代主动的追问——所侵犯时，被新闻媒体、政党以及类似的东西所穿透的公共领域已经变得差不多就是操控的一些工具了。

在《科学时代的理性》（1981）和《解释学对科学》（1988）中，伽达默尔探测了一种类似的痼疾，并观察到，政府和公司主体设定政治议程，并且仔细监控被传播的东西，由此删节和歪曲了公共意见的范围。由"媒体顾问"所提供的剪辑播放和宣传代替了论证和分析；同时，问题被淹没在一种"个人崇拜"之中，以至于一个政客的性生活变得比他的或她的政策主张更为重要。哈贝马斯赞成这种评判［见《事实与规范之间》（1996）］，他将穷人和未受教育者中的政治冷漠看作一种社会疾病，这种社会疾病同富人和受教育者——他们将道德正义的紧迫问题当作单纯的技术问题，即能够由被任命的精英（这些精英是在法学、经济学和管理学中被训练的）科学决断的问题——的犬儒主义完全一样地有害。

总之，如果伽达默尔和哈贝马斯拥有任何东西要教给我们，那么这就是我们中的每一个人都必须行使他的或她的言说和被倾听的权利。作为一种意义-制造的合作冒险中的参与者，每一个人都必须学会在团结中珍重和认同他者。同时，在对话性地将世界开放向负责任的重新解释时，我们中的每一个人都必须取得我们作为平等者的正当位置。

【注释】

[1] 关于文本引用的缩写，参见下面的参考文献。

参考文献

一手文献

汉斯-格奥尔格·伽达默尔

1976：*Philosophical Hermeneutics*. Berkeley, Calif.：University of California Press.

1981：*Reason in the Age of Science*. Cambridge, Mass.：The MIT Press.

1988：*Hermeneutics versus Science? Three German Views. Essays*. Notre Dame, Ind.：University of Notre Dame Press.

1989：*Truth and Method*, 2nd rev. edn. New York：Continuum.（对这本书的引用在文中被缩写为"*TM*, p. · ·"）

1999：*Hermeneutics, Religion, Ethics*. New Haven, Conn.：Yale University Press.

尤尔根·哈贝马斯

1971：*Knowledge and Human Interests*. Boston, Mass.：Beacon Press.（对这本书的引用在文中被缩写为"*KHI*, p. · ·"）

1973：*Theory and Practice*. Boston, Mass.：Beacon Press.（对这本书的引用在文中被缩写为"*TP*, p. · ·"）

1984 & 1987：*The Theory of Communicative Action*, 2 vols. Boston, Mass.：Beacon Press.

1987：*The Philosophical Discourse of Modernity. Twelve Lectures*. Cambridge, Mass.：The MIT Press.

1991：*On the Logic of the Social Sciences*. Cambridge, Mass.：The MIT Press.（对这本书的引用在文中被缩写为"*LSS*, p. · ·"）

1996: *Between Facts and Norms. Contributions to a Discourse Theory of Law and Democracy.* Cambridge, Mass.: The MIT Press.

二手文献

Bleicher, J. 1980: *Contemporary Hermeneutics. Hermeneutics as Method, Philosophy, and Critique.* London: Routledge Kegan Paul.

Hoy, D. 1976: *The Critical Circle: Literature and History in Contemporary Hermeneutics.* Berkeley, Calif.: University of California Press.

Ingram, D. 1980: Truth, method, and understanding in the human sciences. The Gadamer/Habermas controversy. Dissertation, University of California, San Diego, 1980. Reprinted by University Microfilm, 1980.

——1987: *Habermas and the Dialectic of Reason.* New Haven, Conn.: Yale University Press.

McCarthy, T. 1979: *The Critical Theory of Jürgen Habermas.* Cambridge, Mass.: The MIT Press.

Teigas, D. 1995: *Knowledge and Hermeneutic Understanding. A Study of the Habermas/Gadamer Debate.* Lewisburg, Penn.: Bucknell University Press.

Warnke, G. 1989: *The Hermeneutics of Gadamer.* Palo Alto, Calif.: Stanford University Press.

Weinsheimer, J. C. 1985: *Gadamer's Hermeneutics. A Reading of "Truth and Method."* New Haven, Conn.: Yale University Press.

第11章 米歇尔·福柯

罗伯特·威克斯（Robert Wicks）

福柯的生平

243 　　这是一个宿命般的巧合，即保罗-米歇尔·福柯（1926—1984）和弗里德里希·尼采（1844—1900）共享同一个生日——10 月 15 日，因为福柯以 20 世纪的法国风格再生了很多尼采的观念。尽管尼采的温和教养与福柯的享有特权的家庭环境形成对比，但他们俩都在讲求实际的设想之下长大，这个设想即延续家庭的传统：尼采的父亲和祖父是路德教会的牧师，而在其童年期间，尼采则是"小牧师"；福柯的父亲和祖父是外科医生，而福柯则相应地被引向医生职业。两人都以迂回的方式实现了他们家庭的预期：在基督教舒适的怀抱中度过了早期几年之后，尼采变成了一个坚定的敌基督者；在作为一个年轻人工作在与健康有关的组织环境中之后，福柯变成了医学的尤其是精神病学的机构（institutions）以及一般严格的机构的一个尖锐批评者。在他们自己的时代并且以他们自己的方式，两个人都转变成了理智的反叛者和革命者。

　　在 20 岁时，福柯进入巴黎高等师范学院——该校在当时是，并且现在依然是法国最为荣耀的教育机构之一。这样的声望使它背负着一种要去"闪耀"并且要变得"卓越"的巨大压力，而福柯则勤勉地工作于这样的学术环境内，有时遭受着一阵阵严重的抑郁。在他 22 岁时，一些传闻说他企图自杀，而且这些传闻支撑了这样一个想法，即一种驱动性和扰乱性的张力标示了福柯的个性——这种个性也许被他的同性恋弄得更加复杂。作为 1940 年代后期的一个具有前景的学者，福柯的性倾向处在一条与相对保守而限制性的法国学术界相冲突的道路上，他正是这个学术界的一部分，并且他希望在这个学术界内出类拔萃。

福柯在 24 岁时加入了法国共产党，并且尽管这个党籍是短暂的，但一种马克思主义的精神仍延续在福柯后来的著作中：就像卡尔·马克思（1818—1883）强烈地反对那些对较少在经济上具有特权的群体进行剥削的机构权力，福柯也从未失去对弱势的和被边缘化的社会成员的同情，并将他的很多著作和文章指向去揭露为社会压迫负责的机制。成为局外人的战士是福柯的命运。

等到福柯快 30 岁时，他已经完成了精神病理学的一个课程，已经参加了临床培训课程和关于精神分析理论的讲座，并且已经成为里尔大学哲学系的一分子，他在那里教授哲学和心理学。他来回往返于里尔和巴黎，同时在高等师范学院教授相同的课程，运用附近的国家图书馆的资源进行他的研究。福柯在接下来的 25 年几乎每天都去馆藏丰富的国家图书馆，他找出到那时为止仍被隐藏的档案和手稿，并经常通过延伸的、范围广泛的历史和文化批判研究而赋予它们意义。

福柯关于精神疾病的知识通过他在圣安娜精神病院和在弗雷斯纳的国家指导中心——一所安置了法国刑罚系统的主要医疗设施的监狱——的经验而被加强。在后一个机构中，福柯能够接触所有犯人，从少年犯到谋杀犯，而这就为他提供了有关犯罪学和心理学之间的相互作用的洞见。在圣安娜精神病院，福柯制定病人的心理学-神经病学档案，管理专业化的心理学测试，并且参加由哲学家-精神病学家雅克·拉康（1901—1981）——他是医务人员之一——所做的有关精神分析学的讲座。福柯作为医生和病人之间的中介的职位允许他能理解两者的视角，并且有时十分痛心地联系于一些病人，他照顾这些病人，并且在他看来，他们的治疗只不过是悲剧。

福柯将以上的经验和回忆牢记于心，并准备着他有关疯癫史的博士论文。作为一个预备性的心理学研究，当他 28 岁时，福柯受委托为路德维希·宾斯万格尔（Ludwig Binswanger）——一个瑞士的精神病学家，其生存论的方法受德国哲学家马丁·海德格尔的著作的启发——的一篇论文写了一个很长的序言。在 1950 年代早期，福柯已经在研究海德格尔和尼采的文本，尽管在第二次世界大战之后，在法国他们相对来说是不受欢迎的。

一直到 1954 年为止，在福柯写作宾斯万格尔的论文的序言的时候，他的理智兴趣都指向心理学、哲学和与生命科学相关的科学学科的方向。1955 年，29 岁时，随着向瑞典的迁移，并且在乌普萨拉大学的罗曼语研究系取得一个法语助教的职位，福柯的生活获得了不同的转变。在这里，他教授有关法语和法国文学的课程，例如"从萨德侯爵到让·热内的法国文学中的爱的观念"。三年之后，福柯来到波兰，在那里，他成为华沙大学法国中心的主任，同样教授有关法语以及有关当代戏剧的课程。一年之后，在 1958 年——由于一段看起来是性圈套的插曲，这个圈套是由一名波兰警察所设的——福柯迁移到德国，在那里他取得了作为汉堡法国协会主任的职位。在被日益增长的文学兴趣所标示的这些年中，福柯完成了他的博士论文，并且在 1959 年 33 岁时将其提交验收。1961 年，这篇论文——《疯癫与文明——古典时代的疯癫史》[*Folie et déraison: histoire de la folie à l'âge classique* (*Madness and Civilization—A History of Insanity in the Age of Reason*)]——出版，并且由于它得到了积极接受，福柯使自身成为法国著名的知识分子。从这个时刻开始，他的事业兴旺起来。

在 1960 年代前半期，福柯是克莱蒙-费朗大学（University of Clermont-Ferrand）的一名哲学教授。然后他作为突尼斯大学（University of Tunis）的一名访问教授——一个让他在 1968 年骚乱和革命苏醒的五月期间远离巴黎的职位——在国外生活了两年（1966—1968）。在其后来于 1968 年回到法国之后，福柯领导了位于文森（Vincennes）的实验大学的哲学系，并且在 1969 年，由于被遴选进世界上最顶尖的研究机构之一，即建立于 1520 年的法兰西学院，他进入了法国学术生命的支配性梯队。随着这一当选，以及选择了"思想体系史教授"的职位，福柯加入了法兰西学院学者的精英圈，这一圈子包括亨利·柏格森（Henri Bergson，1859—1941）、克洛德·列维-斯特劳斯（Claude Lévi-Strauss，1908—）、莫里斯·梅洛-庞蒂（Maurice Merleau-Ponty，1908—1961）和罗兰·巴特（Roland Barthes，1915—1980）。

对福柯来说 1960 年代是盛产的年份，并且这些年份造就了他最为知名和最具影响力的一些著作。在《疯癫与文明》这部追踪了精神病院的诞生的著作之后不久，福柯出版了《临床医学的诞生——医学知觉的考古学》[*Naissance de la clinique-Une archéologie du régard médical* (*The Birth of the Clinic—An Archaeology of Medical Perception*，1963)]，该著作一般性地记录了那种针对医学问题和人的身体功能的数学的、量化的方法的出现。1966 年也许是福柯的最佳出版年份之一，因为《词与物——人文科学考古学》[*Les Mots and les Choses-Une archéologie des sciences huma-ines*（*The Order of Things—An Archaeology of the Human Sciences*）]这部考察了文艺复兴、启蒙运动和现代期间的知识基础的著作，成了一本畅销书。为圆满结束这十年，福柯出版了《知识考古学》[*L'Archéologie du savoir*（*The Archaeology of Knowledge*，1969）]，将他直到这时为止已经采用的探究方法明确地主题化。

福柯将他生命的最后十四年投入到教学和写作中，并且频繁地以左翼政治活动、公共演讲以及在大众传媒上的露面来打断他的日常事务。在后者中间的就有荷兰电视台播出的他 1971 年同美国语言学家-哲学家诺姆·乔姆斯基（1928—）的辩论。乔姆斯基已经建立了这样一个声望，即作为美国对越南的军事介入的坚定批评者，以及作为社会良知的一个声音，但是他在政治策略上尊崇理性的方法温和地对立福柯更为激烈的破坏性和对抗性立场。几年之后，作为对当代监狱状况的一个理智的和历史的评论，福柯写作了《规训与惩罚——监狱的诞生》[*Surveiller et punir-Naissance de la prison*（*Discipline and Punish—The Birth of the Prison*，1975）]，这是对欧洲刑罚系统的发展的解释。这部作品不仅处理了监狱的历史，它还想要增强其读者对压迫性的机构式处遇（institutional treatment）的意识，这种处遇被所有这些种类的群体所接受，相对于现状，这些群体被界定为位于社会规范之外。通过对这个主题的扩展，福柯在其最后几年聚焦于人类的性认同的历史建构，希望理解塑造了人类心灵更野性方面的一些更为基础的机构性力量。

随着其生命的最后时刻的临近，福柯频繁地在美国演讲，访问诸如斯坦福大学（1979）、南加州大学（1981）、佛蒙特大学（1982）以及加州大学伯克利分校（1979—1983 年，在各种场合下）这样的机构，在这些地方，他继续发展其有关人类性征以及有关人类主体性建构的工作。在这期间的某个不确定的时刻，福柯感染上了免疫缺陷病，1984 年 6 月 25 日，57 岁时，他随后的与艾滋病相关的疾病夺走了他的生命。

246

成长和解放的体验

为了理解福柯著作复杂而微妙的质感，反思一下从束缚状态下被解放出来的体验是很有用的。这可以是像在长期监禁结束时被释放的那天一样激动人心，或者它可以是辛劳的一周结束时从压迫性的工作状态中解放出来，或者它可以是在一个期盼已久的退休开始时那种美好期待的感觉。更抽象地说，它可以是从一组令人窒息的社会关系中，或从自己之前狭隘的思想模式中，被解放出来或者解放自身的体验。这些情况的每一个都典型地包含了一种精神的扩展，一种向新的可能性的更大开放的意识，以及一种"走出自己之前界限"的独特感觉。在福柯的思想之内，解放的狂喜作为一种稳定的主题性暗流而涌动。

从全球来考虑，福柯有利于革命的思想更多地聚焦于自由，而不是平等或友爱：他的大部分著作可被理解为对解放的体验的一种多维度探究的众多部分，这种探究由一个强大而复杂的心灵所从事。在这种体验与限制相关的方面，福柯考察了社会能够强加给人们的各种机构牢笼，连同人们在其中能够遭受到孤独的各种心理牢笼。由此也就产生了他对精神疾病的兴趣，既有个体种类的精神疾病，又有社会种类的精神疾病。他研究了这些限制的历史建构，并且暗中向他的读者揭示出解开、解构或者否则消解它们的压迫特性的方式。通过理解社会限制的一个结构如何已经被建构起来，人们能够理解怎样去解构它，并且更加明显地知觉到这样一个牢笼如何不必被永久忍受。就像它们在福柯的著作中显现的那样，这样的分析具体化了一种精致的革命和狂欢思路。

在解放的体验的较少规则管制或者更为不合法的那一方面，福柯的兴趣被吸引向极具创造性的个体，例如先锋派艺术家和作家。他将经常是异议者、叛逆者、被驱逐者和法外之徒的那类人当作拥有这样的天分和勇气，即打破一个我们居住于其中的最不可见且最难消解的牢笼，这个牢笼即意识的牢笼，这个牢笼确实是由我们继承的语言所编织的。福柯清楚地意识到如果一个人所继承的语言如是性别主义和种族主义的，这个人就没有被留下什么选择，而只能通过一种暗中呈现在甚至最简单的口头交流中的性别主义和种族主义的价值氛围而形成表达。在这样的情况下，这个偶然的需要——彻底超越已经被建立起来的价值——就能够很容易地被证明是合理的，并且狂放的艺术家就经常为了这一目的而运用着他们的自由。

福柯自己的很多探究想要完全从根本上动摇那些几个世纪以来一直都是毋庸置疑的观念，并且那些观念已经如此坚固和"自然"，以至于它们已经将其自身呈现为大多数人的一种第二本性。这些观念的其中一个——一个回溯到古希腊的观念，如果不是更早——就是这一观念，即对每一个人来说都存在一个本质，或稳固的内核，或基本的"自我"（self），或

"灵魂"（soul），并且这个内核是一种理性内核。福柯也质疑很多根深蒂固的社会结构的合法性，并挑战这样一个观念，即被一个社会标示为"正常的"或"健全的"东西具有着任何永恒的有效性。他想要反驳这样的主张，并坚持认为社会和个体自我的结构远比我们中的大多数人倾向于想象的要更为任意和可变。在这方面对福柯具有启发性的是乔治·康吉扬（Georges Canguilhem，1904—1967）的"医学相对主义的"著作，这些著作认为"正常的"和"病态的"概念在历史上是可变的、充满价值色彩的，并且不可避免地随着政治、技术和经济的意义而改变。

就社会结构是任意的而言，它们是可改变的。并且就它们是可改变的而言，较少限制的可能性仍保持为开放的。因此也许并不是理所当然的是，如果一个社会将某一确定的性实践——例如同性恋——界定为"错误的"，那么它必然地或者甚至合理地可被界定为这样。由于在社会上被规定的规范仍然能显现为自然的，并且被恰当地写入日常生活的构架中，因此福柯将他的很多精力投入到在非常具体的状况中来展示那些经常被当作是自然的东西实际上仅仅是一种可改变的社会构造物。在我们社会世界的规则性之内，他发现了比自然法要多得多的技艺。

福柯也对非对称的社会关系的建构性意义感兴趣，尤其是在明显与权力相关的交互作用的语境之内。他的著作考察了那些具有控制力的东西的立场，并且它们探究了这样一些机制，通过这些机制社会规训被维持下去。在他的晚年，由于弗里德里希·尼采的影响，福柯研究了自我-控制和自我-规训的观念，并注意到那些在社会上运作着去支配和压迫人们的疏离和控制机制与人们能够施加于其自身之上的那种控制是一致的，尽管后者可能以一种更具建构性、创造性和自我-解放的方式被使用。

在刚开始时，福柯的著作所涵盖的一系列主题——医学、疯癫、监狱、艺术、政治、性、语言学、历史——就形成了一个令人困惑且有些错综复杂的构架。尽管各不相同，但福柯都是在与解放的观念的联系中，要么通过揭露在社会上运作的但却仍只被模糊地知觉到的限制，要么通过揭示从现存限制中的积极解放的可选择的方式，而处理大部分这些主题。福柯对主题和历史片段的独特且常常怪异的选择——在这中间，他包含了关于1835年屠杀了自己全家的一个年轻人的不起眼的故事，以及对1750年代法国的一个公开处决的让人难以忘怀的血腥报道——将会根据他的这一兴趣而被更深入地解释，这一兴趣即讲述被边缘化的群体和动摇价值的历史事件的故事的兴趣。

福柯的解释方法背后的理论基础也源自精神分析的根源：就像西格蒙德·弗洛伊德（1856—1939）令人信服地展示的，揭示已被强制噤声的东西，或者揭露位于"正常性"的边缘的东西，远比这样一些东西更能揭示真理，这些东西是人们在切近于被净化过的表面，并且满足于仅仅检视由于社会认可标签而被允许显示自身的东西时，所获得的。凸显不具有特权的现象能够成为一种解放行为：说出那些已经被建立起来的权力轨迹噤声的东西，这能够将它们所代表的那些人群和观念从机构压迫中解放出来，并且间接地揭示一个社会太过胆怯而不敢面对的问题。

为了理解福柯写作的主题的特定选择，我们可以再次回想一下弗里德里希·尼采的影响，这不仅因为尼采的第一部著作《悲剧的诞生》［*The Birth of Tragedy*（1872）］的标题为福柯有关精神机构的诞生、医学知觉的诞生以及监狱的诞生的研究建立了一个模式，而且因为尼采自身就规定了福柯似乎已经采取的那种理智研究计划。尼采在《快乐的科学》［*The Gay Science*（1882）］中写道：

> 写给辛勤劳作者。——目前，道德问题的研究领域是相当狂阔的。研究者对形形色色的激情，对各时代、各民族、各色大人物与小人物的激情都必须逐一思考，密切注意；对其全部理性、价值评估和阐释事物必须了然于胸。有很多给人类的存在留下色彩的东西尚无史可查；哪里有爱情史、贪婪史、嫉妒史、良知史、虔诚史和残酷史呢？比较法律史或比较刑罚史至今仍付诸阙如。是否有人在研究每天的时间划分，即有规律地划分为工作、娱乐和闲暇呢？人们了解营养素在道德领域所起的作用吗？是否存在某种营养哲学呢？（拥护和反对素食主义的吵闹一再爆发，这证明，尚不存在一种营养哲学！）是否有人收集过关于集体生活，比如修道院集体生活的经验呢？是否有人阐释过婚姻和友谊的辩证法呢？是否有人在思考学者、商人、艺术家、手工业者的生活习性呢？需要思考的东西，简直多如牛毛！
>
> 凡是人们视其为"生存条件"的东西，以及一切理性、激情和迷信，是否已经研究得很彻底了呢？仅仅研究人的本能欲望在不同道德环境经历了哪些发展，以及还可能有哪些发展，这就够辛勤的学者忙乎的了。[1]

引人注目的是在这个评论中发现了福柯在其晚年期间从事的关键的研究主题的一个清单。例如，福柯的《规训与惩罚》包含了对酷刑和惩罚的历史的反思，更不用提对与 18 世纪晚期欧洲士兵相联系的严格控制和日程表的研究。在其《性史》中，福柯也仔细思考了修道院生活、友谊以及婚姻关系的历史，并且一般性地考察了自我护理的实践，这种护理包括营养实践和可选择的日常养生方式。就像我们将会看到的，来自尼采的启发甚至更深入地扩大到福柯的研究的细节之中。

马丁·海德格尔的影响

当福柯在 1984 年 6 月接受他最后一次采访时，他提到马丁·海德格尔对他来说一直都是"至关重要的哲学家"。福柯补充说，尤其激发了他的热情的东西是同尼采的思想相结合的海德格尔的思想。就像上面提到的，福柯在 1950 年代研究了两个哲学家的作品，并且他发表的第一篇东西——一篇题为《梦、想象和生存》的论文——很明显地被海德格尔式的观点所影响。为了理解福柯的理智发展，使我们自身回想海德格尔早期和晚期哲学中的一些主题是很重要的。

在《存在与时间》[*Sein und Zeit*（*Being and Time*，1927）]的一开始，海德格尔将人描述为这样一个存在者，该存在者的状态是独特的：与其他生物不同，人是一种自我追问的存在者，对这种存在者来说，它的生存将其自身呈现为一个问题。就像福柯将会讲到的，这种提出问题的能力相当于一种权力（power），因为在追问中——尤其是在对权威的追问中——存在着一种解放式的改变的力量（force）。并且能够追问自身，这就包含着将自身从其先前条件中解放出来的一种隐含的权力。如果人们在本质上是自我追问的，那么人们在本质上就是自我解放的。海德格尔对人的特征的描述——该描述极其深远地影响了以让-保罗·萨特（1905—1980）为代表的 20 世纪早期的法国存在主义传统——促成了对这样一些观点——这些观点已经简单地停止将其自身服从于问题——的认同的缺失，更不用提非本真性的指责。非常不同于以声称"不知道"最终真理而著名的苏格拉底，拥护这样一些立场——这些立场不再将其自身置入问题之中——的那些人经常声称绝对知道。这类明显独断论的立场包括那样一些立场，即在严格定义的一种牢笼之内本质化、分隔并且僵化人的那些立场。

根据海德格尔，很多"存在"（what is）——他将其指涉为"存在"

（Being）自身的那种东西——都是被隐藏、被遮蔽和未被思的。永恒新颖的可能性潜在于一般存在之中，而且本真地成为人就包含着要去追问，要具有创造性，并且对未被见和先前未被现实化的可能性保持一个开放的心态和一个接受性的态度。另外，作为对人的这种观念——人在根本上是一个追问的存在者，它自己的可能性几乎是无限的——的一个补充，海德格尔结合了实在（reality）自身的一种观念，即实在自身是多维度且充满可能性的。他的思想因而被用来反抗旨在对所有实在进行管制的那些整一的、确定的、专制的系统，并且它希望抗拒那样一些观点，即将其自身呈现为最终或绝对观点的那些观点。这种思想开放的态度的一个不可或缺的部分就是海德格尔的这种忧心忡忡的观察，即针对世界的科学的、量化的方法能够呈现一种总体化的、绝对主义的性质，并且他告诫不要以一种排他性的方式采用这种方法，以便于它可以结束对人的潜能的限制。

尽管海德格尔的观点促进了思想的自由，但是他也完全意识到人类不是幻象，并且不能无时间地栖居于宇宙空间：我们是生活的、呼吸的、历史的存在者，这种存在者在一个特定的时间和空间被抛入一个非常具体的世界，并且被铭刻和被告知了一种独特的语言风格。在这种肉与血的境遇性中，海德格尔注意到，每当我们理解任何事物的时候，我们都无法避免地依靠我们对隐性前提的理解，这些前提指导了我们的追问，并且为我们的问题提供了一种内在的一致性和原初的社会意义。简而言之，正如我们努力保持着善于接受新的可能性，我们的追问也被我们继承的前提所指引，很多这些前提对我们的直接反思来说是不透明的。作为一种揭示或开放存在的新维度的方式，海德格尔强调了艺术表达，并且尤其是诗的表达的价值。福柯的思想紧密地追随着这条线，尤其认识到文学艺术能够放大那些经常被限制的且常规的语言隔间（compartments），海德格尔有时更为虔诚地将这种语言隔间指涉为"存在之家"。福柯也将历史研究认作解放的另一种此类方式，并且他首要地从事这种类型的视野-扩展。

海德格尔的很多观念都暗含在弗里德里希·尼采的文本中，并且海德格尔以对生存论的、历史的以及在其后期对语言的表达的一种独特的强调而强化、突出并且发展了尼采式的洞见。这些都是福柯自然认同的观念，并且人们可以想象海德格尔-尼采的混合怎样将其自身双重地铭刻于福柯之中。同样地，福柯相信我们在根本上是历史的存在者，并且如果我们要获得任何自我理解，关键的是我们要识别出那些经常是限制性的前提，那些前提已经由前几代人传递给我们。只有到那时，我们才能以一种可控的方式体验到增加的自由和成长，因为福柯认为，鉴于某一种类的社会结构化——这种结构化不可避免地在其身上带有某种程度的压迫——的必然性，只要是让作为个体的我们自身拥有空间，以便在一个更大的程度上再创造我们自身以及自我决定我们自身，那么追问这些历史传承就是必要的。

作为"考古学家"的福柯

一听到一个人是一个"考古学家"——这种人工作是从一组物理人工制品中重构一种文化生活方式——很容易想起古代遗迹、陶器、箭头、洞穴壁画、石庙或者神秘坟墓的形象。与聚焦于书面文本的历史学研究相反，当一个文化群体没有留下任何书面记录时，考古学就变得关键了。一些人甚至相信，相比于对古老文本的研究，考古学要更为科学和客观，因为与纯粹纪实相反，好多这些文本——尤其是非常古老的文本——都表达了主导性的政治或宗教利益。于是，将某人的作品描述为是"考古学的"，以相反于"历史学的"，这能够给予它一种权威性，这种权威性与被认识的科学的权威性相关联，尽管这个人的作品独立于严格意义上的科学探究。

在福柯 1960 年代的著作中，随着时间的推进，"考古学"这个词变得日益显著。1963 年，福柯出版了一本副标题是《医学知觉的考古学》的书；1966 年，他呈现了"人文科学考古学"；1969 年，他探究了"知识考古学"自身。凭借这类作品，福柯涌现为"考古发掘"方面的一个学者，他在馆藏丰富的法国国家图书馆的布满灰尘的文本中间搜寻被忽视的财富。他的副标题和标题也暗示，如果我们聚焦于"考古学"这个术语，我们就能够获得对这样一个视角的一种清晰认识，福柯在其事业的这个重要的时段就是从该视角出发来进行写作的。

在《词与物》中，福柯如下所述地描述其"考古学"观念的特征：

> 十分明显的是，这样一种分析并不属于观念史或科学史。它宁可说是这样一种探究，该探究的目标是**去重新发现在什么样的基础之上知识和理论变得可能**［粗体是后加的］；在什么样的秩序空间内知识被构成；在什么样的历史的**先天**的基础上，以及什么样的肯定性的要

素中，观念能够显现，科学能够被建立起来，经验能够在哲学中被反思，合理性能够被形成，也许不久之后却又消解和消失。因此我并不关注于描述朝向一种客观性的知识进程，在这种进程中今天的科学能最终被认识；我正试图去揭示的东西是认识论领域，是**知识型**（*episteme*），在这种知识型中，知识——抛开与其理性价值或其客观形式相关的所有标准来构想这种知识——奠定了其肯定性并且因而显示出一段历史，该历史不是它成长为完美的历史，而是它的肯定性条件的历史；在这种揭示中，应当显现的东西是在知识空间之内的那些构型（configurations），那些构型已经引发了各种形式的经验科学。这样一种事业不是在其传统意义上的历史学，而是一种"考古学"。[2]

福柯作为考古学家不是像传统考古学家所做的那样揭示人们的一种日常生活方式，而是旨在揭示人们的一种知识形态，揭露先于任何断言——这个或那个事实恰好被认识到——而运作的指导性的假设。那些熟悉伊曼努尔·康德（Immanuel Kant，1724—1804）的哲学的人将会在福柯对"考古学"——一门福柯将其界定为不以任何直接的方式属于历史学和科学的学科——的特征描述中认识到"先天"这个术语。尽管在其声称具有对于所有人来说的普遍性和必然性的范围内，康德的探究不同于福柯的探究，但是康德的探究也既不是历史学的又不是科学的：早在1700年代晚期，康德就不再考察零散的事实知识，而是力图揭示心灵的基础性结构，这些结构为人类知识构成了概念前提的一个网络，相对于这个网络，依据这个网络，并且借助于这个网络，所有有关世界的偶然事实才能够开始出现。

正如福柯被康德所启发一样，他也将一种现代的扭转给予康德对人类知识的普遍和必然的**先天**条件的寻求，因为他指出，被他的考古学研究所揭露的将会是一种"历史的"**先天**，而不是一种传统上的普遍和必然的先天。对康德的术语的这种改变显示出福柯更为谦逊的观点，即也许并不必然地存在一种对所有人来说都是共同的单一的、不变的知识型，而是宁可说存在的只是很多的知识型，这些知识型根据特定的时间和地点而变化。福柯对"历史的先天"这个术语——该术语取代了康德更为无时间性的"先天"——的创造，既显示出了福柯的康德式根源，同时并行地显示出了福柯对康德的背离——这种背离部分是源自马丁·海德格尔的历史敏感性，并且它允许福柯后来利用来自尼采的可兼容的洞见。

更具体地说，就像上面提到的，海德格尔对理解和解释理论（也被称

252

为"解释学")的贡献之一就是这样一个观念，即每当我们理解某物，或者讲我们"知道"某物时，这种理解"总是且已经"依赖于解释的历史前提。由于它们的一般性和明显性，这些前提倾向于对我们保持为隐藏的，因为海德格尔观察到，恰恰由于它们"太过靠近"我们，所以我们的指导性的前提经常是不可见的，就像一个人的眼镜镜片在它们默默地且不被注意地发挥功能的限度内通常是"不可见的"，并且也许只在它们偶然破裂了的时候才成为注意力的对象。于是，在一个清晰的意义上，这些通常被忽视的前提或前判断［就像它们在后来被哲学家汉斯-格奥尔格·伽达默尔（1900—2001）所指涉的那样］，可以说构成了我们的"历史的先天"的一个重要部分。福柯 1960 年代的作品可以被当作一种康德-海德格尔式的尝试，即尝试详细而确切地揭示对于各个知识领域和时期来说，这些前提到底是什么。就其旨在建立各个领域的理解的"先天"条件而言，他在这个时期的作品是康德式的。就他将理解的条件构想为是被历史地根植的而言，它也是海德格尔式的。实际上，在福柯的观点之内，"知识型"变成了"解释型"。

在《疯癫与文明》中，福柯强有力地开展对这样一些历史条件的一种考古学探究，这些条件为欧洲文化并且尤其是法国之内的某些关键机构的出现奠定了基础。他的焦点对准各种社会定义和态度，这些定义和态度朝向一群在社会上不被信任的局外人，即主流社会将其标示为"疯癫的"那些人。福柯观察到，根据不同的时期，被包含在这个范畴之内的个人群体是变化的。在启蒙运动时期（也被称作"理性时期"，或者对福柯来说，"古典时期"），这个群体不仅包含今天被归类为精神病患者的人群，而且它也包含着身体疾病患者、刑事犯、失业者以及年老者。在大约开始于 1600 年代中期的某个时刻，所有这些人都一起被不加区分地界定为"疯癫者"。

理性时期也是改变世界的科学发现的时期，这一点值得注意，因为福柯将我们的注意力吸引到这样一个重要的社会后果上来，这个社会后果源自这样一种相同的智性（mentality），即在一般知识和技术成就中导致了无可争辩且真正令人惊异的进步的那种智性。随着"理性"的概念达到一种文化霸权的水平——这个概念以一种公平的、无私的、与个人分离的、以测量为中心的、以秩序为焦点的、严格控制的思想风格为特征——那些其行为不符合这种理性概念的"非理性的"人群很快就被发配到社会合法性的边缘。因为人被构想为"理性存在者"，因此很容易将这类非典型的

253

人定义为次等人（subhuman），或者定义为近似于动物。在 1700 年代，他们确实被关在牢笼里面，在其中，通过积极的操作，如果可能的话他们将被改造成努力工作的、有理性的、可预测的、遵守法律的市民。在更早时期已被指派给麻风病患者的"绝对被排斥者"的社会角色，在启蒙运动时期由"疯癫者"所扮演。

在 1800 年代的开端，农庄式的精神病院就从这样一种态度中诞生出来，这种态度更具差别地将精神病患者从罪犯和身体疾病患者中区分出来。对于福柯来说，这种在一般态度上的改变并不意味着对精神病患者的任何明显改善的处理，因为那些被关押的人现在被处理为道德上的被排斥者，尽管他们不再被暴力地处理为次等人。精神病患者不是像之前的实践那样，通过身体惩罚而被粗暴地推到更为符合社会的行为，而是被迫使感到有罪，并且成为更为精细的心理虐待技术——例如"沉默对待"——的受害者。

《疯癫与文明》记录了当人在本质上是理性的动物这个古典观念被强化到这样一点时，即它在其中变成了压迫和社会排斥的一种工具时，产生的社会悲剧。随着这第一本书被完成，并且已经描述了被迫服从医学权威的那些人的立场，福柯接着在《临床医学的诞生》中考察了这种境遇的另一面。在此，他观察到医生增强的权威怎样同科学思维的增长相对应，展示了他们对一种所谓公正而且进行深刻认知的"医学凝视"的采用如何给他们提供一种权威性，这种权威性让人联想到先前由基督教神职人员所拥有的那种东西。

在《词与物——人文科学考古学》（1966）中，福柯将他的历史考察拓展到解释诸如心理学和社会学这样的人文科学的诞生，以及对文学和神话学的分析。在这项努力中，他更详细地具体化了文艺复兴、古典和现代等各个时期的普遍知识形态或"知识型"，主要去强调如果人们要理解历史、社会结构以及在那些社会参数之内运作的个体，必要的不是聚焦于无时间的和不变的本质，而是聚焦于出现、转变以及侵蚀的过程。

虽然福柯后来会重新考察他对三个不同"时期"——这三个时期每一个都有它自己的独特且遍布性的知识型——笼统指涉的合法性，但是在1960 年代，他确实试图确定出相对于特定时期的普遍思想范畴——它们各自的"历史的先天"结构——就像康德曾经试图确定出相对于人类一般的先天思想范畴一样。特别是，福柯声称直到 1500 年代结束时的西方文化的知识型都是基于在事物中间辨识"相似性"的能力。在这种思想模式之内，人们例如可以期待通过吃胡桃而减轻头痛，因为胡桃与大脑相似的形状意味着它们也许同头部相联系。或者可以期待通过对肖像施加伤害或者进行照顾而对一个敌人施加伤害或者给一个朋友带来好运，因为由于在肖像和它所表象的对象之间的相似性，对表象的消极或积极的注意将会被认为转移到了被意向的对象之上。根据福柯所言，这样一种本质上是拟人化且类似巫术的知识型相对来说是非生产性的，因为相似性能够被无限地知觉到，并且能够关联于在实践上最不相关的事物而被知觉到。

1600 年代至 1700 年代的古典时期是物理科学的确立时期，并且在知识型上，这个时期被之前提到的思想方式区分出来：古典精神在观察中是聚焦于秩序的、以测度为中心的、抽象的、普遍化的并且在根本上是公正的。一个典范的例子可以在伽利略·伽利雷（Galileo Galilei, 1564—1642）那里找到，他对自然的理论理解明确地将物理对象的可直接测量的、相对不变的性质（例如，一块方糖的重量）从它们的更为可变的主观效果（例如，这块方糖的甜味）那里区分出来，并且导致了物理规律的数学的、客观的表达的有效发展。这种知识型的一个基础假设是，探究者应当并且能够完全地从被观察的对象那里抽离，从而像对象自在的、未被观察者的在场所触碰和影响的那样知觉它。在这样一种科学观点之内，在试图将境遇和事物的物质本质带到可测度的光线之下时，观察者就变成了这些境遇和事物的幽灵般的操作者。由于古典时期随着时间向前延伸，这种科学的智性就被明确地指向生物以及指向人，导致了生物学、心理学以及社会科学的发展。

19 世纪的开端标志了现代时期的开始——这个时期以一种更为敏锐的历史感，并且因而是对人的体验的变动特征的一种更深的敏感性，为特征。由于对时间流逝的一种更为紧密地理解意识，现代思想家们体验到了无时间的普遍性的古典追求的崩塌，并且发展出一些更为暂时的、有条件的以及克制性的观点，这些观点显示了对理论家自己的偶然生存和内在有限性的一种更为显著的意识。福柯自身就经常体现这种意识，因为他将他自己的著作的地位反思为 20 世纪历史的人工构造物，并非常清楚时间最终将怎样将它们冲刷掉。

福柯在这十年的最后一部著作《知识考古学》（1969）以一种在语言上聚焦的方式表达了他早期著作的基本研究程序：他以一种更加明确和集中的方式讲述了不同时期的各种典型"话语"（discourses）和"话语形成"（discourse formations），并且将他对不同时期的历史的先天的探寻指涉为对构成主流话语的基础实践的一种探究。福柯在这个阶段对其计划的描述中与众不同之处不仅在于他更为强调语言焦点，而且在于他越来越意识到语言具有一种无法耗尽的、复杂的——如果不是令人费解和不一致的——多维度结构，并且意识到确定各个时期的特定精神将是不够的。他开始更为确切地认识到历史境遇如何是完全复杂的：很多张力、发展的替代性的和交叉性的线索，补充性的主题，以及文化变迁的可变率，所有这些都被包括在对一个历史主题问题的任何具体理解之中，并且这些倾向于阻止对普遍一般性的追求。这种信念，即历史研究要求一种极具辨别力的意识——像鉴赏家或品酒师的意识一样的一种意识——这个时候开始在福柯的作品中发展出一种力量，并且它将他导向以一种审美家的对细微差别和细节特征的更为自觉的注意——他发现这种智性在"权力意志"的理论家弗里德里希·尼采那里被例示出来——来补充由康德和海德格尔所启发的对"历史的先天"的寻求。

谱系学、权力/知识以及监视

就像现在应该显而易见的一样，福柯拥有一个具有辨识力且善于分析的心灵，外加一种大胆的个性，并且他对语言现象之内的交织、不一致、张力以及多义性的生动意识是与对一般文化现象的一种类似知觉相匹配的。对于任何历史主体来说——不管它是关涉到一个"作者"碰巧所是的东西的观念，还是关涉到刑罚系统的发展——福柯都能发现一套复杂的先在历史现象，这些现象能够解释那个主体在某个文化语境中的出现。

这样的历史研究可相比较于将一个人的血脉传承上溯几个世纪到一棵系谱树的始终复杂且日益纠缠的根源——不是为了揭示诸如亚当和夏娃那样的某对单一、原初的祖先，而是去展示任何个体的生存都是源自成百上千——如果不是成千上万——的经常是无联系且经常广泛不同的个人历史。并且在1970年代期间，福柯的确将他的理智探究的风格描述为在这种意义上的"谱系学的"。这个术语的启发来自弗里德里希·尼采，依据其相应的历史方法，他的《论道德的谱系》（*On the Genealogy of Morals*，1887）对福柯来说是典范性的。尼采的"谱系学"观念的先导是一种法律"演绎"——这个术语1780年代被康德在哲学上使用——的观念。在康德之前的几个世纪，法律"演绎"是对一条争议河流或一个地块的历史的那

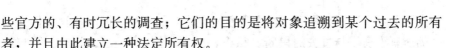

些官方的、有时冗长的调查；它们的目的是将对象追溯到某个过去的所有者，并且由此建立一种法定所有权。

这个时期最为著名的作品是福柯的《规训与惩罚——监狱的诞生》（1975）。这是对法国刑罚系统的一种历史揭示和社会批判，因为在他的很多观察中，福柯注意到"监狱并没有降低犯罪率"，而且对监狱进行组织的那些人的总体立场一直保持为相对不开明的，并且自1800年代早期以来并没有改变多少。联系于福柯的理论方法，在这样一个范围内《规训与惩罚》是很重要的，即"权力"——另一个可追溯到尼采的影响的概念——的观念已经进入他的思想的核心，以至于"话语形成"和"知识型"的观念尽管不是被完全放弃，但却退到背景之中。

在他事业的这个时期，就社会权力被理解为在根本上是限制自由的和操控性的而言，福柯以一种有些否定性的眼光看待社会中的"权力"的在场。然而，它并不是其权力被看作一种支配的力量的个体；它是内在于一个机构框架的权力，由一系列被建立的社会实践所构成。正是这些无面孔的社会实践，这些并不排他性地源自何特殊个体但却仍被一般人群——像海德格尔会说的，被"常人们"——所采用的社会实践，被看作对将人们塑造成适合于社会的良好运作的各种类型而负责。

福柯脑海中的社会权力的一个明显例子可以在18世纪晚期士兵的形成中看到。在此之前，如果一个人在其他品质中碰巧拥有一个强壮的身体、自然的灵敏性以及一种警觉性的举止，那个人就会被当作自然地适合于作为一名士兵。士兵被认为是被发现的，而不是被制造的。后来，当"古典时期发现身体是对象以及权力的目标"时，人就被看作更加类似于对象，这些对象可以被操控、塑形、训练，并且一般地服从于使用、转换和提高。制造士兵的社会规训实践因而成为常规，因为人越来越被当作一块块要被塑形的肉体。通过试图重塑犯人的智性而进行的改造犯人的实践是类似的，并且也是可一般化的：从广义上讲，很多社会机构，包括诸如教育系统这样最具良好意向的那些机构，都可以被理解为在使用监狱的那种压迫性和操控性的技术。

与这一思想——很多社会机构都在自身中拥有一种监狱式或类似监狱的性质——相一致，福柯观察到司狱的一个本质功能就是将犯人保持在监视之下。在这个语境之内，福柯对由英国哲学家杰里米·边沁（Jeremy Bentham，1784—1832）所进行的一种完美监狱的非凡建筑设计给予了进一步的讨论。这种"全景敞视监狱"（panopticon）是一种环形建筑，在其中央坐落着一座观察塔——这座观察塔允许它的占用者同时监视周围住宿区的所有牢房。与过去的黑暗、私密、地下不同，为了永恒监视的目的，犯人的牢房是被完全照亮的——"就像如此多的笼子，如此多的剧场，在其中每一个演员都是单独的、完全个体化的和持续可见的。"目的就在于"在囚犯之中引发一种意识状态和持久可见性，这些意识状态和可见性确保权力的自动运作"。在这里，观察点的权力达到一种几乎是超人（super-human）的规模，因为它旨在当即调查、记录、控制和评判每个人的运动。

福柯对机构维持和继续其权力的方式的洞见能够很容易地扩展到监狱环境之外。为了理解福柯的分析的当代适用性，人们可以反思由民用环境中的单向玻璃窗所产生的监视的感觉——这些感觉完全独立于碰巧站在窗户后面的任何人而产生——以及由日益增长的技术进步所产生的监视的感觉，这些进步允许那些拥有机构权威的人毫无痕迹地监视电话交谈以及其他种类的电子通信。这样一个原则是完全相同的：拥有权力的社会机构通过植入这样一个观念——那些在控制之下的人在任何时候都能够被监控，或者被置入不可见的监视之下——而实施着它们的权力。在这方面，福柯对"全景敞视主义"——全视之眼的原则——的分析继续具有广泛的相关性。就像古典物理学家旨在以一种方式来观察物质事物，以至于他的或她的在场保持为"不可见的"，并且不会影响被观察的对象的任何改变，完美的社会监控者，或者"行为的技师"，也旨在以一种方式来观察人，以至于他的或她的在场对那些在监视之下的人保持为"不可见的"，并且同那些人没有任何互动。

重要的是注意到，在某些情况下精神的全景敞视构架能够在道德上被很好地利用。例如，在一种医院环境中它将会是可欲的，在这种医院环境中，为了效率，对所有病人身体状况的持续电子监控被完全集中在一个中央位置，因而在紧急状况下缩短了反应时间。尽管当监视方式被用来控制社会活动的部分——在那里人们没有选择牺牲他们自主性的主要部分——时，全景敞视主义就变得让人反感。

福柯1970年代期间形成的另一个具有影响力的观念是，"权力"和"知识"总是产生于一种相互依赖、相互作用和经验上相互混合之中，就是在视觉经验中"颜色"总是伴随着"形状"。福柯将权力和知识联系起来的部分动机源自他对科学知识的政治地位的关注。他观察到，科学知识不仅提供了一种征服自然的权力，而且它也向发展、管理和控制它的那些人提供了一种机构权力。

更为重要的是，福柯方法的理智氛围是极其脚踏实地的，并且更广泛地说，他保持着一种"存在主义的"聚焦。他对诸如"真理"、"权力"、"语言"和"知识"这类关键哲学概念的分析都是奠基于具体历史语境的细节之内。试图从现实生活事件的无限复杂的网络中分离出某种非历史的、永恒真实的、完全写实主义的、普遍的以及不可改变的概念结构，这是十分对立于福柯的理解的，并且在这方面，他抗拒有关任何绝对真理或者有关被认为完全从具体情境中分离出来的任何知识的理论化。因为具体情境不可避免地包含社会的、历史的和文化的维度，他坚称对知识和真理的任何具体理解都必须认识到这些观念不可避免地被卷入变化的历史条件之中，并且被这些条件所渗透和所改变。他甚至认识到，如果没有对被考察的权力的具体种类和情境进行阐述就来思考权力，那么"权力"的概念——他1970年代期间的理论化的核心主题——是完全空洞的。

1977年，在一个有关《性史》的采访中，福柯做了一个经常被引用且经常被误解的评论："我清楚地意识到除了虚构（fictions）我从未写作任何东西。"就其自身而言，这句话意味着福柯不相信"真理"，并且他的观点是虚无主义的。然而，他的下一句话显示了一种非常不同的立场："然而，我并不是要说真理因而是不在场的。"也就是说，通过虚构的话语，真理是可表达的，或者换句话说，艺术的、比喻的、神话的、隐喻的以及文学的表达也同样能够表达真理，或者可能比纯粹写实主义的语言更好地表达真理。的确，如果真实的事态是多维的、引喻的、变动的以及不能在任何有限的语言框架之内被穷尽表达的，那么福柯可以被读解为某个已经意气相投地接受了道家观点的人，这一观点即"道可道，非常道"（老子，《道德经》，第一章）。更近一些，福柯可以被读解为这样一个人，即与弗里德里希·尼采一道相信真理不能从一种正面的、写实主义的途径被完全地通达，而是也必须运用间接的、艺术的以及甚至是神话的语言，带着静谧的魅力被柔和地产生。

在1970年和1978年，福柯访问了日本，并部分地被他对禅宗的兴趣所启发。福柯对禅宗的兴趣至少有三个方面。第一，就像禅宗一样，基督教的某些形式也为了精神的进步而提倡严厉的规训技术。从比较文化实践的立场来看，福柯发现禅宗的寺院规则惊人地对应于基督教的修道院纪律。人们能够看到，在禅宗中也体现了这一拉丁格言，"工作就是祈祷"（*laborare est orare*）。第二，佛教的这一立场，即所有的实在（existence）都是有条件的或者偶然的，连同佛教对一种实体自我的否认——这些立场对立于固定的概念

258

定义——可以与福柯的反笛卡尔式的、更加唯名论的立场相兼容。

第三，禅宗是一种生活方式，并且同福柯将哲学理解为一种精神运动或者"自由的实践"——一种被奠基于自我分离或自我疏离的原则之上的实践——具有一种密切的亲缘关系，这一点是福柯对禅宗的兴趣中的另一个因素。此外，尽管下面的一点仍然是没有文献支撑的，但是人们也可以想象那种独特的禅宗意识方式——一种"当下证悟一切"——对福柯来说可能是兴趣更深的一点，尤其是联系他对全景敞视主义的兴趣时。禅师在一种同时既是孩童般又充满智慧的开放性中对所有知觉细节开放时，能够被当作全景敞视的智性的一种积极的形态，福柯在这个时期就专注于这种形态。在禅宗中，人们旨在绝对地用心于领悟生动之物——世界的实在地变动的在场——的目的；在全景敞视主义中，人们旨在绝对地用心于最大化自己对被观察的东西的控制的目的。在前一状况中，人们让世界自由地存在；在后一状况中，人们强烈地依赖世界。因为福柯是极其务实的，并且因为他知道禅宗是很多武士的宗教，人们可以期待他已经着迷于一种极其实践性的权力，这种权力能够源自某种东西，这种东西从表面看是一种极度精神化的智性。

自我控制与自我艺术化（self-artistry）

1970 年代晚期和 1980 年代早期，福柯以一种与其整体假设——世界是复杂的、变动的以及多维的，而不是简单的、静态的以及在本质上可定义的——更为一致的方式发展了他对"权力"的理解。尽管他的历史研究已经在其细节之中体现这种观念，就如上面指出的，他的指导性的权力概念倾向于有些笼统地被构想为一种压迫性力量，这种力量通过被建立起来的机构实践而强加于个体之上。然而，在《性史》的第一卷（《知识意志》，1976）中，福柯明确地发展出一种在理论上更富教益且更具"积极的"权力的观念，即权力作为社会力量的一种动态网络。它们被设想为多样的、重叠的、有时冲突的并且有时相互支撑的网络，并且运作于永远变化的"变换矩阵"中。他的观点是权力尽管无处不在，但却不是单一的，并且人们从来都不能在权力"之外"，而是总是且已经被卷入到特定的权力关系之中。

福柯晚期的明确的主题——一个可以看到已经暗含在他的早期著作中的主题——能够通过这个问题被表达出来，即"自我知识如何是可能的"。

259

这是一个传统的问题，但是福柯理解它的方式包含了历史探究和哲学深度的一种独特结合：他以通常的细致详细地考察了变动的历史条件怎样形成了人们的自我观念，并且凭借这种知识，他反思了在这类可选择的历史群集之内的人们怎样自我考察了其自身。例如，在他对现代时期以科学为中心的性质的研究中，他描述了人们是怎样被潜移默化地教导着将他们自身当作科学探究的潜在对象，并且他们因此怎样自愿地同这种观念——他们是能够被彻底测度、预期和控制的对象——相一致而复制自我理解的形式。

福柯的方法是独特的，这不仅在于它对历史细节的关注以及它对自我形象或主体性是怎样被建构的敏锐分析，而且也在于它对社会价值持存的自我强化机制的敏感性。就一个人倾向于以他或她自己的自我形象复制世界而言，就出现了这个人重现、复制以及保存那些社会结构——那些社会结构显著地创造了那个人最初的身份——的伴随效果。退一步，这同一种类的交互性关系能够在福柯的"权力–知识"的概念中被看到，因为权力和知识以一种类似的方式相互强化："权力没有知识是不可能被实施的，知识不产生权力是不可能的。"[3]

福柯在其晚年期间对构成各种类型的性自我意识（sexual self-awareness）的历史要素的关注，通过他理解人的一般主体性的建构的更广泛的努力而得到说明。因为性是人的心理之内的这样一种主要力量，对性意识的研究能够大大有助于解释人们怎样有差异地理解他们自身。福柯也注意到，与性有关的话语出现在日常生活的很多领域之内，因此对性意识的一种探究能够在很大程度上揭示现存的权力-矩阵的一般结构。

从福柯对主体的社会建构的聚焦中显现出权力的一种更为艺术性和创造性的维度，即这样一个观念：人们拥有一种自我控制的方法，并且能够根据他们自己的设计"自我创造"其自身。尽管社会实践能够经常在个体之上具体化一种隐含的支配性力量，但权力也流经个体，并且这可以被表达为一种自我征服、自我监控、自我形成以及自我立法的权力。因此就像福柯已经联系于监狱和全景敞视的智性而探究了"行为的技术"，他后来也在这样一种努力——对主体怎样被建构的那个更具创造性的一面进行理解——中，探究了"自我的技术学"。在他去世之前的那一年，福柯评论道："但是每个人的生活都不能成为一件艺术作品吗？为什么一盏灯或者房子应当是一个艺术对象，而我们的生活却不应当？"[4]

在他最后几年，福柯以一种"生存美学"或"生命艺术"的更为优雅且激发自由的观念来补充他的"策略"、"技术学"和"技术"这样一些更

260

为严峻、冷漠的词汇，在那里主要的关注点是将一种自我决定的、美感的以及独特的风格给予人们的生活。弗里德里希·尼采再一次作为启发，因为在《悲剧的诞生》的第一部分，尼采描述了在狂喜地从事于歌与舞的音乐活动时，人们自身怎样变成了艺术作品。十年之后，尼采重述了同一主题，为后来只是顺便被福柯表达的思想提供了一个详细的表述。尼采在1882年写道：

> 不可或缺的事。——赋予个性一种"风格"，实在是伟大而稀有的艺术！一个人综观自己天性中所有的长处及弱点，并做艺术性的规划，直至一切都显得很艺术和理性，甚至连弱点也引人入胜——一个人就是这样演练并运用这艺术。这儿加了许多第二天性，那儿又少了某种第一天性，无论哪种情形都须长期演练，每天都要付出辛劳；这儿藏匿着那不愿减少的丑陋，这丑陋在那儿又被诠释为崇高。不愿变为有形的诸多暧昧被储备下来作远眺之用——它们应对远不可测的东西进行暗示。最后，当这工作完成时，无论是大人物还是小人物所表现出来的都是对本人兴趣的强制，这兴趣是好是坏，不是人们想象的那么重要，只要是一种兴趣，这就够了！[5]

尼采对生命艺术的个性化且个人主义的演绎明显地对立于福柯更加以社会和历史为中心的形态。尽管福柯同样对自我的照料感兴趣，但在保持他的一般思想——人是显著地从主流社会力量那里被塑造的——时，他通过首要地聚焦于群体行为而理解个人身份的建构。在福柯那里，人们较少读到特定个体的日常养生法（regimens），而较多地读到由诸如修道院和哲学阶层这样的群体所使用的自我掌控的技术，这些群体的共同目标是建立一个特定种类的共享的卫生学（hygiene）和精神性。在这方面，人们在福柯的后期著作中遇到的解放的观念传达了极其少的无政府主义的基调，因为它被这一观念所缓和，即规则统治性是自由的一个条件，并且也是通向自由的道路。人们可以说福柯认真考察了西塞罗（Cicero）的观察，即自由是对权力的参与，而不是同它的一种自我隔绝的疏离。

结论：解放和社会自我建构

福柯主导性的理智风格是巧妙地进行区分。它甚至可以被称作"分裂"或"分解"。而且，就像上面所指出的，他能够几乎引入任何表面清晰的、简单可理解的以及意义单一的概念，并且就像一个分析的化学家一样，解释它的建构如何实际上是非常复杂的，更不用提是变化的以及潜在地不稳定的。此外福柯也是一个极具反思力的个体：当人们审视他的著作时，人们能够看到他自己的区分能力被应用于他之前的作品——几乎在一种自我克服的行为中——以便以一种越来越少依靠单义的和普遍化的范畴的方式来重新表述他的观点。随着时间的推进，他越来越真正地成为唯名论者。

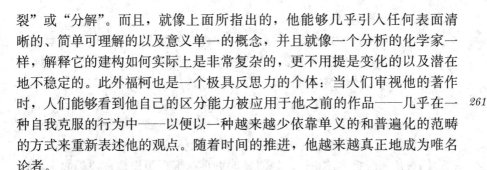

我们也已经看到，福柯从 1960 年代到 1970 年代早期的主题重点的转变导致了在其著作中权力观念的出现。但是就像他最初以一种单义且在概念上平滑的方式构想各个时期以及知识型，福柯最初也会以一种整体的方式构想权力，即作为一种在根本上对立于自由的压迫性的权力。随着他在其对权力的反思中变得越来越具有辨识力和区分力，福柯很快重新表述了他的观点，揭示出权力不仅仅是个体之内的积极的能量，以及可以是"生产性的"，而且它也将自身显现在动态且纠缠性的群集中，这些群集的具体化不是一个附带去理解权力是什么的问题，而是由权力自身构成的。

福柯联系于"知识"的观念做了相应的完善：他相信人们不能"抽象地"有意义地言说一个特定时期的知识型，因为对任何知识型的一种理解都必须明确地被放置在一种特定的权力的历史群集之内。在具有其晚年特征的作品中，福柯的区分性的观点将他导向并不概括地谈论"主体性"或"性"，而是谈论很多不同的主体性和不同的性，所有这些主体性和性都被连接到对时间和地点——它们源于这个时间和地点——的基础广泛的历史研究之中。

就福柯的思想能够被围绕于解放的观念而言，他的概念鉴赏家的区分性态度——如果这被更加实用地描述为一种"分解主义的"（disintegrationist）态度——能够被理解为一种指向革命性改变的力量。对某种被给予的结构的分解不必被理解为一种纯粹解构的行为，尤其当结构如同概念结构一样是难以确定的时候，或者如同一组实践一样是易受影响的时候。在过去的形式能够被保存于记忆中这一程度上，福柯的分解主义思想能够拓展我们的视野，以至于我们可以将我们先前的概念结构当作通向一种更为综合性的意识的道路上的步伐。这样一种观点不必引起有关人类发展的一种进步式的、线性的观念，因为在这条道路的每一步，无数的可能性都呈现其自身——艺术创造本质上是不可预期的——并且增强的综合可以发

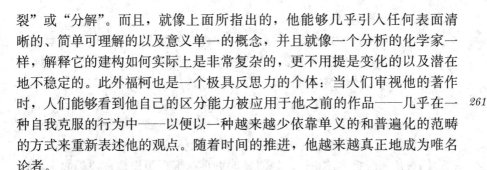

生于很多可选择的路径上。

然而，对福柯的思想来说，一个长期存在的问题关涉到他的视角就其自身而言是否具有显著的局限性。也就是说，我们可以追问，福柯依据建构我们现存的主体性类型的社会力量来解释这些主体性类型的努力，实际上是否成功地脱离了更加以自我为中心的笛卡尔式的哲学化样式——这种样式在法国曾一直是一种持续的传统。的确，福柯强烈地怀疑经验主体是否存在任何不变的完整性，并且他也完全抗拒从第一人称、现象学或"内在"的视角来分析个体主体。他明显地更喜欢根据历史地被建构起来的群体意识的各种类型来理解个体意识。群体意识的群集建构了福柯，尽管它们自身看起来已经将他决定为更喜欢一种以群体为中心和以语言为中心——同以个人主义为中心相对立——的理解方式。他的以社会为中心的方向的要素是否提供了有意义的自我超越的可能性仍是一个问题，因为社会性是否在每一状况下都是基础性的，这仍是成问题的。

为了理解在上面被提到的福柯思想中自我超越的问题的意义，我们可以反思福柯的理智风格，那种在"规训"和"控制"这两个词语中被把握住的东西的基调。这些词语传达了各式各样的共振，但是"操作"、"技术"、"支配"以及可能还有"策略"和"战术"——在福柯的分析中显著地出现的所有词语——的思想是靠近于核心的。在此有一种独特的气质的客观性要被辨识，它甚至出现在福柯对朝向人们自身的可选择的态度的讨论中——那些围绕"自我控制"、"自我规训"、"自我技术学"和"自我管控"的观念的讨论。总而言之，控制论思维的客观化格调能够被看到存在于并且抑制着福柯的区分性的和分解主义的视角，尽管它存在一些有助于解放的设计。福柯的确是反思性的，但是在他理解以及超越客观化的智性的努力中，他以采用朝向客观化的精神方式的一种客观化的观点而结束。

然而，以一种在理智上冷静的、疏离的以及含糊的方式轻视客观化的立场并不能使得人们逃离它，因为分析性的超离姿态就其自身而言就是客观化的，并且它重申了人们寻求从其中超离的那种精神方式。在他要达成一种平衡——在被建构的科学纪律（discipline）和创造性的艺术自由之间的平衡——的毕生努力中，看上去纪律倾向于占上风，并且解放仅仅是一个更为遥远的解决方案。尽管这一点——福柯是自我决定和实践的自我掌控的一个真正拥护者——仍将保持为他的遗产的启示之一。

联系于他对自由的兴趣理解福柯对规则统治性的关注的一种建设性的方式，以及应对很多福柯的批评者——这些批评者将他最彻底地经过深思

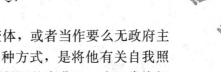

熟虑的立场当作非道德的"强权即公理"的变体，或者当作要么无政府主义的、虚无主义的，要么悲观主义的——的一种方式，是将他有关自我照料的晚期作品当作一种政治哲学或"群体的照料"的序曲。一个经常询问的问题是福柯怎样能够合法化他频繁做出的那些政治判断。同康德和黑格尔相一致，并且同那些当代理论家——那些理论家被启蒙运动的理想所启发，坚持援引一种普遍的理性来作为政治判断的指导原则——相一致，福柯在规则统治性和自我艺术化之间的联合，将会将他正好置于那样一些人的一边，那些人声称如果不恪守某些规则，那么纯粹任意的、本质上异想天开的决定实际上是不正当的。

但是就像福柯联系于一个时期的知识型谈论一种历史的**先天**，人们可以说政治形态也是在历史上可变的。此外，这样一个一般性的观念，即人们只有在根据规则——人们已经独自或者作为一个群体制定了这些规则——而一致地行为时才是自由的，可以被看作同福柯有关自我艺术化的思想相一致，也许甚至源于那种思想。福柯与启蒙式的思想家的主要差异将会是他的这样一个坚持，即仅仅有可能对适合于人们所生活的时代和境遇的那些规则或机构法规进行表述。于是，在这样一个境遇中行使自由将不会是这样一种无政府主义的自由，即在人们想做的任何时候做人们想做的任何事情，然而也不是与绝对可靠的、自明的、被理性地奠基的恒常性的一种无时间性模式相一致的自由。它将是这样的自由，即与人们已经为其自身制定的历史上特定的规则——这些规则的最佳表述要求一种鉴赏力、区分力，以及最重要的要求智慧——相一致而行为。对艺术天才或政治智慧来说不存在确定的规则，这是一个常见的观念，并且仅仅因为环境在改变，以及因为改变的环境使得人们成为他们之所是，因此这一点仍是福柯的智慧的一部分，即坚称忠贞于一种机械的且普遍主义的理性概念显示了智慧的一种明显的缺乏。

【注释】

[1] Friedrich Nietzsche, *The Gay Science*, trans. W. Kaufmann（New York：Vintage Books, 1974），§ 7, p. 82.（中译本见尼采：《快乐的科学》，黄明嘉译，上海：华东师范大学出版社，2007 年，第 81-82 页）

[2] Michel Foucault, *The Order of Things*（New York：Vintage Books, 1994），pp. xxi-xxii.

[3] Michel Foucault, "Prison talk" [1975], in C. Gordon（ed.），*Power/Knowl-*

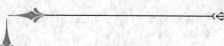

edge：*Selected Interviews & Other Writings 1972—1977*（New York：Pantheon，1980），p. 52.

[4] Michel Foucault, "On the genealogy of ethics" [1983], in P. Rabinow（ed.），*Michel Foucault—Ethics*（London：Penguin，1997），p. 261.

[5] Friedrich Nietzsche, *The Gay Science*，§ 290，p. 232.（中译本见尼采：《快乐的科学》，黄明嘉译，上海：华东师范大学出版社，2007 年，第 275 页）

参考文献

米歇尔·福柯的作品

1972：*The Archaeology of Knowledge*，trans. A. M. Sheridan Smith. New York：Pantheon.

1988：*Madness and Civilization—A History of Insanity in the Age of Reason*，trans. R. Howard. New York：Vintage.

1988：*The Care of the Self*，Volume 3 of *The History of Sexuality*，trans. R. Hurley. New York：Vintage.

1990：*The History of Sexuality, Volume I：An Introduction*，trans. R. Hurley. New York：Vintage.

1990：*The Use of Pleasure*，Volume 2 of *The History of Sexuality*，trans. R. Hurley. New York：Vintage.

1991：*Discipline and Punish—The Birth of the Prison*，trans. A. Sheridan. London：Penguin.

1994：*The Birth of the Clinic—An Archaeology of Medical Perception*，trans. A. M. Sheridan Smith. New York：Vintage.

1994：*The Order of Things—An Archaeology of the Human Sciences*. New York：Vintage.

对米歇尔·福柯进行讨论的作品

Bouchard, D. F.（ed.）1977：*Language, Counter-Memory, Practice—Selected Essays and Interviews by Michel Foucault*，trans. D. F. Bouchard and S. Simon. Ithaca, NY：Cornell University Press.

Carrette, J. R.（ed.）1999：*Religion and Culture—Michel Foucault*. New York：Routledge.

Davidson, A. I.（ed.）1996：*Foucault and His Interlocutors*. Chicago, Ill.：University of Chicago Press.

Dreyfus, H. L. and Rabinow, P. 1983：*Michel Foucault—Beyond Structuralism and*

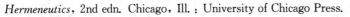

Hermeneutics, 2nd edn. Chicago, Ill. : University of Chicago Press.

Faubion, J. D. （ed.）1998: *Michel Foucault—Aesthetics, Method, and Epistemology; Essential Works of Foucault 1954—1984*, vol. 2. New York: The New Press.

Gordon, C. （ed.）1980: *Power/Knowledge—Selected Interviews & Other Writings 1972—1977 by Michel Foucault*. New York: Pantheon.

Gutting, G. 1989: *Michel Foucault's Archeology of Scientific Reason*. Cambridge: Cambridge University Press.

——（ed.）1994: *The Cambridge Companion to Foucault*. Cambridge: Cambridge University Press.

Kritzman, L. D. （ed.）1988: *Michel Foucault—Politics, Philosophy, Culture; Interviews and Other Writings 1977—1984*, trans. A. Sheridan et al. New York and London: Routledge.

Macey, D. 1994: *The Lives of Michel Foucault*. London: Vintage.

Martin, L. H. , Gutman, H. , and Hutton, p. H. （eds.）1988: *Technologies of the Self—A Seminar With Michel Foucault*. Amherst, Mass. : The University of Massachusetts Press.

Miller, J. 1994: *The Passion of Michel Foucault*. London: Flamingo.

Rabinow, P. （ed.）1997: *Michel Foucault—Ethics; Subjectivity and Truth. The Essential Works of Michel Foucault 1954—1984*, vol. 1. London: Allen Lane, The Penguin Press.

第 12 章　雅克·德里达

约翰·科克尔（John Coker）

引言

265　　雅克·德里达（1930—）① 是法国后结构主义哲学的一个领军人物。他丰富的著作既处理哲学作品，又处理文学作品，并且它们以多样的方式这样做，这些方式经常被归在"解构"的标签之下。然而，"解构"并不是一个指明了德里达哲学的某种本质或方法论的术语，尽管它能作为一个暂时的标签来聚集德里达阅读哲学和文学文本的各种方式。由德里达做出的这些"典型的"阅读中的一些将会在后面的章节中被讨论到。尽管抗拒定义，但解构的一些特征还是可以被指出来。解构质疑这样一种尝试，即在哲学上将哲学自身确立为第一语言［例如，奠定基础，或者确定第一原则（archai），或者确定那种具有特权的方法］，或者确立为本体论、认识论或方法论的终极要义（the end-all and be-all）［例如，达到绝对之物，或者设立要被寻求的终极目的（teloi）］。对这些各种观念的解构式质疑的一个（尽管只有一个）特征是，去展示寻求成为第一或终极语言的哲学最终并不能设定和控制它们自己的语境。通过显示哲学作品的文本是（尽管没有被设计为是，或者被设计为不是）开放向被设定（甚至可能是自我设定）在另一个语境——这个语境削弱它要成为第一或终极话语的要求——之中，一种解构式阅读典型地运作起来。在自我一致性中（即为了不成为它所质疑的哲学的另一个化身），一个解构在哲学中不能声称已经最终发

---

① 2004 年，德里达与世长辞。

现了**那种**（原初的、恰当的、终极的或绝对的）语境，也不能声称是第一或终极话语，不管是本体论的还是方法论的。相反，解构的语境是"无限的"，这也就是说是无止境的和不可确定的（或者"不可决定的"）；人们被留下一种**语境的深渊**（*mise en abime*，abyss），或者语境的镜厅（hall of mirrors）。德里达已经宣称，解构的一个特征是"解构将会是这种努力，即考察这种无限的语境，尽可能最敏锐和最广泛地关注语境，并且因而关注语境重构（recontextualization）的一种连续运动"（*LI*，p. 136）。[1] 因为每一哲学文本都将以它自己独特的方式对语境重构开放，解构将会依据文本和语境而有所不同地运作。

德里达最令人难忘的评论之一是"文本之外别无他物［*il n'y a pas de hors-texte*］"（*OG*，p. 158），他后来声称，除了"语境之外别无他物"，这一评论"不意指任何其他东西［*il n'existe rien hors contexte*］"（*LI*，p. 136）。这些评论也许可以被宽厚地解释为声称文本抑或语境的外在和（通过暗含）内在都不是简单地被给予的或**绝对地**把握住的。如果文本和语境之间的差异——它们的"界限"——既不是简单地被给予的，也不是**绝对地**被把握住的，那么文本和语境就是在相互作用之中，并且相互交织的。此外，通过被给予的阅读和对它们做出的评论，文本和语境以某种尽管微小的方式被改变或被重构，以一种方式被语境重构（重新语境化）。也是因为这个原因，德里达在各种语境中阅读各种文本时展开的各种观念也相互之间有所不同地运作起来。这一章将会更进一步地说明和讨论德里达的一些被不同地展开的观念，尤其是那些最与哲学相关的观念，例如"延异"、"原书写"、"踪迹"和"增补"，但是它将以"解构"这个观念自身开始。

解构的主题：一个概述

德里达的早期（1967—1972）著作解构了在场的哲学，这种哲学包含在场的形而上学和逻各斯中心的哲学，这些将会被依次讨论到。在场的形而上学包括这样一种存在论，在这种存在论中**存在**（或真理）依据某种**在场**而被理解。把握这类所谓的在场就被证实为把握了什么是和不是真理。例如，笛卡尔主张人们自己的精神状态的完全透明的自我在场，并且导出一种具有特权的认识通道。另一个例子是被给予者（the given）的观念，不管是内在观念在存在论上的先天被给予者，还是经验的被给予者（例如感觉材料）。还有其他一些例子是这样一个现象学观念，即作为完满地"在人之中在场"的"相即"（adequation），以及一个传统的哲学观念，即"本质"（essence）（它从词源学上源自 *essentia*，而 *essentia* 自身又源自拉丁语 *present* 的错误分词 *essent-*，存在）。解构一种在场哲学包含了展示该哲学的理论是被建构自（并且它的文本是被构成自）一些术语和区分，这些术语和区分尽管被理论当作被给予的或基础性的，但是它们就其自身而言是对探究开放的构造物，并且它们是明显不稳定的和缺乏最终根基的。这类最终根基在在场形而上学中一直习惯性地被寻求。

逻各斯中心的哲学将其自身构造为**逻各斯**（*logos*）——一个古希腊词语，其含义包括理性、语音（speech）、理性话语和理性解释（例如，哲学和科学理论）——的典范。甚至当其并不是（尽管它经常是）一种明显的在场形而上学时，逻各斯中心的哲学仍然在众多在场中塑造着它自身、它的方法和它的合理性标准，不管这些是本质、范式、理念，还是理想化，抑或是被它作为它的被给予者的东西。如果不是从存在论而是从方法论来说，逻各斯中心的哲学设置范畴区分，这些区分经常是层级性的二元对立。尤其是在早期著作中，德里达（以一种下面第三节到第五节中会被讨论到的方式）探寻了"语音/书写"的对立（第一个术语被赋予特权）；但是其他的对立仍然很重要，例如"在场/不在场"、"同一/差异"、"范式/实例"、"形式/质料"和"可理解的/可感觉的"。这些对立中具有特权的术语被那些把握了这种区分的哲学家当作支配性的，并且为次要的术语分配恰当的位置或角色。哪一个区分要被挑战，这依赖于那种正在被解构的立场；对这些区分的解构包含着对被例示在德里达著作中的那种区分的一种严谨的细读。

仅仅就这些哲学立场将自身构造为主张或要求这样的本质而言，"在场的哲学"、"在场的形而上学"和"逻各斯中心的哲学"才指明了哲学传统的本质方面。最终，作为解构的结果，这类短语指明了众多的聚合（assemblages）或构型（configurations），因为对这样一种哲学立场的一个成功的解构显示出这种立场怎样包含了它自己毁灭的种子。"在场的哲学"这个短语是用来聚集诸如基础主义、本质主义、理性主义和再现主义这样的立场。然而，对这些哲学立场的解构的结果并不是一种**反**基础主义、**反**本质主义等等，因为这样一种"反"（anti-）将会重新设置那种简单的二元对立或差异，解构就是打算去挑战那种对立和差异的：德里达自己已经评

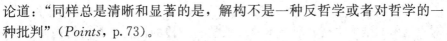

论道："同样总是清晰和显著的是，解构不是一种反哲学或者对哲学的一种批判"（*Points*，p. 73）。

　　除了柏拉图和康德这些显著的例外，德里达很少就传统的理性主义者们或经验主义者们进行详尽的写作。相反，他专注于诸如黑格尔、尼采、胡塞尔、海德格尔、奥斯汀和列维纳斯这样的哲学家，这些哲学家以各种方式寻求着激进地挑战之前的哲学。在每种情况下，德里达都通过强调另一些经常被压抑的观念来辩驳正在讨论中的在场哲学的那些不被承认的剩余假设，这些观念在在场哲学的文本中被标示出来，并且要么削弱要么倔强地复杂化那些假设。

　　在逻各斯中心的哲学假定语音/书写的区分时，不管是在人与人之间，还是在沉默的独白中，语音都已经被理解为思想的首要的媒介或环境。由于它的所谓的直接性（immediacy），它已经被当作语言的典范——人们的思想被说出来，人们的意向含义能够充溢人们的言辞（utterances），并且在一个现时的确定的语境中被同时地表达、呈现给人们自身和人们的对话者。书写在传统上已被给予这样一个角色，即是对语音的一个单纯但却必要的有用的增补（supplement）：书写是离开语音的一步，并且仅仅再现它，尽管通过记录它而保存了它。此外，书写具有潜在有害的效果，例如，对被书写的记录的一种依赖能够削弱鲜活的记忆。而且，一个文本能够潜在地离开其言辞的"原初"思想和语境，置于其他的语境之中，并且因而可能不符合意向含义地进行意指。由于对思维/言说的主体和含义的这样一些潜在有害的效果，在场的哲学已经将书写放逐到一个从属的位置和角色。

　　德里达追问了内在的且归属于思维/言说主体的东西和外在于这种主体的东西之间的区分。根据德里达，语音的"直接性"是一种口语幻象，或者一种单纯的理想化，它维持着含义的一种完全自我在场的神话。口语不是含义的一种自我意指的单位或者一个"先验能指"，口语含义甚至都不是完全自我在场的。宁可说，如同在传统上被构想的书写，口语含义依赖于向其他能指的指涉，那些能指的含义反过来也不是自我在场的。

　　德里达 1967 年的作品——《论文字学》（*Of Grammatology*）、《书写与差异》（*Writing and Difference*）和《声音与现象》（*Speech and Phenomena*）——以及后来的作品，都挑战了语音/书写的区分，并且探究了放弃语音的理想化的后果。在这些作品中尤其被宣示的是对结构主义的解构（在《论文字学》和《书写与差异》中）和对现象学的解构（在《声音与现象》和《书写与差异》中）。在接下来的三节中，我将通过分别讨论对索绪尔的结构主义、胡塞尔的现象学和卢梭的语言哲学的解构而前进，所有这些在德里达 1967 年的作品中都可以被找到，并且是这些作品的典范。在这之后，我将在接下来的几节中讨论德里达后来的解构，尤其是对海德格尔、黑格尔和柏拉图的解构。接着，我将讨论对一个解构进行回应的某些方式。随后，我将讨论德里达和罗蒂之间的一些对应，尽管也有一些重要的差异。最后，我将通过讨论德里达对一些解构的伦理观念的展开而结束。

对结构主义的解构

德里达在其 1967 年的作品中，尤其是在《论文字学》和《书写与差异》之中，挑战的立场之一就是结构主义，不管它是语言学结构主义（索绪尔）、人类学结构主义（列维-斯特劳斯），还是文学结构主义（鲁塞）。我将把我的讨论限定在德里达对索绪尔的结构语言学的解构。索绪尔的符号公式是：

<u>所指</u>
能指

尽管这个公式被一个用来意指符号的统一的椭圆所包围（后来的结构主义者们，如拉康和巴特，将会颠倒这个公式并且删除那个椭圆）。能指是一个可听的声音或可见的记号，而所指是一个概念，两者都不是被简单给予的。相反，由于分化，能指和相应的所指都是被区分的："概念是纯粹分化的，并且不是通过它们的积极内容，而是消极地通过它们同系统中其他词语的联系，而被定义"（Saussure，1966，p. 114）。此外，就能指"是无动机的"并且"同所指没有自然联系"（Saussure，1966，pp. 67，69）而言，符号是任意的。对语言学结构主义的解构伴随着对索绪尔能指和所指的分化构成理论的更进一步激进化。

处理德里达的激进化的一种方式是指出包围着索绪尔的公式的那个椭圆有可能误导性地意味着语义原子论（semantic atomism）。就像福多（Fodor）和莱波雷（Lepore）所定义的，"语义原子论"认为"一个表达的含义在形而上学上依赖于某种点状的符号/世界［或者能指/所指］的关系，这种关系是一个事物［例如，一个能指］能够移向世界［或者移向一个所指］，尽管没有做其他的事情"（Fodor and Lepore，1992，pp. 260-1）。然而，语义原子论将会对立于这样一个观点，即能指和所指都是被分化地构成的。当然，如果能指和所指中间的差异作为总体性-统一——例如在差异和依存性的一个固定的总体系统中——而被给予，符号的统一仍然能够被构成。并且索绪尔实际上确实声称这样一个总体系统是存在的，至少在一个给定的时期是存在的："语言［la langue］是一个系统，它的各部分能够且必须都在它们的共时整体中被考察"（Saussure，1966，p. 87）。

通过进一步阐明索绪尔所把握的作为口语符号和书面符号之间关系的那种东西，德里达开始挑战作为一个固定的差异系统的语言观念。根据索绪尔，一个被书写的符号仅仅是一个被说出的符号的符号——例如，被书写的词语"word"（词语）的所指就是那个被说出来的词语"word"（**词语**）。书写是离开含义的一步，是一个（被说出的）符号的单纯符号，这个观念是被德里达称为"语音中心主义"（phonocentrism）——也就是声音的特权化——的东西的一个标志，这是逻各斯中心主义的一个显著特征。在与作为语音的（phonic）语言内在系统的联系中，书写被索绪尔放逐到一个外在性的位置，以及一个单纯再现或代理的角色。但是，作为这样一种段落——在那里，索绪尔注意到但却拒绝书写扮演一个可能更为重要的角色——的一个例子，我们可以考察下面这段话："被说出词语是如此紧密地联系于它的书面图像，以至于后者要设法篡夺主要角色。相比于一个声音符号自身，人们甚至给予这个声音符号的书面图像更多的重要性。"（Saussure，1966，p. 24）此外，根据索绪尔，尽管一些人可能错误地相信，在解释语言在时间中的统一时，书写能够比声音做得更好，但是相反，书写创造了"纯粹虚构的统一"（Saussure，1966，p. 25）。诸如这样一些段落泄露了在索绪尔那里的一种努力，即把握处于困境中的书写的意义，阻止它篡夺语音"固有的"角色——索绪尔结束于在意图成为一种纯粹的语言科学理论的东西中提供一种价值论的方案（也就是，书写在与语音的联系中被放逐到次要和从属的地位）。

索绪尔的价值论公理体系（德里达在后来［LI, p. 236］将会把这种公理体系称作一种"层级价值论"、［一种］伦理学-存在论区分）阻止他以一种科学中立的方式探究书写对语音的**篡夺**（一种形式的替代），索绪尔自身注意到了这种篡夺，并且就像德里达所评论的，这种篡夺"必然地指涉向一种深刻的本质可能性"（*OG*，p. 40）。也就是，书写对语音的篡夺也许是语音自身的构成中的一种本质可能性。此外，就索绪尔赋予语音超过书写的特权——因为后者仅仅是（被说出的、自然的）语言本身的一个图像或形象，因而比（被说出的、自然的）语言本身更不自然——而言，他背叛了他自己有关符号任意性的论点。也就是说，如果符号是"任意的"或"无动机的"，那么原则上没有理由设立一个符号的层级，以便将高于被书写的符号的特权赋予被说出的符号——索绪尔必须假设，同任意性的论点**相反**，语音能指和所指之间的一般关系不是任意的而是"自然的"。因而，索绪尔面临着以下困境：一方面，符号任意性的论点将看起来原则上阻止索绪尔赋予将高于被书写的符号的特权赋予被说出的符号（两者都不比对方更多或更少任意性）。另一方面，又推断出索绪尔声称能指和所指之间的一般关系是非任意的和"自然的"。如果是这样，并且如果像索绪尔自身所承认的，书写能够篡夺（增补和替代）语音，而且如果没有很好的理由不将这种篡夺看作比能指和所指之间的一般关系更不自然，那么相较于语音，书写就不会是更不自然、更不恰当或更少本质的语言。此外，因为相较于语音，书写不是更少本质的语言，并且因为从其含义和指涉来看，书写看起来比被说出的符号具有更大的时间和空间距离，并且因为就像被说出的符号，被书写的符号也是被分化地构成的，因此这就意味着这是语言的一个本质可能性，即它将会被理论化到书写的模式中，尽管是被激进化的。如果这种模式被表述出来，语言就将会被理论化为"原书写"（archi-writing）（原初的书写）以及作为"原踪迹"（archi-trace）的符号〔两个观念都必须被置于擦除（erasure）之下〕，因为那时语言将会由一个被分化的符号（踪迹）系统所构成，这个符号系统不再承载与它们的所指〔不管是概念、意义，还是所指对象（referents）〕的任何直接的或最终固定的关系。也就是说，语言将会从**延异**（一个既意指差异又意指延迟的新词）中被构成。被如此构成的语言将不会是一个封闭的符号系统，而宁可说是向被分化表达的新的能指开放，如同语音向书写的增补开放一样。

象征性地说，德里达对索绪尔的语言理论的解构不仅是从公式周围移除了椭圆（由此意指一个不再封闭的符号统一或总体），而且它也将强调"能指"和"所指"之间的**横线**。这条横线作为一个铭文，形象地标示出能指和所指之间的一个差异；尽管人们将这条横线用语言表述为"在……之上"（over），但它仍可以象征着一种空间分化，这种空间分化是延异（*diffréance*）的一个方面。实际上，对椭圆的移除和对横线的强调是标示从结构主义转向后结构主义的一种方式（关于这个主题，参见 Nancy and Lacoue-Labarthe，1992）；对横线的强调将会允许能指和所指之间的某种滑行或游动（尽管不是它们的彻底分离）。更准确来说，对于德里达来讲，在场的可见的图形横线不是能指和所指之间的某种（被简单给予的或绝对的）差异的标志（并且它肯定不会标示点状的意指和被意指的单位之间的一种单纯外在的差异）；相反，横线将会是能指和所指各自中间以及两者之间那种更为"原初的"内在分化关系的一个再标示，德里达将这种分化关系称为延异。

对现象学的解构

德里达在《声音与现象》中对胡塞尔现象学的讨论例示了这样一种解构式批评，这种批评针对语音和含义的理想化以及在场哲学。解构式批评包含了如下策略：（1）通过在范畴区分的基础中产生一种颠倒并且最终追问这个基础，而挑战在场哲学的范畴区分；（2）通常通过强调这类哲学所压抑的东西。根据德里达，胡塞尔式的现象学尽管避开了形而上学的假设，但仍然是一种逻各斯中心的在场形而上学。德里达驳斥胡塞尔在表达性符号和指示性符号之间的范畴区分。根据胡塞尔，只有表达性符号是有含义的。因为它们表达了并且在语音中说出了意识生活体验的有含义的自我在场的行为，这种行为反过来也可用于纯粹反思和描述。相反，指示性符号，例如书面符号，除非最终被指涉为表达性含义，否则就仅仅只是无含义的记号。尽管胡塞尔承认表达和指示在现实交流中**事实上**是相互交织的，但他仍维持**法律上**的区分，并且通过声称纯粹表达能够发生于孤独精神生活的沉默独白之中而支撑它。通过证明与胡塞尔相反，表达和指示的纠缠从一开始就在那里，并且最终纯粹的表达是一种单纯的理想化，德里达驳斥了这种区分。因为为了不是单纯瞬时性的和短暂性的，甚至口语的或前语言体验的表达含义都必须——像胡塞尔自己的哲学甚至为沉默的独白所要求的那样——随着时间的推移而可重述、可辨识以及可回忆为拥有相同的含义，因而必须可被指示性地表述［参见维特根斯坦在《哲学研究》（1958）中的"私人语言论证"］。甚至在沉默的独白中，思维和言说都像匆忙的书写和修改一样；忽视这个事实也就创造了口语的在场幻象。

因此，通过例示解构的颠倒阶段（*POS*，p. 41），这种可重述性（reiterability）的必然性也就意味着表达的含义必须从一开始就包含指示，并且意味着胡塞尔的区分失败了。这个断言通过德里达对胡塞尔的时间性理论的批判而被进一步强化。

通过展开解构的第二个阶段，即强调哲学家所压抑的东西，德里达继续着对胡塞尔哲学的解构。根据胡塞尔自己的时间性理论，鲜活的现在时刻包含着滞留的过去的现在和预期的未来这两者的踪迹。如果是这样，并且因为根据胡塞尔，滞留的过去的现在相连于被回忆的过去，那么"鲜活的"现在时刻就从来不是纯粹现在的，而是联系着一个"死去的"现在的踪迹而被构成。一种完全现在的自我同一的表达性含义的理想，以及对有含义的生活体验的一种纯粹反思和描述的理想，都只意味着一种单纯的理想化。表达性符号以及甚至理想的非语言的有含义的体验都不再能够维持含义的一种纯粹自我同一性，而是像指示性符号一样，通过指涉其他能指——它们从这些能指那里被分化出来——而被赋予含义。也就是说，指示性的符号**增补**（supplement）（即，标示和弥补缺陷，取代和替代；对这个观念更多的讨论，参见下一节）表达性符号，而这又反过来增补了理想含义，以至于"意义和语音的'在场'从一开始就已经缺乏其自身"。最终，"增补的东西实际上是延异，差异化运作，这种运作同时既分裂又延迟了在场，将它同时提交给原始的分割和延迟"（*SP*，pp. 87-8）。

德里达对胡塞尔的解构是他在哲学上最令人信服的解构之一，因为它的"古典哲学架构"（*POS*，p. 5）拥有一种包含着内在批评的哲学批判的力量，这种力量彻底地质疑胡塞尔式的和其他的现象学，这些现象学声称能够达到纯粹的反思并且提供对有含义的生活体验的完全相即的描述。通过他的这一评论，即现象学总是一种知觉现象学（*SP*，p. 12）并且因而被塑造于知觉艾多斯（*eidos*）的在场之上（*OG*，p. 12），德里达可以被读解为暗示所有的现象学都构成一种逻各斯中心的在场哲学。但是解构和现象学之间的关系要远为复杂。首先，解构并不将体验的意义消解于语言的含义之中，而是必须尊重它们的差异。其次，在就列维纳斯进行写作时（*WD*，p. 121），德里达甚至评论道，"现象学就是尊重的本身（respect itself）"，因为现象学是一种彻底——也许唯一——开放的哲学，这种哲学并不封闭任何事物，而是存在于开放的且无限的视野之内，而且它原则上不控制任何事物，并且对层级是陌生的。由于这个原因，现象学甚至向这样一些东西开放，这些东西质疑它自己对在场的可疑的依靠。解构的目的

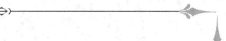

不在于摧毁现象学或任何其他哲学立场，或者将它们还原成沉默："那么，为了弥补［*suppléer*］在场的断裂，我们仍要去言说，去使得我们的声音在通道中**回响**"（*SP*，p. 104）。作为替代，通过探究那些寻求封闭的术语和区分，解构要质疑这类哲学的封闭——成为认识论、存在论、方法论或理性中的终极要义或终极话语的那种要求。

在对卢梭的解构中的增补性

增补的观念已经在前一节对胡塞尔的解构中被指出来，它在德里达《论文字学》的第二部分对卢梭的解构式阅读中得到了它的一个最普遍的展开。［《论文字学》是这样一部作品，它的两个部分可以说是被粗略地缝合在一起，并且就像德里达指出的（*POS*，p. 4），在两部分之间，人们能够嵌入《书写与差异》。］"增补"（supplement，*supplément*）这个词以及它的同源词，如"弥补"（supply，*suppléer*），被显著地标示在卢梭的文本中，尤其是《论语言的起源》中，德里达提供了对这些文本的一个细读。卢梭阐述了语言的一种发生构成理论，根据这种理论，最初的和最自然的语言是肢体语言，这种语言转而被语音所增补，而语音转而又被书写所增补。肢体和语音语言是同等自然的，尽管前者较少依靠习俗；鲜活的语音说出了在场的直接性的欲望。相反，至少乍看起来，书写的巧计增补了——标示且弥补了语音中的一种缺乏，但是也用来取代——鲜活的语音（*OG*，p. 144）。因而众多的二元对立——它们的第一个术语被赋予价值——按照文本自己的条件被安置在卢梭的文本中：语音/书写、在场/不在场、自然的/人工的以及鲜活的/死去的。但是，德里达评论道，卢梭声称语言中的口音"被……新的发音……所替代"（*OG*，p. 244；cf.，p. 241），以至于增补已经被标示在语音自身之内。此外，甚至那种被公认为"自然的"肢体语言也双重地被增补性所标示，因为肢体既被语音所增补（例如，当距离使得肢体交流不可能的时候），而且也作为语音的一个"自然的"增补。在卢梭的文本中，增补性的这种不被承认但却显著的广泛性证实了这个断言，即增补性"先于自然和文化的对立：增补能够同样很好地是自然的（肢体）和人工的（语音）"（*OG*，p. 235）——并且人们也许可以补充道，它能够同书写一样自然/人工。然而，最终，"书写"——它是语音的增补——将会先于在其原初意义上的语音和书写：它将是一种"原书写，延异的运动"，这种原书写在语音的中心构成了它的"踪迹、它的保存、它的内在和外在延异：作为它的增补"，并且它构成了一种"延异或增补性的经济"（*OG*，pp. 60，315）。

尽管在卢梭的文本中被德里达所标示和评论，但没有特定的特权必须被赋予"增补"这个术语，好像它是解构的关键一样。毕竟有很多类似的术语，它们在德里达和有关德里达的文本中较少被讨论到和被展开，但它们也根据有时被称作一种"增补性的逻辑"的东西而发挥作用。那些观念中的一个——它被展开于德里达对菲利普·索列尔（Philippe Soller）的著作《数字》的细读，这一细读见于《撒播》中的《撒播》一文——就是一种**移植**（*graft*）的观念。德里达评论道，"书写就是移植。它是相同的词语"（*DS*，p. 355）：这个断言被"移植"这个词的词源学所担保，"移植"最终源自希腊词 *graphion*，这个希腊词是 *grapheion*（铁笔）的一个变体，它自身又源自希腊词 *graphein*（书写）（*DS*，p. 202）。因为一种"移植"的观念被展开在对一个"单纯"文学文本的阅读中，并且因为德里达没有提供对那个观念的一种更进一步的展开，它也就没有接收到与一种增补的观念一样多的评论（但是可参见 Culler，1982，pp. 134—56）；它也许可以被暂时地展开为思考增补性怎样运作的一种方式。一种植物学的或生物学的（例如，皮肤）移植既是不自然的（人工的事情），但也是非常自然的——它挑战自然的/人工的区分。在像卢梭的哲学这样的一种在场哲学中，人们也许注意到例如语音这样自然的鲜活的语言，如何要求通过将书写既不自然却又自然地嫁接到其自身之中而得到增补。或者换到德里达有时展开的一个相关观念，书写是语音的必要义肢。"增补"、"移植"和"义肢"的观念以非常类似的方式运作着，然而根据文本和语境而相异。（有关评论"移植"和"义肢"的一些段落，参见例如 *Glas*，pp. 34b，168b。）此外这些观念中没有一个，甚至所有这些观念，都不能作为德里达哲学的关键，即使它们与其他解构性观念捆绑在一起。

对海德格尔的解构

德里达对海德格尔的解构式阅读可以被看作发展了海德格尔自己的一些方式，即一些彻底追问和探寻在场形而上学的一种替代的方式。德里达对海德格尔的细读使他极度接近于海德格尔的思想，并发展了海德格尔作品中的一些主题（例如，对在场形而上学的挑战、踪迹、差异），这些主题也用于质疑另一些主题［例如，残留的在场形而上学的假设，如一种原初的到场（presencing, *Anwesenheit*），或者"据有的事件"的"本有性"（本有，*properness*, *Ereignis*）］。对海德格尔来说，形而上学的历史一直是拥有一种"存在论神学构造"（ontotheological constitution）的在场形而上学。海德格尔寻求重新开始一种对"存在意义"的探寻，讨论了存在者（在现在的在场中存**在**的事物，或者已经存在或将会存在的事物，但仍依据于现在的在场而被塑造）和存在——在西方传统的主流之中它也经常依据于现在的在场而被塑造（例如，"存在"是永恒的，占据着一个无时间性的现在，或者"存在"仅仅作为存在者的一个最高种，等等）——之间的差异［有时被称作实体-存在论差异（ontico-ontological difference）］。就像德里达所评论的，海德格尔的文本在构思中（尽管不是有意地）将其自身开放向两种阅读：在一种阅读中，"……［海德格尔文本中对在场形而上学的］替换将会仍旧保持在一般在场形而上学之内"，尤其是就海德格尔寻求依据一种原初的到场（*Anwesenheit*）来思考存在而言；另一种阅读是由德里达给予的阅读（*MP*, p. 65）。

德里达从海德格尔的文章《阿那克西曼德的片段》中引述一些段落，这些段落一方面声称当在场是依据于作为现在的而被构想时，甚至存在和存在者之间的差异的早期踪迹都被抹掉了，而另一方面则声称存在和存在者之间的差异的踪迹的一些残余仍被保存着（*MP*, pp. 23-5）。通过发展海德格尔自己远离在场形而上学和存在论神学的计划，德里达评论（实体-存在论）差异的**踪迹**必定不是简单在场或不在场的（*MP*, p. 24）。因为它没有指明某种现在-在场（甚至已经存在或将会存在的现在-在场），"踪迹"也就没有指明形而上学的概念本身，然而它将会被铭刻进作为其自身的消除的形而上学，并且与之相联系，在场形而上学自身将会成为踪迹的消除的踪迹（*MP*, p. 65）。于是"踪迹"就是一个语境的一个标志，这个语境超越并且重新语境化了在场形而上学的概念化；踪迹从不显现、从不变成一种在场本身，然而它仍旧在形而上学的文本中被标示（*MP*, p. 66）。这种踪迹"是""**延异**"的踪迹："在存在和存在者之外，不间断的相异且延迟（其自身）的这种差异，将会（通过其自身）追踪（其自身）——如果人们仍然能够在此言说原点和终点，这种延异将会是第一个或最后一个踪迹"（*MP*, p. 67）。最终，"踪迹"和"延异"不是某种存在者或存在的名字，并且它们标示但不命名实体-存在论差异；相反，它们在形而上学的文本之内重新-标示那种"不间断地在一种相异的和延迟的替代链条中扰乱其自身"（*MP*, p. 26）的东西。

德里达对海德格尔的阅读例示了一种解构式阅读怎样发展已经被标示在正在被阅读的哲学（或文学）文本中的主题。进一步地解构式发展是否会成为一种批评，并且如果真的这样，它是解构式的还是建构式的批评，或者相反它是一个受欢迎的增补，所有这些都是向读者和回应者开放的。最后，注意到尽管"踪迹"和"延异"是用来对海德格尔的哲学进行处理的恰当的观念，但它们并不被限定于一种海德格尔式的语境，它们也被德里达展开在对各种其他文本的阅读中，例如弗洛伊德和胡塞尔的那些文本。

有关黑格尔的解构式评论

与他对索绪尔、胡塞尔、卢梭和海德格尔的阅读——在其中德里达的解构式评论是有关于那些核心地运作于那些思想家的文本之内的观念——相反，他通向黑格尔的路径则倾向于是迂回的。也就是说，尽管一方面他的阅读致力于黑格尔式的核心观念"扬弃"（*Aufhebung*）（在德里达的法语中是 *la relève*，即 sublation），但它们是通过阅读黑格尔的可以说不是在其哲学中心的一些段落而这么做。德里达做过一些评论，这些评论第一眼看起来意味着解构是反黑格尔主义的——"如果延异有一个定义，它将正好是黑格尔式的扬弃的限度、中断和解构，**无论**它运作于**何处**。"尽管如此，这个宁可说听起来激烈的评论，却是以一种传统的"黑格尔式的"方式，并依据总体化的辩证思辨，而被授予资格，因为它仅仅被指向如同被解释的那样的扬弃（*POS*, pp. 40–1）。

德里达对黑格尔的众多阅读之一——《书写与差异》中的"从被限制的到一般的经济"——通过对巴塔耶的黑格尔阅读的一个解构式阅读而迂回地处理黑格尔的哲学。后来，在《哲学的边缘》的"陷坑与金字塔"中，德里达提供了一些有关黑格尔的"符号学"（semiology）的解构式评论，这些评论用来展示从黑格尔对语音和语音文字的特权化中所产生的那些棘手的难题。因为这个主题并不在黑格尔哲学的前沿，德里达在此的方针也可以被看作迂回的。后来在《丧钟》（*Glas*）中，德里达仍然是在阅读热内时，并且在阅读热内的语境中，提供了对黑格尔的一个阅读——《丧钟》在每一页中都被设置成两列（经常会有一些额外的插入），左边一列致力于黑格尔，而右边一列致力于热内。德里达针对黑格尔哲学的方针是去处理家庭——既是人类的又是神圣的——的主题，但是对黑格尔哲学的解构不是主要且主题化地被实现于黑格尔这一列，而是宁可说实现于两列之间的无声但却显著的反响中。因为，在德里达的所有著作中，《丧钟》最远离于拥有一种"古典哲学的构架"，并且因为它呈现给一个或多或少传统的哲学读者的挑战是非常巨大的，因此很难准确地决定它的那些明显的和暗含的解构式评论是什么，以及它们是不是中肯的和成功的。

也许这样一些东西——德里达对黑格尔的总体化的辩证思辨的解构式评论，包括它们的迂回性——的例示，能够在《撒播》的"外围工作"（Outwork）中被找到。德里达注意到，黑格尔自身在《精神现象学》的前言中向读者警告到一部哲学作品的前言的成问题的、最终外来的地位。（如果不管解构，在一个前言中有关前言的这一警告冒着在它自己的权利中产生一个悖论的风险。）但是尽管前言具有外来性，黑格尔仍旧书写它们，并且将它们包含为他的著作的一部分。因而，黑格尔的前言在一个（非常字面的）意义上是文本的一部分，然而按照黑格尔自己的主张，它们又不是进行了哲学工作的文本本身的一部分。可以说，黑格尔的前言是被移植到并且增补了黑格尔的哲学文本本身，并且它们自身并不是很容易地被总体化的辩证思维的三级模式所包括；相反，黑格尔的前言作为"外围工作"是用来以一个不可扬弃的第四阶段——一个既内在又外在于辩证法的阶段——复杂化辩证反思（*DS*, p. 25）。最终，德里达关于黑格尔的解构式评论看起来不具有一种标准的批评或批判的力量，但是作为替代，这些评论用来为总体化的辩证思辨引入难以消除的复杂化。德里达自身已经评论，诸如"延异"这样的解构的观念不是简单地反辩证法的，并且甚至能够被看作对不可辩证之物进行辩证化的努力（*TS*, pp. 33-4）。

对 *Khōra* 的解构

作为解构式阅读的最后一个例子，我们可以考察德里达在《论名称》的"*Khōra*"一文中对柏拉图的《蒂迈欧篇》的阅读。这个阅读继续了对那种第一个术语被特权化的区分"道说/神说"（*logos/mythos*）（在《论文字学》有关列维-斯特劳斯的文本中，以及《撒播》的《柏拉图的药》一文有关柏拉图的文本中，这个区分已经联系于语音/书写的区分而被挑战过）的解构式探究。德里达对柏拉图的阅读的关键点之一在于 "khōra" 这个显著的观念以及由它所扮演的角色。khōra 是可理解的永恒的形式和可感觉的生成的世界之间的一种环境（milieu）；它是一个接受器（receptacle），永恒形式的印记（imprints）在其中被接受，而且形式的可感觉的肖像在其中被产生。khōra 既不是可理解的也不是可感觉的，既不是永恒的也不是短暂的，既不是存在也不是生成，它是一个第三种类；甚至柏拉图对 khōra 的讨论都包含一种不正规的推理（logismō tini nothō）——它将不会明确地是一种道说的而非神说的话语（ON, pp. 89-90）。"khōra" 既不是专名，也（不单纯地）是一种语言修辞；然而它可以允许它的各种名称的产生，例如 "母亲"、"护士"、"接受器" 和 "印记承受者"，这些名称并不是确切地写实的或隐喻的、理性的或神话的（ON, pp. 92-3）。柏拉图的哲学反思是如此开放和深远，以至于它们被驱向有关 khōra 的那种不正规的推理，这个 khōra 并未干净利落地融入他的哲学范畴中。德里达指出，这些将是任何开放的、不轻信的和探究性的哲学的结果。

尽管德里达有关 khōra 的解构式评论被绑定于柏拉图的《蒂迈欧篇》这个文本，但是他却将它把握为一般哲学的例示。尽管需要很多更进一步的论据来支撑这个更强烈的断言，但也许一些暂时的支撑能够被给予它。柏拉图的 khōra 在《蒂迈欧篇》中扮演的角色类似于想象力在康德哲学中扮演的角色——它是在可理解的东西和可感觉的东西之间起中介作用的一个第三极。对德里达正在做什么进行考察的一种方式是，去看到他对一种状况实行了一种解构，戴维森已经将该状况批判为 "图式（scheme）和内容（content）的二元论"。这种对它进行考察的方式将会是恰当的，因为图式和内容的二元论的一个典范性的例子就是康德的二元论，对康德来说，知性概念提供了概念图式，感性直观提供了感觉内容，而起中介作用的第三极就是想象力的图式论。尽管他已经做出了一些相关的评论——例如在《绘画中的真理》中——但德里达还没有向我们提供一种对康德的图式/内容二元论的完全发展了的解构。（如果德里达提供了这样的一个阅读，将康德的图式论和想象力当作其主题，那么这将不会是闻所未闻的，即对他来说间接地处理康德，也就是说通过对海德格尔的《康德与形而上学疑难》的一个阅读而处理康德。这样一个解构式阅读将会是向海德格尔

277

和康德致敬的一种方式。）当德里达声称，尽管他没有将特权给予图式论——该图式论是作为那种第三类的、混合的、中介性的端点的一个例子，这些端点被用来解构二元的且层级化的对立（注意，在另一个文本和语境中，"*khōra*" 已经作为这样一个第三类端点）——但情况仍是这样的，即想象力在哲学史中倾向于运作为一个中介性的第三极，德里达是在向有关康德的这样一种阅读示意（*TS*, p. 75；也参见 pp. 99–101）。

在一种更进一步的澄清中，当被问到"图式论"是不是语言时，德里达否认了是语言转向（这个观念即哲学问题差不多就是语言问题）的一部分。踪迹或"标记"的观念不是单纯内在于语言的，宁可说，它也是前-语言的，或者是将语言开放向它的他者的那种东西（*TS*，pp. 75–6）。尽管如此，如果注意到德里达对图式/内容二元性的一种解构可能怎样被实行，并且注意到一个可能的后果也许是为想象力在哲学中开放一个更为重要的角色，那么也许对解构的一种更具创造力的回应可能就被描绘出来（尽管暂时地）。德里达评论，"延异发现其自身被卷入这样一种工作，该工作将它拉入其他'概念'、其他'语词'、其他文本构型的一个链条之内"（*POS*, p. 40）。解构可能会开放出新的（未被听闻的或未被预见的）**构型**的可能性，在那里"构型"（configuration）可以被理解为对希腊词"*schēmatismos*"（图式）的一个拉丁语式的翻译。

对众多解构的回应

读者已经被提供了解构的这些各种例子，他也许想知道怎样反思性地、具有思想地以及批判性地回应一种解构式的阅读。某种回应也许是去追问被阅读的文本和在其中被表述为哲学的那种哲学具有怎样的典范性。那个文本或哲学真的是——例如——传统的典范，或者甚至是一种在场哲学的典范吗？人们可能会声称德里达对卢梭的解构式阅读，就它被看作一种批判而言，仅仅对卢梭文本的一些特质有效：这样一种回应类似于在法律中将一个案例限定在其事实中。考虑到他关于典范性的评论的一些后果，这样一种回应将不会被德里达所排除。例如，相反于作为一种普遍之物的单纯事例，或者作为一个类型（例如解构）的单纯标志（token），德里达的每一个阅读都是独一的（人们可能会说，每一阅读都是"署名德里达"）。然而，就他的众多阅读重述了被阅读的文本而言，它们也以某种程度的一般性运作，这种一般性尤其归因于它们对在被阅读的文本中所做出的断言的一般性的重述。一般而言，人们可能会问德里达的某个阅读具有怎样的典范性；人们的回答可能会从这样一个断言（即解构式阅读是完全独一的，并且束缚于被阅读的文本）到那样一个断言（即这个文本是如此好地典型化了一个哲学传统，以至于这个解构式阅读具有一个极其一般性的意义）变化。甚至当德里达看起来在一个非常高水平的一般性中写作（就像在《哲学的边缘》的《延异》一文中那样）或言说（在诸如《多重立场》这样的采访中）时，他的众多评论——例如，关于延异的——仍然是被某个他已经给予的阅读或者被一个"阅读计划"所担保的，这个阅读计划勾勒了一种能够被实行的可能的阅读。

对德里达的一种无法被排除的典型的对抗式的回应是，通过证明或者至少提出他已经错误解释了、错误再现了、错误理解了、误读了（等等）被阅读的文本或被讨论的哲学，而来挑战他的阅读。这种回应就是塞尔（Searle）给予德里达在（《哲学的边缘》的）《签名、事件、语境》中有关奥斯汀的评论的。这类回应的说服力部分地依赖于它们是否在一种严谨的细读中不仅处理了正在讨论中的文本或哲学，而且在其中也处理了德里达的阅读。我将不会评估这些对抗式的回应的各自优缺点，而是会简单地指出一些对德里达的对抗式的——有时好辩的——回应宁可说是粗暴的。也许这是因为这类对手相信，德里达或者他的哲学的和文本的实践要么在实际上要么在原则上，或者也许由于某种假定的原则缺失，是如此违背解释或哲学标准，以至于他的哲学或文本不值得在解释中以哪怕最小的关照或宽容来被处理。与这样一些对手相反，德里达向他称呼为"阅读的礼仪"的东西展示了尊重，并且在其最好的时候，他的阅读在文本的解释中显示了一种值得钦佩的严谨性。

一种不同种类的——具有挑战性的，尽管非对抗性的——回应是，通过严谨的细读而展示德里达自身忽略了他已经阅读的某个文本中的一些观念或主题，或者未能就这些观念或主题进行评论，这些观念或主题实际上使得那个文本比德里达所指出的更具自我解构性，因而更少"逻各斯中心的"等等。德·曼（De Man）对德里达的卢梭阅读的回应［收入《阅读的寓言》（*Allegories of Reading*）］以及芭芭拉·约翰逊（Barbara Johnson）对德里达有关拉康的阅读——德里达的这个阅读是针对拉康有关爱伦·坡的《失窃的信》（*The Purloined Letter*）的阅读的——的回应［收入《批判性差异》（*The Critical Difference*）］都属于这种。这种回应在某种程度上能够用来增补（即弥补其中的缺陷，替代）德里达的阅读。德里达自己的阅读以及他的哲学甚至可能被用来招引这样的增补性阅读。

最后一种回应模式——这种回应是德里达的作品看起来通过提供一个挑战而招引的——将会是为了论证而承认德里达关于现象学、黑格尔或结构主义的各种阅读和评论，并且接着设计出某种现象学的超反思（hyper-reflection），或者某种超辩证法（hyper-dialectic），或者某种超结构主义（super-structuralism），这些设计通过吸收或取代德里达的那些阅读和评论而将它们考虑进去。据我所知，严肃地尝试过这一回应的哲学作品还没有被写出来，并且也许进行这样一种回应的任务将会是艰巨的。尽管如此，这样一种回应并不必然地被德里达所排除，例如，他声称，他的解构性观念——例如延异——尽管挑战了依据绝对总体化的辩证思辨而被解释的黑格尔式的扬弃观念，但它们仍旧与扬弃具有一种紧密的"趋近性"；的确，它们甚至能用来证明黑格尔的哲学不是**单纯**逻各斯中心的，并且人们不能**单纯地**拒绝或了结它（*POS*，pp. 40-2，77-8）。不足为奇的是现象学和黑格尔式的辩证法可能尤其地对解构开放（人们也许说易受其伤害），因为它们是严谨的反思性哲学，这种哲学努力地不将相关的问题遗漏在考虑之外。

此外，尽管德里达的作品以它们自己的独特方式能够被定位在对传统西方形而上学的批判的路线——这种批判可以被看作开始于康德，并为尼采和海德格尔所发展——之上，但它们作为解构仍不能严格地意味着逻各斯中心的哲学、在场形而上学以及诸如此类的东西是单纯**坏的**，或者应当被消除。因为尽管解构可能包含一个颠倒时刻，在那里传统上被赋予价值的东西（例如，语音、在场、生命等等）被传统上被压抑或被边缘化的东西（例如，书写、不在场、死亡等等）所颠覆，但一个解构的最终要点是使得对立以及与对立相伴随的价值判定崩塌掉。由于这个原因，甚至逻各斯中心的哲学或在场形而上学都将不应受到**单纯的**谴责。然而，也许有点像海德格尔在《存在与时间》中的本真性与非本真性的观念——它们都是作为非评价性的观念被明确地提出来，但是仍然强有力地让读者觉得是评价性的——"逻各斯中心主义""在场形而上学"等等以及它们的诸如"解构"这样的替代——它们不是作为单纯坏的或好的，或者因为那个原因作为单纯中立的，而被德里达提出来——能够使不知情的读者觉得是分别被谴责的或被赋予价值的。

激进的含义整体论：罗蒂和德里达

德里达对在场哲学的最终替代方案也可同罗蒂的反本质主义的语义整体论（semantic holism）相比较。罗蒂主张含义环境和心灵模式是句子态度（sentential attitudes）的一个持续重织的网络［例如，我相信（或欲望）那个 *P*］。这个网络并不被固定于任何固定点，甚至其中的句子态度都是根据语境被个体化的。但是语境自身并不是被给予的和确定的——相反，"它是一直下降的众多语境"，并包括一种"镜厅"效应，在其中，通过将其消解于其他事物之间的众多关系之中，总是可能通过语境重构而重新描述一项关系，反之亦然（Rorty，1991，p. 100）。在这种"镜厅"——语境的一种深渊——之中，句子能够被消解于语词的样式之中，但语词仅仅在一个句子的语境之内才有含义；这种假定的实在（real）能够依据图像而被重新描述，并且反之亦然，以至于"实在"和"图像"之间的区分崩塌了（Rorty，1991，p. 100）。德里达的语义系统不是作为句子态度的一个网络，而是作为踪迹的一个网络。一种"踪迹"的观念就是一种能指的观念，这种能指的含义从来都不是就其本身而在场的，而是相反，依赖于它在一种分化和改变的关系网络中与其他能指的交织。由于这个网络和含义一直都不是彻底的或完全在场的，并且因为意向、语境和任何语义原子都未最终固定含义，因此结果就是含义和语境的一种理论的不确定性、一种镜厅或者深渊，它们允许无止境的语境重构。解构甚至能被界定（*LI*，p. 136）为通过关注"语境重构的一种连续运动"而"考察这种无限语境的努力"，以至于"语境之外别无他物"。例如（参见《哲学的边缘》中的《白色神话》），假定写实性的术语能够被重新语境化和重新描述为隐喻性的，并且反之亦然，由此就将传统上赋予写实超过隐喻的特权置入质疑中；同样地，文本和语境之间的区分就其自身而言是向语境重构开放的。在既声称句子态度是根据语境被个体化的，又声称语境不是最终确定的而是一个镜厅时，罗蒂导致了对这样一个观点的相信（参见 Fodor and Lepore，1992），即一旦为了一种语义整体论——这种语义整体论避免了分析的/综合的和图式/内容的区分以及还原主义——而放弃语义原子论，这些整体主义的理论就不能解释句子态度中的"意向内容"的同一性

280

（sameness），或者提供一个有关这种内容的同一性的充分有力的观念。以一种更加德里达式的方式重述：在替代作为语义原子而起作用的一种"先验能指"时，"同一／差异"的区分以及它的最终基础就都被揭示为成问题的。

尽管罗蒂的语义整体论像解构一样能够用来挑战再现主义和本质主义，但它的理性准则包含了要在网络中维持最佳秩序、规则性和均衡：怎样限制网络是依据它所边缘化和所排斥的东西，根据这一点，它可能凭借理性的一种规范性理想而构成逻各斯中心主义的一种新的外观。相反，解构寻求着拼接到网络线程中去，这种网络线程扰乱均衡，并且不能被轻易地固定在一个地方：要点在于将它开放向另类的可能性，也许是另类的构型，为了不单纯地拆散或毁坏网络，这些可能性和构型是可能会被排除的。

尽管在某些方面德里达和罗蒂是可以比较的，但是他们也至少在一个重要且出人意料的方面完全不同于对方。罗蒂拥护一种被彻底挫败的"真理"观念以及一种明显的反形而上学的、反本质主义的立场（在这方面，它是实证论者们和日常语言哲学家们的一个忠诚的继承者），而德里达则如下讲述："真理不是人们可以放弃的一个价值。对哲学的解构并不是要放弃真理——在这方面，至多像文学所做的那样。它是一个思考同真理的这种另外的关系的问题"（*TS*，p. 10）。尽管黑格尔式的作为"整体"的"真理"的观念，或者海德格尔式的作为去蔽的"真理"的观念，或者作为相即的真理的观念，连同它们被交织在一起的形而上学的假设，都是对解构开放的，但得出的结论并不必然是停止有关真理及存在的哲学探究和反思。也就是说，人们**可能**（这并没有被排除掉）但人们并**不必须**将解构等同于是对诸如"真理""存在"等等这类宏大哲学观念的一种归谬（*reductio ad absurdum*）。这是德里达否认这样一个观念的一个原因，这个观念即他在表述或描绘某种"后哲学"（*TS*，p. 10）。就解构包含着质疑那些要求或渴望在本体论、认识论或方法论中成为终极话语的哲学而言，以及就它质疑简单的对立而言，它也将会在原则上质疑**简单地**终止形而上学以及其中的话语的各种哲学尝试。解构允许这样一种可能性，即形而上学能够从解构中**幸存**（survive）以及继续生存（live on）：这样一种"幸存"，在一种生生不息或一种死后重生之中的继续生存的**"幸-存（*sur-vie*）"**，将会包含一个不可扬弃的死亡的时刻。尽管形而上学也许会经历无限的死亡，但是这枚硬币的另一面是它也许会经历无限的生存，也许会有很多的

281

化身，并且也许会有一个未来。解构并不排除这些可能性。

解构和伦理学问题：好客、正义和友爱

在晚期著作中，德里达提供了对好客［《论好客》（*Of Hospitality*）］、对正义和法律［《法律的力量》（"Force of law"）］、对友爱［《友爱的政治学》（*Politics of Friendship*）］、对礼物［《被给予的时间》（*Given Time*）和《死亡的礼物》（*The Gift of Death*）］以及对民主［《另一个方向》（*The Other Heading*）］的反思。这些反思描绘了对理性规范性的一种伦理的和政治的替代，并且将一种伦理的角度给予解构。所有这些伦理观念都是极限情况（limit-case）的理想，它们是康德的规范伦理理想的替代，并且被置入与其通常的和传统的哲学对应物的一种不稳定的关系之中。接下来对这些伦理观念的讨论将会聚焦于好客和正义的观念，尽管在最后将会就友爱做出一些评论。

无条件的好客在理想上包含了欢迎（welcoming）、为他者准备一个好客的地方以及真正地同他者分享；然而，不像在通常的好客中那样，在与无条件的好客——这种无条件的好客既是关键点，但同样又是一种不可能的理想——的关系中，没有人将会再是设定房屋规则的房屋主人。尽管无条件的好客是无法实现的——这不仅像一种康德式的规范理念，而且也由于结构性的理由——但它仍旧对我们提出了一种责任的要求。尽管有条件的好客——它运作于特定的条件之中，并且包含特定的观念，例如权利、义务等等——的法则与无条件的好客的法则是异质的，但两种观念和它们各自的法则是不可分割的——每一种都唤起并规定另一种（*OH*，p. 147）。德里达评论，同阻碍好客的欲望以及摧毁好客的要求相反，无条件的和有条件的好客的异质法则将会被好客的"中介性图式（schcmas）"引导着去相互影响，由此在责任和回应性（responsiveness）中允许每一种都去回应另一种（*OH*，p. 147）。［尽管"图式"和"图式化"是康德式的观念，但德里达的运用是明显地非康德式的，因为康德在伦理概念或理想的情况中排除了图式（化）。］德里达走得如此之远，以至于甚至评论"好客的问题"是"与伦理的问题同延的（coextensive）"（*OH*，p. 149）。因为好客关涉到与"他者"（即外国人、陌生人、异质者等等）的关系，并且因为它包含了无条件的和有条件的好客的异质法则的图式化，因此"好客"已经作为一个解构性的理论观念而运作。

对"好客"适用的东西加以必要的修改对"正义"也适用。在《法律的力量》中，德里达在正义——它被意指为无条件的正义——与具有其特定法规、禁止和执行的（实证）法律之间做出了区分。正义与（实证）法律之间的关系类似于无条件的与有条件的好客之间的关系：尽管它们是异质的，但两者都对我们提出要求，并且必要的是去理解怎样在特定的情况中将它们一起**图式化**。德里达如下所述地说明这个问题："……解构发生在间隔之中，这种间隔将正义的不可解构性从**权利**（*droit*）（权威、合法性等等）的可解构性中分离出来"（"Force of law," p. 945）。联系于一种美国背景，德里达的法律理论宁可说是独特的。因为，一方面，就像美国法律现实主义（American Legal Realism）和某种批判法律研究（Critical Legal Studies）一样，它挑战机械法学——如果法规确定了一个案件的结果，以至于"法官只是一个计算机器"，那么这样一个法官就已经取消了正义和责任——并且强调法律的一种不可判定性（参照"不确定性"）（"Force of law," pp. 961-3）。另一方面，这种不可判定性正是将法律开放向"无限的'正义理念'"的东西，正义的祈求是自然法理论的一个标志。然而，与传统的自然法理论不同，德里达既强调正义与实证法之间的不可分割性，又强调两者之间的彻底的异质性。对德里达来说，"正义"是"不可计算的"，但也必须被考虑进司法判决之中，这些司法判决（尽管德里达不是以这种方式来说明）在与实证法的条文和应用的联系中提供了正义的一种图式化。〔顺便说一下，依据好客和正义的伦理观念，探究一种哲学是不是逻各斯中心的也许也包含了去追问它对（它的）他者是如何好客的和正义的。〕

《友爱的政治学》是一部非常丰富和密实的——尽管具有高度可读性的——作品。它包含了对那些关于友爱的权威著作——那些著作是由亚里士多德、西塞罗、蒙田（Montaigne）、康德和尼采以及其他一些人创作的——的一种细读和讨论，连同对施密特（Schmitt）的《政治的概念》的一种解构式阅读。（在评论尼采著作中有关友爱的大量段落时，德里达在此提供了可以说是他对尼采的最广泛和最细致的阅读。）我将通过冒险提出一些评论而结束，尽管这些评论难免会不能公正地对待这部作品，但是它们至少可能将其中的问题及讨论的某种观念给予读者。友爱运作于一种非对称的扭转中，这种非对称的扭转是友爱的独特性（也许被蒙田最好地表达出来，他写道："如果你非要我说出为什么我爱他，我感觉这只能通过这样回答而被表达出来："因为这是他：因为这是我'"）和友爱的被声称的普遍性——不管是伦理的（在"完美友爱"或者"真正友爱"的观念或理想中，它包含着义务），还是政治的[在"政治友爱"的理念或理想中，或者在密切相关的"兄弟之爱"（fraternity）的观念中]——之间的扭曲。然而，友爱既不是纯粹独特的，又不是纯粹普遍的，同时它也不仅仅是两者之间的对立，恰恰相反，友爱被表述在独特和普遍之间的图式之中（*PF*，pp. 276-7）。由图式所发挥的关键性作用被用来解释德里达为什么挑战兄弟图式（"兄弟情谊"和"兄弟之爱"）和男权主义图式（即女人与女人之间以及男人与女人之间的友爱的忽视和边缘化）（*PF*，pp. 277-8）。对友爱观念的解构不是用来拒斥友爱的理念或理想，而是用来开放重新思考和重新配置友爱的可能性。

【注释】

[1] 关于文本引用的缩写，参见下面的参考文献。

参考文献

德里达的著作

1967：*Of Grammatology*，trans. G. Spivak. Baltimore, Md.：The Johns Hopkins University Press，1976.（对这本书的引用在文中被缩写为"*OG*，p.··"）

1967：*Speech and Phenomena*，trans. D. Allison. Evanston, Ill.：Northwestern University Press，1973.（对这本书的引用在文中被缩写为"*SP*，p.··"）

1967：*Writing and Difference*，trans. A. Bass. London：Routledge，1978.（对这本书的引用在文中被缩写为"*WD*，p.··"）

1972：*Dissemination*，trans. B. Johnson. Chicago, Ill.：University of Chicago Press，1981.（对这本书的引用在文中被缩写为"*DS*，p.··"）

1972：*Margins of Philosophy*，trans. A. Bass Brighton. Chicago, Ill.：University of Chicago Press，1982.（对这本书的引用在文中被缩写为"*MP*，p.··"）

1972：*Positions*，trans. A. Bass. Chicago, Ill.：University of Chicago Press，1981.（对这本书的引用在文中被缩写为"*POS*，p.··"）

1974：*Glas*，trans. J. Leavey and R. Rand. Lincoln, Neb.：University of Nebraska Press，1986.

1977：*Limited Inc.*，trans. S. Weber and J. Mehlman, ed. G. Graff. Evanston, Ill.：Northwestern University Press，1988.（对这本书的引用在文中被缩写为"*LI*，p.··"）

1979：Living on (trans. J. Hulbert). In H. Bloom et al.，*Deconstruction and Criti-*

cism. New York: The Seabury Press.

1990: Force of law: the "mystical foundations of authority" (trans. M. Quaintance). In *Deconstruction and the Possibility of Justice. Cardozo Law Review*, 11 (5−6).

1991: *Given Time. 1. Counterfeit Money*, trans. p. Kamuf. Chicago, Ill. : University of Chicago Press, 1992.

1992: *Points*, trans. P. Kamuf et al. , ed. E. Weber. Stanford, Calif. : Stanford University Press, 1995.

1992: *The Gift of Death*, trans. D. Willis. Chicago, Ill. : University of Chicago Press, 1995.

1993: *On the Name*, ed. T. Dutoit, trans. D. Wood, J. Leavey, and I. McLeod. Standford, Calif. : Stanford University Press, 1995. （对这本书的引用在文中被缩写为 "*ON*, p. · ·"）

1994: *Politics of Friendship*, trans. G. Collins. New York: Verso, 1997. （对这本书的引用在文中被缩写为 "*PF*, p. · ·"）

1997: *A Taste for the Secret*, trans. G. Donis, ed. G. Donis and D. Webb. Cambridge: Polity Press, 2001. （对这本书的引用在文中被缩写为 "*TS*, p. · ·"）

1997: *Of Hospitality*, trans. R. Bowlby. Stanford, Calif. : Stanford University Press, 1997. （对这本书的引用在文中被缩写为 "*OH*, p. · ·"）

延伸阅读

Culler, J. 1982: *On Deconstruction: Theory and Criticism after Structuralism*. Ithaca, NY: Cornell University Press (London and Melbourne: Routledge & Kegan Paul, 1983).

Fodor, J. and Lepore, E. 1992: *Holism: A Shopper's Guide*. Oxford: Blackwell.

Kamuf, P. （ed. ）1991: *A Derrida Reader: Between the Blinds*. New York: Columbia University Press（包含着广泛的文献目录）。

Nancy, J. -L. and Lacoue-Labarthe, P. 1992: *The Title of the Letter*, trans. F. Raffoul and D. Pettigrew. Albany, NY: State University of New York Press.

Rorty, R. 1991: *Objectivity, Relativism, Truth*. Cambridge: Cambridge University Press.

Saussure, F. 1966: Course in General Linguistics, trans. W. Baskin. New York: McGraw-Hill.

Schmitt, C. 1996: *The Concept of the Political*, trans. G. Schwab. Chicago, Ill. : University of Chicago Press.

Wittgenstein, L. 1958: *Philosophical Investigations*, 3rd edn. , trans. G. E. M. Anscombe. Oxford: Blackwell.

第 13 章　后现代主义

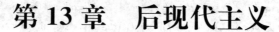

斯蒂文·贝斯特（Steven Best）、
道格拉斯·凯尔纳（Douglas Kellner）

　　在哲学和理论话语领域，有很多不同的路径通向从现代向后现代的转向，这个转向代表了穿越不同学科和文化领域的多样且经常相异的轨迹的一个复杂谱系。其中一条路径是穿过一种非理性主义的传统，这种传统从浪漫主义到存在主义再到法国后现代主义，它经由尼采、海德格尔和巴塔耶这样的人物而进入法国后现代理论的扩散。这是尤尔根·哈贝马斯在《现代性的哲学话语》中所描绘的路线，对他来说，这个轨迹最终导向了非理想主义的尽头和纳粹主义的灾难。

　　对理论中后现代转向的谱系的更为积极的叙述包含理查德·科尔尼（Richard Kearney）的这样一个旅程，即经过前现代、现代和后现代思维方式的推进而进入一种新的后现代想象和视野的凯旋（1998）。伊哈布·哈桑（Ihab Hassan，1987）同样深入地植根于美学理论，描述一种"破坏性"的后现代文化的轮廓，这种文化源自现代主义、实用主义以及现代科学中的改变，这些改变在其最好时将会帮助推进威廉·詹姆斯的这样一种设想，即一种"未完成的多元世界"的设想。约翰·麦克高文（John McGowan，1991）依次讲述了后结构主义、新马克思主义和新实用主义的后现代理论的兴起故事，这些理论产生自康德、黑格尔、马克思和尼采的传统，建立在其前辈的基础上，但克服了这些前辈的局限。对后现代转向的很多解释都将尼采和海德格尔凸显为后现代转向的关键性先驱，这些先驱产生了创新性和批判性的思维方式、新颖的书写形式以及解放性的价值（Vattimo，1988；Kolb，1990），这些解释为哲学中的后现代转向提供了一个肯定性描述。

　　我们在这个研究中要展示，由克尔凯郭尔、尼采和海德格尔所做出的对现代哲学之基本假设的评估如何产生了激发性的后现代话语、书写和批评模式。1970 年代与后结构主义相联系的一群法国思想家激进化了对现代哲学的批判，并且被标示为"后现代的"理论家（Best and Kellner，1991）。德里达、福柯、利奥塔、鲍德里亚和其他人发展了原创性和挑战性的思考和写作模式，驱使哲学走向了新的竞技场和主题。1980 年代，后现代理论传遍世界，并且美国思想家理查德·罗蒂也同哲学中的后现代转向联系起来。我们拒绝整体化对后现代思想的摒弃和狂热肯定，而是采取一种辩证方法来发展当代的批判理论和政治学，这种辩证方法在现代和后现代理论之间起着调和作用。我们认为，尽管后现代理论实现了对现代理论和政治学的激进批判和某种创造性重构，但它被它对规范性视角和现代理论的过分极端的拒斥所损害，由此我们倡导在现代和后现代话语之间的调和。[1]

现代理论和克尔凯郭尔对理性的攻击

现代哲学主要是现世的和人本主义的，它聚焦于人类发现自然和社会真理并且相应地建构其世界的能力。为了再现和控制自然、社会条件，现代理论家们假定在宇宙、社会中存在着秩序和规律，理性能够发现这些秩序和规律。理性被视作独特的人类能力，被视作认知能力，这种能力能够使人们统治自然并且创造道德的和正义的社会。对理性的信念产生于文艺复兴以及 16 世纪和 17 世纪的科学革命，在 18 世纪的启蒙运动中受到推崇，并且到 19 世纪时取得胜利，尽管也被挑战。然而，诸如克尔凯郭尔和尼采这样的 19 世纪的关键思想家质疑了理性和现代理论的自负，因而为哲学中的后现代转向开辟了道路。

丹麦宗教哲学家索伦·克尔凯郭尔对理性的自负和一种抽象的理性主义进行了系统批判，他相信现代时期正培育着这种抽象的理性主义。通过将反思指责为一种"危险"——这种"危险"使人们陷入逻辑的延宕和阴谋之中——克尔凯郭尔将它比作一座监狱。对他来说，反思是一种形式的囚禁、一种束缚，这种束缚"只有通过［激情的］宗教灵性才能被破除"（1978，p. 81）。反思引诱个体们认为它的可能性"比一种微不足道的决定要更为高贵得多"（1978，p. 82）。它导致他们"根据原则"而行动，且沉浸于对他们的行动背景的审视和对他们的价值或产出的计算。克尔凯郭尔认为，这就驱逐了感觉、灵感和自发性，而所有这些对于真正的内在存在和同上帝的一种生命关系来说都是关键性的。对于克尔凯郭尔来说，就像尼采后来将会认同的，真正的内在存在（和文化）是以灵魂的紧固度和张力为特征的，灵魂的这种紧固度和张力刻画了激情生存的特征。但是在反思中"生命关系的螺旋弹簧……失去了它们的弹性"（1978，p.78），并且"每一事物都变成了无意义的外在性，缺乏［内在的］特征"（1978，p.62）。

克尔凯郭尔因而对一种非理性主义传统的发展做出了贡献，这种非理性主义传统在后来的某些后现代思想中具有回响。克尔凯郭尔也许十分认同他的同代人费奥多尔·陀思妥耶夫斯基（Fyodor Dostoevsky），陀思妥耶夫斯基写道："一个理智的［反思性的］人不能严肃地成为任何东西……过度的意识是一种病"（1974，pp. 3，5）。在一个被规律和规则所压倒的时代里，真正的行动——克尔凯郭尔认为这种行动是主体性的和自发性的——是处处受阻的。克尔凯郭尔抱怨我们甚至在宴会上都太过"冷静和严肃"（1978，p.71），并哀叹这样一个事实，即甚至自杀都是被预先谋划的！（1978，p.68）"一个人坚持或开始他的行动，这一点正变得过时了；相反，通过某种反思的帮助，并且也通过声称他们都很清楚地知道什么事情应当被做，每一个人都无所事事并且做一种笨拙的出色工作"（1978，p.73）。因而，是激情而非反思保证了"人与人之间的一种恰当的谦逊，并且阻止了粗暴的攻击性"（1978，p.62）。"消除激情，礼仪也会消失"（1978，p.64）。

"激情"这个词的模糊性在此可能带来某种混乱。讲到这个时代和它的个体们都是"无激情的"，这并不是说不存在任何情感，而是宁可说不存在真正的精神灵性和深度，不存在被强烈激发的行为和献身。它意味着激情仅仅存在于一种模拟的伪形式中，存在于通过"闲谈"（talkativeness）的"激情的再生"（1978，p.64）之中。对克尔凯郭尔来说"闲谈"阻碍"本质的言谈"，并且仅仅"反映了"无关紧要的事件（1978，pp. 89-99）。因而，在"当今时代"，情感——它实际上是太明显了——已经被转换成消极的力量。[2]在尼采提出道德中"奴隶的反叛"的谱系学之前，克尔凯郭尔就声称，就那些缺乏天分和智谋的人想诋毁那些拥有这些东西的人而言，先前革命时代的"热情"、一种"积极统一的原则"，已经就其自身而言变成一种罪恶的"嫉妒"、一种"消极统一的原则"（1978，p.81）、一种平衡性的力量。

克尔凯郭尔和尼采都将平等主义的政治学还原为乌合之众对强者或贵族的嫉妒。然而，克尔凯郭尔系统地捍卫激情高过理性。对克尔凯郭尔来说，生存有三个阶段——审美的、伦理的和宗教的。在每一阶段，激情和非理性要素都被视作高于理性。在审美阶段，正是饮食味道、艺术和性欲的感官快感，而不是理性的诡计，提供了日常生活的尘世愉悦。在伦理阶段，克尔凯郭尔赋予决心、选择和献身的激情超过普遍原则和道德判断能力的价值。然而，对于克尔凯郭尔来说，宗教阶段是生存的最高模式，他拥护基督教信仰的选择的无限激情、对基督教神迹和悖论的无理性信仰，以及对作为宗教生活的心脏、灵魂的拯救和救赎的主体性渴望。

此外，对于克尔凯郭尔来讲"真理就是主体性"，他赞誉主体的激情和献身，凭借这种激情和献身，一个基督教主体就生活于真理之中，并使得它成为日常生活的形式和实体。对克尔凯郭尔来说，这样一些生存真理比哲学和科学的断言更有价值得多。尤其，克尔凯郭尔嘲笑了黑格尔的自负，即关于被聚集到一个知识的总体化系统之中的绝对且客观的真理的自负。同样地，他嘲弄了启蒙理性和现代科学的担保，即担保提供确保客观知识的绝对可靠的方法。对克尔凯郭尔来讲，与艺术的快感和洞见、伦理献身的命令以及宗教救赎的无限且不可表达的价值相反，这样的"真理"没有任何存在意义。

对于克尔凯郭尔来说，主体是一个唯我论的单子，它渴望着拯救和无限的快乐，被焦虑和愧疚所折磨，痴迷于上帝和宗教的超越。社会联系、共同体和联合形式——这些东西将会被现代社会理论称赞为现代性的独特成就——连同社会整合、交互作用和社会规范的模式，都被发散进幻影公众的幽灵般的氛围之中，并将个体留在了恐惧和战栗中，独自在上帝和宗教选择的激情面前。因而，克尔凯郭尔对理性、反思、客观知识和现代思想进行了批判，这个批判将会影响到哲学中的后现代转向。

尼采与后现代

尼采共享了克尔凯郭尔的信念，即当代思想、道德和宗教正促成一种平均进程，但是与克尔凯郭尔拥有道德和宗教的积极观念不同，尼采倾向于将道德和宗教的所有存在形式——并且尤其是基督教——都看作对有活力的生命能量的压抑，并且有害于个体性。因而尼采激进化了对意识形态的启蒙批判，并且像马克思一样，提倡一种彻底世俗的方法来通向价值和理论。尼采的哲学批判变异成了现代存在主义，以及接着变异成了后现代理论，这使得他成为两个传统的杰出理论家，并且成为从存在主义到哲学中的后现代转向的一个纽带。尤其是，在他对主体和理性的批判中，在他对真理、再现和客观性的现代观念的解构中，在他的透视主义中，以及在他的高度审美化的哲学和写作模式中，尼采预示了后来的后现代理论。

尼采对酒神精神的颂扬，以及他对苏格拉底式理性和后来理性主义的希腊悲剧的批判，呈现了对启蒙理性和现代科学的形象的一种抨击。尼采后来清晰地讲述，苏格拉底式的或"理论的人"——这是他在《悲剧的诞生》中的批判对象——代表着现代科学和理性，并且在这部早期著作的"一种自我批判的尝试"这一节中，尼采声称凸显了他的立场的东西"**是科学自身的问题**，科学第一次被认为是成问题的，是可疑的"（1967a，p. 18）。的确，尼采在追问科学对生命的价值时引领了道路，表明"真理意志"和对客观性的科学渴望是权力意志的面具以及禁欲主义理想的提升（1968a）。此外，尼采是抨击现代社会结构和发展出一种现代性批判的第一批人中的一个，尽管这并没有经常被注意到。[3]

从其早期著作开始，尼采像克尔凯郭尔一样，责骂一种否认生命的理性主义以及唯心主义哲学，这种哲学捍卫理性高过激情。尼采将"主体"解释为一种单纯的构造，是身体驱力、经验以及大量思想和冲动的一种理想化的升华。在尼采观点中的这个"弱小的低能儿"、这个主体，"被认为是比地球上任何其他事物都要坚固"，但是对他来说，它是一个单纯的幻象，这个幻象产生自这样一个现代冒险，即要拥有一个基础牢固的同一性。对主体的信念是被语法的迫切需要所推动的，语法使用一种主语/谓语形式，导致了这样一个错觉，即"我"是一个实体，而它实际上仅仅是一个语法习惯（Nietzsche，1968b，pp. 37-8）。对尼采来说，"行动者"是"一个被添加在行动上的单纯虚构——行动是一切"（1968b，p. 45）。他总结道，"主体"因而仅仅是对大量驱力、经验和观念的一种简略表达。

在启蒙运动的精神中，尼采也反对形而上学，认为它不恰当地把来自一个历史时期的观念一般化到历史整体中去。与这种哲学普遍主义的形式相反，尼采认为"**没有永恒的事实**，就像没有绝对的真理一样。因此，从现在开始需要的**是历史的哲学化**，以及与它相伴随的谦逊美德"（Nietzsche，1986，p. 13）。通过从一种批判性的启蒙视角来严厉批评传统的哲学和价值，尼采预示了后来对形而上学的后现代批判，他抨击了永恒知识的概念、一种先验世界的观念，并且将形而上学思想呈现为一种完全陈旧的思维方式。他将"形而上学的需要"——这种需要处于这样一些哲学

（例如叔本华的哲学）的中心——归因于对生命苦痛的宗教安慰的原始渴望，并且他敦促"自由的精神"去解放其自身并且实验性地进行思考和生活（1986，p.8）。

因而，通过对现代理论的一种激进的解构，尼采对基础主义、普遍化思想以及形而上学的抨击保证了哲学中的一种"后现代"转向。但是解构主义哲学典型地结束于否定（No），仅仅寻求将一个肯定性的现代价值拆散成一堆不连贯的碎片，而尼采则以一个大写的肯定（Yes）、一种肯定生命的价值而开始和结束，他解构仅仅是为了重构。通过远离叔本华式的悲观主义，回到一种希腊的悲剧观，回到一种酒神式的生存观，尼采寻求"**一种生命的证成**，甚至是在其最可怕、最模糊和最虚假中的证成"（1968a，p.521），这种证成被发现于艺术、创造性、独立性之中，以及人性的"更高类型"的显现之中。

然而，尼采的视角主义（perspectivism，亦可译作透视主义）否认对任何绝对或普遍价值进行肯定的可能性：所有观念、价值、立场等等都是权力意志的个体构造物的设定，这些设定根据它们服务于或不服务于生命、创造性和强烈的个体性的价值的程度而被评判。对尼采来说，没有事实，只有解释，而且他认为所有的解释都是被个体的视角所构成的，并且因此不可避免地承载着假设、偏见和限定。对尼采来说，一个视角因而就是一个透镜，一种观看方式，并且人们拥有的供其支配的视角越多，人们能够看到的就越多，且人们就越能更好地理解和把握特定的现象。为了避免有限的和局部的视野，人们应当学会"怎样运用**各种各样**的视角和解释来为知识服务"（Nietzsche，1968a，p.119）。

视角性观看和解释的概念为尼采提供了一种针对本质主义的批判性的反-概念：对象并不拥有一个内在本质，而是根据它们被观察和被解释的视角，以及它们显现于其中的语境，而有区别地显现。他将他自己"对知识的寻求"描述为显示在这一梦想之中，即拥有许多他者的"手和眼睛"，并且"重生在一百个存在者之中"（1974，p.215）。培养这种方法要求**学着去观看和解释**——"使眼睛习惯于去回应、去忍耐、去让事物来到它那里；学着去延迟判断，学着在个体状况的所有方面探究和领会个体状况"（Nietzsche，1968b，p.65）。

这条道路指向了视角性观看的另一个功效：学着去把握事物的特异性和特殊性。尼采不信任过分抽象且一般性的语言及概念的歪曲功能，并且他要求视角性的观看和解释去把握具体现象的独特性。视角性观看允许通

290

向"特异性的一种复杂形式"（Nietzsche，1968a，p. 340），这使得对现象的特殊性的更为具体和完整的把握成为可能。从冲突性的视角进行观看也将人们开放向对他异性和差异的理解，并且使他们把握到所有知识的非确定的、暂时的、假设的以及"实验的"本性。

尼采的追随者和后现代转向：从海德格尔到德里达

尼采的遗产是高度复杂且矛盾的，而且回想起来，在从现代向后现代思想的转换中，他是最为重要和神秘的人物之一。他对西方理性主义的抨击深刻地影响了海德格尔、德里达、德勒兹、福柯、利奥塔和其他后现代的理论家，这些人摒弃了现代理论，并且寻求替代性的理论。例如，马丁·海德格尔将尼采对现代性的激进批判同对前现代社会形式的怀旧和对现代技术——他认为这种技术产生了众多强大的统治形式——的一种憎恨联系起来。在《存在与时间》（1962［1927］）中，通过其"常人"（das Man）——无人格的人（One）或人人自我（They-Self），它主宰了"日常平均的"存在——概念，海德格尔发展了克尔凯郭尔、尼采对大众和大众社会的批判。对海德格尔来说，常人（They-Self，人人自我）是一种形式的暴政，这种暴政将大众的思想、趣味、语言和习惯施加于每一个个体，创造出一种平均进程，以至于"本真的"个体性要求与他者进行激进的自我-区分（参见 Kellner，1973）。对死亡以及对人的生存的偶然性和有限性的沉思促进了这一进程，而这就为创造性的努力提供一种紧迫性。

对于后期海德格尔来说，批判的焦点从个体生存的生存论结构和现代社会转向现代技术，这种技术产生了一种**座架**（*Gestell*），即一个概念框架，这种概念框架将自然、人和对象还原成作为技术开发的资源的"一种长期储备"。为了前现代的沉思形式以及"让存在存在"，海德格尔摒弃了现代的和技术的思想方式及价值模式，因而在其总体性中拒斥了现代性（1977）。像尼采一样，他最终回归到了前现代价值，并且他同恩斯特·荣格尔（Ernst Junger）、奥斯瓦尔德·斯宾格勒（Oswald Spengler）和其他人一起深化了德国的反理性主义传统，这种传统最终推动了纳粹主义——由海德格尔所肯定和促进的一种反现代的文化——的产生。

海德格尔对现代性的抨击被福柯和各类后现代理论家所发展，而他对形而上学和现代思想的抨击则成为德里达的中心。海德格尔认为，现代主体性将其自身建立为统治对象的一种至高无上的装置，而且它自己再现世界的形式也被作为实在之物的尺度（1977）。对海德格尔来说，现代思想的再现形式以及随后的主-客形而上学不正当地将主体推崇为存在之王（Lord of Being），并且将个体置于同存在的一种非本真的关系中。德里达激进化了海德格尔对二元论的形而上学的打击，而罗蒂（1980）则将海德格尔对再现的解释发展成对作为自然之境的哲学的一种批判。这些观念将会最终结合成对现代哲学的一种激进否定，并导致很多人呼唤后现代思想和写作的新颖模式。

1960 年代，在后结构主义以及后来的后现代理论的名义之下，各种后-人文主义和反形而上学的话语涌现出来。这些运动以对笛卡尔式的主体、启蒙运动的历史观以及系统的或"总体化的"现代思想方式——它们在社会和历史中寻求支配一切的统一性和连续性——的抨击为前提。尽管很多有趣的思想家产生于这场骚动，例如吉尔·德勒兹、罗兰·巴特、让·鲍德里亚和茱莉亚·克里斯蒂娃（Julia Kristeva），但雅克·德里达、米歇尔·福柯、让-弗朗索瓦·利奥塔和理查德·罗蒂在哲学的后现代转向中也许是主要的哲学人物。

这些思想家是坚定的历史学家，他们以不同的方式质问诸如"存在"这样的无时间性的形而上学观念，并颠覆笛卡尔式的主体观，而且每一个人都在哲学和社会理论中采取一种形态的"语言转向"（罗蒂）。德里达抨击诸如中心、总体性和结构（1973，1976，1981a，1981b）这样的一些观念。对于德里达来说，差异位于所有事物的核心：语言仅仅通过分化的一种语言链条才拥有含义。没有通向实在性的直接路径，没有不以一种被社会地构成的语言为中介的"先验所指"。在一个被语言地创造的人类含义世界中，除了能指的一种无限链条，或者"交互文本性"，没有任何东西。

德里达的思想的核心在于对形而上学的抨击。从他的视角来说，哲学思考的整个西方传统在其寻求将时间、历史、差异和偶然性从世界中抹去的范围内，都是柏拉图式的/形而上学的。西方哲学寻求飞入纯粹且无时间性的普遍之物的想象性领域，因为它试图发现真理和稳定的价值的基础。诸如"形式"、"清楚且明白的理念"、"绝对知识"和"先验主体"这样的哲学概念都寻求在一个封闭的"真理"体系中终止含义的撒播。对含义的这种压抑不可避免地将西方哲学的形而上学文本导向悖论、矛盾和不一致，这些悖论、矛盾和不一致为"解构"做好了准备。

"解构"并不同于毁坏。解构试图打开逻辑矛盾并且颠覆严格的概念对立，同时也释放出不能被包含在旧系统中的新的概念和含义。例如，在西方形而上学的中心，德里达发现了"语音"和"书写"的对立。这种二元逻辑以一种不正当的方式运作着把语音构建为将"在场"给予世界的方法，而书写则被视作派生的和次要的。然而在德里达的"文字学"的意义上，含义的所有产物都是书写，并且服从于意义的无限游戏。通过消除先验所指以及提出"延异"的概念（语言是围绕差异以及那些被延迟或被中介化的理解而组织起来的），德里达像尼采一样，不想给我们留下限制思想及创造性的先验幻象、形而上学统一和基础。

对德里达来说，西方文化被哲学所遍及；它的二元思维方式是其文学、科学、道德和帝国主义政治学的构成要素。哲学自身被形而上学和排斥行动所沾染；解开排斥背后的逻辑，挑战文化的形而上学基础，就是将文化自身置入疑问之中。意识形态依赖于两个关键的形而上学策略：它建构二元论和层级结构，并且它寻求一个绝对的基点以便从一个事物推出另一个事物。因而，二元论不是无害的：一端（白种人/男性/西方）总是被赋予高于另一端（有色人种/女性/非西方）的特权；没有对次要的一端的限制，较高的一端是不可能的。解构的主旨明显是规范性的和政治性的：它是对边缘化——这样一种暴力，该暴力以一种支配性的权力或权威的名义来孤立和制止多元化的声音——的一种反对，而且它颠倒了主导者，并赋予被压抑者以价值。

就此而论，德里达作为一个"积极介入的知识分子"已经采取了很多立场。他抨击种族隔离，支持纳尔逊·曼德拉（Nelson Mandela），帮助在巴黎开办一所开放大学，公开反对人权侵犯，并且处理女性主义的问题。德里达已经公开宣告他自己是一个共产主义者，并且不时地将他的作品与马克思主义的关注点相联系（这并不是说他是一个马克思主义者，或者解构是一种马克思主义方法）（参见 Derrida，1994）。他已经猛烈抨击了对其作品的去政治化的解释。但是，如果没有基础，如果所有事物都是不确定的，那么解构能够从什么立场进行言说呢？就像福柯一样，德里达没有支撑他自己立场的认知手段，并且没有肯定性的评价标准。宁可说，他的重心在于怀疑主义、去稳定化、除根和颠覆。

德里达、福柯、利奥塔、罗蒂和其他人的解构的重心凸显了后现代理论的一个主要缺陷——未能为伦理和政治批判提供规范性资源。这造成了一个奇怪的悖论，这个悖论被哈贝马斯（1987）称为一种"述行矛盾"，靠着它后现代理论家批判现代理论和社会，但却摒弃了可以将这个批判证明为更好、更高级或者甚至更准确的资源。就像我们将在接下来的几节中看到的，这个问题困扰着后现代的关键理论家们，例如福柯、利奥塔和罗蒂。

福柯对理性和现代性的批判

福柯的作品在当代批评的所有领域都已极具影响力，它们不仅启发了"新历史主义"，而且也启发了家庭、性、社会管制、教育、监狱、法律和国家等领域中的创新性研究。[4]在一系列有关疯癫和精神病学、疾病和医学、人文科学、监狱和惩罚、性以及伦理学的历史研究中，通过对传统的假设——这些假设关涉到启蒙运动、马克思主义、理性、主体性、权力、真理、历史和知识分子的政治角色——进行怀疑，福柯重新界定了社会理论的本性。福柯脱离了普遍主义、基础主义、辩证和规范性的立场，并且强调偶然性、差异性和非连续性的原则。通过采用一种唯名论的立场，他将抽象本质和普遍之物，例如理性、历史、真理或权利，消融在多元的特定社会历史形式之中。

福柯挑战哲学、历史学、心理学和社会及政治理论之间的传统学科界限，以及这些学科的传统方法。他并不从事现代意义上的"理论"，即以明晰性、一致性、综合性、客观性和真理为目的的理论，宁可说，他提供碎片、"虚构"、"真理游戏"、"异托邦"和"实验"，他希望这些东西将会推动我们以新的方式思考和行动。在试图宣示新的理智和政治路径时，福柯放弃了自由主义和马克思主义，并且寻求一种新的批判理论和政治学。

通过将知识、真理和权力之间的联系——例如被显示在人文科学领域并且同将个体构成不同种类的主体密切相关的那些联系——理论化，福柯将科学和理性的历史转化为对现代性及其各种权力模式——它们采用了"规范化"或"主体化"的形式——的一种政治批判。福柯坚持尼采式的观点，即成为一个"主体"——也就是说，拥有一个统一且一致的身份——就是被社会权力所"驯服"。这通过话语的一种"配置"而发生，这种话语配置分隔、排斥、分类、创造层级、限制以及规范化思想和行为。因此，在他事业的后期，福柯声称他最终的计划并不是研究权力，而宁可说是研究主体自身："我的工作的目标……是建立不同模式的一种历史，通过这些模式，在我们［西方］文化中，人被构成为主体"（1982，

p. 208）。

　　然而，这是一个误导性的区分，它仅仅标示着重心的一种变化而不是方法的变化，因为主体化是这样一些方式，通过这些方式现代权力在福柯后期著作中运作起来。在一系列的历史研究中，福柯从精神病学、医学、犯罪学和性的视角分析了现代主体的形成，凭借它有限的经验被转化成知识的对象。他的作品被一种反启蒙的传统强烈影响着，这种传统拒斥理性、解放和进步之间的等同。福柯认为，在现代形式的权力和知识之间的一种相互作用服务于创造新的统治形式。与诸如萨德、尼采和巴塔耶这样的思想家们一起，福柯将价值赋予从理性的监禁中挣脱出来的经验的失范形式——例如疯癫、暴力或性。在现代社会将诸如疯癫、疾病和性这类的经验形式"问题化"——也就是说，将它们转化为统治的问题，转化为需要控制和管制的生活领域——的地方，通过揭示它们的政治动机和效果，以及通过挑战它们自然的、必然的或无时间性的特征，福柯反过来质疑了"问题"的社会建构。在结合了哲学和历史并被他称作一种"诊断式批判"的东西中（1989，pp. 38-9，73），福柯试图去澄清当前历史时代的本性，去凸显它同之前时代的根本差异，并且去展示知识、理性、社会机构、主体性的当代形式是权力和统治的偶然社会历史构造物，而且因而是服从于变化和改变的。

　　因而，福柯的最终任务是"在思想中产生一种转变，以至于事物能够真正地改变"（引自 O'Farrell，1989，p. 39）。福柯的历史-哲学研究的目标——就像他后来所界定的——是去展示现代知识和实践的不同领域怎样限制着人的行动，以及在服务于人的自由时它们怎样能够被知识和实践的替代形式所转化。福柯关注于分析"有限的经验"的各种形式，凭借这些形式，社会试图界定和限定出合法思想与行动的边界。充满了福柯作品的政治视野预示了个体从强制性的社会规范中解放出来，逾越经验的所有限制，并且重新评估价值，超越善与恶，以便推动他们自己的创造性的生活方式，并且肯定他们的身体和快感，无限地创造和再创造他们自身。

　　福柯否认社会实在的客观描述性陈述或者不被社会地约束且不被逻辑地束缚的普遍规范性陈述能够有任何基础。他试图去展示所有规范、价值、信念和真理的主张都是相对于话语框架的，它们正是源自这种话语框架之内。对事物本性进行书写和言说的任何尝试都是从一种被规则统治的语言框架、一种"知识型"之内进行的，这种框架和知识型预先决定了什么种类的陈述是真实的或有意义的。因而，所有意识形式都是被社会历史

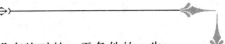

地决定的，并且是相对于特定的话语条件的。没有绝对的、无条件的、先验的立足点，从这种立足点出发能够把握什么是善好的、正确的或真实的。福柯拒绝说明什么东西是真实的，因为不存在知识的客观基础；他不阐明什么是善好的或正确的，因为他相信不存在能从其出发进行言说的普遍立足点。普遍的陈述仅仅掩饰了特定利益的权力意志，所有知识在特征上都是视角性的。对于像福柯这样的后现代理论家来说，对基础的诉诸必然是形而上学的，而且是在语言和社会条件之外虚构了阿基米德式的支点。

哈贝马斯（1987）正确地发现了令人不解的一种方法，这种方法提出真理的主张，但却摧毁真理信念的基础，采取一些规范性的立场，但却压抑它们所致力的价值。因为批判要想被证实并且是有效的，它就必须保存判断和评价的标准，但是福柯的总体批判却反对其自身，并且将所有的理性标准都置入问题之中。

在将所有社会现象都消融进权力和统治的酸浴中时，福柯阻止批判理论做出一些关键性的区分，例如"在正义和不正义的社会安排、对政治权力的合法和不合法的使用、策略性的和合作性的人际关系、强制性的和共识性的措施之间的"（McCarthy，1991，p.54）那些区分。例如，人们不能说一种权力体制比另一种更好或更糟，仅仅能说它们是不同的——"另一种权力，另一种知识"（Foucault，1979，p.226）。

因为统治性权力试图抹除这些区分，或者试图将不正义呈现为正义，将虚假呈现为真理，并且将统治呈现为自由，因此福柯的立场不经意地支持了奥威尔式的故弄玄虚的神秘化，现在比以前更为普遍（参见Kellner，2001），并且阻止了对社会批判来说是必要的那些区分。如果没有标准或正确，那么同特拉西马库斯（Thrasymacus）和霍布斯（Hobbes）一样，我们能够得出强权同任何事物一样正当。在没有真与假之间的区分的地方，也不能够有意识形态批判，并且如果没有是与非之间的一种区分，也就没有社会或道德的批判。福柯自己作品的评价性特征并不因为他拒绝明确面对它而减少任何规范性。这个问题在他的后期作品中变得显眼起来，在那里他使用诸如自由和自主这样的规范性术语，但是未能阐明我们应当为了什么东西而自由。因而，福柯的反规范性立场迫使他进入自我挫败的价值中立性。

福柯避免规范性的立场，这在一定程度上是因为他想放弃普遍知识分子的角色，这种知识分子对价值进行合法化。对于福柯来说，谱系学家的任务是去提出问题，而不是去给出解决方案；是去粉碎旧的价值，而不是去创造新的价值。福柯认为，任何更强的、更具规定性的角色都只能增强现存的权力关系，并且复制统治者和被统治者之间的层级分隔。但是福柯的错误在于，将暂时的规范性陈述同独断的规范性陈述相混淆，将被对话地争论的建议与被强加的最终信条相合并，未能看到普遍的价值不仅仅可以是权力或意识形态的产物，而且也可以是共识性的、理性的和自由的选择的产物。[5]因此，像大多数后现代思想家一样，他未能为批判和积极的理想提供规范性基础，这是一个由利奥塔所处理的缺陷。

利奥塔的"后现代状态"：论辩与难题

尽管让-弗朗索瓦·利奥塔的早期作品受现象学、马克思主义和尼采的强烈影响，但1980年代他在理论中实现了一种坚定的后现代转向。在很多圈子里，利奥塔被颂扬为**卓越的**后现代理论家。他的著作《后现代状况》（1984［1979］）将这个术语引介给大众，并且在最近十年的后现代论争中已被广泛讨论。在这期间，利奥塔出版了一系列著作，这些著作推动了理论、伦理学、政治学和美学中的后现代立场。利奥塔几乎比任何人都更支持同现代理论和方法的一种决裂，同时他普及并且传播后现代的替代性选择。结果，他的作品激起了一系列强烈的争论（参见 Best and Kellner, 1991）。

最重要的是，在竭力地抨击总体化的、普遍化的理论和方法时，利奥塔已经在所有理论领域和话语中成为差异性和多元性的捍卫者。在《后现代状况》、《正义游戏》（1985［1979］）、《论异识》（1988［1983］）以及一系列发表于1980年代的其他著作和文章中，他已经唤起了对"片语政体"（regimes of phrases）的多元性之中的差异的注意，这些"片语政体"拥有它们自己的规则、标准和方法。通过强调话语的异质性，利奥塔追随康德认为，诸如理论的、实践的和审美的判断这样的一些领域都拥有它们自己的自主性、规则和标准。以这种方式，他拒斥普遍主义和基础主义的理论观念以及这样一些断言，即在诸如哲学、社会理论或美学这样的一些相异领域中，一种方法或一组概念拥有特权地位。为了驳斥他称作"恐怖主义的"和"极权主义的"理论，利奥塔因而坚定地支持话语和立场的多元性，以便反对统一的理论。

在《后现代状况》中，利奥塔断然地转向后现代话语，并且加剧了对现代性话语的论辩式抨击，同时提供新的后现代立场。尤其是，他试图发展一种后现代认识论，这种认识论将取代被西方理性主义和工具主义所统治的哲学视角。这个文本以《关于知识的报告》为副标题，并且受加拿大政府委托去研究

> 最发达的社会中的知识状态。我已经决定用**后现代**这个词语来描述那种状态。在美洲大陆上这个词语现在在社会学家们和批评家们中间被使用；它标示了随着这些变化而来的我们的文化状态，这些变化自从 19 世纪末开始就已经转变了科学、文学和艺术的游戏规则。(Lyotard，1984，p. xxiii)

如果遵循我们在作为一个社会历史时期的后现代性、作为一种艺术构型（这种艺术构型在现代主义之后并反对现代主义）的后现代主义和作为对现代认识论的一种批判的后现代知识之间进行的区分（Best and Kellner，1991，1997），那么更准确的是将利奥塔的文本读解为对后现代知识状态的研究，而不是简单地将其读解为对后现代状态的研究，因为这个文本并未提供对后现代性的一种分析，而是宁可说只比较了现代和后现代知识。的确，像福柯一样，利奥塔对现代知识实施了批判，并且呼唤新的知识，而不是发展出对后现代的社会或文化形式的分析。

同他的后现代认识论相一致，他从未将现代性理论化为一个历史进程，他只是将自身限制于提供对现代知识的一种批判。因此，对利奥塔来说现代性被等同于现代理性、启蒙、总体化思想和历史哲学。由于未能发展出对现代性和后现代性的分析，这些观念在他的作品中被过分理论化，并且这就将后现代理论从社会分析和批判转变成了哲学。因而利奥塔实现了一种语言学和哲学转向，这种转向使得他的理论越来越抽象且远离社会现实和当前时代的问题。

对利奥塔来说，现代知识有三种状态：诉诸元叙事来合法化基础主义的主张；合法化、去合法化和排斥的不可避免的产物；以及对同质性的认识论方案和道德方案的欲求。相反，后现代知识反对元叙事和基础主义；它避开合法化的宏大图式；并且它支持异质性、多元性、持续创新以及由参与者所赞同的对逻辑规则和视角的实用主义建构。因而，后现代状态包含着发展出一种回应新的知识状态的替代性认识论。这本书的主要焦点相应地关注于传统哲学及社会理论的宏大叙事和被利奥塔称作"后现代知

识"的东西之间的差异，他认为这种后现代知识比现代知识形式要更优越。

利奥塔声称，为了合法化它们的立场，现代话语诉诸元话语，如进步和解放的叙事，历史或精神的辩证法，含义和真理的献词。例如，依据一种所谓的从无知和迷信那里的解放以及真理、财富和进步的生产，现代科学合法化自身。从这个视角来看，后现代由一种"对元叙事的怀疑"所界定，即由对形而上学哲学、历史哲学和任何形式的总体化思想——不管它是黑格尔主义、自由主义、马克思主义，还是实证主义——的拒斥所界定。

利奥塔相信现代性的元叙事朝向排斥，并且朝向对普遍元方案的一种欲望。例如，科学家提供了现代性排斥倾向的一个典范案例，因为他或她预先排除了不符合可形式化或可量化的知识的任何事物（1984，p.80）。利奥塔认为，普遍化的和同质化的元视角的现代行为妨碍了被他看作语言游戏的异质性的东西。此外，他声称共识行为也压制了异质性，并且强加了同质性的标准和一种错误的普遍性。

相反，利奥塔支持分歧高于共识，多样性和异议高于一致性和共识，以及异质性和不可通约之物高于同质性和普遍性。他写道："共识妨碍语言游戏的异质性。并且发明总是源自异议。后现代知识不单纯是权威的一种工具；它改善我们对差异的敏感性，并且强化我们对不可通约之物的容忍能力"（1984，p.75）。

在利奥塔的观点中，知识是通过异议、通过将现存范式置于怀疑之中、通过发明新的范式而产生的，而不是通过认同普遍真理或赞同一个共识而产生的。尽管利奥塔的主要焦点是认识论的，但他也暗中预设了后现代状态的一种观念，他写道："我们的工作假设是，随着社会进入众所周知的后工业时期以及文化进入众所周知的后现代时期，知识的状况也被改变了"（1984，p.3）。就像鲍德里亚一样，利奥塔因而将后现代同所谓的"后工业社会"的趋势联系起来。对利奥塔来说，后现代社会是电脑、信息、科学知识、先进技术以及急剧变化——这种变化归因于科学和技术的新进步——的社会。的确，他看起来赞同这样一些后工业社会的理论家，这些理论家关注于知识、信息和电脑化的首要性——将后现代社会描述为"社会的电脑化"。

然而，我们将认为，"后现代状态"的概念指向了利奥塔和其他法国后现代理论中的某种基本难题。他的"向总体性开战"拒斥总体化的理论——他将这些理论描述为主人叙事，这些叙事以某种方式是还原主义的、简单化的，以及甚至是"恐怖主义的"——因为它们为极权主义恐怖提供合法化，并且在统一的图式中压抑差异。然而，利奥塔自身正在提出一种"后现代状态"的观念，这种观念预设了同现代性的一种显著决裂。的确，后现代性或一种后现代状态的概念难道没有预设一种主人叙事、一种总体化视角——这种叙事或视角构想了从一个先前的社会阶段转变到一个新的社会阶段——吗？这样的理论化难道没有同时预设一个现代性的概念和在历史之内的一种激进决裂或破裂——这种决裂或破裂导致了一种完全新颖的状态，这种状态证明了后现代这个术语——的观念吗？因此，"后现代"这个概念难道不是看起来同时预设了一种主人叙事和某种总体性观念，并且因而阶段化和总体化了思想——这恰好是利奥塔和其他人想要抛弃的那种认识论的操作和理论的傲慢——吗？

与利奥塔相反，我们也许想要在主人叙事——这些叙事试图将每一细节、每一特定视角和每一关键要点都纳入一个总体化理论之中［就像在黑格尔、某种版本的马克思主义或塔尔科特·帕森斯（Talcott Parsons）那里那样］——和宏大叙事——这些叙事试图讲述一种"大故事"，例如资本、父权制或殖民主义的产生——之间做出区分。在宏大叙事之内，我们也许想要在元叙事——这种叙事讲述有关知识基础的故事——和社会理论的叙事——这种叙事试图概念化和解释复杂多样的现象以及它们的相互关系，例如男性统治或对工人阶级的剥削——之间同样做出区分。我们可能也会在共时性叙事——这种叙事讲述有关在历史的一个给定点的一个特定社会的故事——和历时性叙事——这种叙事分析历史的变化、非连续性和破裂——之间做出区分。利奥塔倾向于将所有的宏大叙事都混在一起，并且因而损害了我们文化中的叙事的多样性。

实际上，利奥塔相对于规范性立场——从这些立场出发他能够批判对立的立场——而陷入另一种进退两难的处境。他对一般原则和普遍标准的摒弃排除了规范性的批判立场，而且他谴责宏大叙事、总体化思想和现代知识的其他特征。这种移动使他陷入另一个难题，凭借这种移动他想要拒斥一般的认识论和规范论立场，但他的批判性介入恰恰预设了这类批判立场（例如向总体性开战）。

在我们看来，一种更具前景的冒险将会是去阐明、批判地讨论、剖析以及也许重构和重写社会理论的宏大叙事，而不是单纯禁止它们或将它们从叙事的领域排除出去。就个体和文化都是通过讲述故事的模式而组织、解释和理解其经验而言（也可参见 Ricoeur，1984），很可能的是——就像弗雷德里克·詹姆逊（Fredric Jameson，1981）所认为的——我们注定是叙事。甚至一种科学主义的文化都不能完全免于叙事，而社会理论的叙事在任何状况下都将毫无疑问地继续运作于社会分析和批判中（Jameson，1984，p. xii）。如果真是如此，看起来更可取的是去揭示现代性的叙事，以便批判性地考察和剖析它们，而不是通过利奥塔式的思想警察去简单地禁止某些种类的叙事。

看起来当人们并不说明和阐述被包含在人们语言游戏中的当代社会的特定种类的叙事时，就存在一种倾向，即使用可供其支配的既定叙事。例如，在当代社会的一种替代性理论不在场时，利奥塔就非批判性地将"后工业社会"和"后现代文化"的理论接受为对当前时代的解释（1984，pp. 3，7，37，多处）。然而，他预设了这些叙事的正当性，但却没有为它们进行充分的辩护，并且没有发展出一种社会理论，这种理论将会使用政治经济学和批判的社会理论来描绘由"后工业的"和"后现代的"中的"后"所提示的那些转变。我们相信，拒斥宏大叙事仅仅是遮蔽了这一理论问题，即提供当代历史境遇的一种叙事，并且指向了利奥塔对后现代状态的解释的那种过分理论化的本性。这将至少要求关于向后现代性的转变的某种大叙事——人们将会认为这是一个相当大且激动人心的故事（参见Best and Kellner，2001）。

在某种意义上，利奥塔对多元性的颂扬重演了自由的多元主义及经验主义的运动。他的"多样性的正义"类似于传统的自由主义，这种自由主义假定了多元的政治主体以及多样的利益和组织。通过赋予多样性的各种模式以价值，拒绝赋予任何主体或立场以特权，或拒绝提供一个人们能够在对立的政治立场之间进行选择的立足点，他重演了自由宽容的修辞。因而，他接近于落入一种政治相对主义，这使他失去了这种可能性，即在具有实质性差异的政治立场、体制、社会体系之间进行政治区分和选择。

利奥塔对多样性的语言游戏以及从特定和局部地区派生规则的强调，在某些方面类似于一种经验主义，这种经验主义拒斥宏观理论以及一种对统治和压迫的霸权结构的分析。将话语限定于小叙事将会阻止批判理论就统治的结构进行更广泛的断言，或者阻止它合法化这样一些批判性断言，这些批判性断言是就作为一个整体的社会而做出的。他的"在多样性的语言游戏中惊叹"，以及激励着去将话语多样化，去生产更加局部的叙事和语言，这些也复制了学术界的主流趋势，即去将专业语言多样化，去生产新的多样性的行话。实际上，后现代话语自身就能够被解释为这样一种效果，即一种扩散的理智专业化连同它的这个命令——为学术市场生产永恒新颖的话语——的效果。与这样一些理论专业化相反，我们支持为理论、批判和激进政治学生产一种共通的、通俗的语言，这种生产避开通常伴随着专业化语言生产的行话和晦涩性。这个立场也被理查德·罗蒂提出来，尽管以一种最终拒斥理论的形式。

理查德·罗蒂，对理论的抨击和对激进政治学的摒弃

在从理论上阐明后现代时，人们不可避免地遇到对理论的后现代抨击，例如利奥塔和福柯因其所谓的总体化和本质化特征而对现代理论的拒斥。当然，这种讨论是反讽的，因为它错误地同质化了一种异质的"现代传统"，并且因为诸如福柯、利奥塔和鲍德里亚这样的后现代理论家经常是同任何现代思想家一样地总体化（Kellner，1989；Best，1995）。但是，在利奥塔在局部化的语言游戏之内寻求理论的证明，认为没有普遍的标准来奠基客观真理或普遍价值的地方，福柯坚定地抗拒任何证实规范性概念和理论视角的努力，不管这是局部的或其他什么的。对福柯来说，证明会使人们陷入诸如"真理"这样的形而上学幻象中，并且哲学家-批评家的唯一关注点是去摧毁旧的思维方式，去抨击现存的传统和体制，以及去为更大的个人自由开启新的经验视野。于是，重要的是结果，并且如果行动带来了更大的自由，充满了它们的理论视角就是"被证实的"。从这个视角出发，理论话语不是被看作"正确的"或"真实的"，而是被看作"有效果的"，被看作产生积极效果的。

延续着这条路径，后现代主义者们已经将理论本身抨击为在最好的情况下是与实践无关的，而在最差的情况下是实践的一个障碍。罗蒂既抨击了元理论——对理论自身状态的反思，这种反思经常涉及断言和价值的认识论的、规范性的证明——又抨击了理论，他以三种相互关联的方式批判了理论，这些方式通过他自己对"哲学的终结"这个主题的阐述而浮现出来。罗蒂在分析哲学中被严格地训练，并成了一个叛逆者，放弃了这样一个专业信条，即哲学是"科学的女王"或价值的普遍仲裁者，这种仲裁者的任务是为真理和价值断言提供基础。哲学没有特殊的知识或真理断言，

300

因为它像任何其他的文化现象一样，是一种彻底的语言现象。对罗蒂来说，语言是创造世界的一种诗性建构，而不是一面反映"实在"的镜子，并且不存在无前提或中立的真理——这种真理逃脱了被历史地塑造的自我的偶然性。因而，没有非循环的阿基米德式的支点来奠基理论。语言仅仅能为我们提供关于世界的一种"描述"，这个世界在本质上完全是历史的和偶然的。

因而，罗蒂抨击理论的第一步是抨击这样一个观念，这个观念即理论能为知识和伦理学提供客观的基础。所谓的普遍真理仅仅是局部的、受时间限制的视角以及不能被认识的"实在"的面具。第二步批判紧接着而来：如果没有普遍或客观的真理，没有中立的语言来仲裁对抗性的主张，那么"理论"就没有权力在对抗性的语言或描述中间进行裁决，一旦论证的条件自身变得足够成问题时，这种裁决的任务就不可避免地将理论转换成元理论。

因而，罗蒂否认理论家能够确切地进行批判、论证、评价或者甚至"解构"，因为没有这样一个支点，从其出发能够将一个主张凸显为比另一个"正当"、"正确"或"更好"。理论家被反讽家所替代，这种反讽家意识到自我和话语的不可消除的偶然性。接受了这些新的限制之后，反讽家仅仅能够以新的语言"重新描述"陈旧的理论，并且为这些理论自身和其他东西提供新的描述。我们是基于情感的基础而不是理性的基础而接受价值和意识形态。每一个词汇与另一个词汇都是不可通约的，并且没有"最终的词汇"，凭借这种最终词汇人们能够仲裁规范性的和认识论的主张。因此，对罗蒂来说：

> 这个方法是以新的方式重新描述许许多多的事物，直到你已经创造出一种语言行为样式，这种样式将会吸引新的一代人采用它……这种哲学不会一点一点地进行工作，一个概念一个概念地分析，或一个论点一个论点地检测。宁可说它是历史地和讲究实用地进行工作。它像这样言说事物，即"试着以这种方式思考它"——或者更具体地说，"试着通过代之以以下新的和可能有趣的问题来忽视那些显然无用的传统问题"。它并不声称拥有一种更好的选择来做同样陈旧的事情，在我们以老的方式来言说的时候，我们就曾做过这些陈旧的事情……通过遵循我自己的准则，我并不是要去提供论据以便反对我想取代的词汇。相反，我是要试图通过展示我所喜欢的词

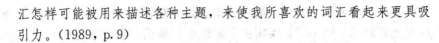

汇怎样可能被用来描述各种主题，来使我所喜欢的词汇看起来更具吸引力。（1989，p. 9）

人们将会认为，"吸引力"的美学价值对"真理"的认识论价值的这种取代将会把罗蒂置入相对主义中，但是他在这样一些基础上否定了这个术语，即它属于一种不足信的基础主义框架，就像"渎神"在一种无神论的逻辑之内是毫无意义的一样。不管我们能否说罗蒂是这样一种意义上——某个不能够证明一种立场比另一种更加真实的人的意义上——的相对主义者，他都不是这种意义上——某个认为所有的主张都是同等地善好或可行的人的意义上——的"相对主义者"。明显地，罗蒂将一些描述——那些颂扬偶然性、反讽、团结和自由价值的描述——凸显得高过其他描述，但是他声称人们不能"论证"这些新的描述。在这个层次上，对理论的抨击仅仅意味着为人们的立场提供论证是无用的；人们能够做的唯一事情就是提供新的描述，以及希望他人将会发现这些描述是吸引人的并且对（自由）社会是更加有用的。在废黜哲学时，罗蒂声称对于解释世界以及提供自我创造和社会进步所必需的描述来说，文学是一种远为强大的工具。小说取代了理论。当然，罗蒂不得不论证他的立场，并且他自身仍然在写作哲学，而不是小说。

跟随这一步而来的是罗蒂抨击理论的第三个论证。"理论家"应当放弃激进地批判社会制度的所有尝试。首先，就像我们已经看到的，对罗蒂来说"批判"没有力量，并且最终一个描述同任何其他描述一样善好。但是对罗蒂来说，在这个层面上的"理论"也意味着融合公共的和私人的关切点的尝试，意味着结合私人对完美性的追求和社会正义的尝试，这种尝试已经被古典地铭刻于柏拉图的《理想国》中。在此，罗蒂被这样一个假设所指引，这个假设是：在生活的社会建构中，在保持"社会的黏合"中，传统和习俗是比理性远为强大的力量。

罗蒂认为，有关这样一些主题——例如自我的本性或者善好生活的意义——的哲学观点像有关上帝存在的论证一样，是同政治学不相关的。他想要复兴那些自由价值，却没感觉到需要在一种哲学的层面上辩护它们："需要的是公民德性的一种理智类似物——宽容、反讽，以及让文化领域繁荣的意愿，却不用太过担心它们的'共同基础'、它们的统一、它们所提示的'内在理想'或者它们'预设了'什么样人的形象"（1989，p. 168）。因为哲学不能为一种政治的正义概念提供共享的或可行的基础，因此它应当被放弃，并且被历史叙事和诗意描述所取代。最终，罗蒂的目标是用强烈的历史主义和实用主义术语来重新描述现代文化以及启蒙理性主义词汇。

在这方面，罗蒂最近的《筑就我们的国家》（1998）提供了对美国左派学术/文化研究的一种挑衅性批判。在寻求自由的政治学但却没有（形而上学的）自由理论的情况下，以及寻求一种以实用为导向的政治学——这种政治学植根于社会改革的一种强烈愿景之中——但却没有理论证明的需要的情况下，罗蒂要求左派停止其对理论和文化政治学的迷恋。他要求左派"剔除其哲学习惯"，并且回到由早期左派所实践的那种政治学，这种早期左派是大萧条时期的左派，这种左派具体地专注于社会改革。罗蒂宣称，在这样一些具体的渐进式改革被实现之前，"我们的国家仍保持为未被筑就的"（1998）。

罗蒂大步跨向比福柯更右的地方，声称哲学不仅不会为政治学提供基础，而且它也不会发挥任何政治作用。尽管福柯抨击基础主义，但是他是一个不知疲倦的激进分子和"积极介入的知识分子"，他使用理论作为政治斗争的武器。然而，对罗蒂来说，哲学没有公共或政治作用。通过复兴公共和私人之间的古典自由主义区分，罗蒂声称哲学应当被保留给私人生活，在那里它在最好的情况下能够是反讽的，而政治和道德传统则要留下来统治公共生活。甚至德里达，这个颠覆和反讽的大师，都坚持解构承担着政治使命，并且至少做出公共和政治姿态，尽管是模糊的或迟缓的。

我们赞同罗蒂最初的前提，即意识、语言和主体性在本质上都是历史的和偶然的，我们同世界的关系是再三被中介化的，但是我们拒绝他的大部分结论。首先，尽管我们也反对基础主义，但我们认为，对理论来说建构非任意的基础以便来评判对抗性的事实和价值主张，这一点是可能的。这些基础不是形而上学的或非历史的：它们在逻辑和论证的标准——这些标准是合理地被保持的——中被发现，并且在共享的社会价值中被发现，这些价值是罗蒂自身认同的自由民主的设想。如果拒斥罗蒂立场的后果，我们就不会发现这是任意的，即说种族主义是错误的，或者说对种族主义或性别主义的批判是纯粹善好的"描述"，我们希望他人将会认同这些描述。宁可说，我们发现种族主义的论证远比反种族主义的论证要薄弱，并且它对立于自由的价值，这些价值是文明的公民所持有的——或者应当持有的。这些反种族主义的论证的假设当然就其自身而言是历史的；它们源自现代自由传统，这种传统宣称一种自由而有尊严的生活是所有人的权

302

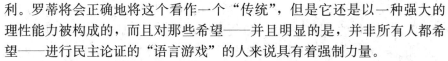

利。罗蒂将会正确地将这个看作一个"传统"，但是它还是以一种强大的理性能力被构成的，而且对那些希望——并且明显的是，并非所有人都希望——进行民主论证的"语言游戏"的人来说具有着强制力量。

同样地，尽管我们不知道宇宙的本质最终是什么，但我们发现天文学提供了一种比占星学更好的"描述"，发现进化论比创造论更有说服力。我们的上诉法庭是理性、事实、知识的已被证实的内容和我们对世界本身的经验，这个世界不是可无限地适应任何和所有描述，例如说地球是平面的那种描述。作为这个问题的征候，罗蒂采用了"真理"的一种成问题的共识理论，这种理论认为"真理"源自自由讨论；它是"在一种自由且开放的碰撞中获胜的任何东西"（1989，p.67）。这忽视了这样一个事实，即甚至"最自由的"探究都能产生错误，并且强权经常继续制造公理。不用说，对这样一些主张的辩护将会要求理论工具——科学或哲学——而非小说。如果放弃这些工具，反讽家就被解除了为其主张进行辩护的必要性，并且试图以某些方式逃避论证的责任，这些方式是我们在我们的本科生中无法容忍的。对罗蒂来说，"有趣的哲学很少是对一个论点的正反两方面的考察"（1989，p.9）。诚然，论证是困难的，并且并不总是迷人的，尤其是对一个无耐心的美学家的心灵来说，这个美学家寻求美、新颖和速度超过寻求严格、公正和一致。罗蒂与鲍德里亚仅仅一步之遥，鲍德里亚自称是"理智的恐怖主义者"，这种恐怖主义者宁愿以未经证实的主张和粗暴的夸张来简单地炸毁观念，而不愿致力于对真理和错误进行评判的问题，或者对他的主张进行耐心的经验论证（参见 Kellner，1989）。

此外，由于没有某种元理论，罗蒂不能合理地声称自由主义是善好的，或者令人信服地展示哪些实践比其他实践更受喜爱。如果政治仅限于 *303* 是一种审美的事务，那么我们用什么样的标准来将成功的政治从失败的政治中判别出来、将善好的政治从糟糕的政治中判别出来呢？同利奥塔一样，罗蒂寻求增加对自我和世界的永恒新颖的描述。这具有克服陈旧的假设和根深蒂固的教条的价值，但它代表了一种超过对真理和正义的关注的新颖性的恋物癖。在这个图式之上，不可能存在朝向更伟大洞见和知识的逐渐进步；仅仅存在非连续性的相继的和随机的点，这些点在碎片化的方向上散播着探究和知识。用罗蒂自己的话来说，我们的主张是，基础主义、理性主义和西方理论的进步论叙事能够以更好的方式"被重新描述"，这些方式能够使得它们成为历史分析和社会批判的更有效的工具。

我们否认理论是无力去为众多主张寻求证明的基础，或者无力去有效地挑战、反对、反驳或论证特定立场，我们认为理论的一个关键作用就是，跨越个体性的被限定的边界以便去评判社会世界塑造主体性的众多方式。相反，对罗蒂来说，个人不再是政治的。当然，问题并不在于人们是否应该是理论的，因为所有批判的、哲学的和政治的方向都是理论的，至少在它们内含的假设上是这样，这些假设指引了思想和行动。期待对世界进行理智地言说的人没有一个可以期待着去规避理论；人们可以要么简单地假设其理论的有效性，要么就其理论立场的根源——它们的兼容性、它们的有效性和它们的效果——进行反思。一种非理论方法的潜在弱点和浅薄在例如很多文化研究的反理论偏见中是显而易见的，这些研究愚蠢地将传媒文化颂扬为有趣的、好玩的或者有意义的，但却忽视其经济的、社会政治的和意识形态的功能。

为理论和政治学辩护

在世界并不是完全且直接对意识透明的程度上，理论是必要的。情况从来就不是这样的，尤其是在我们自己的超资本主义文化中，在那里，闪烁在我们洞穴墙壁上的影子原则上源自电视机——那些以公司为主导的意识形态机器，它们说着欺骗和操控的语言。就像我们在我们的著作《后现代冒险》（Best and Kellner，2001）——这部著作包含对托马斯·品钦（Thomas Pynchon）、迈克尔·赫尔（Michael Herr）、玛丽·雪莱（Mary Shelley）、H. G. 威尔斯（H. G. Wells）、菲利普·K. 狄克（Philip K. Dick）以及其他一些具有想象力的作家的研究——中展示的，罗蒂在这一点上是对的，即小说能够经常以比理论更加具体和更具启发性的方式来强有力地阐明我们的生活状态。最终，我们必须将力量同时授予理论和小说，并且理解它们的不同视角和作用。因为就像诸如厄普顿·辛克莱（Upton Sinclair）的《丛林》（The Jungle）这样的小说拥有巨大的社会影响一样，启蒙运动的话语也拥有这种影响，这种话语为美国和法国革命以及历史上大量后起的反抗提供了哲学启发。

对理论的后现代抨击是当代说理嫌忌——对理论的憎恨——不可或缺的一部分，这种说理嫌忌也将其自身显示在神秘主义——这种神秘主义弥漫于某些形态的深层生态学和生态女性主义——之中，显示在从"生物中心主义的立场"进行的反人文主义的攻击——这些攻击将人仅仅看作自然的一个祸害——之中，显示在从常识出发进行的对哲学的外行拒斥之中，显示在欲望和自发性高于理性的后现代信奉之中，以及显示在弥漫于我们文化的愚蠢的"唯灵论"之中（参见 Boggs，pp. 166ff.）。对理论的实用主义批判的积极价值是去提醒人们要在理论和实践之间维持一种紧密的关系，提醒人们避免过分抽象的分析以及陷入一种元理论的泥潭，这种元理论着迷于理论的证明高过理论的应用——这个问题频繁地烦扰着哈贝马斯的作品（参见 Best，1995）。这种实用主义的批判有助于阻止理论成为一种深奥难懂的、专业化的话语，仅仅被学术专家的一支骨干队伍所制造和理解。毫无疑问，在我们对高度深奥的话语的不满中，我们不是孤独的，这些话语不仅来自诸如哈贝马斯这样的现代主义者，而且——并且更是如此——也来自后结构主义和后现代对不可言说之物和不可阅读之物的拥护，或者对最终的晦涩之物和浮夸之物的拥护。

通过在批判理论的传统中进行运作，我们相信，理论的作用是去提供社会批判和变革的武器，去阐明人类不幸福的根源，以及去促成人类解放的目标。与罗蒂对公共和私人的极其不后现代的二分（这种二分是资产阶级意识形态的一个核心部分）相反，我们相信"私人领域"（它自身就是一个社会的和历史的创造）的民众拥有强烈的义务通过理性的批评和辩论而去积极参加公共领域。同罗蒂一样，我们并不相信理论家必须寻求着在公共和私人之间建构一座完美的桥梁，因为在一个自由的社会，个体方面的行动和选择范围总是超越了秩序的最低要求。宁可说，理论家的作用是去帮助分析自由和人类福祉的条件可能是什么，去探问它们是否被满足了，以及去揭露统治和压迫的力量。

我们将公共知识分子看作批判性思考的专家，为了帮助更加民主地重构社会和政体，他们运用他们的能力来对抗公共领域的滥用。这包含帮助确保私人领域和它的自由与快乐不会通过大众传媒、国家治理、电子监视、资本主义市场、全球化的日益增长的渗透而被抹除掉。的确，新的传媒和电脑技术已经创造了新的公共领域，并且因而为公共知识分子创造了独特的机会来运用他们的批判和论证能力（Kellner，1997）。

此外，我们相信理论能够提供**社会地图**和**历史叙事**，这些社会地图和历史叙事提供了当前时代的空间和时间的语境化。社会地图历史地研究社会，从人类经验的任何一点或任何模式进入到不断拓展的宏观图像之中，这种图像也许从个体自我拓展到其日常社会关系网络，拓展到其更具包容性的区域环境，拓展到其国家背景，并且最终拓展到全球资本主义的国际舞台。在这种整体性的框架之内，社会地图从一个层次转换到另一个层次，阐述着经济、政治、国家、传媒文化、日常生活和各种意识形态及实践之间的复杂关系。

通过既确定过去怎样构成了现在，又确定现在怎样对可选择的未来开放，历史叙事同样语境化了现在。就像在开始于 19 世纪的历史主义传统中——在黑格尔、狄尔泰、马克思、韦伯和其他人的作品中——被争论的那样，所有价值、世界观、传统、社会制度以及个体自身必须被历史地理解，因为它们随着时间而改变和发展。就像在福柯的谱系学形式或各种流行的历史形式中一样，历史叙事描绘重要的经验和事件、政治运动或构成主体性的力量的时间轨迹。与将历史激进化为一系列非连续的事件的后现代倾向相反，我们相信历史叙事应当既把握历史的连续性，又把握历史的非连续性，同时分析连续性怎样具体化了发展的动力，例如道德和技术的演进，这些动力拥有解放的可能性，并且应当在未来被进一步地发展（参见 Best and Kellner，1991，1997，2001）。

社会地图和历史叙事一起研究了个体和其文化之间、权力和知识之间的交叉点。在最高程度的可能性上，它们寻求揭开意识形态的面纱，并且将被给予者揭示为偶然的，以及将现在揭示为被历史地构成的，同时提供可供选择的未来的各种景象。于是，为了既推进个人自由，又推进社会正义，地图和叙事被意指着去克服寂静主义和宿命论，去增强政治洞察力，并且去鼓励将理论转化为实践。社会地图和历史叙事不应当被混淆于它们所分析的领域和时间；它们是被密集构成的人类世界的近似物，这些近似物要求着理论和想象。它们也不应当在任何时候被看作最终的或完成的，因为它们必须依据新的信息和变化的情境而不断地被重新思考和修改。最后，就像我们指出的，这些地图能够展开"理论"或"小说"的资源，因为两者从不同的优势出发都提供了对社会经验的阐明，每一个都是有用的且具有启发性的，而且都必要地补充了对方。

被称作古典社会理论的社会地图在某种程度上已被撕裂或撕烂成碎片，并且在一些情况下是过时的和被淘汰的。但是我们必须从过去的概略图和碎片中建构出新的地图，以便理解我们现在的历史状态，这种历史状态是被传媒文化、信息爆炸、新的技术和资本主义的一种全球重构所统治的。地图和理论提供了方向、概观，并且展示了各部分怎样相互联系以及联系向一个更大的整体。如果某种新的东西出现在视野中，一幅好的地图将会描绘它，包括某些未来构型的概略图。并且当某些老的地图和权威不

大陆哲学

被信任和被淘汰时，某些传统理论仍继续为现在的思想和行动提供路标，就像我们已经试图在我们的各个著作中展示的，即整理现代和后现代的理论以便来绘制我们当前时刻的地图，并且叙事化这个时刻（参见 Best and Kellner，1997，2001）。

然而我们也需要社会和文化的新概略图，并且后现代历险的一个部分就是，在没有完整的地图或者只有破碎的和被撕裂的地图的情况下，驶入新的领域。因而进入后现代的旅程将我们推入新颖的世界，使我们成为未被描绘或很少被描绘的领域的探索者。我们的地图绘制因而仅仅是从我们的探索那里回来之后的暂时报告，它们要求进一步的研究、检测和修改。然而，后现代文化和社会的壮丽新世界具有足够的趣味性、重要性和新颖性，以便来对这样一些东西——冒险、离开熟悉之物以及试验新观念和新方法——进行辩护。

为了批判以及因而为了规范性维度，批判理论需要一个立足点。就像我们已经在其他地方所论证的（Best and Kellner，1991，1997），规范性概念和价值，例如民主、自由、社会正义、人权以及现代社会的其他价值遗产，就其自身而言是在理论讨论和政治斗争中被证实的，并且提供了重要的批判立足点。因而规范性批判既不必然地包含基础主义或普遍主义的立场，也不仅仅是主观的和任意的。宁可说，经历了相当长的历史时期的文化和社会已经认同这一点，即特定的价值、制度、社会生活形式拥有足够为之奋斗和为之牺牲的价值，并且批判理论的任务之一就是去阐明和辩护哪些规范性立场在当代时期继续是相关的、至关重要的。

最后，我们需要新的政治学来处理资本主义全球化、环境危机、物种灭绝、恐怖主义和传统政治学未能为所有人提供社会正义及福祉的问题。我们担心，就像罗蒂和其他后现代主义者对理论的抨击妨碍了绘制当前时刻的新的社会群集的地图以及批判这些群集的尝试一样，对激进政治学以及对一种改良主义的自由主义和实用主义的辩护的抨击也会损害处理技术资本主义的新的全球暴力的尝试。反对 1999 年 12 月世界贸易组织西雅图会议的示威活动以及随后的反全球化运动（参见 Best and Kellner，2001）表明激进的精神仍然非常活跃。的确，我们相信正是新的社会运动和激进对抗的力量在当前时刻提供了激进民主社会转型的最具前景的道路。[6]

因而，尽管后现代方法为当前时代的批判理论和民主政治学的重构提供了很多东西，但是后现代理论——这些理论未能处理资本主义全球化的扩张和增强的问题，没有阐述旧事物和新事物之间的连续性，并且摒弃了批评的规范性资源——具有严重的局限性。提供（一种非形而上学的）证明，或者提供对批判理论以及对这样一些替代性观点——这些观点有关于历史、社会生活和我们同自然世界的关系可以是什么样子——的一种辩护，这对理解和改变世界的计划来说仍然是必要的。我们处在一种令人不安和令人兴奋的黎明时期，处在现代性和后现代性的十字路口，并且前面的任务就是去打造那些被重构的地图和政治学——这些地图和政治学对我们所面对的巨大挑战来说是足够的。

【注释】

[1] 关于我们自己对现代和后现代的视角，参见 Best and Kellner（1991，1997，2001）。

[2] 在其著作《当今时代》——这是对以此为标题的一部通俗小说的评论——中，克尔凯郭尔（1978）通过指出激情的一种迅速衰减，而在古代和现代社会之间以及先前革命时代和当今时代之间做出了区分。参见我们对这一文本的详细分析，Best and Kellner（1990，1997）。

[3] 关于尼采对现代性的批判，参见 Kellner（1991）；关于经典社会理论中对尼采的忽视，参见 Antonio（1995）；而关于尼采与后现代，参见 Best and Kellner（1997）。

[4] 对我们关于福柯、利奥塔和后现代理论的立场的进一步讨论，参见 Best and Kellner（1991，1997）。

[5] 实际上，有证据显示，福柯持有相似的立场，显示他的目的不是摒弃一般的规范性话语，而是仅仅摒弃**知识分子**的——或者更具限定性地说，福柯自己的——规范性见解，从而允许个体的和公共的选择、辩论。因而，尽管福柯拒绝谈论民主是否比极权主义"更好"，但是他并不阻止其他人做出这种区分："我不希望作为一个知识分子来扮演道德家或先知的角色。我不希望说西方国家比东方集团的国家更好，等等。民众已经在政治上和道德上成年了。他们是那些必须个别地和共同地进行选择的人"（1991，p.172）。对批判理论中规范性问题的进一步讨论，以及对福柯和哈贝马斯的延伸比较，参见 Best（1995）。

[6] 参见 Best and Kellner（1997，2001）。

参考文献

Antonio, R. J. 1995：Nietzsche and classical social theory. *American Journal of Sociology*，101（1），1-43.

Best, S. 1995：*The Politics of Historical Vision：Marx, Foucault, and Habermas*. New York：Guilford Press.

———and Kellner, D. 1990: Kierkegaard, mass media, and *The Corsair Affair*. In R. Perkins (ed.), *The Corsair Affair. International Kierkegaard Commentary* 13. Macon, Ga.: Mercer University Press, 23-62.

———and —— 1991: *Postmodern Theory: Critical Interrogations*. London: Macmillan/New York: Guilford Press (中译本出版于 1995 年)。

———and —— 1997: *The Postmodern Turn*. New York: Guilford Press/London: Routledge.

———and —— 2001: *The Postmodern Adventure*. New York: Guilford Press/London: Routledge.

Boggs, C. 2000: *The End of Politics*. New York: Guilford Press.

Derrida, J. 1973: *Speech and Phenomena, and Other Essays on Husserl's Theory of Signs*. Evanston, Ill.: Northwestern University Press.

——1976: *Of Grammatology*. Baltimore, Md.: The Johns Hopkins University Press.

——1981a: *Positions*. Chicago, Ill.: University of Chicago Press.

——1981b: *Margins of Philosophy*. Chicago, Ill.: University of Chicago Press.

——1994: *Specters of Marx*. London and New York: Routledge.

Dostoevsky, F. 1974: *Notes From Underground*. New York: Bantam.

Foucault, M. 1979: *Discipline and Punish*. New York: Vintage.

——1982: The Subject and power. In H. L. Dreyfus and P. Rabinow (eds.), *Michel Foucault: Beyond Structuralism and Hermeneutics*. Chicago, Ill.: University of Chicago Press, 208-26.

——1989: *Foucault Live*. New York: Semiotext (e).

——1991: *Remarks on Marx*. New York: Semiotext (e).

Habermas, J. 1987: *Lectures on The Philosophical Discourse of Modernity*. Cambridge, Mass.: The MIT Press.

Hassan, I. 1987: *The Postmodern Turn: Essays in Postmodern Theory and Culture*. Columbus, Ohio: Ohio State University Press.

Heidegger, M. 1977: *The Question Concerning Technology*. New York: Harper & Row.

Jameson, F. 1981: *The Political Unconscious*. Ithaca, NY.: Cornell University Press.

——1984: Postmodernism, or the cultural logic of late capitalism. *New Left Review*, no. 146, 53-93.

Kearney, R. 1988: *The Wake of Imagination*. Minneapolis, Minn.: University of Minnesota Press.

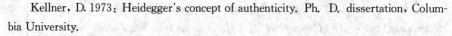

Kellner, D. 1973: Heidegger's concept of authenticity. Ph. D. dissertation, Columbia University.

——1989: *Jean Baudrillard: From Marxism to Post-Modernism and Beyond*. Cambridge: Polity Press/Palo Alto, Calif. : Stanford University Press.

——1991: Nietzsche and modernity: reflections on *Twilight of the Idols*. *International Studies in Philosophy*, XXIII (2), 3–17.

——1997, Intellectuals, the public sphere, and new technologies. *Research in Philosophy and Technology*, 16, 15–32.

——2001: *Grand Theft* 2000. Lanham, Md. : Rowman & Littlefield.

Kierkegaard, S. 1978: *Two Ages: The Age of Revolution and the Present Age*. Princeton, NJ: Princeton University Press.

Kolb, D. 1990: *Postmodern Sophistications*. Chicago, Ill. : University of Chicago Press.

Lyotard, J. -F. 1984: *The Postmodern Condition*. Minneapolis, Minn. : University of Minnesota Press.

——1988: *The Differend*. Minneapolis, Minn. : University of Minnesota Press.

——and Thebaud, J. -L. 1985: *Just Gaming*. Minneapolis, Minn. : University of Minnesota Press.

McCarthy, T. 1991: *Ideals and Illusions: On Reconstruction and Deconstruction in Contemporary Critical Theory*. Cambridge, Mass. : The MIT Press.

McGowan, J. 1991: *Postmodernism and its Critics*. Ithaca, NY, and London: Cornell University Press.

Nietzsche, F. W. 1967a: *The Birth of Tragedy*. New York: Random House.

——1967b: *The Genealogy of Morals*. New York: Random House.

——1968a: *The Will to Power*. New York: Vintage.

——1968b: *Twilight of the Idols*. New York: Penguin.

——1974: *The Gay Science*. New York: Vintage.

——1982: *Daybreak*. Cambridge: Cambridge University Press.

——1986: *Human, All Too Human*. Cambridge University Press.

——1990: *Unmodern Observations*. New Haven and London: Yale University Press.

O'Farrell, C. 1989: *Foucault: Historian or Philosopher*. New York: St. Martin's Press.

Ricoeur, P. 1984: *Time and Narrative*, vol. 1. Chicago, Ill. : University of Chicago Press.

Rorty, R. 1979: *Philosophy and the Mirror of Nature*. Oxford: Blackwell.

大陆哲学

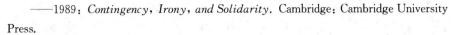

——1989: *Contingency, Irony, and Solidarity*. Cambridge: Cambridge University Press.

——1998: *Achieving Our Country: Leftist Thought in Twentieth-Century America*. Cambridge, Mass.: Harvard University Press.

Vattimo, G. 1988: *The End of Modernity*. London: Polity Press.

第14章 法国女性主义

玛丽・贝思・马德尔（Mary Beth Mader）、
凯利・奥里弗（Kelly Oliver）

　　20 世纪法国女性主义由众多论战、对抗——尤其是唯物主义的女性主义者们和精神分析的女性主义者们之间的那些论战、对抗——的历史所界定。1970 年代早期，法国妇女运动汇集成——尽管是短暂地——妇女解放运动（*Mouvement de Libération des Femmes*，the Women's Liberation Movement），也被称为 MLF。1968 年 5 月，在法国大学校园里以及其他地方，到处都是激烈的抗争、骚乱和罢工。就像同时期由越南战争所推动的美国学生运动一样，法国学生运动产生了一种关于变革的可能性和必然性的乐观主义意识。很多知识分子、教员和工人与学生们一起，参加针对政府的抗争。尽管作为 1968 年 5 月抗争的结果，政治状况改变得非常少，但是知识分子的态度和政治改变了。人们希望民粹运动（populist movements）能够影响转变。尽管 1968 年 5 月之后的很多写作都反映了这种乐观主义的消解，但正是在这种精神中，MLF 被产生出来。

　　"妇女解放运动"这个名称是由关于一群女人的媒体报道第一次使用的，由于在位于凯旋门的无名战士墓上放置一个花圈，并且将它献给比他更不为人知的那个人，即他的妻子，这群女人被逮捕了。[1] 合法堕胎的权利是 1970 年代 MLF 的动员性问题。1971 年 4 月，《新观察家》（*Le nouvel observateur*）周刊发表了一篇由 343 个女人签名的宣言，这些女人声称已经进行了非法堕胎。西蒙娜・德・波伏瓦（Simone de Beauvoir）在这个名单的最顶端，并且后面跟随着法国最有名的一些女人。

　　成为法国女性主义运动的一部分的女人和女性团体越多，运动中的分歧和派系也就越多。当 1979 年安托瓦内特・福克（Antoinette Fouque）将妇女解放运动注册为她所领导的组织 Psych et Po（精神分析与政治的缩写）的商标，将 MLF 注册为其徽标时，与 MLF 的联盟就变得成问题了。Psych et Po——一个对拉康式的精神分析感兴趣的团体——在巴黎也建立了一个名为**女性**（*des femmes*）的出版社，并且开了一些名为**女性**的书店。Psych et Po 对妇女解放运动这个名称的接收是法国女性主义者们之间巨大论战的一个根源。针对 Psych et Po 的论战并未止于那里。克莱尔·杜贞（Claire Duchen）在 1986 年的著作中报告道："同那个团体〔Psych et Po〕具有紧密关联的埃莱娜·西苏（Hélène Cixous）在纽约的一次会议上甚至断言道，法国女性并没有使用女同性恋者（lesbian）或女性主义者这些词，并且遭到在场的其他法国女性们愤怒地反驳。"

就像她们的英美同类们，法国女性主义者们在这样一些问题上意见不一，这些问题有关于平等与差异的对立、与男性的关系、女性气质（femininity）和男性气质（masculinity）的地位和本性，以及女性主义和女性主义理论本身的作用。在此被讨论的一些作家（西苏、克里斯蒂娃）——她们关于女性、语言和边缘化的观念已经对英美语境中的女性主义产生了非常大的影响——已经将其自身从法国女性主义运动中分离出来了。另一些人批判了女性主义运动的异性恋主义（heterosexism）〔维蒂希（Wittig）〕。还有一些人批判了已经被英语世界称作"法国女性主义"的东西〔德尔菲（Delphy）〕。尽管她们同"女性主义"具有成问题的关系，但这些理论家们的作品已经对英美语境中的女性主义理论产生了很大作用。

在此被讨论的理论家们代表了法国女性主义理论中的两大主要趋势，这两大趋势已经对英美女性主义理论产生了重大的影响，并且正在同英美女性主义理论进行对话：社会理论和精神分析理论。一些法国女性主义者们更为关注于父权的社会制度以及物质的和经济的条件，而另一些则更为关注于心理结构（psychic structures）以及想象与文化的父权殖民。这两大趋势都远离了针对本性（Nature）的任何传统讨论，并指向针对被社会地建构起来的性（sex）、性征（sexuality）和性别角色（gender roles）的观念的讨论。对社会理论感兴趣的女性主义者们聚焦于社会制度塑造我们的性、性征和性别角色的观念的方式，而对精神分析理论感兴趣的女性主义者们则聚焦于性、性征和性别角色的文化表征（cultural representations），以及它们影响心理的方式。在下面会被讨论到的思想家们的一些最激动人心的作品中，这两大趋势以富有成效的方式汇集起来。社会理论和精神分析理论之间的这种交涉说出了英语世界新近的女性主义理论中最具前景的张力之一。

不管她们是将自身认作唯物主义者、马克思主义者、精神分析学家、女性主义者，还是认作后女性主义者，我们所讨论的很多作家都关注于社会和心理之间的关联。社会转换和个人转换之间的关系（反之亦然）是什么呢？社会改变使得个人态度、行为和心理身份中间的改变成为必要的吗？个人改变使得社会制度和政治体系中间的改变成为必要的吗？或者，改变同时暗含着社会和心理这两个领域吗？

从西蒙娜·德·波伏瓦在自然性别（sex）和社会性别（gender）——它指向性别定型（gender stereotypes）的社会建构——之间的区分开始，到莫妮可·维蒂希（Monique Wittig）和科莱特·吉约曼（Colette Guillaumin）的更为激进的主张，即自然性别和种族（race）就其自身而言都是被社会地建构的，对自然性别、社会性别和种族的去自然化对英美女性主义来说已经非常重要。法国女性主义者们和美国女性主义者们同样对波伏瓦的这样一些尝试——试图通过否定婚姻和母亲身份（motherhood）、批判爱情关系以及拒斥定型化的性别角色来使得女性和男性平等——具有不同的反应。甚至在赞成差异高过平等的理论家们中间，就差异是什么以及它制造了什么样的差异，也存在着很多的不一致。露丝·伊利格瑞（Luce Irigaray）认为，只有当我们的法律反映了男性和女性之间的性别差异时，社会改变才能发生，而科莱特·吉约曼和克里斯蒂娜·德尔菲（Christine Delphy）则认为，从历史上来说，差异的概念，尤其是自然差异的概念，已经被用来使得女性处于压迫之中。在与关于平等和差异的法国辩论的对话中，英美女性主义理论继续挣扎于这些相同的问题。

西蒙娜·德·波伏瓦[2]

西蒙娜·德·波伏瓦 1908 年出生于巴黎，在那里她一直生活到 1986 年去世。她以有关莱布尼茨的学位论文从索邦获得了她的哲学博士学位。从 1929 年一直到 1943 年，在无线电台的一份短暂工作以及写作与政治行动主义的一份全职工作之前，她在法国的高中（lycée）教书。1945 年，她（同莫里斯·梅洛-庞蒂和让-保罗·萨特一起）共同创办了《现代》（Les temps modernes）杂志，这是左翼政治思想的一个论坛。她发表了很多小说、论文以及她最为著名的哲学作品《第二性》（The Second Sex，1949）。尽管《第二性》被很多人看作当代女性主义理论的诞生，但直到 1970 年代早期她变得活跃于 MLF 的时候，她才将自身明确地界定为一个女性主义者。1974 年，她成为妇女权利联盟（League for the Rights of Women）的主席，并且 1979 年，她同科莱特·吉约曼、克里斯蒂娜·德尔菲、莫妮可·维蒂希以及其他人一起共同创立了《女性主义问题》（*Questions feministes*）杂志。

波伏瓦的存在主义的女性主义标志着女性主义第二次浪潮的开端以及现代妇女运动的开始。在法国女性获得选举权之后的仅仅五年，以及在法国宪法被修改着在大多数受法律管制的生活领域赋予女性平等权之后的三年，波伏瓦出版了《第二性》，这部著作是她对作为女性的女性压迫的历史的彻底考察，以及对她们的最终解放的一种持续的存在主义论证。这部著作对法国阅读公众以及对很多国家早期妇女解放运动的催化作用，是毫不夸张的。在这部著作中，波伏瓦运用黑格尔、萨特所发明和打磨出的哲学工具来分析对女性的历史的且几乎普遍的压制。她提出了结束这样一种状况的一些策略，尽管这部著作并不首要地是全球的或地区的女性解放的一个详细计划。大体而言，她的论证是存在主义的和社会主义的，而不是法律主义的、改良主义的或自由主义的。它否定了关于女性的从属的所有当代解释或论证——生物学的、弗洛伊德式的、马克思式的——并且取而代之地提出，这个问题在一种基本的存在论倾向中具有其根源，这种倾向是在意识自身的存在的层面上的冲突倾向。

每一意识都具有一种持续的倾向，即逃离其同等恒常的且无法抗拒的自由的重负。这种自由使得人在对象——这些对象单纯地是它们所是的东西——的周围世界中成为一个存在论的例外。与这些对象相反，人承载着意识（awareness）的可疑重担，并且不可避免地依据其过去而被导向未来，它从来不能单纯地是其现在的被统计的特征的总和：它始终是它所不是的东西——它还不是以及不再是的东西。此在，正是通过否定（negation）的动态力量——这种否定的力量是有意识的存在者的核心——人才会否认并且直接拒斥任何它也许会真的成为一个单纯对象的可能性。意识将它自身与它所不是的东西主动区分出来。然而同时，意识能够将其自身视作其所不是的东西；也就是说，它能将其自身看作同其自身相对的对象，同时也能将其自身从那个对象中区分出来。它能相对于对象而认识其自身，并且它能尝试着将其自身认识为世界之中一个事物，就像被识别的对象一样。的确，对人来说，最深的诱惑之一就是这样一个冲动，即将在世界之中的自身看作一个对象，而不是看作它无法逃避地所是的主体性。但是，在一个被他者所填充的世界中，人双重地既是主体又是对象，并且

312

从来都不仅仅是某一个。在另一个主体性的经验中，任何人都拥有一种对象生命。这种令人痛苦的两义性（ambiguity）以一些生存论的不均衡形式被实践出来。在这些形式中间值得注意的是这样一个计划，即先发制人地将另一个主体还原成一个对象的地位，从而避免在他者眼中遭遇到相同的还原的命运。同时，因为主体不能凭借其自身而确定其主体性——在发现**我思**（cogito）之后，甚至笛卡尔都感觉到（证实）另一个主体性，即上帝存在的必要性——主体寻求通过另一个意识来将其自身认识为一个意识。问题在于，一方面一个单纯的对象不能提供这样的认识，而另一方面另一个主体倾向于依据它自己寻求认识的计划而试图虚无化第一个主体。因此，这种不稳定的主体就寻求一种奇怪的存在者，这种存在者在根本上是对象，然而又足以是一个主体，即它能够履行将主体认识为主体的功能。女人就是这种生物。她是"男性权力意志"（SS，p. 78）[3]的产物，一个他者，这个他者不是真正的主体，而是悖论性的"赋有主体性的对象"。主要由于深陷一个对象的内在性、被动性和依赖性的特征，她拥有最微弱的意识和自由，这种微弱的意识和自由能够使她自由地将主动的、理性的和自我定义的男人的立场确定为主体。对于男人的自我（Self）来说她是他者，一种介于男人和自然之间的存在者。就此而论，对于男人"从希望到失望、从恨到爱、从善到恶、从恶到善"（SS，p. 144）的道路-制造来说，她是纯粹的通道。

历史地说，男性和女性已经构成了两个等级，其中一个等级在上面所描述的追寻中已经建立了另一个作为从属的地位。这是一个必然的历史事实，并且是男性运用他们的"生物优势"（SS，p. 77）将这种境遇强加到女性身上的结果。这种优势是所谓的免于身体限制和肉体需求的更大的男性自由；男性在超越自然和物种限制的一般人类计划中领先于女性，因为在其发展的自始至终，女性在身体上都被束缚于自然的"神秘过程"。女孩的青春期经常是一种使人震惊的降级，即从主动的主体降级到被社会地要求的"女性气质"的被动性和依赖性。女性在其自己的从属地位中的共谋在于这样一种女性地位的假设，在于成为男性主体的他者。的确，"只要女性气质就其本身而被保持"（SS，p. 719），这两个等级之间的持久的冲突就将会持续。但是，女性的错误在于，她们将有关她们和有关世界的相异的男性视角融入她们自身之中。采取女性气质就是内在化其作为他者的地位，这种事情女性通常都非常渴望去做。这种渴望之所以发生是因为，由于女性实际上被赋予了意识，所以她们也具有一种逃离其自由的愿

313

望。于是，女性气质是另一种形式的逃离；它试图通过在本质上为另一个人，为男性主体而生活，从而放弃活出其自己的生活的必要性。男性和女性都通过对方而逃离，尽管他们不对称地并且以不同方式在这样做。男性通过试图创造一个对象等级，即女性，而这样做。女性则通过成为那些对象而这样做。没有一方能够在这些逃避主义的计划中成功。在一种可预测的颠倒中，男性的优越性变成了对低一级存在者的令人震惊的依赖。女性在她们自己成为对象的计划中必须使用的所有巧计、伪装和克制，都太明显地将其自身背叛为主体性的实例。对两个等级来说，每一个成为对象或主体的努力都削弱其自身。

　　走出这些自我挫败的计划和相互依赖的冲突的方式是，女性接受主体身份（subjecthood），但却是一种新的主体身份，这种主体身份同时为男性和女性寻求在自由、机会、回报、权利中的平等。对女性来说，独立于男性具有着最高的重要性。女性必须首先获得经济独立，但是性独立和道德独立同样是关键的。"新女性"（SS, p. 725）将会栖居于"一个双性的世界，而不是一个男性的世界"（SS, p. 726）。她将会在众多任务——这些任务并未被男性对一个他者的需要所限制——中积极地将其自身筹划向未来。她将会抛弃女性气质以及她作为"寄生虫"（SS, p. 724）的境遇，但却没有变成一个男性或者一个恶魔。她将不会运用有限的母亲、妻子和事业女性的社会角色。她对主体地位的完全采用将不会以让男性压迫到对象的位置为代价，这种压迫将不会改善当代境遇。男性将必须面对奴性的女人的丧失，并且放弃他们掌握的将女性置入那种从属位置的特权。一旦它们不再发生于一种"在其整体性中谋划确认男性统治权的系统"（SS, p. 727），被给予两性关系的那些意义就将会改变。劳动、理智工作以及社会主义的建立将会是这样一些种类的行动，即在这些行动中并通过这些行动，女性的那种新发现的自主性能够被显现出来，并且被培养。女性和男性作为不平等的等级是社会强迫的产物，男性迫使女性成为一种被压制的等级。在历史的此刻，这种等级系统能够被毁灭。为了正义，对波伏瓦来说，她关于人的存在主义的本体论（存在论）应当被承认。在她看来，如果实际上女性不也是主体，那么她们就不能反抗。更为重要的是，她们本来曾经也不能反抗。但是她们反抗了，并且经常是作为波伏瓦具有巨大影响力的女性主义哲学作品的一个结果。

露丝·伊利格瑞

比较西蒙娜·德·波伏瓦的工作和露丝·伊利格瑞的工作，并且将她们对这一问题——性别如何是两种——的不同观点当作起点，这是具有指导性的。露丝·伊利格瑞1930年生于比利时（Belgium），她是一个精神分析学家、语言学家、哲学家、诗人和活动家，在过去的三十年中，她的著作已经被广泛出版，并且一直被翻译。她的第一次伟大成功来自她的一篇博士论文——作为著作《他者女性的窥镜》（*Speculum*：*de l'autre femme*）——的出版。这部作品高度批判了西方哲学和心理学思想中的很多核心人物，并且在其1974年出版的时候，引起了主要的拉康专业协会对她的驱逐。然而，她的作品已经为她赢得了大量国际读者，尤其是在那些对西方哲学史的女性主义批判感兴趣的思想家中间。

伊利格瑞将她自己有关性别差异的立场描述为"以某种方式相反于"波伏瓦的立场，尽管她支持并且钦佩波伏瓦的那样一些努力和成功，即为了女性而论证和帮助实行在经济的和社会的正义及平等领域之中的自由改革。然而，根据伊利格瑞，对于女性来说平等不是一个充足的文化目标，并且使它成为一个目标，这构成了一种重大的哲学的、伦理的和政治的错误。对于波伏瓦来说，女性已经占据了他者的位置；男性已经使得女性成为他者，尽管她清楚地讲到女性也是其次要地位的共谋。对这种从属的解决在于去要求主体的地位，去通过变得像男性主体一样而摆脱那种被贬损的他者地位。女性的劣等性（inferiority）——这通过标题《第二性》中的"第二"这个词语而被标示出来——能通过同化于男性主体而被消除，并且对于那种同化来说，不存在必然不可逾越的障碍。尽管伊利格瑞理解波伏瓦的论证的表面上的解放诉求，但对于伊利格瑞来说，对女性剥削的问题的解决必须依据于那种剥削，即依据于差异性，而不是依据于同一性，而进行。伊利格瑞不是拒斥被社会性地强加的他者范畴，而是声称女性也许可以取而代之地致力于实现一种女性主体，这种女性主体真正地不可还原到男性主体，并且实际上是另一种（*l'autre genre*）主体。西方传统中的他者问题实际上从未被恰当地思考，西方文化也从未充分地构想性别差异或他异性（alterity）。关于性别差异，女性总是相对于一个男性标准而被思考，但是相反的情况还未发生。

伊利格瑞的批判是要去确定她将其看作一种错误差异的东西："在性别代表或表征的层面上，身份认同的这种分配导致仅仅存在着一种位于单一和同一性别的经济之内的双极性。"于是，对于伊利格瑞来说，缺少的东西正是两种真正不同的性别的文化发展，这两种性别不是彼此之间单纯颠倒的反映、对立、否定、补充、衰弱——或者对弗洛伊德来说，作为被阉割的。在她看来，到目前为止，对人的性别性（sexedness）的二元本性的所有哲学解释都符合于那些范畴中的一个或更多。作者因而将她自己的文化描述为"单一主体的"（monosubjecual）、"单一性别的"（mono-sexed）。为了描述这种文化制度，她发明了**"男性性别的"**（*hommosex-uel*）这个术语，为了指出在这种文化中性征自身是紧紧围绕一个性别以及那个性别的心理需要而被组织起来的，这个新词嘲弄了法语单词"男人"（*homme*，man）。

"男性性别的"这个术语也指涉她的这个观点，即被认作文化——她居住于这种文化之中——的东西首要地发生在男性中间并为了男性的利益之中，并且为了男性的利益。通过回想列维-斯特劳斯关于亲属关系和意义的作品，她指出，女性在男性中间被交换，从父亲到丈夫，并且被安排为这种首要的男性文化的更高级大脑活动的无名物质支撑。她们的目的是指向于男性的身体和情感，并且是去为她们的丈夫繁衍男性后代。法律和宗教都没真正认识到对母亲身体的这种未支付的债务；在基督教的案例中，在一种未被思考的自然主义或者一种未被挑战的对母亲-儿子和父亲-儿子的关系的价值赋予中，一种特定的女性谱系以及因而母亲-女儿的关系仍是晦暗的。女性的特定需要和利益以一种未被表述和未被升华的方式远离这种文化而存在。因为这一点，并且因为显现和存在的观念在男性文化想象中已经被理解的方式，所以这些需要和利益显现为根本不存在。女性严重地遭受着自身表述的这种缺乏，遭受着一种适合于她们特定关注点的语言的缺乏，遭受着一种能够准确地将她们定位于历史之中的谱系的缺乏，遭受着将会向她们提供一种超越手段的神的缺乏，遭受着将会尊重并且精神化她们身体本性的文化实践的缺乏。的确，女性目前缺乏主体性，因为她们缺乏一种她们自己的主体性。

哲学是西方性别单一文化的核心共谋。在整个西方哲学中，一种单一的主体已经被想象并且被构成，这种主体没有意识到甚至能够存在多元的主体。存在着主体的一种哲学模式，这种模式围绕一对多的优先性的柏拉图式的观念而被建立起来。它遵照人的一种形态：男性的、成人的、西方

315

的、理性的、有能力的。这些性质被构想为有价值的，并且在这种标准之上所有人都能够被层级化地排列。因此，人的世界能够被划分成那些是这种主体的人，以及那些依据这种模式被标示为"非男人"或"非主体"的人。哲学对一种具有性别的（sexed）他者性（otherness）或者对作为他者性的性别的无知不仅仅是真理层面上的一种失败，它是一种具有现实生活后果的非正义。

哲学仅仅是男性倾向——通过将其自身描绘为自我生成的而去处理他在另一种性别中的起源"问题"——的一个文化案例。伊利格瑞不仅在基督教的起源故事中，而且也在哲学写作的经典作品中——在其中，被编码为女性的东西是作为思想家的超越思想的一种不可想象的基础而发挥功能的，这种思想家将其自身解释为自我制造的，解释为独立于他在其标示为纯粹自然的东西之中的物质根源——发现了这种移动。这等同于是对性别差异本身的一种否认，并且因而是对他自己的性别差异的一种否认。伊利格瑞强调因母亲的生命礼物而亏欠母亲的一笔不可忍受的债务，以及亏欠自然本身的一笔债务。自然与母亲的联合在她的作品中是经常出现的，这是因为她一直试图进入并且从事于一种文化想象，在这种文化想象中她发现这些术语已经被稳固地联系起来。这笔债务未被偿还；物质、自然和女性已经以男性的思维性身体的形式提供了精神、文化和男性，然而精神、文化和男性还未向他们的供给者报答一种供给。男性主体的所谓的完整性、恒定性以及独立性已经由他从这样一种单纯原材料——这种所谓的自动生成的单纯原材料，这种原材料在形而上学上和物理学上是被贬损的——中塑造出来。另外，由于男性将物质和观念区分开来，并且由于他将语言解释为非物质的，因此他能够将其自身看作自我创造的。

西方哲学的形而上学计划本身已经是这样一种否认计划的一部分。伊利格瑞批判了对这样一种形而上学的强调，这种形而上学有关于固态物（solids），有关于一种哲学的专注，这种专注针对男性同对象的关系，针对实体的阐释性的本体论（存在论），以及针对物质的东西和先验的东西之间、可感觉的东西和可理解的东西之间的被非对称地评价的二元对立。伊利格瑞指出，固态形式的逻辑和作为一种形式主义的逻辑自身都服务于"男性"方面的一种未被认知的或被压抑的需要，即处理他自己的性别差异的特定危机。而流动物（fluids）在西方形而上学中是被忽略的，并且的确不能在这种形而上学中被处理。流动物扰乱个体化：是小孩被生在空气之中，还是空气进入小孩之中呢？是小孩内在于母亲，还是母亲作为那些充满着小孩的流动物而内在于小孩呢？伊利格瑞并不认为这种相互渗透的特殊关系仅仅对这种一个女性怀有一个小孩的形象有效。相反，这种形象仅仅在这方面是独特的，即它允许我们相当好地辨识什么东西一般地且无所不在地是这种情况，尽管它被我们文化的形而上学弄得含混不清。伊利格瑞诉诸流动性的观念来表述一种同一性，这种同一性破除了逻各斯的以及逻各斯声称支持的男性主体性的（固态的）一致性和连贯性。对伊利格瑞来说，流动性总是超越理性和合理之物，但是它也使得统一的、个体化的固态物成为可能；它作为被遗忘的环境、背景或基底而这样做，不同的实体正是对立于这种环境、背景或基底而凸显出来的。哲学家们忘记了，如果"没有流动物"，他们的思想将不会连贯或者具有任何统一性；流动物在固态实体之间，允许它们连接或联合。但是这种流动-支撑的条件不能就其自身而言凸显出来，并且唤起对它的注意就会冒险揭示出一种流动的、非固态的必然性实际上是逻各斯的"固态"表述的"基础"。

伊利格瑞频繁地提及一种有待被建构的特定女性主体性，这种主体性将会尊重女性的特殊需要和价值，并且因而将会是爱与文化中男性和女性的第一次真正会面的可能性条件。这并不意味着所缺乏的东西是男性和女性之间的对称，是女性仅仅应当模仿男性的制度和实践。实际上，她频繁地对这样一种东西发出警告，并且认为单纯进入男性权力大厅或者创造大致类似的实践都不是一种解决方案。实际上，如果付诸实施，这种类似将仅仅相当于非正义的一种镜像形式。如果女性将"男性"创造成一种被去除大脑的原材料——在这种材料的基础上，建立一种精神性的、无根的生产秩序——那么这将不会改善这种境遇。她为女性寻求一种特定的具有性别的主体性，这种主体性将相当于身份的一个种类和一个种类的身份。然而，女性可以建构但却还没建构的这种身份可以是这样一种身份，该身份在一种比迄今为止所创造的那种男性身份更为深刻的程度上是多元的和变化的。

伊利格瑞寻求被构想于尽可能大的范围之内的文化改变。她将她自己的著作视作这样一种努力的一部分，即努力带来"一种新的文化时代：性别差异的文化时代"。为了将她对性别差异的讨论开放为构成"比任何到目前为止已知的世界都要更为丰饶的世界的视野"，她在《性别差异的伦理》（*An Ethics of Sexual Difference*）中写道："性别差异是我们时代的主要哲学问题之一，如果不是唯一的问题。根据海德格尔，每一个时代都有一个问题要彻底思考，并仅仅只有一个。性别问题可能是我们时代的那个问题，如果我们彻底思考它，它就可以是我们的'救赎'。"她更为新近的一些著作包含了一些法律、艺术、医疗和政治改革的具体方案，这些改革旨在最终创造这一具有性别的两种主体性的新文化。

科莱特·吉约曼

科莱特·吉约曼 1934 年生于法国，并且 1969 年从巴黎索邦大学获得社会学博士学位。她参与创立了《女性主义问题》杂志，并且在其编委会一直任职到 1980 年。她曾经在巴黎第七大学和国家科学研究中心（the National Center for Scientific Research，CNRS）任教，并且是国际种族主义研究协会（the International Association for the Study of Racism）和国家妇女研究协会（the National Association for the Study of Women）的一个活跃成员。

吉约曼发展出**性别鉴定**（sexage）或女性劳动的观念来将女性无偿的和家庭的劳动描述为一种性别奴役。她认为，对女性身体和劳动的物理征用（physical appropriation）是类似于奴役的，并且将女性压迫分析为主要是这种物理征用的结果。最终结果是女性被当作父权制度之内的财产。像德尔菲和其他唯物主义的女性主义者一样，吉约曼关注着女性压迫的经济和社会条件，并且依据那些物质条件而诊断男性和女性之间的权力关系。她坚称，那些关于女性气质、母亲身份和女人的话语通过自然化这些范畴——这些范畴被用来使压迫和征用变得不可见——而维持着女性压迫。

吉约曼可能是以她的这样一些论断而最为著名，这些论断即不是种族等级导致了种族主义，而是宁可说种族主义导致了种族等级和种族概念。她追踪了种族概念的历史，她认为种族概念仅仅通过极端的种族主义政权才被稳固化，这些政权将其法典化——例如，当在纳粹德国种族变得在法律上可分类时，或者当 1945 年南非采取种族的法律范畴时。吉约曼驳斥了对种族的所有法律分类，并且指出科学家们已经抛弃了作为在生物学上具有意义的种族观念。然而尽管她坚称种族观念是种族主义的建构，并且从来不是自然的，但她也认为简单地拒斥种族观念并不足以克服种族主义。她声称，尽管种族不具有生物学的或心理学的实在性，但由于种族和种族主义的历史，它具有一种有意义的社会实在性。因而，甚至在我们承认它们的影响时，我们都必须继续反对种族的种族主义和种族主义建构。

埃莱娜·西苏

埃莱娜·西苏 1937 年 6 月 5 日生于阿尔及利亚奥兰市。她成长于一种多语言的环境，接触到法语、德语、西班牙语和阿拉伯语。她 1955 年来到巴黎，并在巴黎第四大学（巴黎索邦大学）学习英语文学，在那里她于 1968 年以有关詹姆斯·乔伊斯（James Joyce）的学位论文获得她的博士学位。1969 年她参与创立《诗歌文学的理论与分析杂志》(*Revue de Théorie et d'analyse littéraire poétique*) 这一期刊。1974 年，她在巴黎第八大学创立了女性研究中心（Centre de Recherches en Études Féminines）。西苏发表了很多小说、戏剧以及自传性的和理论性的文章。她是很多具有声望的奖项的获得者，包括凭借其第一部小说《内部》(*Dedans*, "*Inside*") 而获得的美第西斯奖（the Prix Médicis），以及荣誉军团勋章（the Legion d'Honneur）、文评人奖（the Prix des Critiques）和巴西南十字星勋章（the Southern Cross of Brazil）。在英美语境中，西苏以她早期的理论文章——在这些文章中她发展出女性写作（*écriture féminine*, feminine writing）的观念——和她关于巴西小说家克拉丽斯·利斯佩克托（Clarice Lispector）——她认为该小说家采用了女性写作——的作品而最为著名。

西苏打算通过在其文本中暴露/创造女性身体来震惊那些已对女性身体如此神经质的哲学家。她讲道："让那些神父颤抖吧；我们将会向他们**展示**我们的**午时祈祷**（sexts）！如果他们因发现女性不是男性或者母亲并没有一个男性而崩溃，那么对他们来说就太糟糕了。但是这种恐惧难道不是很好地适合他们吗？最糟糕的事情难道将不会是——最糟糕的事情难道不是，实际上女性并没有被阉割……"她拒绝玩这样一种东西，这种东西被她称作"阴茎检查的游戏，这种游戏由三巨头的帝国主义超级强权凭借制造历史的那种卑劣的庄重而玩耍"。并且，尽管像她所说的那样，"阴茎在我的文本中到处游走"，但她将不允许她自身"被这个巨大的阴茎所威胁"。她对传统哲学和精神分析理论的批评充满了这种嬉戏式的不敬。

除了她对男性传统的恶作剧式的玩笑之外，西苏还通过从西方文化里女性的卑微中重塑女性而创造女性神话。为了抛除男性的隐喻——这些隐喻已经被强加在女性之上——她重读传统神话和文学。例如，她在其戏剧《多拉的画像》中以多拉的视角讲述多拉的故事，在《突围》中她重新讲述厄勒克特拉和克娄巴特拉的故事，并将美杜莎、厄勒克特拉、安提戈涅和克娄巴特拉相等同。她讲到，她已经是她们所有人。以这种方式，她重塑了这些女性人物和他们的神话，并且再次赋予了她们生命。在她的虚构作品中，她试图现实化其女性写作的观念。她通过使用各种漂移方式来创作新的女性神话。在《阉割或斩首》中，她将精神分析比作童话。在那里，她指出，在精神分析理论和《小红帽》及《睡美人》的故事中，女性都是被"放置"在两张床之间，并"一直被捕捉在她的隐喻链条之中，这些隐喻即是对文化进行组织的隐喻"。

为了摆脱这些男性隐喻——女性已经被捕捉这些隐喻之中——西苏认为女性们必须书写她们的身体。她似乎认为女性们必须创造她们自己的隐喻，即那些不在隐喻的替代经济学中运作的隐喻。在这方面，她很相近于伊利格瑞对转喻/隐喻的倒转。对西苏来说，正是女性们的身体，尤其是她们的性征，在西方文化相同者的"男性"经济学中被忽视掉。而她则试图设想这样一种"女性"写作（"feminine" writing, *écriture féminine*），这种女性写作会表达/创造一种女性的力比多经济学。

弗洛伊德认为力比多是男性的，而西苏认为在他的话语中，无意识的观念是一种男性想象的产物。她坚持认为我们需要一种新的无意识，一种女性的无意识。并且就像她所认为的，如果无意识是一种文化产物，那么我们就可以通过写作而创造这一新的无意识。西苏讲道："事物正在开始被书写，这些事物将会构成一种女性想象，也就是说，一个自我认同的地点，该地点将不再会被交付给一个由男性所定义的形象……"

在《阉割或斩首》的结尾，西苏描述了她将会怎样想象这种女性写作。对西苏来说，重要的是女性写作不能够被理论化，并且因而她的文本不应该被读解为一种理论描述。她认为她自己是一位诗人，这位诗人正试图创造一种女性写作，并且想象一种既没有源点也没有终点的文本，这种文本拥有很多起点，并且会一直延续下去。这种文本"追问关于给予的问题——'这种书写给予了什么东西呢？''它是怎样给予的呢？'"它不是可预测的或可认识的。它是可触知的文本，它"同声音很密切，并且同肉身极为密切"。对西苏来说，女性写作、女性力比多和身体之间的关系是很关键的。她的众多文本是宣言，它们号召女性们写作她们的身体，因为女性写作源自身体。然而，她的这种身体不仅仅是物质身体。她并不是在提出某种生物主义。宁可说，对于西苏来说，身体是社会和生物过程的一个综合体。

319

因为女性气质是一个表征问题，所以对于女性们来说，关键的是书写她们的身体、她们的想象、她们的力比多。有待解决的东西在于创造一种新的表征经济学，这种表征经济学不是被建立在女性的压抑之上的。西苏认为，西方文化中的菲勒斯统治（phallocracy，阳具统治）已经确保一种菲勒斯的表征经济学压抑了任何其他东西。西苏认为，男性们也将他们的身体和他们的性征失落在菲勒斯经济学中，这种经济学以一种隐喻的替代逻辑为前提，并且总是回到菲勒斯。而且这种菲勒斯经济学已经"面对着这个人［女性］——她缺乏缺失［阉割］"——而被建立起来。正是在她缺乏缺失的基础上，"男性身份"被建构起来，并且"在历史中标榜它的隐喻，就像飘扬着旗帜一样"。凭借这一论点，西苏暗示了弗洛伊德的这样一个理论，即女性们是低于男性们的——她们的超我是未被发展的——因为她们没有经受阉割情结。

西苏与伊利格瑞的这一观念——西方文化是**男性性别的**——产生了共鸣，她认为，隐喻的男性经济学是相同者（单性）的一种经济学，在这种经济学中，众多女性要素总是为了它的目的而被占用。主人已经发明出他自己的他者，并且这就是为什么这个他者能被居家化。西苏试图设想一种不会否定差异的双性。对西苏来说，双性意味着差异和两种性别被设置在人们自身之内。她认为我们都是双性的；我们原初的双性被菲勒斯中心的文化所扭曲。她设想一种双性，这种双性是一种交换的过程，而不是同死亡做斗争的过程。在《美杜莎的笑声》中，她声称书写不是男性的或女性的，而是在两者之间（between）。它是双性的。两者之间看起来存在于我们每一个人之内，差异在场于我们每一个人之内。西苏提出双性来作为男性和女性的二元制的一个第三种选择。

在其后期著作中，她继续发展这一作为两者之间的双性的观念。在《根迹》（1994）中，她提出作为男性和女性之间的两者之间（*entredeux*，between-two）的观念。通过回想起伊利格瑞，西苏将这种两者之间设想为通往一个他者并从这个他者而来的道路，这个他者是不可互换的，或者甚至是不可认识的。两者之间是这样一个空间，在其中，性别差异作为好奇和爱而显现。爱通过心灵——西苏将其指涉为"共通性别"——而将各性别结合在一起。她坚持认为，对人类心灵来说可能的快乐仅仅通过一种与差异的相遇才能到来。

茱莉亚·克里斯蒂娃

茱莉亚·克里斯蒂娃 1941 年出生于保加利亚。她曾受教于法国修女，学习过文学，并且在 1966 年去巴黎跟随吕西安·戈德曼（Lucien Goldmann）和罗兰·巴特进行研究生学习之前，曾是一名记者。在巴黎的时候，她完成了她的法国文学博士学位，被聘任为巴黎第六大学〔德尼·狄德罗（Denis Diderot）〕文本与档案系的教员，并且开始精神分析训练。现在，克里斯蒂娃是巴黎第七大学文本与档案科学系的主任，在那里她也在文学与人文学科系授课。1997 年 4 月，她因其三十年的理智工作——这种工作已经被翻译成十种语言——而获得法国最高荣誉之一**荣誉军团骑士勋章**（*Chevaliére de la légion d'honneur*）。除了其作为实践的精神分析师的工作和她的理论著作之外，克里斯蒂娃还写了三部小说。

克里斯蒂娃的工作反映了她的多样背景。她的著作是哲学、精神分析学、语言学与文化理论和文学理论之间的一种交叉。她发展出被她称作"符号分析学"（semanalysis）的科学，这种科学是弗洛伊德的精神分析学和索绪尔与皮尔士的符号学的一种结合。凭借这种新的科学，克里斯蒂娃挑战了传统的精神分析理论、语言学理论和哲学。在她的大部分著作中，克里斯蒂娃的目标是将言说的身体——连同驱力（drives）——带回到哲学和语言学中。在其最具影响力的一本书《诗歌语言中的革命》中，她批判胡塞尔式的现象学和索绪尔式的语言学构想了主体和语言的这样一些理论，这些理论不能对过程进行解释，而一个主体正是通过这些过程而进行言说的。存在两种方式，凭借它们克里斯蒂娃将言说的身体带回到语言理论之内。首先，她提出身体驱力是通过语言而被释放的。其次，她声称意义的结构或逻辑已经运作于物质身体之中。在克里斯蒂娃的分析中，语言内在于身体，并且身体内在于语言。

克里斯蒂娃对语言哲学最具影响力的贡献是她在意义的符号（semiotic）要素和象征（symbolic）要素之间进行的区分。所有的意义都是以不同的比例由这两种要素组成的。一方面，符号要素是语言中驱力的组织。它同韵律和语调相联系，这些韵律和语调是语言的具有意义的部分，但并不表象或意指某物。韵律和语调并不表象身体驱力，宁可说，身体驱力通过韵律和语调而被释放出来。另一方面，语言的象征要素是判断和立场的领域。它同语言的语法或结构相关联，这种语法或结构使它能够意指某物。

符号态（the semiotic）和象征态（the symbolic）之间的辩证振动是使得意义成为可能的东西。没有象征态，我们仅仅拥有声音或者精神错乱的咿呀之语。但是没有符号态，意义将会是空洞的，并且我们将不会言说。符号态提供从事意指过程的动机，我们拥有进行交流的身体需要。象征态提供对于交流来说必要的那种结构。两种要素对于意义来说都是本质性的。并且正是它们之间的张力使得意义成为动态的。符号态既激发了意义，同时又威胁到了象征要素。符号态提供了否定性，而象征态提供了状态或稳定性，这种稳定性使得意义既是动态的，又是被结构的。符号态使得变化，甚至是结构变化，成为可能。

克里斯蒂娃将她的符号态理论——特别是由于它被联系于母亲的身体——看作对拉康式的语言习得模式的一种替代。拉康对意义和自我意识的解释开始于镜像阶段以及父亲的隐喻以父权法则对母亲欲望进行的替代。在弗洛伊德和拉康的传统精神分析模式中，儿童出于阉割威胁的恐惧而进入社会或语言。儿童将其同母亲身体的分离体验为一种悲剧性的丧失，并且取而代之地以言辞来慰藉其自身。父亲的威胁使得言辞成为对精神错乱的唯一——尽管是不充分的——替代。然而，克里斯蒂娃坚称，分离先于镜像阶段或俄狄浦斯式的境遇而开始，并且这种分离不仅是痛苦的，而且也是愉悦的。她坚称，儿童进入社会和语言不仅是由于父亲的威胁，而且也因为父爱。

实际上，克里斯蒂娃之所以批判传统解释是因为它不能充分地解释儿童向意义的移动。如果激发这种向意义的移动的唯一东西是威胁和分离的痛苦，那么为什么任何人都会做这种移动呢？为什么不停留在母亲身体的安全港，并且因其威胁而拒绝社会和意义？克里斯蒂娃指出，如果弗洛伊德和拉康的揭示是正确的，那么更多的人将会是精神错乱的。

克里斯蒂娃关注于将身体连同其所有动态过程一起带回到理论之内，她的这一关注解释了她所聚焦的那些话语类型。因为传统哲学已经环绕于一种统一的和自主的主体——这种主体遮蔽了那些生产这样一种主体位置的动态过程——的固定观念，所以克里斯蒂娃关注于这样一些话语，这些话语瓦解主体的统一性并且揭示那种被她称作过程-之中的-主体（subject-in-process）的东西。她聚焦于认同的危机，以及最为深刻地聚焦于母亲的身体。在《圣母悼歌》（"Stabat Mater"）中，她批判了西方文化中有关母性的一些传统话语，尤其是圣母玛利亚（Virgin Mary）的神话，因为它们并未将母亲呈现为首要地是一个言说的存在者。

然而，克里斯蒂娃同女性主义和法国女性主义运动的一些方面具有着一种矛盾的、有时敌对的关系。她反对被她称作"群氓的"女性主义的东西（1980a，p. 135）。并且她拒斥西蒙娜·德·波伏瓦将母性指责为是对女性的最终剥削（1987，pp. 201–24）。她反驳道，"很难于在不被指责为规范主义的情况下言说母亲身份。然而正是在这种经验中，女性与意义以及与他者的特定关系被获得、被改善并且被区分：与一个他者的关系，这个他者是儿童，它既不是爱欲的对象，也不是心理需求的对象，而是另一个主体"（2000a，pp. 105–6）。这是使得"爱邻如己"变得可以想象的那种差异之爱。不仅所有的女性都是不同的，以及所有的母亲都是不同，而且作为母亲的女性也使对爱差异进行想象变得可能。

克里斯蒂娃坚称，妇女运动应当要求注意个体差异，尤其是性别差异。她指出，性征是与个体一样多的。在《女性的时间》（1979）中，她依据一种黑格尔式的辩证法描述了妇女运动和女性主义：普遍的–特殊的–个体的。女性主义的第一次浪潮声称，抽象的普遍权利、男性的权力应当被拓展到女性。女性主义的第二次浪潮支持女性相对于男性的特殊性和差异。女性主义的第三次浪潮，一种后女性主义，反对普遍和特殊而支持每一个体的独一性（singularity）。克里斯蒂娃的个体主义让我们超越平等而走向独一性。她将其《女性天才》（*Female Genius*，2000）三部曲的计划描述为"对每一女性的独一性的一种呼唤"。她声称，诸如汉娜·阿伦特（Hannah Arendt）、梅兰妮·克莱因（Melanie Klein）和科莱特（Colette）这样的超凡女性的天赋帮助所有女性看到，在她们自己的日常生活中什么东西是超凡的。相反，她认为日常生活的天赋是女性的天赋，特别是一个母亲的天赋。在创造新的人类时，每个母亲都是独一的创新者，她们始终都在重新改造儿童。克里斯蒂娃指出，母亲可能代表了"对人类不加区别的自动化的唯一防范"。每一个母亲，以及每一母亲–儿童关系，都是独一的和独特的。

莫妮可·维蒂希

在《异性恋思维和其他文章》（*The Straight Mind and Other Essays*）

中，小说家和哲学家莫妮可·维蒂希发展出一种"唯物主义的女同性恋主义"，一种对自然性别、社会性别、异性恋和语言的分析，这种分析使用了马克思式的政治经济学分析的手段。她理论作品中的主要对象是：（1）异性恋，（2）普遍之物的作用，以及（3）语言和文学。她对三者的分析依赖于一种范畴的观念，并且批判了那些运作着去产生各种压迫——或者支配性的和从属性的群体——的范畴，以便促使对这类范畴的最终消除。

维蒂希的分析同舒拉密丝·弗尔斯通（Shulamith Firestone）性别阶级的观念具有一些相似之处，这种观念类比于经济阶级，将性别阶级解释为男性和女性之间的冲突性关系的产物。它也类似于艾德里安娜·里奇（Adrienne Rich）的强制性的异性恋观念，这种观念强调作为一种社会制度的异性恋的规范性本质。维蒂希引入话语的观念，将其作为这样一种创造中的关键要素，这种创造即创造作为被支配的存在者的女性——也就是说，一种社会意义上的女性。从这一点来看，话语是将一些人铭刻为和形成为一个被压迫的阶级——这个阶级部分地被这种话语力量创造的东西：女性身份，所压迫——的一种有效力量。性别范畴自身就同时是概念和物质领域中创造一个被性别所压迫的阶级的首要工具。性别范畴不能从其压迫性效果的历史中被拯救出来，不存在脱离了其作为一种压迫手段的运用的可能的性别范畴。它是为了这种目的而存在，并且不能失去这种目的而存在。对于维蒂希来说，性别范畴的存在论遵循对经济阶级的构成性关系的一种马克思式的解释。也就是说，关系建构了被关系者（relata）：冲突的关系创立了那些在每一历史阶段都相互对立的阶级。因此，在这种情况下，男性与女性之间的冲突性关系创造了作为支配性的和从属性的"男性"和"女性"的社会范畴。对维蒂希来说，"女性"拥有一种神话学的地位，而"女性们"都是"一种剥削关系的产物"。此外，"女性"这个一般的术语——一个理想——运作着来掩盖作为被剥削阶级的"女性们"的真正地位。性别范畴也是女性们不能逃避的一个范畴。对维蒂希来说，异性恋的强制性本性是位于性别范畴本身之内，而不像其在里奇的分析中那样，是位于"异性恋的制度"或者它的特定的规范性力量之内。性别范畴以特定的黏合性力量把握特定的女性们，将她们标示为具有性别的存在者。（人们在此能够注意到，通过"具有性别的存在者"这个术语，维蒂希并没有在这两者之间做出区分，这两者即一方面是被确定性别或者是一种性别的一个成员，另一方面是性征或拥有一种爱欲能力或维度。如果提出第三方面，她也没有在"性别"的那两种意义和第三种意义之间做出区分，该意义属于有性的，它与无性繁殖相对立。）更准确地说，性别范畴将女性们标示为异性恋的存在者，这些存在者必须展示她们性别命运的标志。她写道："她们必须夜以继日地佩戴着她们的黄星布、带着她们不变的笑容"（SM，p. 7）。性别话语，尤其是"女性神话"，是女性压迫的因果根源。女性们就是被性别阶级体系所压迫的那些人，这种体系将性别创立为那种压迫的手段。女性们并不是首先单纯地存在，并且然后作为女性们而被压迫。宁可说，我们认识为女性们的那种东西已经是一种神话学的畸形结果，这种神话学已经将她们弯曲为一个从属的类型。这种类型在政治上和经济上有利于男性阶级，因而它是权力的一个效果。逃离异性恋的女同性恋者们由此就不是女性。

但是，这些对立的范畴仅仅是一种更大的错误思维方式的实例，维蒂希将这种思维方式归于"异性恋社会"（straight society）。这个社会被大量支配与从属的关系所撕裂：种族、阶级、年龄等等。它的运作依赖于这些多样的"差异"或"他者性"层级。这些差异并不是无辜的，而相反，它们是支配的形式：实际上，差异之物**就是**被支配的东西。维蒂希认为，这些差异的制度拥有一个历史，这个历史是哲学史的一部分。她声称，"那些依赖于分割的概念工具"（SM，p. 50）首先是"珍贵的""数学的和工具性的范畴"，这些范畴经受了向"规范性的和形而上学的范畴"的转换。通过重新讨论亚里士多德的对立表，维蒂希宣称，它是以一种"技术性的、工具性的"目的作为一个毕达哥拉斯式的表格而被始创的：与日晷、"一种木工矩尺"一起被使用。但是这个表格与亚里士多德一起进行了一种道德的、形而上学的和抽象的转变。这些术语与这种实践熔炉的分离将它们锻造成一种形而上学战斗的那些武器，这种形而上学战斗即是为人类生活的一种压迫性秩序而进行的形而上学战斗。"普通人、女性、'贫穷的奴隶'、'黑暗者'"被等同于非存在。"善好的人、男性、异性恋者、救世主"与存在相一致。女性落入了"不一致、不安定、黑暗和坏的"这一侧。尽管维蒂希并未提供这种精确工作的详细解释，但她确实声称"抽象的哲学范畴作用于作为社会的实在界"。维蒂希没有使她的作品免除这种作用"于作为社会的实在界"的立场。但是再将运作于社会和政治世界的形而上学术语看作人们之间或人群之间的冲突，而不是看作"本质性的对立"（SM，p. 47）时，她希望追随马克思和恩格斯对黑格尔的"动力化"。然而，她将不会主张消除对实在界起作用的所有形而上学术语。她主张保留"人性"、"人"和"男性"这些术语，**尽管**长期以来它们已经被男性用作支配女性的工具。因此，尽管一个可能的方向也许是放弃这种普遍化的目标，并且放弃那些对它进行表达的术语，但维蒂希拒绝了这个方向，而且取而代之地支持女性对普遍之物的接受，并且支持她们对人性话语的重新占用。当然，问题在于这种普遍之物将会像什么。当它被这样一个人——这个人是一个群体的成员之一，该成员已经（通过之前对普遍之物的运用）被建构为某个**不同的人**，建构为正好是不能代表任何人的某个人——表述时，它能保持为相同的东西吗？对于维蒂希来说，它不能保持为相同的；如果人们普遍化一个"差异"，这将会同时改变普遍之物和特殊之物。它将会"取消"特殊的差异，并且使普遍之物摆脱其与男性、异性恋者、资产阶级的那种传统错误的和非正义的等同。维蒂希将朱娜·巴恩斯（Djuna Barnes）的著作援引为这样一个例子，即一个将排他性的差异转变为普遍之物的例子，而且认为她"普遍化了女性"并且因而"通过使两种社会性别变成过时的"而虚无化"这些性别"（*SM*，p. 61）。同样地，普鲁斯特也将"同性恋者"置于其虚构世界的中心。但是这改变了这个中心——或者普遍的立场——自身，因为就像维蒂希所写的："少数性主体并非像异性恋主体所是的那样是以自我为中心的。"这一点是可以辨识出来的：怪异之人不能以与从来不是怪异的东西一样的方式被中心化。像维蒂希所写到的，它到处发现它的中心，就像帕斯卡尔的圆圈拥有无所不在的圆心和无法定位的圆周（*SM*，p. 62）。于是，维蒂希将会对 1960 年代和 1970 年代的男性和女性哲学家们中间的这样一种趋势采取一个立场，这个趋势即在差异性的思考中寻求形而上学和政治及性别经济学的战后绝境的解决方案。强调那些所谓预先存在的差异——这些差异仅仅是各种压迫战斗和奴役制度的标志——仅仅是把人们更深地嵌入那些构建了这些差异的毁灭性关系。因此，她告诫道，"女性应当……决不将这种强加——要是差异性的——表述……为一种'权利，要成为差异性的'"（*SM*，p. 55）。相反，女性应当占领和要求传统上禁止她们进入的领域：普遍之物的领域。她挑选出由埃莱娜·西苏所拥护和例示的"女性写作"来进行特别的批评。她指责道，它是这样一个术语，该术语中立化了"对女性的支配"（*SM*，p. 59）的悲惨历史。它意味着女性的特殊特征是由女性自然地"分泌的"，而实际上，那种"女人"-性——它据称被表达或被创造在这样一种写作中——只是一种由剥削实践所产生的畸形。

这种畸形在语言中作为语言性别是很明显的。那种要求对女性性别进行展示的语言规则是一种本质上社会的和政治的义务，即标示和自我标示被支配的性别阶级。女性的性别展示的社会规范和政治规范就其**本身**而言——也就是说，就其自身作为支配的一个**实例**而言——被隐藏在其伪装之中，这种伪装即单纯地作为一种语言规则。性别展示的义务是非对称的。维蒂希认为，男性不是一种性别；它是起一般之物作用的未被标示的范畴。语言性别是"独特的词法符号，它指涉一个被压迫的群体"（*SM*, p. 88）。但是语言也是超越范畴和压迫而与他者进行自由交换的唯一领域。因为任何人都能在语言中创新，并且迫使它表达新的意义，因此语言自身就是一种社会契约，这种契约将人们作为自由的和平等的而联合在一起。更为重要的是，正是文学——尤其是诸如普鲁斯特、巴恩斯和萨罗特（Sarraute）这样的实验主义者们的文学——能够为人类充当新的社会意义的孵化器，这些意义质疑我们日常范畴的司空见惯的压迫。

萨拉·考夫曼

作为一个卓越的文本阅读者，哲学家萨拉·考夫曼（Sarah Kofman）以其对尼采、弗洛伊德和德里达的审慎的、深度介入的解释而著名。尽管她既未将其自身置于女性写作的潮流之内，也未尝试对女性进行一种特定的积极的重新想象，但她对西方哲学的很多核心文本的精神分析式的和解构式的阅读寻求着展示这样一种程度，即这种传统的男性哲学家们的作品以很多方式被束缚于特定的性别经济学的程度。一种显示情况正是如此的方式是，这样一种哲学计划——评价和寻求超越性和可理解性高于内在性、可感觉性、物质性——实际上依赖于这样一种性别经济学，即将可感觉的东西和物质的东西等同于女性的那种性别经济学。这意味着，很多哲学计划的制定和实施的未言明的可能性条件一直是这个被编码为女性的领域。于是，考夫曼将哲学家——这种哲学家是作为男性主体的一个特殊形态，他既作为男性又作为哲学家的自我建构**要求**其将女性和非哲学联系起来并且使其成为整体——的需要和欲望带入视野之中，或者使其被倾听到。通过对孔德（Comte）、康德、卢梭、柏拉图和布朗肖以及其他人的审慎阅读，她将他们文本中的这样一些要点凸显出来，这些要点泄露出对被建构为他者的东西或被建构为具有性别的他者的东西的依赖。她展示了在所谓的他者的建构中那些解释的共谋关系，也显示并且揭示了哲学家们在这样一些建构之中的心理投注：通过建构一个他者来建构自身，但却没有自觉意识到这种自我建构的计划，并且没有意识到关于女性的恐惧和欲望，这些恐惧和欲望移动并且控制了这样一些建构/解释。

在《女性之谜》（*The Enigma of Woman*，法语版 1989 年，英语版 1985 年）中，考夫曼以挑战和同情之间的一种完全狡猾的平衡来阅读弗洛伊德有关女性性征的文本，展示了弗洛伊德同这样一些观点——这些观点也许已经真正地摆脱了传统的性别经济学，这种经济学的立场由期待女性时的一种基本的迷惑、焦虑或者甚至恐惧所处理——的未察觉的趋近。对于考夫曼来说，弗洛伊德被女性的深刻沉默或"保留"所震撼，而且在精神分析学中为女性的这样一种迸发提供了位置和促进，这种迸发即迸发进言语，以及迸发在她的特性——她自身作为一个谜——之外。然而，这种分析场景不能恰当处理这些新兴的言说者；谈话治疗是这样一种治疗，该治疗从女性那里逼取言语——就像它引导它的那样——并且最终用由主人、男性分析师所发出的男性真理话语来言说它。（这本书能够被有益地对比于另一个大致同时期的对弗洛伊德的法国女性主义探究，这个由露丝·伊利格瑞在《他者女性的窥镜》中所提供的探究可以说是更为严厉的。）考夫曼写道：

> 因而，尽管精神分析学可能会激烈反对女性所屈从的性别压抑，尽管它也学会引导她们摆脱这些压制并且恢复她们言说的权利，但是它所提供的治疗同时也是一种毒药，因为它只有通过污染她们，通过迫使她们"合作"，迫使她们赞成他者的、男性的观点——这些男性被认为拥有真理——才能治疗女性。（*EW*, p. 48）

因此，精神分析的治疗的治疗性"毒药"同时也是为分析师的虚弱服务的一种治疗；这种虚弱，即他无力承受女性可厌的沉默以及她们的自足，这种沉默已经部分地暗含着这种自足。对弗洛伊德有关女性性征和女性言语之间关系的观点的这种阅读例示了考夫曼频繁展开的一种解释学策略：在文本产生和使用的整个语境之内，从文本中引出它做了什么、它是怎样运作的，而不是仅仅勾勒出它意图表达的东西。

米歇尔·勒·德夫

像考夫曼一样，哲学家米歇尔·勒·德夫（Michèle Le Doeuff）以一

326

种钟表匠的眼光来阅读文本，无情地揭示出哲学论断或体系的内部断层线，这些断层线既使得它们闪光，又使得它们破裂。作为1968年5月街垒战的一代的成员，她的作品处理了一系列广泛的主题，包括文学、政治哲学、古典哲学、女性主义哲学和科学史哲学。她已经出版了对弗兰西斯·培根（Francis Bacon）的《新大西岛》（*New Atlantis*）和莎士比亚的《维纳斯与阿多尼斯》（*Venus and Adonis*）的翻译。她到目前为止最为重要的哲学作品是《哲学想象》（*The Philosophical Imaginary*）和《希帕琪亚的选择：论女性、哲学等等》（*Hipparchia's Choice：An Essay Concerning Women，Philosophy，Etc*）。

在《哲学想象》中，勒·德夫澄清了西方哲学经典文本——包括柏拉图、笛卡尔和康德的主要作品——的完整性和运作的外在化的可能性条件。她展示出，相反于并且如何相反于哲学家的这一构想——通过逃避语言和图像领域而将哲学写作构想为精确地处理真理——哲学写作不能将图像从其自身中净化出去。尽管图像被认为已被逐离了哲学领域，但是在张力——悖论性地既支持又削弱文本作为一个独立的哲学作品的地位——之下，它们在"某些敏感点"上又重新进入一个作品和功能。基本上，一个图像突然出现在一个作品中的某一点——在这一点上论证本身不足以建立一个命题——并努力（但却是未被看见的劳动）允许这个命题通过。但是图像本身将永远不会在文本自身之内被支持，它的似真性和有效性依赖于它超越哲学领域而在文化中的简单而熟悉的流通。哲学认为，论证仅仅是被这些引入的图像增加了风味，以便为了不习惯于严格思想的苦涩药物的那些人而给困难思想的药片裹上糖衣。但是勒·德夫在一种典型的解构式行动中，证明了这些被低估的图像的力量和核心性；它们不是单纯的修饰或辅助，而是那些据称有充分根据的论断的无根基础。

327

勒·德夫也处理了与关系到女性问题的公共政策和法律实践有关的那些哲学的、法律的和日常的话语。在《希帕琪亚的选择》中，勒·德夫对女性主义第二次浪潮的两大主要趋势——平等的女性主义和差异的女性主义——进行了双重的批判。通过考察女性健康的问题——例如堕胎、强奸、避孕、殴打和阴蒂切除——他批评了女性主义思想的两条主线。差异的女性主义，除了相对于女性的真正生活问题是无效的之外，也被它自己内在的不一致性判定为是失败的。它提出差异自身应当被重视，然后继续将一种差异、性别差异提升到高过所有其他差异。勒·德夫提出，"给予差异事实以价值的唯一一致的方式是，通过成千上万的差异，或者更好地说，像艾伯特·雅卡尔（Albert Jaquard）所指出的那样，通过无数的差异——它们无视任何列表——来揭示差异"（*HC*, p. 228）。尽管平等的女性主义通过将平等的原则拓展到作为公民的女性而在法律改革的领域中实现了重大胜利，但是平等的女性主义在其集体的政治想象的道路上已经陷入一种僵局。因为性别不平等仍存留着——在家庭里、在习俗中、在"公民社会"里——尽管拥有着对平等原则的看起来完全的法律运用。需要一种完全新颖的想象——这种想象将会挑战家庭、公民社会相对于法律、国家领域的单纯表面的独立性。它必须被一种创造性的方向迷失——如 1960 年代和 1970 年代女性主义运动的斗争中所产生的那种方向迷失——所推动。平等的女性主义将其任务看作几乎被完成了，这一点使得它不太可能成为新的被想象的范畴的来源，而进一步的改变将会需要这些范畴。

克里斯蒂娜·德尔菲

克里斯蒂娜·德尔菲 1941 年生于法国。她曾在巴黎第四大学学习社会学，在这之后，她来到加利福尼亚大学伯克利分校，在那里她因其对公民权利运动的介入而获得埃莉诺·罗斯福基金会（Eleanor Roosevelt Foundation）的人类关系奖学金（Human Relations Fellowship）。在其 1966 年回到巴黎之后，德尔菲继续活跃于政治。她参与了妇女解放运动（MLF）、革命的女性主义者（Féministes Révolutionnaires），并且创立了《女性主义新问题》（*Nouvelle questions feminists*）。她已在国家科学研究中心（CNRS）和巴黎第五大学获得教职。

德尔菲以其唯物主义的女性主义而最为著名，这种女性主义产生于她 1960 年代对法国左翼团体和马克思主义团体的介入。像吉约曼和维蒂希一样，德尔菲分析了资本主义的和父权的压迫的连锁系统。她的作品聚焦于女性压迫的物质条件，尤其是无偿的和家庭的劳动。与克里斯蒂娃、伊利格瑞或者西苏不同，为了解释性别差异，德尔菲并未以无意识和想象的观念开始。宁可说，她关注于物质的、经济的和社会的条件。她拒斥大多数精神分析理论，她将这些理论看作自然化了性别差异。在其唯物主义的女性主义和其对精神分析理论的批评之外，德尔菲也以其对这样一种东西的分析而著名，她将这种东西称作"法国女性主义的发明"，这种发明主要由美国女性主义者们所做出，这些美国女性主义者们偏爱这样一些理论家，这些理论家不将自身界定为女性主义者，并且处于法国妇女运动的边缘。她指出，因此英美女性主义者们拥有一种关于法国女性主义的完全扭曲性的观念。

结论

确实，在过去的四分之一世纪里，女性主义哲学的英语世界已经特别注意到这样一种哲学工作，这种哲学工作起源于六角法国的学术环境，并且有关于那些属于女性的问题。德尔菲正确地指出，由法国之外的英语世界的读者所进行的对法国女性主义思想的最初类型化，倾向于将三个解构式的以及/或者被精神分析所启发的哲学家——克里斯蒂娃、伊利格瑞和西苏——凸显并且聚合为"法国女性主义"，尽管这些作家同法国行动主义的女性主义的主要潮流具有复杂的关系。在其国外旅程中，这些作家的文本的确以这样一些方式被类型化、被解释并且被使用，这些方式异于它们在它们的祖国所享受到的那些方式。问题在于，标示了它们的国家来源的那个形容词——法国的——是否意味着这些文本准确地代表了当代法国的**作为一个整体**的女性主义思想。如果精神分析式的、解构式的女性主义哲学家们——尤其是克里斯蒂娃、伊利格瑞、西苏的三人小组——被认为代表了当代法国的所有女性主义哲学，或者甚至代表了当今法国女性主义哲学的最具影响力或操作性的形态，那么这的确将会是一种错误。实际上，这一章对起源于法国的女性主义思想的简要考察证明了这类思想的多样性远远超出了这个三人小组，而这个三人小组最初被界定为"法国女性主义"的核心。此外，西蒙娜·德·波伏瓦和唯物主义的女性主义思想家们的重要性不应当被低估，尤其如果人们的目标是去理解在法国政治和社会场景中哪一种女性主义思想实际上最具影响力。但是，在研究法国所做的女性主义哲学工作时，这不是人们可能合法追求的唯一目标。并且，这样一个事实——这样一些著作并不代表在法国所做的所有女性主义工作，或者甚至并不代表在那里最具政治影响力的女性主义工作——并不意味着它不应当拥有一种生命，这种生命超越其在母国的最初生命。就像"法式油炸"土豆片（炸土豆条、炸薯条）一样，"法国女性主义"现在在（哲学）菜单上已经超越了法国的国界。这不应当被理解为意味着法国的所有女性主义都是"法国式的"（精神分析式的、解构式的），就像不应当认为法国的所有土豆片都是"法式油炸"的一样。

如今法国女性主义工作开始处理这样一些问题，即在法国新型高技术经济中女性的经济地位问题、女性在所有层面上对代议政治的参与问题（均等法）、对家庭的社会单位的新型法律定义问题〔Pacs 法（紧密关系民事协议）〕、对新的生殖技术的使用问题和关系到父性和母性的劳动法问题，以及其他问题。

但是如今法国女性主义工作也处理这样一些社会问题，这些社会问题对作为一个整体的欧洲来说具有着特别的紧迫性，尤其因为让·莫内（Jean Monnet）的 1950 年计划——欧洲政治和经济的最终一体化计划——见证了它的逐步建立。女性主义的理论家们和政治领导人活跃在一个统一的欧洲共同体的法律和政治建构之中，并且尤其感兴趣于建立联盟机制的基础以便来帮助消除欧洲男性与女性之间持续存在的深刻的政治和经济不平等。特别关注的那些问题包括：在欧洲，女性和战争的重新出现；冷战之后女性的经济和社会地位；这样一些国家——这些国家的社会福利体系被日益增长的全球化的经济压力所威胁——的女性和家庭政策；在苏联解体之后女性和儿童的性交易明显增长的问题；女性在极为动荡——如果不是巨大转变——的经济中的作用；以及女性与影响了欧洲国家的各种紊乱和移民。

处理成熟的欧洲联盟的到来，这就其自身而言就是一个重大任务。作为那个任务的补充，法国像很多其他欧洲国家一样，正在经历一个国家自省的时期，这一自省是针对其最近的殖民历史，尤其是在北非，同时也更一般地针对它同阿拉伯国家和前殖民地的关系。法国殖民主义的非正义以及它的遗产远未被理解或解决。在一个日益多元文化的、多元信仰的以及在语言和种族上多样化的国家里，对法国国家的传统自我构想被证明是极端不充分的。女性主义思想家们处于论辩的中心，这些论辩有关于在这种日益多样化和全球化的语境中，如何最好地构想国家和公民。就像一般的法国哲学一样，法国女性主义哲学工作维持着同法国以及欧洲过去的主要哲学家和社会理论家的一种持续接触。在即将到来的几十年里，法国女性主义思想家们在其向更远的地方探索以便从一种更为明确的国际主义视角来处理女性主义问题时，将可能维持那些参考点。

【注释】

[1] 关于 MLF 的历史，参见 Claire Duchen，*Feminism in France*（London：Routledge，1986）。有关法国女性主义运动以及英语世界对其引进的更多信息，参见 Claire Duchen（ed.），*French Connections*（Amherst，Mass.：The University of Massachusetts Press，1987）；Sherry Turkle，*Psychoanalytic Politics*（New York：Basic Books，1978）；Dorothy Kaufmann-McCall，"Politics of difference：the Women's Movement in France from May 1968 to Mitterrand," *Signs*，9（2）（Winter 1983）；Elaine Marks and Isabelle de Courtivron's introduction to *New French Feminisms*（New York：Schocken，1981）；Gayatri Spivak，"French feminism in an international frame," *Yale French Studies*，62（1981）；Alice Jardine，*Gynesis：Configurations of Woman and Modernity*（Ithaca，NY：Cornell University Press，1981）；Toril Moi，*Sexual/Textual Politics*（London：Methuen，1985）；"Feminist readings：French text/American contexts," *Yale French Studies*，62（1981）；Eva Martin Sartori and Dorothy Wynne Zimmerman（eds.），*French Women Writers*（Lincoln，Neb.：University of Nebraska Press，1991）；Christine Delphy，"The invention of French feminism：an essential move," *Yale French Studies*，87（1995）。

[2] 关于个别思想家的很多条目都是部分地基于由丽塔·阿方索（Rita Alfonso）和詹妮弗·汉森（Jennifer Hansen）为《法国女性主义读本》[*French Feminism Reader*，edited by Kelly Oliver（New York：Rowman & Littlefield，2000）] 而进行的研究和写作。

[3] 关于文本引用的缩写，参见下面的参考文献。

参考文献

西蒙娜·德·波伏瓦

原始文献

1948：*The Ethics of Ambiguity*，trans. B. Frechtman. New York：Philosophical Library（原作品出版于 1947 年）。

1952：*The Second Sex*，trans. H. M. Parshley. New York：Knopf（原作品出版于 1949 年）。（对这本书的引用在文中被缩写为"*SS*，p.··"）

1954：*She Came to Stay*，trans. Y. Moyse and R. Senhouse. Cleveland，Ohio：World Publishing（原作品出版于 1943 年）。

1956：*The Mandarins*，trans. L. M. Friedman. Cleveland，Ohio：World Publishing（原作品出版于 1954 年）。

1959：*Memoirs of a Dutiful Daughter*，trans. J. Kirkup. Cleveland，Ohio：World Publishing（原作品出版于 1958 年）。

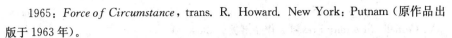

1965：*Force of Circumstance*，trans. R. Howard. New York：Putnam（原作品出版于 1963 年）。

1966：*A Very Easy Death*，trans. P. O'Brian. New York：Putnam（原作品出版于 1964 年）。

1968：*Les belles images*，trans. P. O'Brian. New York：Putnam（原作品出版于 1966 年）。

1969：*The Woman Destroyed*，trans. P. O'Brian. New York：Putnam（原作品出版于 1968 年）。

1972：*Coming of Age*，trans. P. O'Brian. New York：Putnam（原作品出版于 1970 年）。

1974：*All Said and Done*，trans. P. O'Brian. New York：Putnam（原作品出版于 1972 年）。

1984：*Adieux：A Farewell to Sartre*，trans. P. O'Brian. New York：Pantheon（原作品出版于 1981 年）。

二手文献

Bair, D. 1990：*Simone de Beauvoir：A Biography*. London：Cape.

Bergoffen, D. B. 1997：*The Philosophy of Simone de Beauvoir：Gendered Phenomenologies，Erotic Generosities*. Albany, NY：State University of New York Press.

Moi. T. 1994：*Simone de Beauvoir：The Making of an Intellectual Woman*. Oxford：Blackwell.

Schwartzer, A. 1984：*After the Second Sex：Conversations with Simone de Beauvoir*. New York：Pantheon.

Simons, M. A. （ed.）1995：*Feminist Interpretations of Simone de Beauvoir*. University Park, Penn.：Pennsylvania State University Press.

露丝·伊利格瑞

原始文献

1985：*Speculum of the Other Woman*，trans. G. C. Gill. Ithaca, NY：Cornell University Press（原作品出版于 1974 年）。

1985：*This Sex Which Is Not One*，trans. C. Porter. Ithaca, NY：Cornell University Press（原作品出版于 1977 年）。

1991：*Marine Lover*，trans. G. Gill. New York：Columbia University Press（原作品出版于 1980 年）。

1991：*The Irigaray Reader*，ed. M. Whitford. Oxford：Blackwell.

1992：*Elemental Passions*，trans. J. Collie and J. Still. New York：Routledge（原作品出版于 1981 年）。

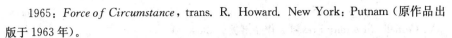

1993：*An Ethics of Sexual Difference*，trans. C. Burke and G. C. Gill. Ithaca，NY：Cornell University Press（原作品出版于 1984 年）。

1993：*Je，tu，nous：Toward a Culture of Difference*，trans. A. Martin. New York：Routledge（原作品出版于 1990 年）。

1993：*Sexes and Genealogies*，trans. G. C. Gill. New York：Columbia University Press（原作品出版于 1987 年）。

1994：*Thinking the Difference：For a Peaceful Revolution*，trans. A. Martin. New York：Routledge（原作品出版于 1989 年）。

1995：La question de l'autre［The question of the other］. In M. De Manassein （ed.），*De l'égalité des sexes*［*On the Equality of the Sexes*］. Paris：Centre national de documentation pédagogique.

1996：*I Love to You*，trans. A. Martin. New York：Routledge（原作品出版于 1992 年）。

1997：*Etre deux*. Paris：Bernard Grasset.

1999：*The Forgetting of Air in Martin Heidegger*，trans. M. B. Mader. Austin，Texas：The University of Texas Press（原作品出版于 1983 年）。

2000：*To be Two*，trans. M. M. Rhodes and M. F. Cocito-Monoc. New York：Routledge.

2000：*To Speak is Never Neutral*，trans. G. Schwab. New York：Routledge（原作品出版于 1985 年）。

2001：*Democracy Begins Between Two*，trans. K. Anderson. New York：Routledge （原作品出版于 1994 年）。

2002：*Between East and West：From Singularity to Community*，trans. S. Pluhácek. New York：Columbia University Press（原作品出版于 1999 年）。

二手文献

Burke, C. , Schor, N. , and Whitford, M. （eds.）1994：*Engaging with Irigaray：Feminist Philosophy and Modern European Thought*. New York：Columbia University Press.

Chanter, T. 1995：*Ethics of Eros：Irigaray's Rewriting of the Philosophers*. London：Routledge.

De Lauretis, T. 1984：*Alice Doesn't：Feminism，Semiotics，Cinema*. Bloomington, Ind. ：Indiana University Press.

Gallop, J. 1982：*The Daughter's Seduction：Feminism and Psychoanalysis*. Ithaca, NY：Cornell University Press.

Hirsh, E. and Olson, G. A. 1995："Je-Luce Irigaray"：a meeting with Luce Irigaray. In *Feminist Ethics and Social Policy*，*Part II*. *Hypatia* 10 （2），special issue.

Whitford, M. 1991: *Luce Irigaray: Philosophy in the Feminine*. London and New York: Routledge.

科莱特·吉约曼

原始文献

1979: Women and cultural values, classes according to sex and their relationship to culture in industrial societies. *Cultures*, 6 (1), 40-8.

1980: The idea of race and its elevation to autonomous scientific and legal status. In UNESCO (ed.), *Sociological Theories: Race and Colonialism*. Paris: UNESCO Press.

1981: The practice of power and belief in nature: Part I. The appropriation of women (trans. L. Murgatroyd). *Feminist Issues*, 1 (2), 3-28.

1981: The practice of power and belief in nature: Part II. The naturalist discourse (trans. L. Murgatroyd). *Feminist Issues*, 1 (3), 87-109.

1982: The question of difference (trans. H. V. Wenzel). *Feminist Issues*, 2 (1), 33-52.

1983: Herrings and tigers: animal behavior and human society (trans. M. J. Lakeland). *Feminist Issues*, 3 (1), 45-59.

1984: Women and theories about society: the effects on theory of the anger of the oppressed (trans. M. J. Lakeland). *Feminist Issues*, 4 (1), 23-39 （原作品发表于 1981 年）。

1988: Race and nature: the system of marks (trans. M. J. Lakeland). *Feminist Issues*, 8 (2), 25-43.

1988: Sexism, a right-wing constant of any discourse: a theoretical note (trans. C. Kunstenaar). In G. Seidel (ed.), *The Nature of Right: A Feminist Analysis of Order Patterns*. Amesterdam: John Benjamins.

1991: "Race" and discourse. In M. Silverman (ed.), *Race, Discourse and Power in France*. Aldershot: Avebury.

1993: The constructed body. In C. Burroughs and J. Ehrenreich (eds.), *Reading the Social Body*. Iowa City: University of Iowa Press.

1995: *Racism, Sexism, Power and Ideology*. New York: Routledge.

二手文献

Adkins, L. and Leonard, D. 1996: *Sex in Question: French Materialist Feminism*. Philadelphia, Penn.: Taylor & Francis.

Juteau-Lee, D. 1995: Introduction: (re) construction the categories of "race" and "sex": the work of a precursor. In *Racism, Sexism, Power and Ideology*. New York: Routledge.

Kester-Shelton，P. 1996：Guillaumin，Colette. In *Feminist Writers*. Detroit，Mich.：St. James Press.

埃莱娜·西苏

原始文献

1972：*The Exile of James Joyce or the Art of Replacement*，trans. S. Purcell. New York：David Lewis（原作品出版于 1968 年）。

1976：The laugh of Medusa. *Signs*，1（4），875-99（原作品发表于 1975 年）。

1981：Castration or Decapitation? *Signs*，7（1），41-55（原作品发表于 1976 年）。

1986：*Inside*，trans. C. Barko. New York：Schocken（原作品出版于 1969 年）。

1986（with Catherine Clément）：*The Newly Born Woman*，trans. B. Wing. Minneapolis，Minn.：Minnesota University Press（原作品出版于 1975 年）。

1990：*Reading With Clarice Lispector*，trans. V. A. Conley. Minneapolis，Minn.：Minnesota University Press.

1991：*"Coming to Writing" and Other Essays*，trans. S. Cornell et al. Cambridge，Mass.：Harvard University Press.

1991：*The Book of Promethea*，trans. B. Wing. Lincoln，Neb.：University of Nebraska Press（原作品出版于 1983 年）。

1993：*Three Steps on the Ladder of Writing*，trans. S. Cornell and S. Sellers. New York：Columbia University Press.

1994：*The Hélène Cixous Reader*，ed. S. Sellers. New York：Routledge.

1997（with Mireille Calle-Gruber）：*Hélène Cixous Rootprints：Memory and Life Writing*，trans. E. Prenowitz. New York：Routledge（原作品出版于 1994 年）。

1998：*Stigmata：Surviving Texts*. New York：Routledge.

二手文献

Conley，V. A. 1992：*Hélène Cixous*. New York：Harvester Wheatsheaf.

Moi. T. 1985：Hélène Cixous. In *Sexual/Textual Politics：Feminist Literary Theory*. New York：Methuen.

Sellers，S. 1996：*Hélène Cixous：Authorship，Autobiography，and Love*. Cambridge，Mass.：Blackwell.

Shiach，M. 1991：*Hélène Cixous：A Politics of Writing*. New York：Routledge.

Wilcox，H.，McWatters，K.，Thomson，A.，and Williams，L. R.（eds.）1990：*The Body and the Text：Hélène Cixous，Reading and Teaching*. New York：St. Martin's Press.

茱莉亚·克里斯蒂娃

原始文献

1977：*About Chinese Women*，trans. A. Barrows. New York：Marion Boyars（原作品出版于 1974 年）。

1980a：Interview with Kristeva. In E. Baruch and L. Srrano（eds.），*Women Analyze Women*. New York：NYU Press（1988）。

1980b：*Desire in Language*，trans. T. Gora，A. Jardine，and L. Roudiez；ed. L. Roudiez. New York：Columbia University Press.

1982：*Powers of Horror*，trans. L. Roudiez. New York：Columbia University Press（原作品出版于 1980 年）。

1984：*Revolution in Poetic Language*，trans. M. Waller. New York：Columbia University Press（原作品出版于 1974 年）。

1986：*The Kristeva Reader*，ed. T. Moi. New York：Columbia Press.

1987：*Tales of Love*，trans. L. Roudiez. New York：Columbia University Press（原作品出版于 1983 年）。

1989：*Black Sun：Depression and Melancholy*，trans. L. Roudiez. New York：Columbia University Press（原作品出版于 1987 年）。

1991：*Strangers to Ourselves*，trans. L. Roudiez. New York：Columbia University Press（原作品出版于 1989 年）。

1995：*New Maladies of the Soul*，trans. R. Guberman. New York：Columbia University Press（原作品出版于 1993 年）。

1996：*Julia Kristeva Interviews*，ed. R. Guberman. New York：Columbia University Press.

1996：*Time and Sense：Proust and the Experience of Literature*，trans. R. Guberman. New York：Columbia University Press（原作品出版于 1994 年）。

1997：*La révolte intime：pouvoirs et limites de la psychanalyse II*. Paris：Fayard.

1998，2002：*The Portable Kristeva*，ed. K. Oliver. New York：Columbia University Press.

2000a：*The Crisis of the European Subject*，trans. S. Fairfield. New York：The Other Press.

2000b：*The Sense and Nonsense of Revolt*，trans. J. Herman. New York：Columbia University Press（原作品出版于 1996 年）。

2001：*Hannah Arendt*（trans. R. Guberman）. New York：Columbia University Press（原作品出版于 1999 年）。

2001：*Melanie Klein*（trans. R. Guberman）. New York：Columbia University Press

（原作品出版于 2000 年）。

二手文献

Benjamin, A. and Fletcher, J. （eds.） 1990：*Abjection, Melancholia and Love：The Work of Julia Kristeva*. London and New York：Routledge.

Crownfield, D. （ed.） 1992：*Body/text in Julia Kristeva：Religion, Women and Psychoanalysis*. Albany, NY：State University of New York Press.

Lechte, J. 1990：*Julia Kristeva*. London and New York：Routledge.

Oliver, K. 1993：*Reading Kristeva：Unraveling the Double-Bind*. Bloomington, Ind.：Indiana University Press.

—— （ed.） 1993：*Ethics, Politics and Difference in Julia Kristeva's Writings*. New York：Routledge.

——1998：*Subjectivity without Subjects*. New York：Rowman & Littlefield.

Smith, A. 1996：*Julia Kristeva：Readings of Exile and Estrangement*. New York：St. Martins Press.

Smith, A. -M. 1998：*Julia Kristeva：Speaking the Unspeakable*. New York：Stylus Press.

莫妮可·维蒂希

原始文献

1971：*Les guérillières*, trans. D. Le Vay. New York：Viking（原作品出版于 1969 年）。

1975：*The Lesbian Body*, trans. D. Le Vay. New York：Morrow（原作品出版于 1973 年）。

1979（with Sande Zeig）：*Lesbian Peoples：Material for a Dictionary*. New York：Avon（原作品出版于 1975 年）。

1980：La pensée straight. *Questions feminists*, 7, 21-6.

1980：The straight mind. *Feminist Issues*, 1 (1), 103-12.

1981：One is not born a woman. *Feminist Issues*, 1 (4), 47-54.

1982：The category of sex. *Feminist Issues*, 5 (2), 3-12.

1983：The Point of view：universal or particular? *Feminist Issues*, 3 (2), 63-70.

1985：The mark of sex. *Feminist Issues*, 5 (2), 3-12.

1987：*Across the Acheron*, trans. D. Le Vay. London：Peter Owen（原作品出版于 1985 年）。

1990：*Homo sum*. *Feminist Issues*, 10 (1), 3-11.

1992：*The Straight Mind and Other Essays*. Boston：Beacon Press.（对这本书的引用在文中被缩写为"SM, p.··"）

1996：*The Opoponax*，trans. H. Weaver. New York：Simon and Schuter（原作品出版于 1983 年）。

二手文献

Butler，J. 1990：Monique Wittig：bodily disintegration and fictive sex. In *Gender Trouble：Feminism and the Subversion of Identity*. New York：Routledge.

Cowder，D. G. 1991：Monique Wittig. In E. M. Ssrtori and D. W. Zimmerman（eds.），*French Woman Writers：A Bio-Bibliographical Source Book*. Westport，Conn.：Greenwood Press.

Ostrovsky，E. 1991：*A Constant Journey：The Fiction of Monique Wittig*. Carbondale and Edwardsville，Ill.：Southern Illinois University Press.

Sellers，S. 1991：Monique Wittig. In *Language and Sexual Difference：Feminist Writing in France*. New York：Macmillan.

Wenzel，H. V. 1981：The text as Body/politics：an appreciation of Monique Wittig's writings in context. *Feminist Studies*，7（2），264-87.

萨拉·考夫曼

原始文献

1982：*Les respect des femmes*. Paris：Galilée.

1983：*Un métier impossible*. Paris：Galilée.

1985：*Mélancolie de l'art*. Paris：Galilée.

1985：*The Enigma of Woman*，trans. C. Porter. Ithaca，NY：Cornell University Press.（对这本书的引用在文中被缩写为 "*EW*, p. ··"）

1986：*Nietzsche et la scène philosophique*. Paris：Éditions Galilée.

1988：*Childhood of Art：An Interpretation of Freud's Aesthetics*，trans. W. Woodhull. New York：Columbia University Press（原作品出版于 1970 年）。

1991：*Freud and Fiction*，trans. S. Wykes. Cambridge：Polity Press（原作品出版于 1974 年）。

1992：*Explosion I：de l'"Ecce Hommo" de Nietzsche*. Paris：Galilée.

1993：*Nietzsche and Metaphor*，trans. D. Large. Standord，Calif.：Stanford University Press（原作品出版于 1972 年）。

1996：*Rue Ordener，Rue Labat*，trans. A. Smock. Lincoln，Neb.：University of Nebraska Press（原作品出版于 1996 年）。

1998：*Smothered Words*，trans. M. Dobie. Evanston，Ill：Northwestern University Press（原作品出版于 1987 年）。

1998：*Socrates：Fictions of a Philosopher*，trans. C. Porter. Ithaca，NY：Cornell University Press（原作品出版于 1989 年）。

1999：*Camera obscura*，trans. W. Straw. Ithaca，NY：Cornell University Press（原作品出版于 1973 年）。

二手文献

Anonymous 1997：Sarah Kofman, special issue of *Les cahiers du grif*, 3.

Deutscher，P. and Oliver，K.（eds.）1999：*Enigmas：Essays on Sarah Kofman*. Ithaca，NY：Cornell University Press.

Edwin，S. 2002："Impossible" professions：Sarah Kofman, witnessing and the social depth of trauma. In K. Oliver and S. Edwin（eds.），*Between the Psyche and the Social*. New York：Rowman & Littlefield.

Smock，A. 1984：Disastrous responsibility. *L'ésprit créateur*，24（3），5–20.

米歇尔·勒·德夫

原始文献

1977：Women and philosophy. *Radical Philosophy*，17；也见 T. Moi（ed.）1987：*French Feminist Thought*. Oxford：Blackwell。

1979：Operative philosophy：Simone de Beauvoir and existentialism. *Ideology & Consciousness*，6.

1984：the public employer. *m/f*，9.

1987：Ants and women, or philosophy without borders. In A. p. Griffiths（ed.），*Contemporary French Philosophy*. Cambridge：Cambridge University Press.

1989：*The Philosophical Imaginary*，trans. C. Gordon. London：Athlone（原作品出版于 1980 年）。

1990：Woman, reason, etc. *Differences*，2（3）.

1991：*Hipparchia's Choice：An Essay Concerning Women，Philosophy，ect.*，trans. T. Selous. Oxford：Blackwell（原作品出版于 1989 年）。（对这本书的引用在文中被缩写为"*HC*，p.··"）

二手文献

Deutscher，M. 1987：Stories, pictures, arguments. *Philosophy*，62（240）.

Gatens，M. 1986：Feminism, philosophy and riddles without answers. In C. Pateman and E. Grosz（eds.），*Feminist Challenges*. Boston，Mass.：Northeastern University Press.

Grimshhaw，J. 1996：Philosophy, feminism and universalism. *Radical Philosophy*，76.

Grosz，E. 1987：Feminist theory and the challenge to knowledges. *Women's Studies International Forum*，10（5）.

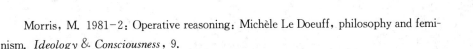

Morris, M. 1981-2: Operative reasoning: Michèle Le Doeuff, philosophy and feminism. *Ideology & Consciousness*, 9.

克里斯蒂娜·德尔菲

原始文献

1977: *The Main Enemy*. London: Women's Research and Resources Center（原作品出版于 1970 年）。

1980: A materialist feminism is possible (trans. D. Leonard). *Feminist Review*, 4.

1981: For a materialist feminism. *Feminist Issues*, 1 (2), 69-76.

1981: Women's liberation in France: the tenth year. *Feminist Issues*, 1 (2), 103-12.

1984: *Close to Home: A Materialist Analysis of Women's Oppression*. Amherst, Mass.: University of Massachusetts Press.

1987: Proto-feminism and anti-feminism. In T. Moi (ed.), *French Feminist Thought*. Oxford: Blackwell（原作品发表于 1976 年）。

1988: Patriarchy, domestic mode of production, gender, and class. In C. Nelson and L. Grossberg (eds.), *Marxism and the Interpretation of Culture*. London: Macmillan.

1991: Is there marriage after divorce? In D. Leonard and S. Allen (eds.), *Sexual Divisions Revisited*. London: Macmillan.

1992 (with D. Leonard): *Familiar Exploitation: A New Analysis of Marriage in Contemporary Western Societies*. Oxford: Polity Press.

1992: Mother's union? *Trouble and Strife*, 24, 12-19.

1994: Changing women in a changing Europe: Is difference the future for feminism? *Women's Studies International Forum*, 27 (2), 187-201.

1995: The invention of French feminism: an essential move. *Yale French Studies*, 87, 190-221.

二手文献

Adkins, L. and Leonard, D. 1996: *Sex in Question: French Materialist Feminism*. Philadelphia, Penn.: Taylor & Francis.

Barrett, M. and McIntosh, M. 1979: Christine Delphy: Towards a materialist feminism? *Feminist Review*, 1, 95-106.

Jackson, S. 1996: *Christine Delphy*. Thousand Oaks, Calif: Sage.

结束语：大陆哲学将有怎样的发展？

罗伯特·C. 所罗门（Robert C. Solomon）

338   大陆哲学将有怎样的发展呢？首先必须希望的是结束分裂。通过这个，我并不是意指要结束作为所有良好哲学本质的健康的辩证，我也不是打算认为哲学在任何意义上都应该变成"统一的"。的确，这已经成为一个体系建构者的梦想，但是这样一些体系几乎总会被发现是绝非总体的或最终的——即使偶尔（就像在从康德到黑格尔的那段富有成果的时期一样）它们被发现是令人着迷的失败。抨击"主导叙事"和"总体化理论"，这是后现代主义最具历史敏锐性的主旨，但是这样一些理论和后现代的挑战如今本身就成了我们哲学史的一部分，而且已经有迹象表明，下一轮这样的宏大叙事和理论已经开始。也许，对这样一些叙事和理论的需要仍然是现代哲学中那种对科学进行偶像化并效仿科学的持续不安全感的另一种残余（尽管在科学哲学中，还原论以及其他一些与其说统一科学不如说统一科学哲学的尝试也都已经被发现是剔除性的）。也许，它是一个来自那样一个时期的更为古老的遗留物，在那时，（西方）哲学并不容易同犹太教-基督教-伊斯兰教神学以及确定性和无所不包的安全性区别开来，这种确定性和安全性一直都是它的承诺和它的前提。然而，这是一个不容易抑制的冲动，尽管总有另一个克尔凯郭尔或尼采或福柯或德里达来提醒我们，这是一个就其本身来说必须被质疑和挑战的冲动。

关于哲学，一直以来最好的东西就是它的非统一性和多样性。21世纪哲学所承诺的东西并不是哲学中的一种新的统一（尽管它不可避免地全球化），而是一种丰富的融合和交叉渗透，这种融合和渗透不仅仅发生在英美哲学和"欧洲大陆"哲学之间，而且发生在全世界，这包含任何数量的传统（和大陆），在"西方""主流"哲学中，这些传统（和大陆）迄今为止只被给予（充其量）匆匆一瞥或一种不屑一顾的姿态。但事实上，"西方"不再是一个特权飞地，而且"主流"如今已经走向全球。海峡隧道不仅仅连接着英国和法国，而且通过互联网，连接着整个世界。

关于"大陆"哲学，一直以来最吸引人和最有价值的东西就是，它对现在所谓的"跨学科的"问题和资源的坚持。的确，它的次要的从事者们并不总是展现出这样一种跨学科的好奇心或者利用其多重资源。毕竟，学习其他学科是一项艰苦的工作，而且它使人从更为紧迫的任务——展示自己的聪明和捍卫自己的领地——中分心。但是，康德并未将其自身局限于如今经常被称为哲学的"核心"的东西，即"M&E"（形而上学和认识论）。事实上，如果它仅仅被限定在第一批判的那些少数（诚然是出色的）论题之上，那么他的哲学就会被极大地误解。如果我们只是添加上康德关于伦理学的简洁但却具有强制性的著作，那么这也不会有多大帮助。为了理解康德以及他在哲学中的关键地位，有必要考虑这样一个事实，即他是一个狂热的业余物理学家和天文学家，一个人类学家，一个地理学家，一个（诚然是二流的）艺术的爱好者，以及一个哲学政治家。

因此，黑格尔也试图将所有人类学科都容纳在其体系的单一整体之下（尽管事实上，他宁愿将这个体系用作一种粗糙的模板，以便极为偏颇地组织并在某种程度上歪曲尽可能多的"意识形式"的"发展"）。尼采既是一个充满激情的科学学生，又是一个雄心勃勃的音乐家；既是一个神学学生，又是一个语言学家；既是一个自立的宗教作家，又是一个"上帝之死"的敌基督者。而且，可以肯定的是，他是柏拉图以来最伟大的哲学文体家。海德格尔和萨特远远超出了他们的哲学学科，特别是进入了政治领域（对于海德格尔来说是灾难性的；对于萨特来说有时候是难堪的），同时也进入了艺术领域以及文化和社会批判领域。当他们努力在整个学术界、知识界和艺术界汲取营养并且进而传播其影响时，后现代主义者们表现出了传教士般的热情。当然，受马克思的启发，法兰克福学派的哲学家们投身于将社会研究和文化现象融入他们作为原则问题的哲学方法中。

不管人们如何看待这些各式各样的哲学家、哲学以及他们的影响，人们必须承认，他们的跨学科的范围是哲学在其最佳状态下一直都关涉的东西。康德将形而上学称为"一切科学的女王"，但是一般的哲学——既像他所实践的那样，又像他从 2 500 年的前辈们那里所继承的那样——就不仅仅是一个女王。它是所有学科的母亲，甚至是人的思想的本质（也就是，如果我们允许思想拥有一个本质，或者允许它特色鲜明地是"人的"）。从哲学中诞生了物理学和生物学，亚里士多德对自然世界的惊叹。

从哲学中诞生了一种丰富的自我指涉的语言和文学以及伟大的艺术主题。从哲学中产生了对一种日益多样的人性的共同关切和困惑。

或者也许不是这样。也许哲学仅仅是追随所有这些东西，就像黑格尔在其后期的《法哲学原理》（*Philosophy of Right*）中（以一种不那么兴奋的情绪）宣称的："密涅瓦的猫头鹰只在黄昏时起飞。"尽管如此，但结论却是相同的。在其最佳状态中，哲学包含了作为一个整体的人的精神，并且也许除了那些枯燥的日常事务之外，它并不将其自身同任何东西鲜明地区分开，那些事务消耗我们的精力和注意力，同时使最低限度的反思性思想变得不可能，而这种反思性思想对于我们考察我们的生活，而不是简单地沉溺于它们来说，是必要的。但是，当然有人会争辩道，这也是哲学，这一点再次仅仅意味着，哲学是人的东西，或者从不应该缺席于或陌生于任何人的东西。而这就是我们在这本书中所涵盖的最好的哲学需要告诉我们的东西，即使当它们在辩护或反对反思性生活时。黑格尔可能会告诉我们真理仅仅同反思一起出现，而尼采告诉我们很多反思性思想都是一种谎言，但他们在这一点上都是典范性的，即指出哲学暗含在我们所做的所有事情中，并且将会继续规定和构造我们的思想。

索　引

（以下页码为原书页码）

图书在版编目（CIP）数据

大陆哲学/（美）罗伯特·C. 所罗门（Robert C. Solomon），（美）大卫·谢尔曼（David Sherman）主编；陈辉译. -- 北京：中国人民大学出版社，2020.11
（布莱克韦尔哲学指导丛书）
书名原文：The Blackwell Guide to Continental Philosophy
ISBN 978-7-300-28589-4

Ⅰ. ①大… Ⅱ. ①罗…②大…③陈… Ⅲ. ①哲学-研究-欧洲 Ⅳ. ①B5

中国版本图书馆 CIP 数据核字（2020）第 195332 号

布莱克韦尔哲学指导丛书
丛书总主编：［美］斯蒂文·M. 卡恩（Steven M. Cahn）
中文翻译总主编：冯俊
大陆哲学
［美］罗伯特·C. 所罗门（Robert C. Solomon）
［美］大卫·谢尔曼（David Sherman） 主编
陈辉 译
Dalu Zhexue

出版发行	中国人民大学出版社		
社　　址	北京中关村大街 31 号	**邮政编码**	100080
电　　话	010 - 62511242（总编室）	010 - 62511770（质管部）	
	010 - 82501766（邮购部）	010 - 62514148（门市部）	
	010 - 62515195（发行公司）	010 - 62515275（盗版举报）	
网　　址	http://www.crup.com.cn		
经　　销	新华书店		
印　　刷	北京昌联印刷有限公司		
规　　格	165 mm×235 mm　16 开本	**版　　次**	2020 年 11 月第 1 版
印　　张	27.75 插页 3	**印　　次**	2020 年 11 月第 1 次印刷
字　　数	459 000	**定　　价**	98.00 元